金景芳经史论丛

周易讲座

金景芳 著

吉林大学出版社
·长春·

图书在版编目（CIP）数据

周易讲座 / 金景芳著. –– 长春：吉林大学出版社，
2023.12
 （金景芳经史论丛）
 ISBN 978-7-5768-2779-8

Ⅰ.①周… Ⅱ.①金… Ⅲ.①《周易》– 研究 Ⅳ.
①B221.5

中国国家版本馆CIP数据核字(2023)第243797号

书　　　名：周易讲座
　　　　　　ZHOUYI JIANGZUO

作　　　者：金景芳
策划编辑：田　娜
责任编辑：田　娜
责任校对：张　驰
装帧设计：刘　瑜
出版发行：吉林大学出版社
社　　　址：长春市人民大街4059号
邮政编码：130021
发行电话：0431–89580036/58
网　　　址：http://www.jlup.com.cn
电子邮箱：jldxcbs@sina.com
印　　　刷：吉广控股有限公司
开　　　本：787mm×1092mm　1/16
印　　　张：29.25
字　　　数：370千字
版　　　次：2023年12月　第1版
印　　　次：2023年12月　第1次
书　　　号：ISBN 978-7-5768-2779-8
定　　　价：128.00元

序

      这是一编于课堂上讲解《周易》的记录，是我于1985年秋至1986年夏一学年中为《周易》研讨班同志们讲的。当时录了音，以后由吕绍纲同志依据录音整理，最后并由我校改一次。

      我年少时嗜《易》，历数十年不辍。年三十八以后，曾把学《易》心得体会，写成专著一册、论文数篇问世。而今老了，行年已八十有五，余年有限，亟愿将我对《周易》的全部见解，汇成一集，交由出版社出版，以就正于海内外大方之家。

      根据我不成熟的看法，认为古往今来说《易》之书，总有二蔽。一蔽于单纯地视《周易》为卜筮之书，而不承认《周易》里边有深邃的哲学思想。二蔽于只斤斤于一词一句的诠释，而无视《周易》六十四卦的结构中存在着完整的思想体系。

      兹先说一蔽。

      《周易》是卜筮之书，这一点，无论从《周易》卦、爻辞本身来看，从《周礼》《左传》《国语》诸书的有关记载来看，或者从《汉书·儒林传》说"及秦禁学，《易》为筮卜之书，独不禁"来看，都是铁一般的事实，不能否认。但是孔子作《易大传》，虽亦不讳言卜筮，却再三说"夫《易》何为者也？夫《易》开物成务，冒天下之道，如斯而已者也"，说"是以明于天之道而察于民之故，是兴神物，以前民用"，说"昔者圣人之作《易》也，将以顺性命之理"等，似《周易》又是哲学著作。这两种看法，很明显是有矛盾的。这个矛盾怎么解决呢？是认为二者一是一非呢，还是认为二者皆是呢？我的看法认为二者皆是。理由如下：

      卜筮也同其他事物一样，产生之后，绝不会长期地停留在一点上，而是要发展的。最初，它的确是地地道道的卜筮。然而，经过发展以后，由于发生了质变，于是有了哲学的内容。

应当知道，卜筮这种东西，原生于无知，同时又是对无知的反抗，而渴求有知。因此，卜筮从产生的第一天起，就具有两重性。又卜筮之所以有灵，不能不借助于巫。巫为了取信于人，在长期发展中，很自然地不断向卜筮中输入有知因素，减少无知因素。当发展达到一定阶段时，就发生了质变。这个质变，从表面上看，好似突然，其实，在此以前，已有一个长时期的量变过程。马克思说："哲学最初在意识的宗教形式中形成。"[①]其情况当亦如此。抑不仅哲学的产生如此，医学的产生当亦如此。《吕氏春秋·勿躬》说"巫彭作医"，就是证明。由此可见，卜筮产生哲学，这种情况，毋宁说是一条规律，没有什么奇怪的。

在这里，还准备谈一个问题。这就是伏羲氏画八卦的问题。人们多相信伏羲氏画八卦是《易》学之始，其实，这种说法是不足据的。《礼记·曲礼上》说："龟为卜，策为筮。"《左传》僖公十五年，晋人韩简说："龟，象也。筮，数也。物生而后有象，象而后有滋，滋而后有数。"证明卜筮不是一种东西。卜视象，筮视数，筮的产生在卜以后。古人习惯上多卜筮连用，只是因其性质相同罢了。

卦是什么呢？我认为刘瓛说"卦之言画也"是对的。《仪礼·士冠礼》于"筮日"说："筮与席、所卦者，具馔于西塾。"郑玄《注》说："'所卦者'，所以画地记爻。《易》曰'六画而成卦'。"贾公彦《疏》说："所卦者所以画地记爻者，筮法依七八九六之爻而记之，古用木画地，今则用钱。"是卦原以筮时画地记爻得名。《易·说卦传》说："昔者圣人之作《易》也，幽赞于神明而生蓍，参天两地而倚数，观变于阴阳而立卦。"证明《易》之作也是生蓍、倚数在先，而立卦在后。从

---

① 《马克思恩格斯全集（第二十六卷）（第一册）》，人民出版社1972年，第26页。

《易大传》所保存的筮法来看，经过"四营""十有八变之后"，著即不留余迹。如果说留有余迹，那就是卦而不是著。正由于著之后不留余迹，所以，筮的发展不可考，可考见的只有卦。例如《周礼·春官》于卦说："太卜掌三易之法，一曰《连山》，二曰《归藏》，三曰《周易》，其经卦皆八，其别皆六十有四。"至于筮则仅于"筮人"存九筮之名而已，其详已不可知。

　　《连山》《归藏》《周易》三易是否都蕴藏着哲学思想？由于《连山》早亡，《周易》将在后面详细讲，现在只谈《归藏》。《归藏》又名《坤乾》。《礼记·礼运》说："孔子曰：我欲观夏道，是故之杞，而不足征也，吾得《夏时》焉。我欲观殷道，是故之宋，而不足征也，吾得《坤乾》焉。《坤乾》之义，《夏时》之等，吾以是观之。"郑玄《注》以为《坤乾》即《归藏》，其说可信。《归藏》所以又名《坤乾》，说者谓其书首坤次乾也是有道理的。《归藏》亦久亡。今可知者，只有两点：一、《归藏》首坤次乾与《周易》卦序首乾次坤相反；二、孔子得《坤乾》后，用《坤乾》之义，可以观殷道。贾公彦《疏》说："夏之四时之书，殷之坤乾之说并载前王损益，阴阳盛衰。"贾说《坤乾》，虽未必得实，可以断言，《归藏》不是单纯的卜筮之书。关于《归藏》首坤次乾问题，从表面上看，似无关宏旨。其实不然，如果深入地加以考察，就会发现，这里边大有文章。《史记·梁孝王世家》褚先生补编记窦太后说："殷道亲亲，周道尊尊，其义一也。"景帝不解其意，问诸大臣通经术者。袁盎说："殷道亲亲者立弟，周道尊尊者立子。……周道太子死立嫡孙，殷道太子死立其弟。"这里提出"殷道亲亲，周道尊尊"，很明显，是谈君位继承制问题。然而，其意义远不止此。实际上，"殷道亲亲"是重母统。重母统反映还存在氏族制的残余。"周道尊尊"是重父统。重父统反映这时阶级统治已完全确立。《礼记·表记》说"母亲而不尊，父尊而不亲"，是亲亲是重母统，尊尊是重父统之证。《归藏》首坤次乾，而《周易》首乾次坤，正是"殷道亲亲"与"周道尊尊"的另一反映。请看，《易·系辞传上》开头第一句便说："天尊地卑，乾坤定矣。"这句话从表面上看，好似只解释《周易》首乾次坤。其实，它正说明《周易》《归藏》二书的思想，有本质的不同。实际上这里边就包括君尊臣卑，父尊子卑，夫尊妻卑在内。推广开来说，周人的宗法制、分封制、礼制等，也无不以这一思想为基础。可见，殷道亲亲、周道尊尊或首坤次乾、首乾次坤，无异是我们了解殷周两代历史的一把钥匙，何等重要，学《易》者断不可等闲视之。

《连山》《归藏》二易久亡，《周易》则与《连山》《归藏》不同，至今还保存相当完好。特别是孔子以绝人之资，晚而喜《易》，读《易》韦编三绝，著成《易大传》，对《周易》做了全面的深入的阐发，把《周易》里所蕴藏着的思想揭露无遗，使卜筮在长期的发展过程中发生了一次质变。应当承认，这是一件划时代的大事。可是，某些说《易》者，却熟视无睹，依旧视《周易》为单纯的卜筮之书，亦可谓大惑不解了。

以下说二蔽。

我认为，《易大传》与《易经》（《周易》本文）有密切不可分的关系。《易大传》是专为解释《易经》而作的。《易经》端赖有《易大传》为作解释才是可以理解的。近些年来，有人妄图割裂《易大传》与《易经》的关系。说没有《易大传》也能把《易经》解释明白。还有人说孔子没有作过《易大传》，《易大传》是战国人作的，是汉人作的。我不同意这些说法。我认为这些说法纯是无稽之谈。

我认为《易大传》是孔子所作，证据确凿，无可否认。一、孔子作《易大传》，其说首见于《史记》。《史记》作者司马迁之父司马谈受《易》于杨何。杨何为孔子九传弟子明见《史记·儒林传》，故其说最为可信。二、孔子作《易大传》，不但其天才、功力有过人者，也依赖于他当日的历史条件。

关于孔子作《易大传》的历史条件，前此不见有人谈，有必要在这里谈一谈。

孔子生时，《连山》存否不可知。《归藏》则由于《礼运》语及《坤乾》《左传》襄公九年称"遇艮之八"，知尚存无疑。又《易·说卦传》说"坤以藏之"，"终万物始万物者莫盛乎艮"。如以《归藏》首坤与《连山》以纯艮为首之说例之，则很可能是《连山》《归藏》二易遗说之幸存者。还有同篇"乾，健也。坤，顺也"至"兑三索而得女，故谓之少女"一大段文字，亦绝不是孔子所能作，当是袭用旧说。不仅如此，《左传》昭公二年，韩宣子聘鲁，观书于太史氏，说："周礼尽在鲁矣，吾乃今知周公之德与周之所以王也。"可见韩宣子就是不把《周易》看作是单纯的卜筮之书的人。综上所述，可以证明孔子生时所能见到的易学轶闻旧说尚多。正是由于孔子具备了这样多的优越条件，所以他能著成此书。战国人、汉人无此条件，怎能著成此书呢？如"卦气""纳甲"之类，真正是汉人所作。这些东西，怎能同《易大传》比拟呢？

《易大传》对《周易》的阐发，既全面又深刻，佳篇络绎，奥义无穷。兹择其主要者，列举如下：

一、明确地指出《周易》是哲学著作。

例如《易·系辞传上》说："《易》与天地准，故能弥纶天下之道。"（今本"天下"作"天地"，兹从《经典释文》改）这句话的意思是说，《周易》把整个自然界作为摹写的底本，因而它与整个自然界是一致的。正由于它与整个自然界一致，所以，它能把自然界中变化发展种种规律性的东西包括无遗。同篇又说："子曰：夫《易》何为者也？夫《易》开物成务，冒天下之道，如斯而已者也。"这段话是自问自答，最后又补充一句，说如此而已，岂有他哉？孔子为什么这样提问题呢？很明显，这就是因为当时大多数人都把《周易》看作是单纯的卜筮之书。这里的"冒天下之道"与上文所说的"弥纶天下之道"，意思略同。"冒"和"弥纶"都是无所不包。不过，在"弥纶天下之道"下面紧接着讲的是"幽明""死生""鬼神"，而在

"冒天下之道"下面紧接着讲的是"通志""定业""断疑",二者还有区别。看来,前一个"天下之道"重在自然方面,后一个"天下之道"重在社会方面。所谓"开物成务"亦为天下之道所包。不同的是它比说天下之道要具体些。"开物"是指创始,"成务"是指完成。当然,天地间每一种事物都有这个问题,所以,它也是天下之道所包。同篇又说:"是以明于天之道而察于民之故,是兴神物,以前民用。"什么是"明于天之道而察于民之故"呢?译成今语,就是认识自然和认识社会。"神物"是指著来说的。《易·说卦传》说"昔者圣人之作《易》也,幽赞于神明而生著"是其证。将说"兴神物",先说"明于天之道而察于民之故"。表明著之所以神,并不在它本身,而在于有"明于天之道而察于民之故"作为前提条件。即著好似电脑一样,筮前已在著里输入自然和社会信息。《易·系辞传下》又说:"《易》之为书也,广大悉备,有天道焉,有人道焉,有地道焉。兼三才而两之,故六。六者非它也,三才之道也。"这段话同上文说"弥纶天下之道""冒天下之道"的意思基本一样,不同的是在这里又从卦有六爻这个角度讲了一次。

总之:《周易》是蕴藏着鲜明的哲学思想,而不是单纯的卜筮之书。这一点,孔子已作了反复的、不厌其烦的说明,如果不存成见,就不应该不相信了。

二、我认为组成《周易》有四个要素:第一是著,第二是卦,第三是爻,第四是辞。《易大传》对这四个要素逐一作了详悉的阐释。兹举例如下:

(一)释著、卦和爻。

《易·系辞传上》说:"是故著之德圆而神,卦之德方以知,六爻之义易以贡。"

这是对著、卦、爻三者不同性质的说明。德是性质,圆的意思是无定。是说在筮法中,著经过"四营""十有八变"之后,得出什么卦不一定。"神"应据"阴阳不测之谓神"和"子曰:知变化之道者,其知神之所为乎?"两个神字的意思作解。这个"神"字,就是指著的结果变化莫测来说的。"方"与"圆"相反。它是确定。

因为卦是蓍的记录，所以蓍无定而卦则是确定的。"知"是说成卦以后，吉凶悔吝可知。"易以贡"的"易"是变化的意思。《易·系辞传上》说："刚柔相推而生变化"是其义。"贡"是告。告什么呢？《易·系辞传上》说："爻者，言乎变者也。"告，就是告刚柔相推所产生的变化。

《易·说卦传》说："昔者圣人之作《易》也，幽赞于神明而生蓍，参天两地而倚数，观变于阴阳而立卦，发挥于刚柔而生爻。"

这是对蓍、卦、爻三者产生次序先后的说明，"幽赞于神明而生蓍"是释蓍。

"幽赞"是在暗地赞助。"幽赞于神明而生蓍"是什么意思呢？是说蓍从表面上看是神明，其实它并不神明，它之所以神明是圣人在暗地里赞助它。怎么在暗地里赞助它呢？这就是在上文所说的，它之所以称神物，是以"明于天之道而察于民之故"为前提条件。

"参天两地而倚数。"

"倚数"是立数。立什么数呢？是立筮法中五十有五大衍之数。参、两是古语。《周礼·天官·疾医》说："两之以九窍之变，参之以九藏之动。"《逸周书·常训》说："疑意以两，平两以参。"参、两在这里有交错的意思。"天"是指一、三、五、七、九，五天数，合为二十有五。"地"是指二、四、六、八、十，五地数，合为三十。"参天两地"不是别的，就是指"凡天地之数五十有五"来说的。

"观变于阴阳而立卦"是释卦，是说卦是由于观察蓍的变化结果是阴是阳而得出来的。

"发挥于刚柔而生爻"是释爻，是说爻是由一卦六画的刚柔变化来决定的。爻是对卦的发挥。

总的看来，以上两条都是谈蓍、卦、爻的。蓍与卦是形与影的关系。没有蓍，不会有卦。卦与爻是全体与部分的关系，爻是对卦的进一步发挥。

（二）释辞。

《易·系辞传上》说："圣人设卦观象，系辞焉而明吉凶，刚柔相推而生变化。是故吉凶者失得之象也，悔吝者忧虞之象也，变化者进退之象也，刚柔者昼夜之象也。六爻之动，三极之道也。"又说："彖者，言乎象者也。爻者，言乎变者也。"

这是说辞有两种：一种是卦辞，亦名彖，它是一卦的总说明；另一种是爻辞，它是一卦六爻的各个说明。卦辞是说明象的。象在这里有不变的意思。爻辞则是说明变的。

吉凶悔吝是古人在卜筮时通用的术语。应当注意孔子都是从人事问题上作了解释，毫无神秘气氛。

《易·系辞传上》说："子曰：'书不尽言，言不尽意。'然则圣人之意其不可见乎？子曰：圣人立象以尽意，设卦以尽情伪，系辞焉以尽其言。"

这段话是孔子将要说明《周易》的特点，先提出一个"书不尽言，言不尽意"的问题。意思是说书是记录语言的，但不能穷尽语言。语言是表达思想的，但不能穷尽思想。也就是说二者作为工具来说，都有局限性。下面是借有人发问，说，这样说，圣人（"圣人"指作《易》者）的思想是不能了解的吗？以下则是孔子答语，他说，圣人利用一阴一阳等符号来穷尽思想，利用卦爻来穷尽世间复杂多变的情况。在卦爻下面又分别加上辞来穷尽语言。实际上这一段话也是解释辞的。

关于《周易》里辞的问题，不准备在这里详细谈了。这里着重谈两个问题，一个是蓍，另一个是卦。

蓍。《易大传》有讲筮法专章，但今本有错简和缺文，兹校正如下：

"天一，地二；天三，地四；天五，地六；天七，地八；天九，地十。天数五，地数五，五位相得而各有合。天数二十有五，地数三十，凡天地之数五十有五。此所以成变化而行鬼神也。"

"大衍之数五十（应为"五十有五"，今本脱"有五"二字），其用四十有九。

分而为二以象两，卦一以象三，揲之以四以象四时，归奇于扐以象闰。五岁再闰，故再扐而后卦。是故四营而成易，十有八变而成卦，八卦而小成，引而伸之，触类而长之，天下之能事毕矣。"

"乾之策二百一十有六，坤之策百四十有四，凡三百有六十，当期之日。二篇之策万有一千五百二十，当万物之数也。"

著在《易》中，至关重要。可是，过去谈《易》的，却多半重视卦，而不重视著。不悟著是卦之所从出，著不明，卦亦难明。

为了避免词费，筮法的细节不准备在这里谈了。在这里只就有关六十四卦的结构问题谈一谈。

"乾之策二百一十有六"至"当期之日"这一段话说明什么问题呢？说明从著这个角度来看，乾坤二卦在六十四卦中实居于特殊地位。乾纯阳，坤纯阴。乾坤二卦代表天地，代表宇宙，代表自然界。乾坤是一个最大的矛盾统一体。"当期之日"，是说乾坤二卦总策数为三百有六十，相当于四时运行一周的三百六十日。"期"是一周，亦即一年。对于这个矛盾统一体来说，表明它也是运动发展，而形成一个单元。"二篇之策万有一千五百二十"是指《周易》上下篇六十四卦的总策数来说的。"当万物之数"表明《周易》六十四卦的结构正是《序卦》所说的"有天地然后万物生焉"。所谓"天地"就是指乾坤二卦。"万物"就是指包括乾坤在内的全《易》六十四卦。

卦。在《易大传》中，具体地谈六十四卦结构的，有下列几条。

《系辞传上》说："乾坤其《易》之蕴邪？乾坤成列，而《易》立乎其中矣。乾坤毁，则无以见《易》。《易》不可见，则乾坤或几乎息矣。"

这是从卦这个角度来说明六十四卦结构的。由于卦是著的记录，卦当然同著是一致的。

"乾坤其《易》之蕴邪？"是说《周易》六十四卦变化发展的机缄都蕴藏在乾坤二卦之中。这里用的是疑问口气，其实，词疑意不疑。这样做只是表示谦慎。"乾坤成列，而《易》立乎其中矣。"这是足成上句话的意思。"成列"表明已不是蕴，而是展开了。

"乾坤毁，则无以见《易》"是说乾坤二卦交错运动发展，至既济已达到尽端。这时乾坤毁了，《易》亦不见了。"《易》不可见，则乾坤或几乎息矣。"这句话又是对上句话的补充。是说当《易》不可见的时候，乾坤这个矛盾统一体的变化发展几乎是止息了。"几乎息"，实际上是没有息，也不可能息。因为在宇宙里，时间是无限的，空间是无限的，物质运动也是永远不会停止的。所谓"乾坤毁"，"《易》不可见"，仅仅是完成了一个较大的发展过程罢了。《序卦》于未济说："物不可穷也，故受之以未济终焉。"正是说明这个问题。

《系辞传下》说："子曰，乾坤其《易》之门邪？乾，阳物也；坤，阴物也。阴阳合德而刚柔有体，以体天地之撰，以通神明之德。"

这也是对《周易》六十四卦结构的说明。门字用得极好。门有两扇，而且出入时有开有合，正像乾坤两卦在六十四卦中所起的作用一样。《系辞传》在另一个地方说："阖户谓之坤，辟户谓之乾，一阖一辟谓之变，往来不穷谓之通。"正可以看作是这个门字的注脚。"乾，阳物也；坤，阴物也。"是说乾坤二卦是对立的统一体。"阴阳合德而刚柔有体"这句话如与乾卦象传说"大哉乾元，万物资始，乃统天"以及坤卦象传说"至哉坤元，万物资生，乃顺承天"参看，就很容易了解。实际上，它就是"有天地然后万物生焉"的具体说明。"以体天地之撰，以通神明之德"，"以"的意思是用。用什么呢？是用"阴阳合德而刚柔有体"。用它干什么呢？是用它来反映自然界的变化发展，用它来了解变化发展的规律。孔子说过："知变化之道者，其知神之所为乎？"所以变化之道就是神，也就是规律。

《系辞传上》说:"在天成象,在地成形,变化见矣。是故刚柔相摩,八卦相荡,鼓之以雷霆,润之以风雨,日月运行,一寒一暑。乾道成男,坤道成女。"

这一大段话,实际上也是对《周易》六十四卦结构的说明。大意也是说"有天地然后万物生焉"。"乾道成男,坤道成女"就是指所生的万物而言。由"刚柔相摩"至"一寒一暑",则是对"变化见矣"的申释。申释得何等具体、生动、精切!古人不用"斗争"这个词,其实,"相摩""相荡"就是说对立面的斗争。

认真考察《易大传》上述三条的说明,足以肯定《周易》六十四卦结构是有完整的思想体系了。

不但如此。《易·说卦传》说:"乾天也,故称乎父。坤地也,故称乎母。震一索而得男,故谓之长男。巽一索而得女,故谓之长女。坎再索而得男,故谓之中男。离再索而得女,故谓之中女。艮三索而得男,故谓之少男。兑三索而得女,故谓之少女。"也就是说在三画卦里,形成八卦的乾坤也是处于特殊地位,其余六卦则是由乾坤二卦交错而成。它与六画卦乾坤变化发展为六十四卦的思想基本上一致。这一点,在《周易》六十四卦的卦爻中也有反映。例如贲卦象传说:"柔来而文刚,故亨。分刚上而文柔,故小利有攸往。"

苏轼《东坡易传》说:"《易》有刚柔往来、上下相易之说。而其最著者,贲之象传也。故学者治是,争推其所从变。曰泰变为贲。此大惑也。一卦之变为六十三,岂独为贲也哉?学者徒知泰之为贲,又乌知贲之不为泰乎?凡《易》之所谓刚柔往来相易者,皆本诸乾坤也。乾施一阳于坤,以化其一阴,而生三子。凡三子之卦有言刚来者,明此坤也,而乾来化之。坤施一阴于乾,以化其一阳,而生三女。凡三女之卦有言柔来者,明此本乾也,而坤来化之。非是卦也,则无是言也。"程颐《易传》说:"卦之变皆自乾坤。先儒不达,故谓贲本是泰卦。岂有乾坤重而为泰,又由泰而变之理?下离本乾,中爻变而成离。上艮本坤,上爻变而成艮。离在内故云柔来,艮在上故云刚上，非自下体而上也。乾坤变而为六子，八卦重而为六十四，皆由乾坤之变也。"

按苏说："凡《易》之所谓刚柔往来相易者，皆本诸乾坤也。"程说："卦之变皆自乾坤。……乾坤变而为六子，八卦重而为六十四，皆由乾坤之变也。"其说极是，足破旧说之谬。不过他们还不能从理论高度认识问题，不认识在这里边还有一个思想体系问题，特别是他们不认识乾坤二卦居于特殊地位，有着《易》之蕴、《易》之门的意义，是由于一是纯阳，一是纯阴，二者共成一个矛盾的统一体。当然，我们今天如果不是学习马克思主义，也是不认识的。

试思，《周易》和为《周易》作大传的孔子，在几千年以前已经具有如此高度的思想，而且能把这一思想熟练地应用于实际，该是多么了不起！怎能不令人惊叹！作为炎黄子孙的中国人，理应引以自豪，乃竟有人百般诋毁它，亦可悲矣。

我于1985年，接受了主持《周易》研讨班的任务。顾名思义，研讨班自应以研究讨论为主。乃开班后，发生了变化，事实上变成了以我一个人为主讲的"周易讲座"。研讨仅间周举行一次。当然这也是不得已而为之。原因是参加研讨班的同志们，尽管对《周易》有兴趣，但都是知之不多。他们不是不想研讨，而是研讨不起来。

我讲《周易》，基本上是根据我所了解的程度来讲的。我敬佩孔子"知之为知之，不知为不知，是知也"的说法。我讲的，都是我知道的；不知道的，就不讲。例如《杂卦》的排列顺序有没有意义？它是按照什么原则排列的？我不知道。我不知道就不讲。我讲《系辞传》很少采取前人旧说。讲六十四卦就不然，采取前人旧说较多。我于前人的说法中，最重视王弼《周易略例》，其次，则是程颐《易传》。我讲六十四卦多用程《传》之说，于项安世、俞琰之说，间亦有所甄采。朱熹《周易本义》的"卦变"之说和坚持《周易》为卜筮之书以及相信河图、洛书等，其识不如程《传》远甚，我坚决不取。

　　本讲座共二十一讲，已整理校改完毕，将由吉林大学出版社出版。兹特把我对《周易》一书的看法和我讲《周易》时所采取的态度，撮记于此，以谂读者。

　　　　　　　　　　　　　　　　　金景芳

　　　　　　　　　　　　　1987年3月于吉林大学

目　录

▼

第一讲 绪论

《周易》这部书很古怪，它用筮与卦说明问题，在全世界独一无二，它有许多问题像谜一样不好理解。西方人说它是东方神秘之书。是不是神秘呢？问题解决之后，可能就不神秘了。据我看，它好像古代哲学领域的中国"哥特巴赫猜想"，虽然难度不小，但是可以解决。现在国内国外出现一股《周易》热，越来越多的人对《周易》感兴趣，想要解决它。这是好现象。我就有这么一个想法，一定把它搞明白。

要把《周易》研究明白，最重要的问题是端正对《周易》的看法。《周易》既有卜筮的形式，又有哲学的内容。卜筮不过是它死的躯壳，哲学才是它的本质。但是，从汉代至清代，有许多人把《周易》看成单纯的卜筮之书，他们为了算卦，为了卜筮才研究《周易》。近几十年来研究《周易》的人很多，大体有两种。一是受清儒的影响，讲汉学，讲考据。另一种是受疑古派观点的影响，他们讲《周易》是为了否定《周易》，把《周易》否掉，这是他们的目的。在他们看来，把《周易》否掉，就行了，就算完成任务。按照这个办法搞，永远不能把《周易》搞明白。

我们不能这样办。我们要用马克思主义理论、方法看待《周易》。《周易》确实是卜筮之书，但它的宝贵之处不在卜筮，而在于卜筮里边蕴藏着的哲学内容。卜筮这东西你即使把它研究明白，也是非常落后，非常反动的。我们研究《周易》，不是为了卜筮、算卦，我们是要发掘它的思想，研究它的哲学。这是个方向问题，不首先明确这一点，《周易》是研究不了的。谁若要想学算卦，请看《卜筮正宗》《增删卜易》之类的东西，别来研究《周易》，《周易》是解决不了算卦问题的。

以下谈几个问题。

一、卜筮与哲学

《周易》这书与卜筮有关，是卜筮之书，这没有问题，不可否定。但是应该知道，卜筮有一个长期的发展过程。《周易》是卜筮发展到一定阶段的产物。《周易》与原始的卜筮相比，已有本质的不同。《周易》书中包括有"天之道"与"民之故"，好像电脑一样贮存着丰富的自然、社会和思想理论的信息，原始的卜筮根本不是这样。

原始的卜筮是什么时候产生的，我们不知道，但原始社会就有了。这个东西与万物有灵的观念有关，是一种原始的宗教迷信行为。他们认为竹、草乃至龟甲兽骨都有灵，可以向它们问卜问筮，解决疑难问题。卜和筮不一样，卜重在象，筮重在数。据《左传》僖公四年"筮短龟长"的记载，我们知道龟卜的历史长，在先产生；蓍筮的历史短，后来才有。

首先说卜。据《周礼·大卜》的记载，大卜掌管三兆之法，有玉兆、瓦兆、原兆，有多少"颂"。又据《周礼·龟人》记载，选择龟甲，是很费事的事情。龟有六大类，用龟也有一定的要求。这是后来发展的情况，早期占卜可能不这样复杂。甲骨卜辞是怎样得来的？据《周礼》，是根据三兆得来的。三兆原来也是有书的。现在，三兆之书没有了，卜辞是怎么得出的，不知道了。《史记·龟策列传》讲一点，那是不够的。现在人们研究甲骨文，只讲文字，对于卜本身反倒不能研究，因为材料没有了。

筮是在卜以后产生的。卜太烦琐，筮比较简单。筮产生以后，也经过很长的发展过程。《左传》僖公十五年说："龟，象也。筮，数也。物生而后有象，象而后有滋，滋而后有数。"先有数，后有筮。筮是弄数的。这一点与卜不同。筮的发展过程，我们知道的也极少。我们知道筮发展的结果是出现《易经》。根据《周礼·大卜》的记载，易有三种，即《连山》《归藏》和《周易》。"三易"有共同之点，"其经卦皆八，其别皆六十有四"。《连山》《归藏》二易，春秋时代可能还有。例如《左传》《国语》讲卜筮，有的在今本《周易》里有，有的《周易》里没有，在《周易》以外。《仪礼·士冠礼》中也有反映。例如它讲三人旅占，三人中一人掌《连山》，一人掌《归藏》，一人掌《周易》，三易据筮的结果共同定吉凶。现在《连山》和《归藏》已经不存在了。它们的内容是什么，我们没办法知道。但是《礼记·礼运》说孔子为了研究殷代的历史，曾去宋国考察，得到一部叫作《坤乾》的书。郑玄认为《坤乾》就是《归藏》。这个说法是可信的。孔子说："吾欲观殷道，是故之宋，而不足征也，吾得《坤乾》焉"，"坤乾之义，夏时之等，吾以是观之"。孔子说他从《坤乾》这部书看见了殷道，知道了殷代的历史。这说明《坤乾》不是简单的卜筮之书，若不然怎能由《坤乾》观殷道呢！《坤乾》六十四卦，纯坤放在第一卦，纯乾放在第二卦，所以才叫《坤乾》。《周易》与《坤乾》恰恰相反，首卦是纯乾。哪一卦放在首位是有意义的。所以孔子才能从《坤乾》这部书去了解殷代的思想政治方面的特点。《史记·梁孝王世家》记窦太后说"殷道亲亲""周道尊尊"。亲亲重母统，反映在王位继承制度上，王死传弟。尊尊重父统，王死传嫡长子，嫡长子死，传嫡长孙。《公羊传》也有相似的记载。《坤乾》首坤次乾，反映"殷道亲亲"。《周易》首乾次坤，反映"周道尊尊"。这说明什么呢？这说明《坤乾》与《周易》两部书是由卜筮产生的，但不是单纯的卜筮之书，里边包含着深刻的政治思想与哲学思想。

《左传》昭公二年晋国的韩宣子访问鲁国，在鲁大史那里看见《易象》与《鲁春秋》两部书，发感慨说："周礼尽在鲁矣，吾乃今知周公之德与周之所以王也。"看见《易象》，怎么知道周公的伟大品格和周朝得天下的原因呢？说明韩宣子在鲁大史那里看见的《易象》，和我们读《左传》看到的专搞卜筮的一套东西是不一样的。孔子作"十翼"，主要是讲思想，讲哲学，主要不是讲卜筮。庄子说"《易》以道阴阳"，说对了，一句话就说对了，说到了要害处。讲阴阳就是讲矛盾，"《易》以道阴阳"就是《易》以道矛盾。阴阳是《周易》的基础，《周易》离不开阴阳，全部《周易》都是讲阴阳的。有人不承认，说他在《周易》中未见阴阳二字。这个思想方法成问题，讲哲学怎能用这样的思想方法！其实阴阳没有什么神秘，不过表示事物的两个方面，表示对立的统一。用什么表示都可以，叫阴阳，叫天地，叫奇偶，都一样。一个阴爻，一个阳爻，构成八卦，构成六十四卦，是《周易》最基本的细胞，怎么能说《周易》里没有阴阳呢！

《荀子·大略》说："《易》之咸见夫妇，夫妇之道不可不正也，君臣父子之本也。"荀子也认为《周易》是讲理论，讲思想的。司马迁说"《易》以道化"，"道化"是讲阴阳变化，讲阴阳变化，就是讲哲学。司马迁不简单，他没从表面上看问题，他看出了《周易》实质上是一部讲哲学的书。

《易》本是卜筮之书，这一点不能否认。但是发展到《周易》，已具有丰富的哲学思想了。不过它的哲学思想隐晦不易懂，孔子作《易传》，对《易经》加以说明，《周易》的内在思想，我们才可以理解。孔子有很高的智慧，他在《周易》上下了大功夫。此事很不简单。由于孔子的解说，我们知道《周易》中有辩证法，也有唯物论。《周易》里的辩证法不是偶然的，是真正认识了的。据我看，我们今天才可以了解《周易》，因为我们掌握了马克思主义，掌握了辩证唯物主义。《周易》与我们今日的哲学相比较，当然是原始的，但它的确是哲学。《周易》六十四卦，开始是乾坤两卦，以后六十二卦都是乾坤二卦发展变化的结果。《系辞传》讲："乾坤其《易》之蕴邪？"《易》的奥妙就在乾坤二卦。乾坤成列，而《易》立乎其中，有了乾坤，就有了《易》。乾坤居首，其余六十二卦两两比邻，不反则对，全是按此规律排列，这是偶然的吗！最后两卦是既济、未济，表示物是没有穷尽的。这种思想产生于那个时代，很难得。总之，六十四卦的排列，反映哲学思想，这简单吗？绝不简单。《周易》不仅有辩证法，还有唯物论。"《易》有大极，是生两仪"，与《老子》"道生一，一生二，二生三，三生万物"的说法不一样。张载讲"《大易》不言有无，言有无诸子之陋也"。《老子》专讲无，《周易》言有不言无。《老子》是唯心论。周敦颐作《太极图说》，在太极之前加了个无极，与《老子》的"道生一"一样，是唯心论。《周易》言有不言无，把太极看作世界的本原，是唯物论，当然不能说是彻底的唯物论。

《周易》很明显已是哲学，有人偏说它没有哲学，说它不可能有哲学。怎么不可能？古希腊哲学家发现了辩证法，认为万物都在流动，都在变化，当然是比较原始、素朴的辩证法。古希腊人发现辩证法，中国古代产生《周易》辩证法思想，并不奇怪。古希腊能有的，古代中国为什么不能有！《周易》还把辩证法应用于自然，应用于社会，应用于实际，这更不简单。

卜筮这东西是原始的宗教迷信，它怎么会产生哲学呢？会产生哲学。马克思说："哲学最初在意识的宗教形式中形成，从而一方面它消灭宗教本身，另一方面从它的积极内容说来，它自己还只在这个理想化的化、为思想的宗教领域内活动。"[①]《周易》的情况同马克思讲的一般规律完全吻合。它正像马克思所说的，它是在卜筮的宗教形式中产生，并在卜筮这种宗教领域内活动。

古人对《周易》的看法，从先秦时期就分为两派，自汉以后更加明显。秦始皇焚书，未焚《周易》，据说是因为《周易》是卜筮之书。汉代初年传《易》的主要是传卜筮一派的东西，特别是孟喜、京房等人，传的就是卜筮。汉人迷信，他们研究《周易》是为了占卜、算卦。而《周易》本身不能用作算卦，他们就给《周易》加上了"卦气""纳甲""爻辰"这些原来没有的东西。加上这些东西，《周易》就可以用来卜筮了。这就是所谓汉易，汉易的目的就是卜筮。汉人不只讲《周易》要卜筮，讲《尚书》洪范五行，实际也是要卜筮，讲《春秋》灾异，也是卜筮，甚至齐诗讲五际六情，也是卜筮。不过汉人也并不都是一种观点。《汉书·艺文志》把《周易》列在

---

① 《马克思恩格斯全集（第二十六卷）（第一册）》，人民出版社1972年，第26页。

《术数略》中，又列到《六艺略》中。列在《术数略》，表明把《周易》看作卜筮之书。列在《六艺略》，表明把《周易》又看作经书，是讲思想的。

至魏晋时代的王弼，给《周易》作注，把汉人讲的象数一套东西全不要了，他专言义理。王弼这个人了不起，一是见识高，二是胆量大。他说："夫卦者，时也；爻者，适时之变者也。"这话讲得是极深刻的。他还说"得意忘象，得象忘言"，这话讲得十分大胆，前人没人敢这样讲。因此遭到后人的批评，以为是庄子"得鱼忘筌，得兔忘蹄"的翻版，不是《周易》的观点，等等。一般说来，《周易》思想与老庄是不一样的，王弼把老庄思想引进《周易》，是他的一个缺点。但是王弼说"得意忘象，得象忘言"两句话，是对的。语言是表达象的，象是表达思想的。王氏的意思很清楚，治《易》主要是弄明白它的思想，不要在象上面绕圈子。王弼不重象数重义理，是正确的，极得《周易》之真谛。唐人作"五经正义"，《周易》采王弼的注本，是对的。后来李鼎祚作《周易集解》，又重把汉人的东西搜集起来，我看是不对的。宋人研《易》尊崇王弼，但宋人加入了河图、洛书之类，就不对了。邵雍搞先天图后天图，朱熹搞十九卦变图，也是不对的。朱熹作《周易本义》，他取名"本义"，强调《周易》本是卜筮之书。我看这是朱熹的方向性错误。但是，朱熹还是继承了程《传》的。程颐发展了王弼的《注》而为《周易》作了《传》。程《传》是讲义理的，也就是把《周易》看作哲学。朱熹的《周易本义》有对程《传》感到不足的地方。朱熹的书在过去是权威著作，但我认为，他的《本义》不如程《传》，因为它肯定《周易》是卜筮之书。

宋人治《易》的很多，大都是义理派。据我看，讲《易》还是宋人讲得好，是比较可取的。汉人重象数，讲卦气、纳甲、爻辰等，不好，不可取。清人打出汉学旗帜，有皖派吴派之分。皖派首领是戴震，吴派首领是惠栋。惠栋治学，凡古的东西，一切都好。他治《易》也最讲古，著有《易汉学》《周易述》。其他有张惠言著《周易虞氏义》、孙星衍著《周易集解》、焦循著《易学三种》以及姚配中的《周易姚氏学》等，都是回头讲汉易。张岱年同志说清人讲汉易是倒退，我看是对的。这些人在当时有势力，影响大。梁启超作《清代学术概论》，极力加以吹捧，说焦循作《易通释》是"凿破混沌"。根本不是那么回事。汉人用卦象研究《周易》，清人又搞文字通假，不可能把《周易》研究明白。

清代治《易》，除一些人讲汉学以外，也有讲义理的，不过没有讲汉学的那一派影响大。清代康熙年间搞了一套所谓"御纂七经"，其中关于《周易》的一部，搞得比较好，叫作《周易折中》。它偏重思想，里边主要是介绍朱熹的《本义》和程《传》。程《传》之后有"集说"，选取各代较精辟的观点，而以宋人之说为主。最后加编者"按语"，对前人诸说略加折中。这部书对于我们今天研究《周易》来说，有较大的参考价值。

二、《周易》之名称

关于《周易》的名称，过去有不同的说法。郑玄认为"周"是"周普"的意思。清代的姚配中赞成郑玄的说法。但是也有人不同意。朱熹说《周易》的周是代名，即夏、商、周三代的周。据我看，朱熹说得对，周应当是周代的周，不是"周普"的周。《易传》中讲到易时，只单称易，不称周易。这就证明周是朝代名，不是"周普"的周。《周易》应当和《周礼》《周书》一样，周是朝代名，是代表一个朝代的。《周易》就是周代之易的意思。《周礼·春官·大卜》讲《连山》《归藏》《周易》三易。《连山》是不是夏代之易，现在已不好说。但《归藏》则肯定是殷代之易，它反映"殷道亲亲"，《周易》反映"周道尊尊"，那么周是周代的意思，《周易》即是周代之易。

易字怎么讲？郑玄解释易有易简、变易和不易三个含义。郑说来自哀平纬书。

《参同契》说日月为易。哪个说法对呢？我看易就是变易。程《传》序说："易，变易也。随时变易以从道也。"程氏的这个讲法是对的。《易经》没有讲不易，总是讲变易。包括自然界和人类社会，都是变易。现在说变易，也就是规律。规律是客观存在的，自然的。易无思嘛，易是客观辩证法的反映。

三、筮与筮法

《周易》的内容，首先是筮，然后是卦，再就是辞，主要包括这三个方面。过去人们讲卦讲的多，讲筮讲的少。这是因为许多人研究《周易》，目的是为了占卦，而后世占卦用钱不用筮，所以筮的问题往往被忽略。其实，要研究《周易》的哲学思想，筮比卦更重要，至少说筮与卦同样重要。研究《周易》，首先要研究筮。所以我先讲筮，然后讲卦。

《周易》是卜筮之书，原来它是要占卜的。实际上卜是卜，筮是筮，卜筮是两回事。从历史发展来看，卜在先，筮在后。卜是利用物之象，筮是利用物之数。《周易》的卦是由筮产生的，不是由卜产生的。《礼记·曲礼上》说："龟为卜，策为筮。"说明卜与筮所用的东西不同，卜是为了求象，筮是为了求数。凡能得兆的都可以卜，凡能得数的都可以筮。《曲礼》说"龟为卜，策为筮"，是周代的情况，周代卜用龟，筮用策。卜开始不一定用龟。王充《论衡·卜筮》中子路问孔子：猪骨头羊骨头钻、灼之后均可得兆，何必用龟；崔苇藁芼皆可得数，何必用蓍。孔子说，蓍者也，龟旧也，好像人有狐疑不决之事问耆旧老人一样。从《论衡》的这一段记载看，用什么卜和用什么筮，前后是有变化的。不管用什么，卜是要得兆，筮是要得数。这一点是一贯的。

《左传》僖公十五年韩简说："龟，象也。筮，数也。"韩简知道筮与卜不同，筮的本质是数。筮字从竹从巫，说明筮最先是用竹棍儿进行的，后来才用蓍草。从事筮这种活动的人是巫。《易经》原来只是筮，后来由筮产生卦。《系辞传》说伏羲氏画八卦，值得怀疑，不可信。《吕氏春秋·勿躬》《世本》《说文》都说"巫咸作筮"，巫咸是商代的人，商代产生筮，恐怕是可靠的。《周礼·筮人》一职"掌三易以辩九筮之名"。《连山》《归藏》《周易》三易用筮的方法有九种之多。现在大部分已经失传，我们无法知道它们的具体方法了。不过，有一点是肯定无疑的，它们都是为了得数，实质都是数的问题。都是数学发展到一定程度的产物。用竹棍，用蓍草，或者用其他别的什么东西，都是为了得出一定的数字来。筮的发生发展反映人类早期数学的发展水平。现在保存在《系辞传》中的《周易》筮法中，甚至知道"十"这个盈数，还知道闰月，知道历法，数学水平已经很高。有了筮才能有卦，卦在筮后。所以说伏羲氏画八卦之说不可信，因为在伏羲氏时代，不会有那样高的数学水平。

数学是专讲数字的。数字的最大特点是抽象性。比如一这个数字，就是无名的，抽象的。恩格斯说全部数学都是研究抽象的。它只管抽象的数字，不问数字所反映的具体事物。中国古代较早的计数方法是筹算，这在《汉书·律历志》中有记载。筹算就是用一根根竹棍儿做筹码，筹码排列起来可以代表任何数字。凡是当时人们已经知道的数字，它都能代表。后来发展为珠算法。珠算比筹算使用起来方便多了，但性质还是一样的。筹码和珠子可以代表任何数字。数字的这个抽象性特点，被《易经》利用过来表达它的思想。《易经》是哲学，哲学也是抽象的东西。越是抽象的东西，越具有普遍性。它可以表示这个，也可以表示那个。数字的抽象性被《易经》借用过来，便有了哲学意义。例如《易经》讲天地，讲阴阳，就是用数学上的奇数偶数来表示的。奇数代表天代表阳，偶数代表阴代表地。卦画也是如此。阳爻用—表示，是一笔，奇数。阴爻用--表示，是两笔，偶数。筮，就更是这样。筮就是用一根根竹棍儿或蓍草，通过一定的方法进行摆布，而得出七八九六几个数字，从而形成爻，形成卦。《左传》僖公十五年记韩简说："龟，象也。筮，数也。"古人已经明确知道筮的本质是数了。

我们已经知道《周易》的内容包括筮、卦、辞三部分，筮的本质是数，卦是由筮产生的。那么，筮到底怎样应用呢？筮是怎样得出一定的数字来的？也就是怎样占出卦来的呢？这就是筮法的问题。我们讲《周易》不是为了算卦，我们是要研究它的哲学思想，为什么要了解筮法呢？因为筮法中就有思想有哲学。筮法其实很不简单。筮法中有所谓"天之道"，即自然规律。筮法中讲的"天之道"，主要是历法和数学两方面，这两个方面是古代的主要的自然科学，古人正是从这里认识自然界的。筮法中还有真正属于哲学的东西。《序卦》说："有天地然后万物生焉。盈天地之间者唯万物。"这是关于宇宙观的大问题，而且是唯物论的。这一思想在《周易》筮法中也有充分的反映。所以，研究《周易》必须先研究筮法。筮法本身就是哲学。研究筮法并非因为筮法灵，筮法其实不存在灵与不灵的问题。

据《周礼》记载，易有三种，筮法有九种。是不是一定九种，现在很难说，但是肯定有许多种，不是一种。

《左传》记卜筮有时用我们知道的《周易》筮法，占九六。有时用另外两部易经的筮法，占七八。这说明在春秋时代筮法还有几种呢。现在只剩下《周易》一种筮法，其他几种筮法都失传了，我们已经没有办法知道。《周易》的筮法，保存在孔子作的《系辞传》里。这是孔子对《周易》的一大贡献。若不是孔子把它写到《系辞传》里，这一种筮法，我们也无从知晓了。

《系辞传》关于筮法是这样讲的：

天一地二，天三地四，天五地六，天七地八，天九地十。

大衍之数五十，其用四十有九。分而为二以象两，挂一以象三，揲之以四以象四时，归奇于扐以象闰。五岁再闰，故再扐而后挂。天数五，地数五，五位相得而各有合。天数二十有五，地数三十。凡天地之数五十有五，此所以成变化而行鬼神也。乾之策二百一十有六，坤之策百四十有四，凡三百有六十，当期之日。二篇之策万有一千五百二十，当万物之数也。是故四营而成易，十有八变而成卦，八卦而小成，引而伸之，触类而长之，天下之能事毕矣。

"天一地二"这段话是什么意思，天地是什么意思，注疏没讲清楚，很多书都没讲清楚，朱熹《周易本义》用河图、洛书解释，当然更不对。其实天地并不神秘，天地就是阴阳，也就是把自然数划分为两类，单数叫作天、叫作阳，双数叫作地，叫作阴。天地、阴阳，与奇偶是一样的。天代表奇数，地代表偶数。一三五七九是奇数，称作天数。二四六八十是偶数，称作地数。天数地数，奇数偶数，叫法不同，实际是一回事，都是对立统一的意思。

这里从一讲到十，十是一个很重要的数字。据民族学认为，人类早期只认识二，之后认识三，认识五，然后终于认识十。每认识一个数，都是一个艰难的进步，不是容易的事情。苏联学者柯斯文著的《原始文化史纲》说，"落后部落的语言中，二仅仅意味着一件整个东西的一半"，发展到十，那就很不简单了。我们的祖先把十视作盈数。数字发展到十，好像满了似的。古人把万也视作盈数。《左传》庄公十六年："不可使共叔无后于郑，使以十月入。曰：良月也，就盈数焉。"把十视作良数、盈数。杜《注》说："数满于十。"孔《疏》说："《易系辞》云，天一地二，天三地四，天五地六，天七地八，天九地十。至十而止，是数满于十也。"又《左传》闵公元年说"卜偃曰：毕万之后必大，万盈数也。"古人认为数至十已满，至万为最大，所以把十叫作小盈，把万叫作大盈。"万物"的"万"表示最多的意思。《左传》僖公四年孔《疏》说："十是数之小成。"因为古人特别看重十这个小盈、小成之数，所以《系辞传》讲筮法时从十以内的天数地数说起。

"天数五，地数五，五位相得而各有合。""天数五"就是一三五七九这五个数，"地数五"就是二四六八十这五个数，亦即十以内的五个奇数和五个偶数。五位相得，是一与二相得，三与四相得，五与六相得，七与八相得，九与十相得。"各有合"是五个天数合到一起等于二十五，五个地数合到一起等于三十，二十五与三十相加等于五十五。这就是"凡天地之数五十有五"。《周易》的千变万化，神秘莫测，正是由五个天数与五个地数合成的五十有五的变化产生的。"五十有五"的变化产生七八九六四个数字。由七八九六的变化产生爻，由爻组成卦，所谓"成变化行鬼神"即指此而言。

《周易》筮法开始于天地之数。所谓大衍之数，就是由一至十这十个天地之数相加而来。《系辞传》讲"大衍之数五十"，其实应该是"五十有五"。这一点我们应该确切地知道。古书脱掉了"有五"二字。后人不察，作出各种解释。十三经注疏的解释，奇奇怪怪，通通错误。朱熹的解释也是错误的。总之，向来就是当"五十"来解释。实际上，汉代的《易纬·乾凿度》中也说"五十有五"，不是"五十"。我在1939年写的《易通》那本书里，强调了这个问题。高亨同志后来赞成并采用了我的说法。

大衍之数五十有五，其用四十有九。筮的时候用四十九根蓍草，不是用五十五根。这是为什么呢？这个问题过去京房、马融、荀爽、郑玄、姚信、董遇、王弼，通通都没讲对。朱熹说，"皆出于理势之自然，而非人之智力所能损益"，也不对。筮法用四十九，不用五十五，本没有什么奥妙。大衍之数五十有五，是自然数，筮法是人为的。用四十九根蓍草，因为用四十九通过四营才能得出七八九六，得出七八九六才能形成卦。不用五十五根蓍草，因为五十五不能得出七八九六，得不出七八九六便不能形成卦。

其用四十九，是四十九根蓍草。一根蓍草不过是一个筹码。蓍、筹、码、策，是一回事，没什么神秘奥妙，是一种计算的工具。不用蓍草，用火柴棍儿、筷子，都可以。

"分而为二以象两"，筮法的第一步骤是"分而为二"，把四十九根蓍草，信手一分，分为两部分。最后得出七八九六四个数字中的哪一个数字，全在这信手一分上。也就是说，得出个阴爻还是阳爻，在信手一分的时候，已经定下来了。"以象两"，未分之前的四十九，是一个整体，是一个整体的一。它象太一、太极。古代有人说五十减去四十九等于一的一，象太一、太极。这是错误的。说五十已经不对，大衍之数是五十五，不是五十；又说五十减去四十九，剩下不用的一象太一、太极，就更加不对。因为用的（四十九）才有象，不用的（是六，不是一）没有象。不用的无须研究它。用四十九，四十九有象，我们研究四十九。

《周易》是用象表达思想的。卦有象，筮也有象。这是《周易》的一个基本特点。古人认为筮法的每一个步骤都有一定的意义，代表一定的事理，不是偶然、随便那样做的。实际上不是那样，筮法的各个环节，全是为了得出七八九六来，不按那些步骤做，得不出七八九六，得不出七八九六，就得不出卦来。古人为什么一定要说筮法的某环节象什么呢？是为了强调筮的神秘性，让人们相信它是灵验的。这当然是不科学的。这一点我们可以不管它，因为我们不想算卦。我们应研究的是它提及的"象"所反映的思想。

它从一，从太一，从太极开始谈宇宙的发展变化，根本不言太极之前，与《老子》"道生一"的观点正好相反，是唯物论的世界观。"分而为二以象两"，两是两仪，一对儿的意思，就是一分为二。这是辩证法。

"挂一以象三"，从分为两部分的蓍草中拿出一根，放在一边，于是形成三部分，古人认为这三部分也有意义，象天地人三才。先前的两部分蓍草象天地两仪，拿出一根儿来，就是天地之间产生了人。人在天地之间，人能参天地。这一点很重要，古人这时已充分认识了人的作用。人与天地参，把人看得很重要，与天地一样重要。

古人说的天地，指自然界，人指人类社会。

"揲之以四以象四时"，揲的意思是数。"揲之以四"，是四个四个地数。先前共四十九根蓍草，"分而为二"，分成两部分，两只手各拿一部分。"挂一"，从一部分中拿出去一根，两部分余下来的还有四十八根。四个四个地数，一只手可能余一，则另一只手必余三；一只手余二，则另一只手必亦余二。若一只手数尽不余，则另一只手必亦不余。不余则视作余四。总之，每只手的余数不外乎一、二、三、四这几种情况。而两只手余数的合只有四与八两种情况。"以象四时"的四时是一年春夏秋冬四季。四个四个地数，才能得出七八九六，本与四时无关，古人一定要与四时联系起来，是为了表明筮法的每一环节，都有客观的依据，不是人们任意决定的。但是古人说"揲之以四"是反映一年四时变化的，这一点很不简单，它表明古人当时已有了自然界四时变化的确切观念，再加上下文提及的关于闰月的思想，说明当时已有了历法。历法与筮法有关系，没有历法就不会产生筮法。人认识天即自然界的规律是从历法开始的。《书经·尧典》说"钦若昊天，历象日月星辰"，即是讲历法的。历是计数，星是天上二十八宿恒星，辰是日月相会。《书经》这句话讲尧的时候人们已知道观象授时。尧以前的历法是火历。火是大火即心宿二，后来发展为太阳历。人们关于天的概念以前没有，到了尧的时代才有。人们学会"历象日月星辰，敬授人时"，才开始认识天，即自然界。古人对于天的认识是从这儿开始的。《周易》筮法中讲到四时，讲到闰月，表明当时有了历法。更重要的是表明《周易》通过自然界本身认识自然界，把自然界视作独立于人类主观世界以外的客体。《周易》的世界观是唯物论的。

"归奇于扐以象闰，五岁再闰，故再扐而后挂。""五岁再闰"，五年之中置两个闰月。"再扐"，扐是余数的意思。两只手各拿一部分蓍草，经过四个四个地数，都必有一个余数，两只手有两个余数，故云"再扐"。得出两个余数，合到一起，

"而后挂"，这一易宣告完毕，准备进行下一易。

这一易经过分二、挂一、揲四、归奇等四个步骤，叫作四营。"四营而成易"，经过四个步骤，完成了一易。一易就是一变，三变成一爻；一卦六爻，所以十八变才能完成一卦。

第一易完成之时，"再扐"的余数不是四就是八。余数叫过揲之数，余数之外的数是本数。四十八根蓍草若减去四，本数为四十四。经过第二易，"再扐"之余数若是八，则此时本数减少到三十六。经过第三易，"两扐"之余数若是八，则此时本数减少到二十八。二十八是经过三易之后剩下的本数。二十八除以四，得七。七是奇数，阳爻。因为蓍草的总数是四十八根，每一易之"再扐"的余数非四即八，所以经过三易之后剩下的本数，不外四种情况。第一，二十八，四十八减去两个八一个四；第二，三十二，四十八减去两个四一个八；第三，三十六，四十八减去三个四；第四，二十四，四十八减去三个八。二十八、三十二、三十六、二十四，各除以四，便得出七、八、九、六四个数。奇数是阳爻，偶数是阴爻。

或得七，或得八，或得九，或得六，于是得出第一爻即下爻。用完全相同的办法，再进行五次，得出二、三、四、五、上五爻，这一卦就算完成。四营为一变，三变成一爻，十有八变成一卦。

"乾之策二百一十有六，坤之策百四十有四，凡三百有六十，当期之日。二篇之策万有一千五百二十，当万物之数也。"

一根蓍草或一根竹棍儿，是一个筹码。筹码就是策。策也作筴。乾卦六个阳爻，每爻三十六策，共二百一十六策；坤卦六个阴爻，每爻二十四策，共百四十四策。乾坤两卦共三百六十策。上下二篇六十四卦共三百八十四爻，阴爻与阳爻各一百九十二。一百九十二乘以三十六，得六千九百一十二策。一百九十二乘以二十四，得四千六百零八策。此二数相加，得一万一千五百二十策。三百六十策象征一周年的日数。一万一千五百二十策象征万物之数。这里边也反映《易》作者的唯物论思想。他的认识对象主要是万物。在他看来，"盈天地之间者唯万物"。

以上讲的是筮法。筮法与卦同样重要。学《周易》，首先要研究筮法。研究筮法不是为了算卦，是为了了解其中蕴含着的思想。在筮法中，所有的环节都用数表现出来。十个天地之数，大衍之数，分二、挂一、揲四、归奇以及七八九六，乃至乾之策二百一十有六，坤之策百四十有四，二篇之策万有一千五百二十等，都是数。筮法的本质特点是数。

四、卦

筮的特点是数，卦的特点是画。画即是符号。《周易》中所有两仪、四象、八卦、六十四卦、三百八十四爻，都是画。《周易》用卦画表达思想和用筮数表达思想一样，是取它们的抽象性。它们好像代数式，具有普遍意义，代入什么数字都可以。

卦是怎样产生的呢？现在看法不一样。有人认为八卦是文字。法国人说八卦就是八种字，这是不对的。《系辞传》有一段话讲伏羲画八卦。它说："古者包牺氏之王天下也，仰则观象于天，俯则观法于地，观鸟兽之文与地之宜，近取诸身，远取诸物，于是始作八卦，以通神明之德，以类万物之情。"过去人们认为圣人之书不能怀疑。解放前我写《易通》一书，觉得《系辞传》这段话对。后来逐渐觉得这段话有问题。据我看，这段话是不可靠的。《系辞传》整个儿那一段话讲的十三卦，也是靠不住的。伏羲氏的事儿，《管子》上有，《淮南子》上有，此外儒家著作没讲。我认为伏羲氏画八卦不是《系辞传》原有的，是后人加入的。可能是出于汉人之手。伏羲氏作八卦不可信，但是说仰观俯察还是对的，因为卦是反映客观的现象的。必须仰观俯察很多，才能抽象。奇偶之数是抽象的结果。

我们讲八卦的产生，不要根据伏羲氏作八卦的说法，要依据"《易》有大极，是生两仪，两仪生四象，四象生八卦"这一段话及《说卦》中所说的那些。

"大极"是什么？"大极"就是一。但是这个一是整个的一，绝对的一，不是一二三四的一。《说文》第一字就是一。许慎解释一说："惟初太始，道立于一，造分天地，化成万物。"一就是大极，就是整体。世界原来就是一个整个儿的一，一分为二，产生两半儿，两部分。两半儿就是二，就是两仪。原始人把二看作一件事物的两半儿。《说文》说"造分天地"，意思是说大极一分为二，便是天地。有了天地，然后化成万物。这是古人对于客观世界朴素的唯物论的看法。《易》作者认为易卦的产生、发展、变化，同世界的发展、变化是一样的。卦是符号，很像代数符号，可以代表很多东西。"《易》有大极，是生两仪"，两仪是两个符号。乾坤两卦是两仪，代表天地。乾坤是《易》之门，《易》之蕴，乾坤成列，《易》立乎其中矣。经过刚柔相摩，八卦相荡，乾坤产生其余六十二卦。乾坤象天地，其余各卦象万物。

易中的一阴一阳也是两仪。阴就是阴爻，用--来表示；阳就是阳爻，用—来表示。一阴一阳这个两仪又一分为二，生出四象。四象即少阳、老阳、少阴、老阴，分别用⚎、⚌、⚍、⚏四种符号表示。这是所谓"两仪生四象"。四象在自然界中就是象春夏秋冬四时。"变通莫大乎四时"，四时就是天地的变化，由天地的变化而生成万物。筮法讲"揲之以四以象四时"，与卦讲"两仪生四象"的含义是一样的。《论语》说"天何言哉，四时行焉，百物生焉，天何言哉"，与《周易》的思想一致。

四象再一分为二，生出八卦，即所谓"四象生八卦"。在少阳、老阳、少阴、老阴即⚎、⚌、⚍、⚏这四象之上分别各加一阳爻一阴爻，即产生八种新的符号，这八种新的符号就是八卦。例如把少阴（⚍）一分为二，在它的上边加一个阳爻，生成☲，叫作离卦；加一个阴爻，生成☳，叫作震卦。其余老阳（⚌）、少阳（⚎）、老阴（⚏）三象，用同样的一分为二的办法，在上边分别各加一阳爻一阴爻，便生成☰（乾）、☱（兑）、☲（离）、☳（震）、☴（巽）、☵（坎）、☶（艮）、☷（坤）。

　　八卦是三画卦，三画代表天地人三才，其中包含阴阳两符号。阴阳两个符号的排列次序不同，便形成八个不同的三画卦。八卦代表世间万物的八种性质，这是确定不变的。某卦代表事物的某种性质，在任何情况下它都代表这种性质。《说卦》说："乾，健也。坤，顺也。震，动也。巽，入也。坎，陷也。离，丽也。艮，止也。兑，说也。"每一个卦名代表一种性质。"也"字是"是"的意思。"乾，健也"，乾就是健。"坤，顺也"，坤就是顺。用健解释乾，乾、健是一个意思。用顺解释坤，坤、顺是一个意思。另外六卦与乾、坤同，都各代表一种性质。

　　八卦代表事物的八种性质，是不变的，但它们不可能代表八种具体的事物。事物的八种性质是抽象的，具有普遍意义。万事万物的性质可以抽象为八种，而具体事物则是无穷无尽的，不可能只有八种。八卦代表八种具体的事物，是办不到的。《说卦》说："乾为马，坤为牛，震为龙，巽为鸡，坎为豕，离为雉，艮为狗，兑为羊。乾为首，坤为腹，震为足，巽为股，坎为耳，离为目，艮为手，兑为口。"又说："乾为天，为圜，为君，为父，为玉，为金，为寒，为冰""坤为地，为母，为布，为釜，为吝啬，为均，为子母牛""震为雷，为龙，为玄黄""巽为木，为风，为长女""坎为水，为沟渎，为隐伏""离为火，为日，为电，为中女""艮为山，为径路，为小石""兑为泽，为少女，为巫，为口舌"。

　　这里用"为"字，不用"也"字。"为"字与"也"字，含义根本不同。"也"字是说什么是什么。"也"就是"是"。"为"字有化的意思。什么为什么，是相对的，不固定的，可变化的。例如，在一定的情况下乾可以为天，但在另一种情况下乾又不为天而为马了。"乾，健也"，乾就是健，不是别的。不论乾为天，为君，为父，为玉，为金，等等，都可以变化，但它是健这一点是绝对不变的。《说卦》乾为天，为马，为君，为父，为玉，为金，等等，不过是举例，它代表的事物是无限的，还可以举出许多许多。所以八卦的某卦代表什么东西，是不能固定的。对于这个问题，王弼在《周易略例》中讲得极好。王氏说："义苟在健，何必马乎？类苟在顺，何必牛乎？爻苟合顺，何必坤乃为牛？义苟应健，何必乾乃为马？而或者定马于乾，案文责卦，有马无乾，则伪说滋漫，难可纪矣。互体不足，遂及卦变，变又不足，推致五行，一失其原，巧喻弥甚。"王弼正确地批判了汉易的缺点，汉易遇马以为一定有乾。没有，也想尽办法找。有的用"互卦"找，找不到便用卦变找。清人更用文字通假找。其实，乾有时是马，有时不是马。八卦代表八种性质，这不能变，但是它代表什么具体事物，那就不一定了。《说卦》中说乾为天，坤为地，震为龙，坎为水，又说乾为父，坤为母，震为雷，坎为沟渎，都可以。也可以乾为马，坤为牛，震为玄黄，坎为隐伏。八卦可以代表任何东西。八卦本身什么也不是。王弼讲得好，讲得对。但是后世搞汉易的人，还是案文责卦，定马于乾。清人把《说卦》讲的乾为马、坤为牛等固定下来，每一个字都用文字通假的办法搞出。惠栋、张惠言、姚配中讲汉易，都是这样。他们不知道"乾，健也"固定不变，"乾为马"则不是固定的。学《易》，弄明白这一点很重要。

　　八卦是怎样变为六十四卦的呢？"八卦而小成"，不能反映复杂的变化。所以八卦要变成六十四卦。《系辞传》说"引而伸之，触类而长之"，"因而重之，爻在其中矣"，就是说用"因而重之"的办法把八卦变成六十四卦。即在八卦的每一卦上边又重以八卦，遂成八八六十四卦。宋人说用加一倍法把八卦变成六十四卦，不对。加一倍法，虽然也可以形成六十四卦，但这不是《周易》的思想。《周易》六十四卦如此排列，反映一定的哲学思想。如果是用加一倍法，就不会这样排列了。

　　关于八卦的产生，这里再补充一点。据《系辞传》"包牺氏之王天下画八卦"那一段话，好像没经过两仪四象，一开始就画出八卦，它是从观象于天、观法于地那里来的。那么一开始就确定了八卦各是什么。乾就是天，坤就是地，震就是雷，巽就是风。原来就是这么画的，把天地雷风用八卦表示出来。八卦能表示出天地雷风等吗？

不能。乾不能表示天，坤不能表示地，震不能表示雷，巽不能表示风。表面上看，似乎对，其实不对。《易经》的内容主要是筮和卦两项。卦与筮有关系，卦由筮产生。筮"分而为二以象两"，卦则"《易》有大极，是生两仪"，道理是一样的。把卦孤立于策之外，以为不经过两仪、四象，一开始就产生八卦，是错误的。

《周易》六十四卦，乾坤两卦居首。乾卦纯阳，坤卦纯阴。《系辞传》讲"刚柔相摩，八卦相荡，鼓之以雷霆，润之以风雨，日月运行，一寒一暑"，乾坤两卦矛盾斗争结果，产生六十二卦。乾坤之前是大极，是一，大极或一之前没有了。大极一分为二而生乾坤。乾坤即天地，其他六十二卦即万物。有了天地便有了世界万物。有了乾坤就有了《易》，有了六十二卦。《易》的奥妙就在乾坤两卦，有了乾坤就有了《易》，乾坤毁则无以见《易》。六十四卦的排列，每两卦不反则对。例如屯卦☵下震上坎，水雷屯。屯卦六爻自初至上反过来，便成蒙卦☶，下坎上艮，山水蒙。这里有《易》作者的对立统一的思想。发展到最后两卦是既济和未济。既济☲下离上坎，水火既济。此卦的特点是阴爻在阴位，阳爻在阳位，六爻完全当位得正，《易》发展到此，矛盾似乎已经全部解决，《杂卦》说："既济，定也。"《易》至此将毁矣。但是马上接着就是第六十四卦未济。未济☵下坎上离，火水未济。未济六爻均不得正，不当位，故名未济。《序卦》说："物未始有穷，故以未济终焉。"物是无限的，无尽的。旧的矛盾结束，新的矛盾开始。《易》发展至既济，几乎息矣，但没有息，事物还要继续发展变化。总之，六十四卦的排列，不简单，反映《易》作者的哲学水平相当高，正确回答了世界本原问题。关于事物发展的对立统一观念也是十分明显十分深刻的。

有了六十四卦之后，怎样加以说明呢？首先应知道卦是什么，爻是什么。王弼说："卦者，时也；爻者，适时之变者也。"卦是时，自今日看来，所谓时就是时代。一卦反映一个特定的时代。六十四卦连结起来，是较长的历史发展过程。学《周易》六十四卦，就等于学习历史学习社会了。一卦六爻，爻很复杂。一卦代表一个时代，一爻便是一个时代的一个发展阶段。爻也是时，初爻有初爻的时，二爻有二爻的时。每一爻在一卦之中，与其他五爻有着错综复杂的关系，可谓变化多端，所以王弼说爻是"适时之变"的。

其次，应该明白"圣人设卦观象，系辞焉而明吉凶"，"系辞焉，所以告也。定之以吉凶，所以断也"。卦与爻的直接意义是断定吉凶。"吉凶"是简略语，说完全了，应是"吉凶悔吝无咎"。提到吉凶，人们会想到祸福。其实《周易》里讲的吉凶，与人们通常讲的祸福是不同的。《周易》讲吉凶，不讲祸福。"吉凶者，失得之象也。"吉象得，凶象失。得就是成功，失就是失败。"悔吝者，忧虞之象也"，就是得失不能遽定，在两可之间，结果要看主观努力如何了。"无咎"，告诫如何补过，纠正错误。本来是有问题，但经过改正，可以没有问题。《易》是寡过之书，是指导人们处于一定的条件下，如何争取最好结果的。它没有宿命论的思想。它总是告诉你怎样能得吉，怎样要得凶；干什么，不干什么；怎样干对，怎样干不对。

再次，要知道《周易》根据什么判断吉凶。《周易》判断吉凶的办法，用两个字来回答，就是"观象"。《周易》表达思想的办法，在筮法是用数，在卦爻是用象。卦有卦象，爻有爻象。孔子说"书不尽言，言不尽意"，象的长处就是能尽意。语言文字就不能尽意。如果用文字表达，问题就说死了。而象具有抽象性，有抽象性便有灵活性。例如乾可以为天，可以为马，也可以为父，为首。若用文字表达就不行，文字说什么是什么，没有灵活性，不能尽意。卦辞根据一卦之卦象来判断一卦的吉凶。"智者观其象辞，则思过半矣"，象辞就是卦辞。卦辞根据卦象来。所以，能把卦辞弄通，一卦的意义差不多就明白一半了。

爻是"适时之变"的，爻象多变，不易把握。爻是一个时代里的一个阶段。它所处的阶段，主要由爻所处的位来表达。爻的位即是爻的象。每一爻的象位都不是孤立的，它与别的爻有着各种关系。爻的吉凶，主要由爻所处的位及其与别爻的相互关系决定。一卦六爻，由下向上看，有初、二、三、四、五、上等六位。位分阴阳，初、三、五为阳位，二、四、六为阴位。阳爻居阳位，阴爻居阴位，叫当位。反之，叫不当位。当位好，不当位不好。六爻之间还有比、应、承、乘的关系。两爻相邻为比。初与四，二与五，三与上的关系为应。若二者为异类即一阴爻一阳爻，则为正应，或者简称应。"应者，同志之象也"，应好，不应不好。上爻对下爻来说为乘，下爻对上爻来说是承。阴承阳为顺，阴乘阳为逆。初爻与上爻是始与终、本与末的关系。上爻的爻辞与初爻有密切的关系。《易》作者先拟定初爻爻辞，初爻爻辞已决定谈某一问题，那么上爻爻辞所说，不过是初爻爻辞所谈问题的完成或终了。所以，初爻爻辞拟定较难，上爻爻辞因为是根据初爻爻辞来的，自然容易拟定。除了初上两爻以外，要明辨吉凶是非，中间二、三、四、五这四爻也十分重要，没有这四爻，是说明不了问题的。这四爻中，五的地位是突出的。它居君位，一般是被认为代表天子诸侯的。另三爻之吉凶悔吝往往与同五的关系如何有关。二与四在卦中都是阴位，二距五远，所以多誉；四距五近，逼近于君，所以多惧。三与五都是处在阳位，但是五在上，处于高贵的地位，所以多功。三在下，处于卑贱的地位，所以多凶。如果三、五是阴爻，以阴柔处三、五阳刚之位，有危险。如果三、五是阳爻，以阳刚处三、五阳位，就可以胜任而不危。

以上讲的是《周易》卦象与爻象的一般通例，而卦与爻的实际情况并不如此单纯，具体的情况还要具体分析。"观象"是不容易的事情。还应该注意，《周易》的思想通过象来表达，要研究《周易》的思想，舍象是不行的。但是，象只是我们认识《周易》思想的手段，不可钻到象里出不来，要"得意忘象"才行。

五、《易经》与《易传》

《周易》包括经传两部分。经的部分包括卦画、卦名、卦辞、爻题、爻辞等几个方面，如☰、☷、☳、☶等是卦画，如乾、坤、屯、蒙等是卦名，如"元亨利贞"是卦辞。全易六十四卦的卦画、卦名、卦辞各有六十四。如初九、六二、六三、九四等是爻题，如"潜龙勿用"是爻辞。每卦六爻，全《易》爻题、爻辞各有三百八十四。另外，乾卦多出"用九天德不可为首也"一条，坤卦多出"用六利永贞"一条。通常叫作《易经》的，即指这些内容而言。《易经》分上下两篇。上经由乾、坤至坎、离共三十卦，下经由咸、恒至既济、未济共三十四卦。

传的部分有彖、象、系辞、文言、说卦、序卦、杂卦七种。彖、象随经分上下，称上彖、下彖、上象、下象。系辞因篇幅长，也分上下，称上系、下系。于是七种变为十部分。这十部分《易传》，被称为"十翼"，也称《易大传》。彖传随经，每卦一条，列于卦辞之后，是解释卦辞的。象传分大象、小象。大象每卦一条，列彖传之后，小象每爻一条，列爻辞之后。唯乾卦特殊，乾卦多一条用九爻辞和一条用九小象（坤卦多一条用六爻辞和一条用六小象）卦辞之后是全部爻辞，爻辞之后是彖传、大象和小象。最后是文言。其他各卦全不是这样排法，都是把彖传和大象紧接在卦辞之后，爻辞与小象搭配在一起。

《易经》的作者是谁呢？《系辞传下》说："《易》之兴也，其当殷之末世，周之盛德邪？当文王与纣之事邪？"又说："《易》之兴也，其于中古乎？作《易》者其有忧患乎！"看起来，《易传》的作者也并不确切知道《易经》的作者是谁。说作于殷周之际，作于中古，大概是一种推测，但是这种推测是正确的，也是很慎重的。今天看来，《易经》应当是文王时代的东西，说产生于殷周之际是对的，不能说《易经》究竟是谁作的。《易传》多次讲圣人作《易》，圣人是谁，《易传》的作者不明确地说出来，因为他并不知道。司马迁说文王囚羑里而演《周易》，不是事实，不要认真相信。文王作卦辞周公作卦爻辞的说法，是靠不住的。《系辞传下》只说《易》作于中古：作《易》者有忧患，并未说文王周公作卦爻辞，这一点是可以肯定的。从卦爻辞的内容来看，谈问题的角度往往不一致，卦辞和爻辞不是出于一人之手，是两个人作的。

《易传》是理解《易经》的一把钥匙，没有《易传》的话，我们今日便不可能看懂《易经》。《易传》（即"十翼"）是谁作的？这个问题历来争论很大。据我看，《易传》应属于孔子，基本上是孔子作的。《易传》当然不可能都是孔子亲笔作的。但绝大部分是孔子留下来的，应当没有问题。孔子的哲学思想主要表现在《易传》上。研究孔子，不能只注意一部《论语》。孔子有很高的智慧，他对《易经》下了很大功夫，对《易经》加以说明。《易经》的哲学思想在孔子的《易传》中讲得太清楚了。此事很不简单。《易经》本是卜筮之书，但发展到《周易》已具有丰富的哲学思想。它对辩证法是真正认识了的，不是偶然的。它的哲学思想是《易传》发掘出来的。《易传》对《易经》的说明，前后一贯，思想完整，肯定是一个人作的。这个人就是孔子。孔子很聪明，他继承了不少前人的遗说。孔子以后不可能有人作《易传》。现在有些人说《易传》不是孔子作的，是汉人作的。汉人能作出《易传》吗？《易传》讲思想，讲哲学，而汉人讲《易经》是为了占，为了卜筮，与《易传》的思想完全不同。他们把卦气、纳甲、爻辰一套纳入《易经》，怎么可能写出有哲学内容的《易传》呢！汉人作不了，战国也无人作。自古相传是孔子作，没有疑问。只是到了北宋，欧阳修作《易童子问》，才提出怀疑。欧阳修的怀疑有一定的道理。欧阳修指出《易传》的一些自相矛盾的地方，如"河出图，洛出书，圣人则之"与仰观俯察之说相抵牾。其实，河图洛书说与"天垂象，见吉凶"也不符合。

不能否定《易传》是孔子作，但是也要知道历代传抄，难免有错误，有混入的东西。我们应当看出来，不要受骗。据我看，《系辞传》里"古者包牺氏之王天下也"那一段，讲十三卦的那些事儿，都不可信，因为包牺氏时不可能有那些卦。孔子这人是很老实的，"知之为知之，不知为不知"。孔子对《书经》独载尧以来，尧以前的东西不收。其实尧以前还是有很多东西的。《左传》《国语》记载了很多有关远古的史料。孔子认为那些不是很可信的。《书经》前几篇不是当时留下的原始史料，都是后世的传说。孔子把比较可信的传说保存下来了。司马迁受孔子这种谨慎态度的影响，所以他作《史记》从黄帝开始。从孔子这种精神看，他在《易传》中不会说包牺氏、神农氏。可见"包牺氏王天下"那段，十三卦取这取那，不可能是《易传》原有的，肯定是后人加入的。"河出图，洛出书"，"天垂象，见吉凶"等，也不是《易传》原有的东西。因为《易经》以八卦定吉凶，不是天垂象见吉凶，不仅如此，而且这样说与上文重复，离了本题。

《易传》中也有些东西是旧有的，孔子保留下来。如《说卦传》"乾，健也。坤，顺也。震，动也。巽，入也。坎，陷也。离，丽也。艮，止也。兑，说也"，应该是旧有的，不是孔子作的。《说卦传》中前边那些东西，"天地定位，山泽通气，雷风相薄，水火不相射，八卦相错"，"艮以止之"，"坤以藏之"等，很可能是《连山》《归藏》的旧说。《文言》中的"元者善之长也"等解释元亨利贞四德的一段话，见于《左传》襄公九年，出于妇人穆姜之口。很可能是孔子以前的成说，孔子作《易传》时吸收进来了。穆姜讲此话时，孔子尚未出生。有人据此否定孔子作《易传》，是否定不了的。《易传》中肯定有孔子以前的成说。这些成说是从理论上、思想上释《易》的，是正确的，孔子保留下来，写进《易传》。

《易传》中也有些是孔子讲的，弟子记的。例如《文言》里边有不少"子曰"如何如何，说明不是孔子亲笔写的，是孔子讲的，弟子记的，与《论语》的情况差不多，思想应属于孔子。

《易传》大部分出自孔子手笔。《系辞传》中"夫《易》何为者也？夫《易》开物成务，冒天下之道，如斯而已者也"这一章，就是孔子读《易》韦编三绝之后得出的结论，是孔子对《易经》的性质、内容、特点的总认识。这段话深刻简明，概括性极强，在当时那个时代，非孔子别人写不出。

《易传》成分如此复杂，有孔子写的，有以前的旧说，有孔子讲弟子记的，有后世窜入的，怎么可以说是孔子作的呢？研究先秦的东西，不可用后世的眼光。古人讲的"作"与现代不同。现代的"作"，必须每一个字都出自一人的手笔，引文要注明，否则有抄袭之嫌。古代的"作"则不然。子书的作者可以不是一人，而是一派，书的内容一定反映同一派的思想。后来的文集则必为一人亲笔写成，但思想可以不一致。章学诚《文史通义》对此有阐述。《易传》十篇也该这么看，里边有"子曰"，说明不全是孔子亲笔写，但思想应属于孔子。

孔子作《易传》不是随文解义，而是根据《易经》的思想研究《易经》的思想。《易经》实际上是讲思想讲哲学的书，孔子对《易经》是看得准，看得深的。孔子研究它的思想、它的哲学。末流才专讲文字。孔子的思想与《易经》《易传》的思想是一致的。《论语》讲"子在川上曰：逝者如斯夫"，《易经》《易传》也重变化。《论语》讲"天何言哉，四时行焉，百物生焉，天何言哉"，《易经》《易传》也讲天地开辟，四时运行，万物生长。《论语》讲辩证法、唯物论，《易经》《易传》也讲辩证法、唯物论，这绝不是偶然的巧合。《易传》与孔子有关，《易传》反映孔子的思想。但是《易传》是解释《易经》的，不是孔子自己杜撰。《易传》的哲学就是《易经》的哲学。《易经》本来就有很丰富的思想，没有人给加以说明。孔子作《易传》，给说明了，应该说孔子有大功于《周易》。

《易》是卜筮之书，《周易》是由卜筮之书变来的。它还有卜筮的残余，没有完全脱离卜筮。尽管它里面有哲学，但是它不是纯正的哲学著作。它的外表是卜筮，内里有哲学，现象与本质是矛盾的。《易经》之所以不好懂，就是因为它的现象与本质不一致。孔子晚而喜《易》，读《易》韦编三绝，说明《易经》难懂，不简单，后世人们对《易经》不了解！恐怕这也是个原因。讲《易》的书很多，真正明白的不多，就因为它的现象与本质不一致，是矛盾的。我觉得，孔子是真正看到《易经》的本质了。孔子在《系辞传》中讲的全是理论，把《易经》的本质发掘出来了。《系辞传》说"其旨远，其辞文"，孔子已经清楚地看到《易经》现象与本质相矛盾的特点了。

有人讲《易传》谁作的问题，不管《易传》的内容，专在《易传》外面绕圈子。康有为说《序卦》肤浅，他没有真正用功夫研究。特别是清代一些学者，专讲汉易，讲什么卦气、纳甲、爻辰之类算卦的东西，根本不涉及《易经》《易传》的本质内容，只在《易经》的表面现象上绕圈子。这些人的东西，对我们研究《易经》《易传》毫无用处。

孔子接触过《易经》，与《易经》有密切的关系，是肯定无疑的。说《易传》是孔子作，有根据。孔子见过《坤乾》，这在《礼记》中有记载。《左传》说晋国的韩宣子在鲁大史那里见过《易象》与《鲁春秋》，时间在孔子稍前几年。韩宣子能见到《易象》，孔子是鲁国人，而且是有地位的人，一定也能看到过《易象》。韩宣子看过《易象》之后说他由此知道了周朝所以能够王天下的原因了，可见那个《易象》已经是一部有思想内容的著作，不是单纯的卜筮之书了。孔子"五十以学《易》"，读《易》"韦编三绝"的《易》，很可能就是韩宣子见到的《易象》。

《史记·孔子世家》记孔子晚而喜《易》，读《易》韦编三绝，作了《易传》，司马迁的记载是可信的，不能否定。司马迁的说法得自他的父亲司马谈。据《太史公自序》，司马谈从杨何学《易》。又据《史记·儒林列传》，孔子传《易》给商瞿，六传到汉初田何，田何传王同，王同传杨何。孔子九传到杨何。有人说年代不太对，其实年代差一点，没什么奇怪，中间漏掉了两代传人也是可能的。《易》未焚于秦火；杨何传授给司马谈的《易》，又是孔子直接传下来的，所以《孔子世家》的话，否定不了。

晚近不但有人否定孔子作《易传》，还有人不承认《易传》是解释《易经》的，硬是把《易经》与《易传》分割开来，说《易传》有哲学，《易经》没有哲学。这都是错误的。据我看，学《易》要首先读《易传》。《易传》是学《易经》的一把钥匙。《易传》与《易经》是密切地连着的，二者不能割开。《周礼·大卜》关于"三易"的说法，我是信的。从《连山》到《周易》，是一个发展过程。《周易》作为一部易书，更成熟了。孔子的思想与《周易》的思想是一致的。孔子作《易传》，讲的就是《易经》，是给《易经》作传，不是讲他自己的思想，是讲《易经》的思想。我们说《易传》反映孔子的思想，是说《易传》的思想与孔子的思想一致，《易传》的思想属于孔子一人，不属于任何别人。不是说《易传》是孔子自己编造出来的，与《易经》无关。《易传》全部是对《易经》的解释。《序卦》说"有天地然后万物生焉"，《系辞传》讲乾坤《易》之门，《易》之蕴；乾之策二百一十有六，坤之策百四十有四，凡三百有六十，当期之日；二篇之策万有一千五百二十，当万物之数，等等，都和《易经》对上号了。《系辞传》讲的就是《易经》本身。不过《易经》本身没有说明，《系辞传》加以说明罢了。不相信能行吗？你不研究《易传》，不懂《易传》，就没办法了解《易经》。讲《易经》不讲《易传》，九六是什么都不知道，乾坤是什么也不知道。不通过《易传》，是不能真正了解《易经》的。从《易传》可以看出《易经》的哲学很高很深。没有《易传》，《易经》的哲学就看不出来，读《易经》应当知道《易传》非常宝贵。无《易传》，《易经》便不可能读懂。经若无哲学，传怎么能有哲学？学《易经》，主要是知道它的思想，只有通过《易传》才能知道《易经》的思想。《易传》与《易经》不可分。说《易传》有哲学，《易经》无哲学，《易传》与《易经》不是一回事儿，是不对的。

《易经》六十四卦从乾、坤到既济、未济，是一个发展过程。其中每两卦完全按反对关系排列，构成三十二个环节。易卦如此排列，怎么能是偶然的？里边是有一定的意义，一定的思想的，而且这个思想符合客观辩证法。《易经》六十四卦如此排列，是原来就有的，以前没有人讲明白，是《易传》把它讲明白了。孔子作《易传》以后，也不是很多人都懂得《易经》了。前人给《易经》作的注释多得很，有很多对《易经》并没有弄懂，这是实在的。

《易经》实质是哲学著作，研究它的目的是弄明白它的思想。清代有些学者不是这样。他们讲《易经》以及《庄子》等属于思想、哲学的东西，主要靠文字考证的方法，用文字学讲《易经》。近人也有的受清人汉学的影响较深。马叙伦作《庄子义证》，就只讲字。《庄子》是讲思想的书，只讲字怎么行？有的人用文字学的方法把乾卦卦辞的"元、亨、利、贞"讲成"大、亨、利、占"。过去的东西都不顾，只用文字学讲《易经》，甚至无根据地改字，以为改得越多，成就越大，把清人的毛病发展了。王念孙父子喜欢改字，也不肯随便改字。还有的人喜欢从《易经》中搞点历史故事。发现《易经》中有"中行"二字，就讲成中行氏。春秋时代晋国有中行氏，于是证明《易经》是晋国人作的。其实"中行"是当时的一个常用词儿，与"中行氏"根本没关系。有人还在《易经》中发现了赵氏孤儿的故事，这全是无稽之谈。《易经》是讲思想的，不是讲故事的。讲《易经》把着眼点放在历史故事上，或者用文字考证的办法讲《易经》，都是要不得的。今天，我们有了马克思主义，有了科学的理论与方法，一定能够把《周易》这个"哥特巴赫猜想"解开。

第二讲 《系辞传上》

天尊地卑，乾坤定矣。卑高以陈，贵贱位矣。动静有常，刚柔断矣。方以类聚，物以群分，吉凶生矣。在天成象，在地成形，变化见矣。是故刚柔相摩，八卦相荡，鼓之以雷霆，润之以风雨，日月运行，一寒一暑。乾道成男，坤道成女。乾知大始，坤作成物。乾以易知，坤以简能。易则易知，简则易从。易知则有亲，易从则有功。有亲则可久，有功则可大。可久则贤人之德，可大则贤人之业。易简而天下之理得矣，天下之理得，而成位乎其中矣。

"天尊地卑，乾坤定矣"，这是周人的观念。"乾坤定矣"，是讲卦的排列问题。卦的排列，周人与殷人不同。殷人首坤次乾，所以殷易叫《归藏》，也叫《坤乾》，反映殷人重母统的思想。周人则正好相反，首乾次坤，与殷易根本不同，所以周人之易叫《周易》，反映周人重父统的思想。周人为什么要首乾次坤，把乾卦排在六十四卦的首位而坤卦次之？周人从自然现象中为自己的思想寻找根据。他们以为首乾次坤，导源于"天尊地卑"。既然"天尊地卑"是自然的，首乾次坤也是自然的。他们总是要把"民之故"与"天之道"扭合到一起。孔子概括出的这两句话，很不简单，也极正确。《周易》中的确有君尊臣卑、父尊子卑、夫尊妻卑的思想。汉人讲三纲，其实三纲的思想在《周易》中早就有了。

"卑高以陈，贵贱位矣。""以陈"是排列的意思，朱熹以为"卑高以陈"是指自然界而言，我看讲的不是自然界，是一卦从初到上的排列。从卦之六爻由低至高的排列中，反映出人世间的贵贱等次来。

"动静有常，刚柔断矣。"动是阳，静是阴。卦与爻有阴有阳；有阴有阳，便可以表现出刚与柔来。这两句话是讲卦的，不是讲客观世界。

"方以类聚，物以群分，吉凶生矣。"聚与分是对文。方与物指天地之间万事万物。吉是事业的成功，凶是事业的失败。人类事业的吉凶成败，并非产生于所谓命运之类，而是产生于人们自身的主观努力。人能够顺应天地间万物聚散之情，必得吉，否则必凶。韩康伯《注》说："方有类，物有群，则有同有异，有聚有分也。顺其所同则吉，乖其所趣则凶，故吉凶生矣。"韩《注》从卦爻来讲，讲得很好。

"在天成象，在地成形，变化见矣。是故刚柔相摩，八卦相荡，鼓之以雷霆，润之以风雨，日月运行，一寒一暑。"这里从天地交感、万物生成讲起，讲到易卦的变化与生成。孔子认为，易卦的变化与生成反映自然界中天地万物的变化与生成，两者的道理是一样的。整个这一段话，既是讲自然界，也是讲易卦。不管讲什么，基本的观点是强调发展变化，强调辩证法。成象成形，相摩相荡，雷霆风雨，日月寒暑，等等，自然界如此，易卦也如此。在古人看来，乾坤两卦相摩相荡生成六十四卦，犹如天地交感而生成万物一样，都是变化发展的结果。所谓相摩相荡，就是运动，就是发展，也就是矛盾和斗争。有人不相信《易经》中有辩证法，说这个不可能，那个不可能。怎么不可能？不过是闭着眼睛不承认罢了。明明讲相摩相荡，鼓之以雷霆，润之以风雨，说明天地是运动的，乾坤两卦也是运动的。这里应该指出，《周易》观察自然界，首先注意到四时的交替。"雷霆风雨"讲四时，"日月运行，一寒一暑"也是讲四时，言及天地变化的表现，还是讲四时，谈筮法时说"揲之以四以象四时"，乾之策与坤之策，"凡三百有六十，当期之日"，所说又是四时。《论语》里记孔子的话"天何言哉，四时行焉，百物生焉，天何言哉"，很明显也是讲四时，同《系辞传》的这段话，意思是一致的。只有这么理解，这段话才能讲通。

"乾道成男，坤道成女。"这两句话的意思同《序卦》讲的"有天地然后万物生焉"是一样的。这里不过讲得具体详细，与"乾坤其《易》之门邪"讲的也是一个意思，都是说六十四卦以乾坤为首，乾坤两卦象天地。"有天地然后万物生焉"，有了乾坤两卦然后才生成其余六十二卦。《乾卦·象传》讲"大哉乾元，万物资始"，《坤卦·象传》讲"至哉坤元，万物资生"，也是说"有天地然后万物生焉"。自然界中叫天地，《易》中则叫乾坤。天地产生万物，乾坤产生六十二卦。用男女比喻乾坤二卦，所产生的万物，意在强调二卦是六十四卦之本。

"乾知大始，坤作成物。""乾知大始"实际就是《乾卦·彖传》所说的"万物资始"。"坤作成物"，实际就是《坤卦·彖传》所说的"万物资生"。就天地来说，乾象天，而天实际上讲的是太阳。坤象地，万物生于大地。春天，气候暖和了，万物从大地生出。没有大地，是生不出万物的。这就是"坤作成物"。乾坤二卦在《周易》里边也有这样的作用："乾知大始，坤作成物。"这里讲的乾坤，不是一般的乾坤，而是六十四卦中的乾坤。乾主万物之始，坤主万物之成。乾坤二卦的变化，形成其他六十二卦。

"乾以易知，坤以简能。易则易知，简则易从。易知则有亲，易从则有功。有亲则可久，有功则可大。可久则贤人之德，可大则贤人之业。易简而天下之理得矣，天下之理得，而成位乎其中矣。"韩康伯《注》说："天地之道，不为而善始，不劳而善成，故曰易简。"这是道家老子的观点。不过我以为这样理解易简是可以的。"不为"，"不劳"，是自然而然，合乎规律，无须人类矫揉造作，自然而然所以就易知，就简能。我看，易简就是自然的意思。因为是自然而然，没有人类的作用，所以易知，易从。

"乾以易知，坤以简能"，还是讲乾坤二卦。以下讲"易知"，"易从"，"有亲"，"有功"，讲"德"讲"业"，等等，从天地自然，从易卦，讲到人事。"易从"与"有亲"相对待，"德"与"业"相对待。人如果能效法乾之易、坤之简，则"易从"，"有亲"，"有功"；做到"易从"，"有亲"，"有功"，则能成就事业。能做到易简，就等于掌握了天下之理。这样，人居于天地之间，便可与天地参了。由此可知，《周易》很重视人的主观能动作用，它是把人作为主体看待的。它无论怎样谈天谈地，怎样着重自然，到头来总是归结到人和人的事业。人与天是联系在一起的。在儒家那里，天人关系问题，丝毫没有迷信的意思。

圣人设卦观象，系辞焉而明吉凶，刚柔相推而生变化。是故吉凶者失得之象也，悔吝者忧虞之象也，变化者进退之象也，刚柔者昼夜之象也。六爻之动，三极之道也。是故君子所居而安者，《易》之序也。所乐而玩者，爻之辞也。是故君子居则观其象而玩其辞，动则观其变而玩其占，是以自天祐之，吉无不利。

"圣人设卦观象，系辞焉而明吉凶"，这是讲卦。《系辞传》不仅仅讲六十四卦的结构、排列，又进一步讲每一卦的本身。前面是从宏观角度讲，这里是从微观角度讲。设卦，画八卦又重为六十四卦。观象，观卦的象，然后系辞，用文字加以说明，以此表达吉凶悔吝。

"刚柔相推而生变化"，刚柔亦即阴阳，阴阳即是矛盾。"刚柔相推"，其实就是矛盾的运动。矛盾运动的结果，必然产生变化。

"是故吉凶者失得之象也，悔吝者忧虞之象也。"有变化就有吉凶。吉凶是什么意思？吉是得，是事业的成功；凶是失，是事业的失败。成功与失败，关键在于人们自身努力的程度如何。《周易》总是告诫人们在一定的条件下怎样做才能成功，怎样做必将失败。一般人把吉凶说成祸福，把《周易》当成迷信，是因为他们不了解《周易》。其实《周易》所讲的吉凶，最强调人的主观努力，并不认为吉凶是前定的。有时候，事情的结果不能立刻达到吉或者凶，尚处在两可的状态。弄得好，凶可以变为吉，这叫悔；弄得不好，由吉可以变为凶，这叫吝。

"变化者进退之象也，刚柔者昼夜之象也。"变化是什么？变化就是进退。进退是什么？进退就是柔变刚，刚变柔。这里说的变化，是卦的变化，不是事的变化。柔而变刚是进，刚而变柔是退。既变而为刚，就是昼，就是阳；既变而为柔，就是夜，就是阴。

"六爻之动，三极之道也。"一卦六爻，初与二在下为地，三与四在中为人，五与上在上为天。动就是变化。三极是天地人三才。一卦六爻的变动，越不出天地人三才之道。我们读《易》，应该知道，《周易》把人和社会看得很重要，与天地并称为三才。这事也不简单。

"是故君子所居而安者，《易》之序也。所乐而玩者，爻之辞也。"这一段话是讲人们应如何学《易》的问题。居，居仁由义的居，不是出入起居的居。居而安，处而不迁的意思。人们学《易》，要首先抓住"《易》之序"，牢牢不放，处而不迁。什么是《易》之序呢？《易》之序即是六十四卦之次序。《周易》六十四卦之次序与《连山》《归藏》不同。《周易》的卦辞爻辞，全根据六十四卦之次序而定。就是说，《周易》六十四卦的次序不是偶然的，是有意义的。如乾坤之后是屯卦，屯的意义是难，因而六爻也皆取难义。这一点，我们从《序卦传》中看得极清楚。玩，寻绎不已，反复思索的意思。为什么只玩爻辞，不提卦辞呢？卦辞不变而爻辞变。爻辞取象繁多，变动无方，不易玩索却又必须反复玩索。

"是故君子居则观其象而玩其辞，动则观其变而玩其占，是以自天祐之，吉无不利。"这一段话是讲人们应如何用《易》的问题。怎样用《易》，《易》之道，不外乎象、辞、变、占四个方面。象、辞是象、辞，变、占是变、占，不是一回事。平时无事，观象玩辞。观象，领会《易》象的意义；玩辞，寻绎卦爻辞的微旨。一旦有了事情，要进行卜筮，亦即要行动了，便要观其变，玩其占。一个人能够做到平时观象玩辞，有事观变玩占，必然得吉而无不利。别人可能以为天保佑他得吉，其实不然，是他依据《易》的指导，行动遵循客观规律而得到的结果。

象者，言乎象者也。爻者，言乎变者也。吉凶者，言乎其失得也。悔吝者，言乎其小疵也。无咎者，善补过也。

象是断的意思。象在这里专指一卦之象而言。"言乎象"，实际是说言乎卦。象是断一卦之象的，是象辞，也叫卦辞。卦辞是一卦的总说明。一卦反映一个时代。一个时代的特点由一卦的卦象来表达，一卦的卦象由一卦的卦辞来说明。在一卦之中，卦象始终不变，卦辞也始终不变。爻是爻辞，爻辞是说明一爻之象的。一卦六爻从初到上是变化不定的。一卦反映一个时代，一爻反映一个时代中的一个发展阶段。六爻反映六个发展阶段。卦辞反映一卦之象，说明一卦的总特点。爻辞反映一卦之中六爻的变化，说明各爻的特点。所以孔子说"象者言乎象"，"爻者言乎变"。言象言变，只是就一卦内部而言。若从全部六十四卦的排列组成来说，乾坤变而为屯蒙，直至既济未济，是一个大的变化过程，应当说，卦也是言变的。在一卦之中，爻也有位，爻位即是爻之象。应当说，爻也是言象的。而就一卦来说，卦辞反映一卦之象，它相对地不变；爻辞反映卦在自身各个发展阶段上的变化，它们的特点是动是变。

在卦辞和爻辞中有吉凶悔吝无咎之辞。吉凶悔吝无咎，从根本上说，不外乎失得两个方面。吉凶是大得大失，悔吝是小疵、小问题。问题虽小，但不如无咎好。这里提出"补过"的思想，很重要，值得注意。《周易》有这样一个思想：吉凶得失，全在能否"补过"。"补过"就是知过而改。吉不是命中注定的，吉由人的主观努力来。人能补过，不断地改正错误，积累起来便可无咎。无咎积累起来便可以得吉。若不知补过而以小疵自恕，则必悔吝，终则必凶。"无咎"是什么意思？《周易》中凡出现"无咎"二字，便是嘉许其能补过。

是故列贵贱者存乎位，齐小大者存乎卦，辩吉凶者存乎辞，忧悔吝者存乎介，震无咎者存乎悔。是故卦有小大，辞有险易。辞也者，各指其所之。

《周易》是讲究贵贱的。贵与贱的区分，通过六爻的爻位显示出来。位在上者贵，位在下者贱。齐，韩康伯《注》说"犹言辩也"。"齐小大"，分辩小大。小大，韩康伯《注》说"其道光明曰大，君子道消曰小"。道有君子小人之分，德也有好坏之别，并非全一样。君子之道，君子之德，曰大；小人之道，小人之德，曰小。小大之义从卦即卦辞中表达出来。卦怎样表达小大呢？卦靠阴阳区分小大。辞，韩康伯《注》说"爻辞也，即爻者言乎变也"。吉凶从爻辞中表现出来，吉凶的问题比贵贱大小为复杂。贵有吉，贱亦有吉；小有凶，大亦有凶。没有辞，吉凶无法辨析清楚。吉凶要通过辞来判断。介，韩康伯《注》说"纤介也"。纤介，划分吉与凶界限的细微处。吉之与凶，所争仅在几微之间，这个几微就是介。由吉变成凶并不难，所以《周易》要"忧悔吝""震无咎"。"忧悔吝"，就是因为介，通过辞表达它的危疑忧虑；"震无咎"，就是为使其知悔，将有咎变为无咎，通过辞来儆劝告诫。卦大卦小的问题，前面讲过。卦之大小可以从君子小人的角度划分，也可以从阴阳的角度划分，二者是一致的。以阳为主的卦如泰，就是大；以阴为主的卦如否，就是小。辞，包括卦辞、爻辞。辞易，明白浅易，易懂；辞险，奇奥艰深，难懂。无论卦大卦小，辞易辞险，都是既告诫、慰勉君子，亦儆劝、安抚小人。所之，趋，避。辞易，告人趋吉；辞险，告人避凶。避害避凶，归根结底，还是指示人们归于吉。

《易》与天地准，故能弥纶天地之道。仰以观于天文，俯以察于地理，是故知幽明之故，原始反终，故知死生之说。精气为物，游魂为变，是故知鬼神之情状。

准字怎么讲？有人把准字解为密，有的以为准字有符合的意思。朱熹说准字的意思就是齐。《易经》之写作是与天地相准的，按照天地来作《易》。例如，《易经》的乾坤两卦象天地，其余各卦象天地的变化。全部《易经》，是与天地准的，与天地一样。因与天地一样，故能弥纶天地之道。《经典释文》说"天地之道"原为"天下之道"。现在传世的本子作"天地之道"。我看应是"天下之道"。"天地之道"仅仅是"天地之道"，概括的面窄，而"天下之道"，面就大了。"天下之道"包括整个"天下"之道。"天之道"，"民之故"，即自然的与社会的知识，它都包括在内。"天地之道"也包括在"天下之道"以内。"与天地准"也并非说《易》讲的仅仅是"天地之道"。

"弥纶天地之道"的"弥纶"二字，应是一个词，不是两个词。王引之的《经义述闻》有解释。朱熹把两个字分开，作为两个词讲，我看是不对的。"弥纶"的意思就是概括，同"冒天下之道"的那个"冒"字一样。因为"《易》与天地准"，所以《易》能"弥纶天下之道"。天下所有的道它全能概括。

"仰以观于天文，俯以察于地理"的"以"，朱熹的《周易本义》说"以者，圣人以《易》之书也"。我看这个"以"未必是"以易"。"以观"，"以察"，是说人仰观俯察。"幽明"指昼夜，亦即自然界的变化。以天地自然的变化，可以知幽明的缘故。"原始反终"，据《经典释文》记载，有的本子作"原始及终"。及、反二字字形相近，容易错讹。事物有始必终，人有生必死。所以我看作"原始及终"是有道理的。《易经》讲幽明，讲死生，并不神秘，没有宗教迷信的意思。

"精气为物，游魂为变"，是指鬼神说的。"精气为物"，是讲神；"游魂为变"，是讲鬼。鬼神是什么？鬼神在《易经》之中不过是变化的同义语。鬼者归也，神者申也。张载以为鬼神乃阴阳二气之良能也。这是对鬼神作的无神论解释。《易经》对幽明、死生、鬼神的解释都是无神论的。《易经》是唯物论，不是唯心论。

与天地相似，故不违。知周乎万物而道济天下，故不过。旁行而不流，乐天知命，故不忧。安土敦乎仁，故能爱。

"与天地相似"同"与天地准"是一个意思。因为《易》与天地相似，所以不违。不违，就是合其德，合其明，合其吉凶。与天地一样，不违背天地的规律。《易》的发展变化，与"天地"的发展变化相似，反映天地的发展变化。

因为《易》与天地相似，所以它的"知"能够周乎万物。这个"万物"，既是《易》的万物即六十四卦，也是天地之间的万物。《易》的"知"普遍藏在"万物"即六十四卦之中，又普遍反映着万物的规律。因为《易》与天地相似，所以它的道能够济天下，能够解决全天下的所有问题。也就是所谓"以通天下之志，以定天下之业，以断天下之疑"，指导人们的行动。因为《易》能知周万物而道济天下，一切都在它的作用范围之中，所以对《易》来说，不存在过或不足的问题。"旁行而不流"，"旁行"是普遍的意思，"流"字有的本作"留"。韩康伯《注》说"应变旁通而不流行"。其实，"不流"与"不违""不过"意思是一样的，都是极力形容《易经》包容广大，作用完备。

"乐天知命"的"天"系指自然而言，"乐天"就是顺应自然。"命"就是客观的不以人的意志为转移的规律。"知命"就是认识、承认、顺应客观的规律。《易经》里讲的天命不是上帝之旨意的意思。孟子讲"莫之为而为者天也，莫之致而至者命也"，是讲得对的。孟子给天命下的这个定义，放到《易经》上是合适的。《易经》中讲的天，与孟子说的一样，不为而为，自然而然，没有意志，没有主宰。《易经》中讲的命，我看也绝对不是上帝的旨意。《孟子·尽心》讲两种命，一种是尽其道而死，即正常死亡，叫正命；一种是桎梏而死，即受刑致死，叫非正命。《庄子·列御寇》说"达大命者随，达小命者遭"，把命分为大命与小命两种。儒家孟子讲的正命与道家庄子讲的大命，自今天看，实际上就是必然性；他们讲的非正命、小命，实际上就是偶然性。孟子与庄子已经认识到必然性与偶然性的存在，但不知道二者的关系。《论语》说"死生有命"的命，也是说必然性。必然性通过偶然性开辟道路，这一点古人是不知道的。孔子讲的命，不是宿命论，还有一个重要的旁证。墨子反对儒家不信鬼神的态度，他指责儒家以天为不明，以鬼为不神。如果孔子讲的命有鬼神的含义，墨子何以批判儒家不信鬼神？

孔子说他"五十而知天命"，又说"五十以学《易》，可以无大过矣"。把两句话联系起来看，孔子的天命概念不是宿命论。若是宿命论，天命就是上帝的旨意，孔子何必要等到五十岁才知天命！五十岁既知天命，理会了上帝的旨意，为什么又需学《易》才可以无大过？《易经》中当然不可能有我们今日使用的必然性、规律这些明白无误的概念。我们要透过现象看本质。古人使用天命这个词汇，有很大的灵活性，含义不是确切的。在不同的语言环境中可以有不同的解释。对于"天命"这个词儿，要寻求出一个符合古人原意的解释，必须把它放到具体的文章中去，从上下前后的文句相互制约、相互联系中去理解、去判断它的含义。《易经》中"天命"一词所指是必然性，是规律。《易经》讲动讲变，也是讲规律，讲事物的客观性。我们的古人总是把自然与社会、天与人、客体与主体放在一起加以考察，经过孔子研究过的《易经》即是如此。天地万物，客观世界，在生生不息地运动、变化。"《易》与天地准"，世界是什么样，《易》也是什么样，而且是"不违""不过""不流"的。一个人学《易》，便可知天知命，知天下之道，所以能够无所忧。孔子认为《易经》中不仅有知，还有仁。知是理智、理性，仁是仁爱、人性。这一点与道家老子根本不同。老子讲天地不仁以万物为刍狗。孔子则肯定仁无处不在。《易》中有仁，故能道济天下。学《易》的人安土敦仁，故能爱人济物。

范围天地之化而不过，曲成万物而不遗，通乎昼夜之道而知，故神无方而《易》无体。

这里继续讲《易经》本身。《易经》广大悉备，天地万物生成化育，生生不息的情状及其事理，它完全包括了，没有过头即不该它包括而被它包括了的地方。《易经》用象与辞反映思想，表达概念。《易经》的象与辞代表什么不能定指，它要根据具体情况而定，所以是灵活的，适时而变的。万事万物它全能代表，没有什么事物它代表不了。这就是"曲成万物而不遗"。"通乎昼夜之道而知"，昼夜当然讲的是白天与夜里，幽与明两方面的交替变化。白天与黑夜的对立与变化，是谁都清楚的。这里所说的昼夜，包括世间万事万物。世间任何事物都有幽一面与明一面。这幽明两面，都可以说成昼夜。万事万物都有昼夜。《易经》及学《易经》的人，若能通达幽明之理，那便是无所不知了。"神无方而《易》无体"，"神无方"指事物是变化无定的，"《易》无体"指《易》也是变化无定的。程颐《易传·序》说："易，变易也，随时变易以从道也。"我看程说是对的。

一阴一阳之谓道。继之者善也，成之者性也。仁者见之谓之仁，知者见之谓之知。百姓日用而不知，故君子之道鲜矣。

道就是一阴一阳，一阴一阳是事物由自身的对立面斗争引起的发展变化。古人当然没有现代哲学的对立面斗争的明确认识。但是，《易经》中确实有了关于事物发展变化的概念，有了事物总是一分为二，分为两个方面的概念。孔子则用阴阳来表达它。清人戴震说："道，犹行也。气化流行，生生不已也。"他这样解释"一阴一阳之谓道"的"道"，是正确的。

"继之者善也，成之者性也。"继是接续。"继之者"，是继气化流行，生生不已。"继之者善也"，是说继气化流行，生生不已之后，乃是所谓善的问题。善是什么？按戴震《原善》的说法，善包括仁、礼、义三个方面的内容。生生不已是仁。生生不已而有条理，是礼；有条理，截然不可乱，是义。仁、礼、义三者存在于天地万物之运动变化之中，是自然界固有的现象。戴氏的理解，看来是对的。

"成之者性也"，是说把一阴一阳之道，成就在某一事物的身上，即为性。《大戴礼记·本命》说："分于道谓之命，形于一谓之性。"实际上也是说明这个问题。

"仁者见之谓之仁，知者见之谓之知。"本来《易》与天地准，与天地相似，可谓无所不包。但是人们不能全面地了解它，认识它，往往只能从自己所熟悉所看重的一个方面去理解它，结果造成仁者见其仁、知者见其知的情况。

"百姓日用而不知，故君子之道鲜矣。"《易》中包含的道理，百姓每天都在应用，日常生活离不开这些道理，但是他们自己不知不觉。对于《易经》，有人见其仁，有人见其知，更多的人仁知皆不见，所以真正能知《易》行《易》的君子之道就很少了。

显诸仁，藏诸用，鼓万物而不与圣人同忧，盛德大业至矣哉。

显是应用，藏是不用。当人们应用《易经》的时候，《易经》能指导人们的行动，吉凶悔吝这就是"显诸仁"。当人们不用它的时候，它便藏到筮与卦里边去了，这就是"藏诸用"。

鼓是动词，是说《易经》在应用的时候，筮所起的作用。"不与圣人同忧"，是说"《易》无思也，无为也，寂然不动，感而遂通天下故"，与圣人统治天下之劳神焦思不同。"圣德大业至矣哉"，是赞美《易经》的。"盛德"就"藏诸用"言，"大业"就"显诸仁"言。

富有之谓大业，日新之谓盛德。生生之谓《易》，成象之谓乾，效法之谓坤，极数知来之谓占，通变之谓事，阴阳不测之谓神。

这是对《易经》常用的八个概念所作的简明精确的解释。"富有之谓大业"，说明大业就是富有，富有表明无所不包。同样，"日新之谓盛德"，说明"盛德"有日新的意思。实际上是指《易经》卦爻里边所反映的变化发展。"生生之谓《易》"，说明《易》就是生生。"大极生两仪，两仪生四象，四象生八卦，八卦定吉凶，吉凶生大业"，这就是生生的具体内容。

"成象之谓乾，效法之谓坤。"这里的乾坤既指六十四卦的乾坤两卦而言，也指全《易》为乾坤二卦的变化而言。《系辞传上》开头说，"在天成象，在地成形，变化见矣"至"乾道成男，坤道成女"，这里既包括篇首二卦之乾坤，同时也包括二卦在发展变化中的乾坤。总之，乾是成象，坤是效法，其义与"大哉乾元，万物资始""至哉坤元，万物资生"的说法，是一样的。

"极数知来之谓占，通变之谓事。"这是对《易》中占和事的解释。极数是指筮法利用大衍之数的分二、挂一、揲四、归奇等以得出七八九六，其意义就是知来。而这个"极数知来"就是占。"通变之谓事"，是说《易经》里的事是指变通而言。这个"变通"就是所谓"《易》穷则变，变则通"。

"阴阳不测之谓神"，是说《易经》里的所谓神，只是指阴阳不测而言。筮法得出的七八九六，不能前知，所以说，阴阳不测。

夫《易》广矣大矣，以言乎远则不御，以言乎迩则静而正，以言乎天地之间则备矣。

"广矣大矣"，是对《易》道的赞美。这个广大，从远来说，则无有止境；从近来说，则当于理；从整个天地之间来说，则完备了。

夫乾，其静也专，其动也直，是以大生焉。夫坤，其静也翕，其动也辟，是以广生焉。

因为乾坤是《易》之蕴，所以，从乾坤二卦的动静可以看出《易》道的广大。乾象天，天的最明显的表现为春夏秋冬。"其静也专"，则指岁之冬。"其动也直"，则指岁之春、夏、秋三时。直是直遂无前，不受干扰，也没有矫揉造作。坤象地，地的最明显的表现是四时的成长和衰枯。"其静也翕"，则指冬时的闭藏。"其动也辟"，则指春夏时的因暑来寒往而发生发展。由此看来，乾坤的广大就是《易》的广大，《易》的广大就是乾坤的广大。因为二者实际上是一个东西。

广大配天地，变通配四时，阴阳之义配日月，《易》简之善配至德。

配，匹配、相当。就是说《易》道之广大，与天地之广大相当。《易》道之变通，与四时之变通相当。《易》之阴阳义，与日月之义相当。《易》简之善，与圣人之至德相当。

子曰："《易》其至矣乎！夫《易》圣人所以崇德而广业也。知崇礼卑。崇效天，卑法地。天地设位而《易》行乎其中矣。成性存存，道义之门。"

"《易》其至矣乎"，是孔子对《易经》的称赞。"至矣乎"是说至极无以复加的意思。"夫《易》圣人所以崇德而广业也"，是说圣人用《易》来崇高其德，广大其业。德是从修养一方面说的，业是从事功一方面说的。"知崇礼卑"，是说知贵崇高，礼贵卑下。"崇效天，卑法地"，是说知之崇，应效法天之高，礼之卑应效法地之下。"天地设位而《易》行乎其中矣",这个"天地设位"不是指自然界中的天地,而是指《易》中的天地,亦即乾坤二卦。"《易》行乎其中"是指乾坤二卦的变化发展。这种说法同下文所说的"乾坤其《易》之蕴邪?乾坤成列,而《易》立乎其中矣"是一个意思。"成性存存,道义之门"是说把《易》这个道理变成性而存之又存,则是道义所从出。门是所从出的意思。

圣人有以见天下之赜,而拟诸其形容,象其物宜,是故谓之象。圣人有以见天下之动,而观其会通,以行其典礼,系辞焉以断其吉凶,是故谓之爻。

"圣人"指《易经》的作者。这一段话是解释《易经》里象和爻这两个概念的。"圣人有以见天下之赜,而拟诸其形容,象其物宜,是故谓之象",是说象这个概念的产生,是由于作《易》者见到天下之赜。赜是幽隐,即隐藏在天下众多事物中的道理。作《易》者把这些隐藏在天下万事万物中的道理,"拟诸其形容,象其物宜",用各种相当、合适的形象表达出来,让人们容易认识、理解。

"圣人有以见天下之动,而观其会通,以行其典礼,系辞焉以断其吉凶,是故谓之爻。"这是说爻这个概念的产生是由于作《易》者观察到天下万物万事的运动、变化,于是"观其会通,以行其典礼"。会是会聚,其实也就是今天说的关键、关节点、要害。事物运动、变化过程中的关键、关节点、要害,用哲学的语言说,就是质变。通是"穷则变,变则通"的通,相当于今日哲学术语所说的量变。"典礼"之典,在此有常的意义;礼在此有行为的意思。合起来看,"典礼"就是指行动、行为的准则、规范。"观其会通以行其典礼",就是看准事物变化中常与变的关系,依据不同的情况采取不同的行动。"系辞焉以断其吉凶",爻确定了,再给加上一定的言辞,以判断出事情结局是吉是凶,指导人们在事物的变化中争取成功,避免失败。这就叫作爻。

言天下之至赜而不可恶也,言天下之至动而不可乱也。

"言天下之至赜而不可恶也"，是说象。《易》中之象能说明天下事物最为奥秘的道理。"而不可恶也"，是说不能指出其疵累。"言天下之至动而不可乱也"，是说爻。《易》中之爻能说明天下事物的最纷繁的变化。"不可乱也"，是说这个动都有秩序而不能混乱。

拟之而后言，议之而后动，拟议以成其变化。

这段话是对学《易》者来说的。学《易》者也应当如作《易》者之于象，拟之而后言，也应当如作《易》者之于爻，议而后动。用拟议以成就其变化。这个变化谓掌握时变，正是所谓时措之宜也。

以下自"鸣鹤在阴，其子和之"至"《易》曰：'负且乘，致寇至。'"，共七爻，是孔子举例发明拟而后言、议而后动的意义。以后讲卦时还要讲到，这里就不讲了。现在讲筮法。筮法很重要，是《周易》的一项重要内容。以往人们多重视卦，忽略筮，是不对的。在筮法当中也蕴含着丰富而深刻的哲学思想。古代筮法不止一种，《周礼·春官·筮人》提到九筮之名，说明古代有九种筮。后来九筮大部分不见了，现在我们能见到的筮法只有一种，就是保存在《周易》系辞传里的这种筮法。这一点我们要感谢孔子，不是他写进《易传》里，就连这一种筮法我们也看不到了。

天一，地二；天三，地四；天五，地六；天七，地八；天九，地十。天数五，地数五，五位相得而各有合。天数二十有五，地数三十，凡天地之数五十有五。此所以成变化而行鬼神也。

这一段文字是说明《周易》的筮法所用之数的。《周易》筮法所用之数是十以内的五个天数与五个地数之合[①]，即大衍之数五十有五。天数、地数之天地二字，看上去似乎神秘，其实没什么神秘。天数就是奇数，地数就是偶数。天地二字在这里同阴

---

① 编者按：合，犹言"和"，相当于算术中的"和数"，下文同。

阳、奇偶的意义是一样的，不过是两个符号，表示自然数中包含着两种性质的数，一种是奇数，一种是偶数。奇与偶在数字中的关系是对立统一的关系。《周易》里将奇偶换作天地来称谓。所以，这里的天地就是奇偶，没有别的意义。

为什么不多不少正好取十个数呢？这是因为古人把十以内的数看成是一切数字的基础。古人认为十是小盈之数，万是大盈之数。万太大，当然要取十这个数了。

十个数中有天数五个即一、三、五、七、九，有地数五个即二、四、六、八、十。"五位相得而各有合"，就是说一与二相得，三与四相得，五与六相得，七与八相得，九与十相得，用今日哲学语言来说，相得就是对立的统一。各有合，就是五个天数加起来得二十五，五个地数加起来得三十。"凡天地之数五十有五，此所以成变化而行鬼神也"，就是说天数二十五与地数三十相加得天地之数五十有五。《周易》筮法就采用这个数进行占。这个五十有五又叫作大衍之数。衍是演变的意思，通过它能够进行占筮，所以说"成变化而行鬼神"。

大衍之数五十，其用四十有九。分而为二以象两，挂一以象三，揲之以四以象四时，归奇于扐以象闰。五岁再闰，故再扐而后挂。

大衍之数是五个天数与五个地数之合，应为五十有五，这里只说五十，是脱了"有五"二字。"五十有五"，是说大衍之数的总策数为五十五。"其用四十有九"，五十五策不全用，只用四十九策。为什么五十五策不全用，只用四十九策，古人曾作过种种解释，都是牵强附会，不足信据。其实根本没有什么深意，只是因为五十五策全用最后得不出七八九六，不能达到筮的目的。从这一点也可以看得出筮法本是人为的安排，是借此反映作《易》者的哲学思想的，绝不像朱熹说的那样，"皆出于理势之自然，而非人之知力所能损益也"。

"分而为二以象两"，这是筮的第一个步骤。筮时首先将四十九策即四十九根蓍草信手分成两部分。为什么要分成两部分？孔子认为"分而为二"有意义，它是"象两"的。"象两"即是象天地，天地就是由太一分出的两仪。世界上一切事物都是一分而为二的，古人认为天地是最大的两仪，最大的分而为二。两仪实际上就是对立的统一。

"挂一以象三"，这是筮的第二个步骤。挂一，是从分为两部分后的一部分蓍草中抽出一根，放到另一处，成为第三部分。这第三部分虽然只是一根蓍草，意义却极大，它与前边说的二合起来成为三。"象三"是"象三才"的省语，三才即天地人。可见《易经》的作者和孔子已经把人放在重要地位。天地，指的是自然界，人是人类社会。在《周易》的作者看来，自然界与人类自身都是人类要认识的对象。人类既是认识的客体也是认识的主体。把人类社会自身作为研究对象，把人放到重要地位，把人类社会同自然界联系起来考察它们的运动规律，从而把神的意志排除在外，这是《周易》哲学的一个鲜明特点。

"揲之以四以象四时"，这是筮的第三个步骤。揲是动词，数的意思。"揲之以四"，是将分为两部分的四十八根蓍草（本为四十九根，"挂一"时抽出去一根），四个四个地数，数过的蓍草拿出去。数完第一部分，再用同样的办法数另一部分。每一部分都要有一个余数。余数不是一就是二，不是二就是三。如果数尽无余数，可视作余数为四。这一部分若余四，则另一部分必然也余四。若余三，则另一部分必然余一。若余二，则另一部分必然也余二。若余三，则另一部分必然余一。分而为二的两部分蓍草，为什么要四个四个地数呢？道理很简单，不四个四个地数，得不出七、八、九、六来；得不出七、八、九、六来，便画不出爻；画不出爻，当然求不出卦。但是古人宁肯把理由说得复杂些，以增添《易》的神秘色彩。孔子作《系辞传》，把古人的这一思想记载下来了。古人说"揲之以四"是象四时，仿佛四个四个地数不是人为规定的，而是根据一年有春、夏、秋、冬四时来的。这虽然不是实际情况，但也因此为我们提供了两个信息：（一）它告诉我们，在《周易》成书的时候，人们已经有了丰富的历法知识；（二）它告诉我们，人们在创制筮法的时候，是有着相当成熟的数学知识作基础的，而且肯定受到了当时十分重要的历法知识的启发。

"归奇于扐以象闰。五岁再闰，故再扐而后挂"，这是筮的第四个步骤。经过分二、挂一、揲四、归奇这四个步骤，一易宣告完成，随后再进行两易，即成一爻。一爻须进行三易。一卦六爻，共须进行三六一十八易。奇是每次过揲后的余数。扐，也是零余的意思。"归奇于扐"，是说把每次过揲余下的余数作为"扐"，另外放在一边。这也是为了最后能得出七、八、九、六，以求出卦来，但是古人把这种作法同历法上的置闰联系起来，以为"归奇于扐"如同置闰一样。"五岁再闰"，五年之中置二闰，是中国古代历法的实际情况。因为"五岁再闰"嘛，所以要"再扐"，"再扐"是说分而为二后的两部分蓍草，每一部分都要经过"揲之以四"，都有一个余数。两部分蓍草，有两个余数。因为是两个余数，不是一个余数，所以叫"再扐"。"而后挂"是一易完毕，将要进行再易、三易而成一爻。

爻究竟是怎样得出的呢？爻只有阴爻与阳爻两种，筮的直接目的是得出爻来，而得爻的实质性意义不是别的，只是确定是阴爻还是阳爻。筮不能直接得出阴爻或者阳爻的符号，筮要得出四个一定的数字来，这四个数字代表阴爻和阳爻。这四个数字是七、八、九、六。筮每三变得出这四个数的一个数，或七或八或九或六。七叫少阳，八叫少阴，九叫老阳，六叫老阴。得出七或九，画阳爻，因为七、九是奇数，奇数是阳数。得出六或八，画阴爻，因为六、八是偶数，偶数是阴数。

筮的每三变怎样得出或七或八或九或六这四个数呢？是这样得出的，四十八根蓍草减去三变余数的总和，除以四。得数不是七就是八，不是八就是九，不是九就是六。四十八这个数是一定的，四这个数也是一定的。不一定的是三变的余数各是多少。三变余数的总和有四种可能，即二十四、十二、十六、二十这四个数。四十八减去二十四，除以四，得六，是为阴爻。四十八减去十二，除以四，得九，是为阳爻。

四十八减去十六，除以四，得八，是为阴爻。四十八减去二十，除以四，得七，是为阳爻。那么，二十四、十二、十六、二十这四个数是怎样得出的呢？它们是三变余数的总和。四十九根蓍草信手分作两部分，挂一，抽出一根，还有四十八根。四十八根分为两部分，每部分各除以四，即揲四。余数可能是多少呢？前面说过，两部分中每部分的余数有一、二、三、四这四种可能（四本可除尽，除尽则视作余四）。若一部分余四，则另一部分必也余四，加起来为八。若一部分余一，另一部必余三。若一部分余二，另一部分必也余二。两部分余数的和都得四。这就是说，第一变两部分蓍草揲四后余数之和，非八即四。第二变时蓍草总数是四十或四十四根，两部分蓍草揲四后的余数之和，也非八即四。第三变时蓍草总数是三十二或三十六，两部分蓍草揲四后的余数之和，又非八即四。三变余数之和，必只有四种情况，即三个八、三个四、两个四一个八、两个八一个四，亦即二十四、十二、十六、二十。四十八减去二十四，为二十四；减去十二，为三十六；减去十六，为三十二；减去二十，为二十八。四个数分别除以四，即得六、九、八、七。经过三变，得出一爻。一卦六爻，需十八变成一卦。

乾之策二百一十有六，坤之策百四十有四，凡三百有六十，当期之日。

策即蓍，一策即一根蓍草。《周易》的阳爻都是九，阴爻都是六。乾卦六阳爻，每个阳爻是由九乘以四即三十六根蓍草得来的。三十六再乘以六，即二百一十六根蓍草。坤卦六阴爻，每个阴爻是由六乘以四，即二十四根蓍草得来的。二十四再乘以六，即百四十有四根蓍草。乾坤两卦的策数相加，计三百六十整。恰巧与当时历法一年的日数三百六十相等。期，年。当期之日，与一年的日数相当。这里又把筮的问题与历法连到一起。其意义前面已经说过了。

二篇之策万有一千五百二十，当万物之数也。

二篇指《周易》上经与下经。全《易》六十四卦凡三百八十四爻，阳爻一百九十二，阴爻也是一百九十二。一百九十二乘以三十六，得六千九百十二策。一百九十二乘以二十四，得四千六百零八策。两数相加，得万有一千五百二十，约当万物之数。自今日看来，乾坤二卦的策数，本没有任何意义，与万物之"万"这个数也没什么联系。我们知道，万物的"万"是概指不是实指。《论语》说"百物生焉"，百物与万物同义，都是说多，说全，概指天地间一切事物。古人所以要把二篇之策数同万物联系起来，显然是为了进一步表示筮法的神秘感，让百姓坚信不疑，以达到神道设教的目的。但是，《周易》作者无意间表露了他们的唯物论思想，他们是把万物放在第一位的。

是故四营而成易，十有八变而成卦，八卦而小成，引而伸之，触类而长之，天下之能事毕矣。

营，经营。四营即上面讲的分二、挂一、揲四、归奇四个步骤。完成这四个步骤，即为一易，一易亦即一变。三变成一爻，十八变成一卦。这是对上面所讲筮法做的概括性说明。以下几句是讲八卦怎样变为六十四卦的。"八卦而小成"，小成，不能包括天下的全部事物。八卦代表八种性质，虽可从八个方面反映世界，但它不可能从更深更广的层次上反映世界的复杂性，尤其不可能反映世界的运动和变化。于是八卦变为六十四卦。八卦怎样变为六十四卦，宋人说是用加一倍法变的，不对。这里说"引而伸之"同《系辞传下》"因而重之"意义相同，亦即八卦的每一卦上面又重以八个卦，遂成八八六十四卦。"触类而长之"，与上句"引而伸之"，当是同步的，同义的。不过，"引而伸之"是讲六十四卦的形成，"触类而长之"是讲三百八十四爻的展开。有了六十四卦，三百八十四爻，天下之能事，完全包括在内了。

显道神德行，是故可与酬酢，可与祐神矣。

显是动词，神也是动词。酬酢，应对。祐，助。道，客观的规律，自然界与人类社会之中都有不以人的意志为转移的客观规律。德行，人的德行。这段话讲《易》的功用，它能把隐藏在客观世界中的道即规律显示出来，也能把表现在人身上的德行显示出来。神，也是显，但是一种微妙的显。因为《易》有这样的功用，所以它能应对人们提出的各种问题，又能帮助将自然界与人类社会的诸多奥妙揭示出来。

子曰：知变化之道者，其知神之所为乎？

"子曰"，表明是孔子语。《易传》思想属于孔子，说《易传》是孔子作，是符合事实的。但不全出于孔子亲笔。其中有些出于孔子之手，有些是孔子继承前人的旧说，有的是后世窜入的，有的则是孔子弟子记录孔子的言论。这句话用"子曰"开头，证明是孔子讲过的话，弟子加以记录的。这两句话，朱熹《周易本义》归于第九章，四部丛刊本归于第十章。看来朱熹归于第九章是有道理的。

这两句话对于我们了解《周易》很重要。它把"变化之道"与"神之所为"等同起来，明确地说神就是"变化之道"。一般人把《周易》讲的神，看作是庙里的神。可是《周易》讲的神，不是那样，是指变化之道。《易》讲天地，讲天地之变化，讲天地变化之道。这个道，我们今天看，只能说是规律。道的本义是道路，是人踩出来的。天地万物在变化，这样变那样变，变化必有变化之道，变化之道即是规律。世界有变化的规律，《周易》是反映世界的，它自身也有变化，也有变化的规律。所谓"神之所为"，正是"变化之道"，亦即规律。

《易》有圣人之道四焉，以言者尚其辞，以动者尚其变，以制器者尚其象，以卜筮者尚其占。

这一段文字与下文不怎么连贯，后边又有"子曰：《易》有圣人之道四焉者，此之谓也"一句，朱子以为错简，是有道理的。这四句话载在《系辞传》中，说是圣人之道，没有人怀疑。现在看来，也可以怀疑。尚，取。四句话都是从学《易》者讲的。意思是说，《易》之道不外辞、变、象、占四方面，因学《易》者的需求、兴趣不同，学《易》时所取也不同。有人取其辞，有人取其变，有人取其象，有人取其占。这也可以证明《周易》本不只是卜筮，卜筮仅仅是它的一小部分内容，说《周易》就是卜筮，别无其他，显然不符合实际。

"以卜筮者尚其占"，说"卜筮"，其实《周易》只有筮，没有卜，这里却把卜与筮连着讲。把音节不足的词语，添一两个字加以补足，是古人行文的通例。"润之以风雨"也是这样，明明是用雨来润，不是用风来润，风是不能润的，却一定加上一个"风"字，变成"风雨"，只是为了凑足音节。知道这一道理，我们读古书就要注意，不要以为每个字、词、语都有实在的意义。"以制器者尚其象"一句当与《系辞传下》说"作结绳而为网罟，以佃以渔，盖取诸离"云云，出自一人之手。因此，这一段话是不是孔子所说，是可疑的。

是以君子将有为也，将有行也，问焉而以言。其受命也如响，无有远近幽深，遂知来物。非天下之至精，其孰能与于此。

"是以"，无疑是接着上文讲下来的口气，但与上文不接，因而上文那段话是可疑的。君子将有所行动，有所作为，不知怎样做好，疑而不决，乃问筮。古人问筮时有辞，这就是"问焉而以言"。这问筮的辞，从筮者方面说，就是"言"，从对蓍来说，就叫"命"。蓍受命如响，响是响应的意思，形容蓍对于"命"的反应极为迅速，像响应声一样。"无有远近幽深"，即不论时间与空间上是远还是近，也不论道理如何幽冥深邃，能径直地"知来物"，不是天下之至精，谁能做到这种程度呢！

参伍以变，错综其数。通其变，遂成天地之文；极其数，遂定天下之象。非天下之至变，其孰能与于此。

朱熹说："参伍错综皆古语，而参伍尤难晓。"参伍与错综的确不大好理解。但是，可以断定，此处是讲筮法上事。古人使用"参伍"这个词儿，如《荀子》说："窥敌制变，欲伍以参。"《韩非子》说："省同异之名，以知朋党之分；偶参伍之验，以责陈言之实。"《史记》说："必参而伍之"，"参伍不失"。所以此处所使用的"参伍以变，错综其数"，实际上是指筮法的"五位相得，而各有合"以及分二、挂一、揲四、归奇、再扐等动作来说的。"通其变，遂成天地之文；极其数，遂定天下之象。"这两句话，也是互文。"通其变"与"极其数"是一回事，是讲筮的全过程进行完毕，数已经用尽，变已经变完。成文与定象也是一回事，不必说成文是讲卦之成，定象是讲爻之定。成文既是成卦之文，也是成爻之文；定象既是定卦之象，也是定爻之象。

"非天下之至变，其孰能与于此"，是说天下最大的变化，最深的变化，最广的变化，是在《周易》这里，没有超过它的。这是赞美《周易》之筮与卦。

《易》无思也，无为也，寂然不动，感而遂通天下之故。非天下之至神，其孰能与于此。

"《易》无思也，无为也，寂然不动"，是说《易》不用时的那种状态。"感"是指用的时候"遂通天下之故"。就是说，当用的时候就能知道天下的一切道理。孔子感叹地说，不是天下之至神，什么东西能这样呢！孔子把无思无为，感而遂通的《周易》叫作神。当然，《周易》并不见得就是这样"神"。不过孔子心目中的神并非有意志有作为的上帝神明，则是可以肯定的。孔子给《易经》描画出的特点，极似今日的电脑。电脑不正是无思无为吗！平时它寂然不动，一旦有人使用它，它也要"感而遂通天下之故"，将它贮存的信息随时告诉你。

夫《易》，圣人之所以极深而研几也。唯深也，故能通天下之志；唯几也，故能成天下之务；唯神也，故不疾而速，不行而至。

"夫《易》，圣人之所以极深而研几也"，是说圣人即作《易》者利用《易》来穷极幽深，研究几微。"唯深也，故能通天下之志"，是说唯其能够穷极幽深，所以能够了解天下的各种各样的思想。"唯几也，故能成天下之务"，是说唯其能够研究几微，所以能够完成天下的种种不同的事务。"唯神也，故不疾而速，不行而至"，这里的"神"是承上文的"至神"来说的。正因为神，所以能做到不疾而速，不行而至。

子曰：《易》有圣人之道四焉者，此之谓也。

这句话与上文不接，可视为羡文。

子曰：夫《易》何为者也？夫《易》开物成务，冒天下之道，如斯而已者也。是故圣人以通天下之志，以定天下之业，以断天下之疑。

《易》是做什么的？这个问题提得很重要。当时对《周易》确实存在非常肤浅的看法，即简单地认为《周易》是卜筮之书。"《易》开物成务，冒天下之道"，是回答上面提出的问题。"开物"是创造，过去没有，今天创造出来。"成务"，事务完成，有总结的意思。孟子说："孔子之谓集大成。集大成也者，金声而玉振之也。金声也者，始条理也，玉振之也者，终条理也。"（《孟子·万章下》）这个"成务"，有孟子所说的"集大成"的意思。"冒天下之道"，韩康伯《注》说："冒，覆也。"这个"冒"有覆盖、笼罩、包括的意思。"天下之道"应包括两个方面，一为"天之道"，二为"民之故"（天之道，民之故，详见下文）。天之道就是自然规律，民之故是讲人类社会发展变化的道理的。"冒天下之道"，就是说《周易》既能开物又能成务，把天下之道即自然界知识和人类社会自身的知识，全部包括了。"如斯而已者也"，是说除此以外，别无其他。

"以通天下之志，以定天下之业，以断天下之疑"，是具体地讲《周易》的作用。志是思想，"通天下之志"，犹言统一天下人的思想。业是事业，"定天下之业"，犹言成就天下人的事业。疑是问题，"断天下之疑"，犹言解决天下的问题。

是故蓍之德圆而神，卦之德方以知，六爻之义易以贡。圣人以此洗心退藏于密，吉凶与民同患，神以知来，知以藏往，其孰能与此哉！古之聪明睿知神武而不杀者夫！

　　著，指筮法中的蓍草。德，性质。圆，运转不定。神谓"阴阳不测"。"卦之德"谓卦的性质。"方以知"，韩康伯《注》说："方者，止而有分"，讲得很对。圆是动，方是不动。圆是不定，方是有定。什么是有定？谓经过筮以后，得出六爻而成一卦。这一卦的内容、含义是一定的。"方以知"的"知"与"圆而神"的"神"也不同。"神"是指阴阳不测而言，"知"是指《周易》六十四卦中包含着丰富的哲学、社会、政治的思想内容而言。"六爻之义易以贡"，卦之中包括六爻，六爻组成一卦，六爻全在卦中，但是卦与爻是有区别的。卦从宏观的角度反映一个事物、一个时代的总体，这个总体是静态的。爻则不然，爻从微观的角度反映一个事物中的各个部分，一个时代中的各个发展阶段；这些部分，这些阶段是动态的。从大的方面说，《周易》就包括蓍与卦两部分，若再细分，一卦又有六爻，爻与卦不可分却又作用不同，所以也可以说《周易》由蓍、卦、爻三部分组成。"六爻之义易以贡"，是说六十四卦中每一爻的性质与作用的。"易"是变，"贡"是告。韩康伯《注》说"贡，告也，六爻变易，以告吉凶"，是对的。就是说，六爻是反映事物的变化，并根据变化报告吉与凶的。

　　"圣人以此洗心退藏于密，吉凶与民同患，神以知来，知以藏往"，这几句话很重要，需要细说。"此"，在这里主要指蓍与卦。"洗"字，《经典释文》说京房、荀爽、虞翻、董遇、蜀才都作"先"。阮元十三经校勘记说有的本作"先"，有的本作"洗"。其实，"先""洗"二字古通用。这里的"洗"字应当作"先"字讲。

　　"洗心退藏于密"，是说在卜筮之先，已经隐秘地把"天之道"与"民之故"贮存于蓍与卦里边了，占的时候只是把贮存在蓍与卦之中的思想又输出来。"吉凶与民同患"，实质上是说古人作《易》是为了指导人们的行动。"神以知来"，是指蓍之用，占的吉凶悔吝，都是知来之事。"知以藏往"，则是指卦之用，卦中的象与辞，都是藏往之事。用现今的语言说："神以知来"，是输出信息，用蓍；"知以藏往"，是输入信息，用卦。

"其孰能与此哉！古之聪明睿知神武而不杀者夫"，这是孔子读《易》韦编三绝之后得出的总结性认识，也是他对《周易》的称赞。杀是刑杀的杀。"神武而不杀"，是说作《易》者统治人民不用刑杀的办法，而是用蓍与卦这种神道设教的办法。可以看出，古代作《易》的人是何等的聪明神武啊！

是以明于天之道而察于民之故，是兴神物，以前民用，圣人以此斋戒，以神明其德夫。

这一段话很重要，它揭露出《周易》的本质。只有真正了解这段话的意义，才能真正了解《周易》。蓍卦号称"神物"，但蓍卦之所以神，并不在于蓍卦本身，而在于其中蕴藏着的思想。实际上这个"明于天之道而察于民之故"乃是"兴神物"即应用蓍卦的前提。"天之道"是指自然知识，"民之故"是指社会知识。正因为在蓍卦之中蕴藏着"天之道"与"民之故"，所以蓍卦才可以用于筮占，才可以称为"神物"。"以前民用"，它是指利用蓍与卦以指导人们的行动，实际上就是统治阶级利用它来统治人民。

"圣人以此斋戒，以神明其德夫"，斋戒是祭祀用语。古人祭祀之前要斋戒。所谓致斋于内，散斋于外，致斋三日，散斋（也称戒）七日。实行斋戒，以澄心息虑，专诚对待祭祀的对象。"以此斋戒"这个"此"是指上文"蓍之德圆而神"以下。"以神明其德"，是指由于以此斋戒，而使其德达到神明。

是故阖户谓之坤，辟户谓之乾，一阖一辟谓之变，往来不穷谓之通，见乃谓之象，形乃谓之器，制而用之谓之法，利用出入民咸用之谓之神。

乾坤是什么，不好懂，可以用门户来作比喻。门关上就是坤，门打开就是乾。一关一开就是变。一关一开，往来无穷，就是通。那么，有没有穷的时候呢？有。穷就是变化到一定的程度，达到极点了。比如乾卦上九"亢龙有悔"，是乾卦发展到了极点，穷了。穷就要变。这是质变。变则通。通，又将开始量变。

"见乃谓之象"以下，是从《易》这个角度来看，对于象、器、法、神这四个概念，分别做了简明易懂的解释。"见"是始露朕兆，"形"是已露形体。"制而用之"，关键在这个"制"字，"制"是制作。"利用出入民咸用之谓之神"，这个"神"字，显然不能理解为鬼神的神。

是故《易》有大极，是生两仪，两仪生四象，四象生八卦，八卦定吉凶，吉凶生大业。

这段话十分重要，它既概括地讲了八卦是怎么产生的，同时也表达了《周易》的宇宙观。

"《易》有大极"，大极是什么？大极就是大一，但是这个一是整体的一，绝对的一。《说文》第一个字就是一，许慎解释说："唯初大极，道立于一，造分天地，化成万物。"许慎的说法是符合《周易》思想的。应当指出，《周易》关于世界本原的观点和《老子》是对立的。《老子》说："道生一，一生二，二生三，三生万物。"《老子》在一即大极之前加上一个道，认为一由道产生，一不是宇宙的本原，道是宇宙的本原。《老子》又说"天下万物生于有，有生于无"，他所说的无就是道，他所说的有就是一。《老子》在一即大极之上加了一个道即无，与《周易》的观点就大不相同了。宋人张载说："大易不言有无，言有无诸子之陋也。"这个说法是对的。世界本来是无始无终，唯有变化发展。《老子》说宇宙从无到有，是唯心论。《周易》讲大极，即只讲有，不讲有之前的问题，即它认为宇宙从来就存在，没有开始，是唯物论。大极生两仪，两仪也叫阴阳，阴阳在卦画中用--、—两个符号表示。这两个符号没什么神秘，同物理学中表示阴电用"-"号，表示阳电用"+"号一样。大极生两仪，本来是说《周易》里--、—两个符号的产生，但其中含有深刻的辩证法思想，具有明显的哲学意义。大极生两仪，仪是匹配的意思，《诗·鄘风·柏舟》说

"实维我仪"，毛《传》说"仪，匹也"是其证。事物在发展过程中总是一分为二，《周易》里把这两部分用阴阳来表示，有时也用来比作天地、夫妇、君臣、昼夜、进退等。这个概念在《周易》中具有普遍意义，现代哲学则把它叫作对立的统一或矛盾。

"两仪生四象"，所谓生也是一分为二。即在阴阳--、—两个符号上面再重以--、—两个符号，便生出四象：⚏、⚍、⚎、⚌。四象的名称是：太阴、少阳、少阴、太阳。"四象生八卦"，这个生法也是一分为二。在四象的上面，分别加上--符号和—符号，即成八卦。八卦也是八种符号：☷、☶、☵、☴、☳、☲、☱、☰，取名为坤、艮、坎、巽、震、离、兑、乾。八卦表示八种性质。所有的事物都被包括在这八种性质之中。《说卦传》讲"乾，健也。坤，顺也。震，动也。巽，入也。坎，陷也。离，丽也。艮，止也。兑，悦也"，是说明八卦代表的八种不同性质，它们具有普遍性、抽象性，是稳定不变的。不管在什么情况下，乾的性质是健这一点不变。例如有时乾可以代表天，有时可以代表马，有时可以代表首等，但乾都必定是健。坤也是这样。坤是顺，不管坤代表什么事物，如地、牛、腹等，作为根本性质的顺这一点是不变的。其余六卦莫不皆然。

"八卦定吉凶，吉凶生大业"，这个"八卦"实际是指八卦已重六十四卦。如果只是八卦，不可能定吉凶，生大业。《系辞传》里所称"八卦"，往往都包括六十四卦。由于它能够定吉凶，即能够指导天下人趋吉避凶，所以它能够成就天下人的事业。

是故法象莫大乎天地，变通莫大乎四时；悬象著明莫大乎日月；崇高莫大乎富贵；备物致用，立成器以为天下利，莫大乎圣人；探赜索隐，钩深致远，以定天下之吉凶，成天下之亹亹者，莫大乎蓍龟。

"法象莫大乎天地"，这是说，世界上可以取象效法的东西很多，但没有比天地更大的了。例如《周易》最根本的是用乾坤法象天地，但乾坤也可以法象君臣、夫妇、父子等。"莫大乎天地"，就意味着不只天地，还有别的。"变通"是就发展变化说，"变通"也不止于四时，但莫大乎四时。春夏秋冬，寒暑交替，是古人所能看到的最大的变化。同时，四时变化，也的确有穷则变，变则通亦即量变质变的道理在内。

"悬象著明"应包括上述法象、变通两方面，在这两方面表现最显著的则莫过于日月。

以上三句是讲天道，即讲自然界。以下三句是讲人事，即讲社会。重点在后面这三句。

"崇高莫大乎富贵"，是讲人。人之富贵是有地位有权势的统治者。实际上是认为，只有有地位有权势的统治者才能在社会上起最大的作用。《周易》讲天地人三才，把人类看得非常重要，看得与天地相参。这一点值得我们注意。当然它看重的不是人民群众，而是头头，是统治者，是王。所以《周易》讲天地人这个人，是阶级社会的人。"备物致用，立成器以为天下利，莫大乎圣人。"立字下疑有衍文。圣人指作《易》的人。作《易》的人把天之道、民之故的信息输入到卦、爻中去，供人们随时使用。这就是"备物致用，立成器以为天下利"。

"探赜索隐，钩深致远，以定天下之吉凶，成天下之亹亹者，莫大乎蓍龟。"赜，杂乱；隐，隐辟；探，抽出；索，寻得。深谓不可测，远谓不易至，钩谓曲而取之，致谓推而求之。亹亹犹勉勉。蓍龟的龟字在此无意义，是为了凑足字数。《周易》中不讲卜，只讲筮。是说筮的作用很大，它能够把世间无论远近隐显的一切问题都探索出来，解决人们的疑难，指出人们行动的方向，鼓舞人们勉勉前进。

是故天生神物，圣人则之；天地变化，圣人效之。天垂象，见吉凶，圣人象之。河出图，洛出书，圣人则之。

"天生神物"的神物，在这里应指蓍，《说卦传》说"昔者圣人之作《易》也，幽赞于神明而生蓍"，是其证。至"圣人则之"，是指作《易》者因蓍而倚数，从而立卦生爻以之穷理尽性以至于命（详见《说卦传》）。

"天地变化，圣人效之"这句话，同"《易》与天地准"的说法是一致的。《易经》六十四卦，乾坤两卦象天地，其余诸卦象"有天地然后万物生焉"，正是所谓"天地变化，圣人效之"。这里面的圣人，也指作《易》者。

"天垂象，见吉凶，圣人象之。河出图，洛出书，圣人则之。"此二语疑是后人窜入的，非《易传》原文。因为《易》内吉凶是由设卦观象所生，与"天垂象"无关。且全《易》六十四卦，从无语及"天垂象，见吉凶"之事，何得云"圣人象之"。分明是汉时占候家语，与《易传》之文不类。至"河出图，洛出书"，尤与《易》风马牛不相及，何得言"圣人则之"！而且上文已经说过"天生神物，圣人则之"，此处又言"河出图，洛出书，圣人则之"。上文的"神物"有"是兴神物"及"幽赞于神明而生蓍"作证，分明是指蓍而言，怎么又生出河图洛书来？所以我认为这两句话，非《易传》原文。此数语亦无新义，可以不予重视。

《易》曰："自天祐之，吉无不利。"子曰："祐者，助也。天之所助者，顺也。人之所助者，信也。履信思乎顺，又以尚贤也。是以自天祐之，吉无不利。"

这段话是孔子解释大有卦上九爻辞的。朱熹说应在上文"鸣鹤在阴"那一段连续讲中孚、同人、大过、谦、乾、节、解等七卦的七条爻辞的文字之后。

子曰："书不尽言，言不尽意。"然则圣人之意其不可见乎？子曰：圣人立象以尽意，设卦以尽情伪，系辞焉以尽其言，变而通之以尽利，鼓之舞之以尽神。

"书不尽言，言不尽意"，意思是说书是记录语言的，但它也有局限性，并不能把所要说的语言全部地无遗漏地都记录下来。语言（包括文字）是表达思想的，同时它也有局限性，并不能把所思想的全部地无遗漏地都表达出来。

"然则圣人之意其不可见乎"，意思是说，这样说，圣人的思想就不能表现出来吗？即反问一句。意思是说，难道这种局限性不能打破吗？孔子下面说，这种局限性是能打破的。"圣人"即作《易》者。"立象以尽意，设卦以尽情伪，系辞焉以尽其言"，立象如一，象阳；如--，象阴；如乾象天象马，坤象地象牛之类。"象"这个东西非常灵活，很像代数学的文字符号a、b、c、x、y、z，它可以代表任何数。《周易》立象就能够代表众多的事物，所以它能打破语言文字的局限性。"设卦以尽情伪"是说卦比象更进一步，卦是集合众多的象而成的，所以卦不但能尽意，而且能尽情伪。情是真实，伪是虚伪。情伪表明人事的复杂情况。"系辞焉以尽其言"，这个道理，很容易懂，不需要加以解释。"变而通之以尽利"，这个"变"是说爻本不吉，可以变而为吉。当然也有爻由吉变凶的情况。不过《易》的目的是趋吉避凶，所以说"变而通之以尽利"。"鼓之舞之以尽神"，神指神物，神物就是蓍。鼓之舞之是指筮时的动作，摆弄那四十九根蓍草，也就是指揲蓍求卦。《庄子·人间世》"鼓策播精，足以食十人"，崔譔说"鼓策揲蓍"是其证。

乾坤其《易》之蕴邪？乾坤成列，而《易》立乎其中矣。乾坤毁，则无以见《易》。《易》不可见，则乾坤或几乎息矣。

"乾坤其《易》之蕴邪"，用疑问的口气，其实词疑而意不疑。《易纬·乾凿度》说"乾坤者阴阳之根本，万物之祖宗也"，意亦同此。因为《易》六十四卦是乾坤二卦发展变化的结果，所以可以说，六十四卦蕴藏在乾坤二卦之中。"乾坤成列，而《易》立乎其中矣"，实际上是对上一句话的申释，是说当乾坤二卦列在《易》首时，《易》的发展变化已经确立在里边了。"乾坤毁则无以见《易》"，是说乾坤二卦变化的过程一旦完成，《易》的生命即告停止。"《易》不可见，则乾坤或几乎息矣"，是反过来说，《易》见不到了，乾坤的变化也就止息了。说止息，实际上没有止息，也不可能止息。所以孔子说"或几乎息"，这样说，是有分寸的。因为《易》

六十四卦的最后一卦是未济。《序卦》说"物不可穷也，故受之以未济终焉"，可以证明。

是故形而上者谓之道，形而下者谓之器，化而裁之谓之变，推而行之谓之通，举而错之天下之民，谓之事业。

这里说的"形而上"，与今日哲学上说的形而上学，不是一回事。形而上，即无形的，不能用感官来认识的。古人把形而上叫作道，这个道实际上就是事物的规律。形而下，是有形的，可用感官来认识的，古人把这种东西叫作器。器就是可以用感觉器官认识的事物。

"化而裁之谓之变"。化，指由旧质变为新质。裁，制裁，裁成，表明从旧质向新质转化时，人所发挥的作用。这个变，是变为新质以后的变，其实是量变。

"推而行之谓之通"，是说经过质变以后产生的新事物，继续又发展变化。这个通，就是"穷则变，变则通"的通。通，表明顺畅无阻，其实就是量变。

"举而错之天下之民，谓之事业"，即把这个变通的道理，用来加之于天下的人民，就叫作事业。这个事业同上文"吉凶生大业"的业是一个意思。

是故夫象圣人有以见天下之赜，而拟诸其形容，象其物宜，是故谓之象，圣人有以见天下之动，而观其会通，以行其典礼，系辞焉以断其吉凶，是故谓之爻。

这段文字上面已经说过了，这里重出，大概是为了引起下文。

极天下之赜者存乎卦，鼓天下之动者存乎辞，化而裁之存乎变，推而行之存乎通，神而明之存乎其人。默而成之，不言而信，存乎德行。

极，穷极。穷极天下奥秘的，在乎卦。鼓，鼓动，阐发。辞，爻辞。鼓动、阐发天下的变动在乎辞。这两句是讲卦与爻的作用的。以下四个"存"字句讲人与《易》的关系，强调用《易》的人本身如何非常重要。说明人的主观能动性也起着不小的作用。前面说"化而裁之谓之变，推而行之谓之通"，是针对作《易》者的设计来说的。这里说"化而裁之存乎变，推而行之存乎通"则是针对用《易》者说的。"存乎变""存乎通"，是用《易》的变通，不是《易》本身的有变有通。"神而明之存乎其人"，人们在用《易》时，对《易》的分析见仁见智，看法是不一致的。怎样才能做到"神而明之存乎其人"，这就在人而不在《易》了。"默而成之，不言而信，存乎德行。"默是默然不声不响，成是成就。"不言而信"，是说这样的人对《易》理解深透，他想的与《易》理暗合。《荀子·大略》说的"善为《易》者不占"，大概就是这个意思。"存乎德行"是说所以能达到这种程度，端在于平日的修养。

◀ 第三讲 《系辞传下》

八卦成列，象在其中矣。因而重之，爻在其中矣。刚柔相推，变在其中矣。系辞焉而命之，动在其中矣。吉凶悔吝者，生乎动者也。刚柔者，立本者也。变通者，趣时者也。吉凶者，贞胜者也。天地之道，贞观者也。日月之道，贞明者也。天下之动，贞夫一者也。夫乾，确然示人易矣。夫坤，隤然示人简矣。爻也者，效此者也。象也者，像此者也。爻象动乎内，吉凶见乎外。功业见乎变，圣人之情见乎辞。天地之大德曰生，圣人之大宝曰位。何以守位曰仁，何以聚人曰财。理财正辞，禁民为非，曰义。

"八卦成列"，就是"《易》有大极，是生两仪，两仪生四象，四象生八卦"的八卦。乾、坤、震、巽、坎、离、艮、兑，成为一列。每一卦都有它的性质，"乾，健也。坤，顺也"，"坎，陷也。离，丽也"等，每一卦都可以代表一种事物。所以说八卦成列以后，象就在其中矣。不过，"乾，健也"，健不是它的象，健只是它的性。"乾为马，坤为牛"等，这才是象。这个象是因时因地而异，不能固定在一个象上。所以王弼认为汉人"定马于乾，案文责卦"是错误的。乾为马，是说乾可以为马，不能说乾就是马。乾为天，坤为地，艮为山，离为火等，也是这样。乾可以象天，不等于说乾就是天。八卦都象什么，要看在什么情况下，用八卦分配以后才能决定象什么。《说卦》说"乾，健也"，又说"乾为马"，"为"不同于"也"。"也"是固定的，"为"不是固定的。所以《易》之用卦，好像代数学之用a、b、c、x、y，你若把代数学上的文字都变成固定的数字，那就不成其为代数学了。

"因而重之，爻在其中矣。"因，是因八卦。"因而重之"，就是在八卦中每一卦的上边又重以八卦而成为六十四卦。所以有人说六十四卦的形成是出于加一倍法，这是不对的，它不符合《周易》的思想。《周易》的八卦是出于一分为二，二分为四，四分为八，而六十四卦则是采取"因而重之"的办法形成的，不是像形成八卦那样用一分为二的办法。用邵雍的加一倍法，一分为二，二分为四，四分为八，八分为十六，十六分为三十二，三十二而分为六十四，固然也可以形成六十四卦，但那不是《周易》的思想。

重为六十四卦之后，就不单纯是卦的问题，里边又有爻的问题，所以说"爻在其中矣"。每一卦有六爻。六爻的变化更复杂了，可以说明很多问题。

"刚柔相推，变在其中矣"，六十四卦，三百八十四爻。三百八十四爻总不外一阴一阳。一阴一阳，也可以说是一刚一柔。但爻是变化的。刚可以变柔，柔可以变刚，"刚柔相推"同说刚柔相摩差不多。这个刚柔相推实质上就是现在我们所说的对立面的斗争。"相推"，你推我，我推你，"日往则月来，月往则日来，日月相推而明生焉；寒往则暑来，暑往则寒来，寒暑相推而岁成焉"，《易经》中好几处用"相推"，意思都是说互相变化。所以说，变在其中矣。"系辞焉而命之，动在其中矣"，刚柔相推而生变化，通过系辞，加以说明，那么这里边就有动了。

"吉凶悔吝者，生乎动者也。"卦辞里边讲吉，讲凶，讲悔，讲吝。这个吉凶悔吝是怎么产生的呢？是"生乎动者也"。就是说它们的产生，是由于变，由于动。用人来说，动就是行动。看你怎么做，怎么行动。你做对了，就叫吉；你做不对了，就叫凶。所以说，这个吉凶悔吝，是由动产生的。这与旧日的算卦先生不一样。算卦先生说你占到这一卦是吉，那就一定吉。《易》经说吉凶生乎动，就是说要看你怎么动。动由吉可以变成凶，由凶也可以变成吉。吉凶悔吝，生乎动者也。就是说吉凶不是固定的，要看行动如何。

"刚柔者，立本者也。变通者，趣时者也。"每一卦六爻，有位有德。初二三四五上是位。阳爻阴爻是德。阳爻是刚，阴爻是柔，这是立本。穷则变，变则通。变通了，那就是趣时。所以在《易》里"变通"讲究的是什么？变通讲究的是趣时。"刚柔"讲究的是什么？刚柔讲究的是立本。"吉凶者，贞胜者也。"贞字一般都讲作正，讲作固守。你能正而固，就得吉。你不能正而固，就得凶。

"天地之道，贞观者也。"天地之道也不过是贞观，为天下所观瞻。这个贞字，古人称正而固，就是一个是正的意思，一个是固守的意思。

"日月之道，贞明者也。""贞明"，就是常明。

"天下之动，贞夫一者也。"天下之动，在于一，不是在二。今人说"真理是一个"。你这么做，就对了。你不这么做，就不对。

"夫乾，确然示人易矣。夫坤，隤然示人简矣。"乾的性质是健，是刚。乾是确然的，它昭示于人，告诉人"易矣"。坤的性质是顺，隤然是柔顺的意思。它让人"简"。易，简，我们在上文已经讲过。这里讲的易、简，实际上也是告诉人们要按客观规律办事的意思。你按照客观规律办事，它就容易，就简单。你不按客观规律办事，那就不容易，不简单了。

"爻也者，效此者也。象也者，像此者也。""效此"就是效乾坤。像此，也就是象乾坤。

"爻象动乎内，吉凶见乎外。"《易经》有爻有象，爻象在里边变动，在外边就表现出来吉或者凶。

"功业见乎变"，功业表现在你能通变不能通变。

"圣人之情见乎辞"，圣人之情在系辞里边表示出来，也就是圣人用辞加以说明。"天地之大德曰生，圣人之大宝曰位。何以守位曰仁，何以聚人曰财。理财正辞，禁民为非，曰义。"这几句话容易理解，不需要说明。不过"何以守位曰仁"，"仁"字应从《释文》作人。

古者包牺氏之王天下也，仰则观象于天，俯则观法于地，观鸟兽之文与地之宜，近取诸身，远取诸物，于是始作八卦，以通神明之德，以类万物之情。作结绳而为罔罟，以佃以渔，盖取诸离。包牺氏没，神农氏作，斫木为耜，揉木为耒，耒耨之利以教天下，盖取诸益。日中为市，致天下之民，聚天下之货，交易而退，各得其所，盖取诸噬嗑。神农氏没，黄帝尧舜氏作，通其变，使民不倦，神而化之，使民宜之，《易》穷则变，变则通，通则久，是以自天祐之，吉无不利。黄帝垂衣裳而天下治，盖取诸乾坤。刳木为舟，剡木为楫，舟楫之利以济不通，致远以利天下，盖取诸涣。服牛乘马，引重致远以利天下，盖取诸随。重门击柝，以待暴客，盖取诸豫。断木为杵，掘地为臼，臼杵之利，万民以济，盖取诸小过。弦木为弧，剡木为矢，弧矢之利，以威天下，盖取诸睽。上古穴居而野处，后世圣人易之以宫室，上栋下宇，以待风雨，盖取诸大壮。古之葬者，厚衣之以薪，葬之中野，不封不树，丧期无数，后世圣人易之以棺椁，盖取诸大过。上古结绳而治，后世圣人易之以书契，百官以治，万民以察，盖取诸夬。

这一段话可疑，很可能是后人加进去的。不准备在这里讲了。

是故《易》者，象也。象也者，像也。彖者，材也。爻也者，效天下之动者也，是故吉凶生而悔吝著也。

"彖者，材也。"彖是彖辞，也就是卦辞，它是一卦的总的说明，表示一卦的材。爻辞是对一个爻的说明。

"爻也者，效天下之动者也，是故吉凶生而悔吝著也。"

这和上文说的是一样的，不必费词解释。

阳卦多阴，阴卦多阳。其故何也？阳卦奇，阴卦耦，其德行何也？阳一君而二民，君子之道也。阴二君而一民，小人之道也。

"阳卦多阴，阴卦多阳。"举例说，坎是阳卦，但坎中满，上下都是阴，中间是阳，这不是阳卦多阴吗！艮是阳卦，艮覆碗，上边一个阳，下边两个阴，这不也是阳卦多阴吗！离是阴卦，离中虚，上下两个阳，这不是阴卦多阳吗！

"其故何也？"是说为什么呢？回答是阳卦是奇，阴卦是耦。从其德行讲，则阳一君而二民，君子之道也。阴二君而一民，小人之道也。

《易》曰："憧憧往来，朋从尔思。"子曰："天下何思何虑？天下同归而殊途，一致而百虑。天下何思何虑？日往则月来，月往则日来，日月相推而明生焉。寒往则暑来，暑往则寒来，寒暑相推而岁成焉。往者，屈也；来者，信也。屈信相感而利生焉。尺蠖之屈，以求信也。龙蛇之蛰，以存身也。精义入神，以致用也。利用安身，以崇德也。过此以往，未之或知也。穷神知化，德之盛也。"《易》曰："困于石，据于蒺藜，入于其宫，不见其妻，凶。"子曰："非所困而困焉，名必辱；非所据而据焉，身必危。既辱且危，死期将至，妻其可得见邪？"《易》曰："公用射隼于高墉之上，获之无不利。"子曰："隼者，禽也；弓矢者，器也；射之者，人也。君子藏器于身，待时而动，何不利之有！动而不括，是以出而有获，语成器而动者也。"子曰："小人不耻不仁，不畏不义。不见利不劝，不威不惩，小惩而大诫。此小人之福也。《易》曰：'屦校灭趾，无咎。'此之谓也。善不积不足以成名，恶不积不足以灭身。小人以小善为无益而弗为也，以小恶为无伤而弗去也。故恶积而不可掩，罪大而不可解。《易》曰：'何校灭耳，凶。'"子曰："危者，安其位者也；亡者，保其存者也；乱者，有其治者也。是故君子安而不忘危，存而不忘亡，治而不忘乱，是以身安而国家可保也。《易》曰：'其亡其亡，系于苞桑。'"子曰："德薄而位尊，知小而谋大，力小而任重，鲜不及矣。《易》曰：'鼎折足，覆公餗，其形渥，凶。'言不胜其任也。"子曰："知几其神乎！君子上交不谄，下交不渎，其知几乎！几者，动之微，吉之先见者也。君子见几而作，不俟终日。《易》曰：'介于石，不终日，贞吉。'介如石焉，宁用终日，断可识矣。君子知微知彰，知柔知刚，万夫之望。"子曰："颜氏之子，其殆庶几乎！有不善，未尝不知，知之未尝复行也。《易》曰：'不远复，无祗悔，元吉。'天地细缊，万物化醇，男女构精，万物化生。《易》曰：'三人行，则损一人。一人行，则得其友。'言致一也。"子曰："君子安其身而后动，易其心而后语，定其交而后求。君子修此三者，故全也。

危以动，则民不与也。惧以语，则民不应也。无交而求，则民不与也。莫之与，则伤之者至矣。《易》曰：'莫益之，或击之，立心勿恒，凶。'"

这一大段，是在讲《易经》的九条爻辞。大概是孔子讲《易经》的时候，弟子们记录下来的。现在讲有些不便，以后讲到各该卦时，将详细讲。

子曰："乾坤，其《易》之门邪？"乾，阳物也；坤，阴物也。阴阳合德而刚柔有体，以体天地之撰，以通神明之德。

"乾坤其《易》之门"，是说乾坤二卦在六十四卦当中，似一对门户，这个门应以"阖户谓之坤，辟户谓之乾，一阖一辟谓之变，往来不穷谓之通"那个门作解，谓乾坤运动发展而产生六十四卦。乾纯阳，称阳物；坤纯阴，称阴物。实质上这是说乾坤是一个矛盾的统一体。例如乾象传说："大哉乾元，万物资始。"坤象传说："至哉坤元，万物资生。"这就是阴阳合德。阴阳合德而产生出万物，有刚有柔，这就是刚柔有体。"以体天地之撰，以通神明之德"，是说乾坤变化发展为六十四卦，用它以体现天地的变化，用它以通晓变化的规律。孔子说："知变化之道者，其知神之所为乎？"所以神明不是别的，就是变化之道，也就是规律。

其称名也杂而不越，于稽其类，其衰世之意邪？夫《易》彰往而察来，而微显阐幽，开而当名辨物，正言断辞，则备矣。其称名也小，其取类也大。其旨远，其辞文，其言曲而中，其事肆而隐。因贰以济民行，以明失得之报。

"其称名也杂而不越"，是接上文那个"以体天地之撰，以通神明之德"说的。这就是说，《易经》六十四卦的卦名，例如蛊呀，泰呀，否呀，等等，看是杂乱，然而不越，就是说有规律可循的。这一点我们看《序卦》，就可以看出两个卦之间都用"必故""不可不""故"来说明，就是说其间有必然性，这就是"杂而不越"。

"于稽其类，其衰世之意邪？""于"，发语辞，"稽"是考。整个意思是说，考察六十四卦卦爻辞的事类，大概是衰乱之世讲的吧！

"夫《易》，彰往而察来"，彰往与察来包含两个方面。所谓"神以知来"，是察来。"知以藏往"，是彰往。"而微显阐幽"，朱熹说，"而微显恐当作微显而"。从文字上考虑，这个说法可从。"微显"是使微能显，"阐幽"是使幽隐能阐发出来，意思与"探赜索隐"差不多。

"开而当名辨物，正言断辞，则备矣。"朱熹说，"开而之而，亦疑有误"这段话不好讲。《周易折中》引郭雍说："当名，卦也；辨物，象也；正言，象辞也；断辞，系主以吉凶者也。"也不见得对，姑引来以备参考。

"其称名也小，其取类也大。"例如井卦鼎卦称名是很小的，很具体的，但取类则是很大的。因为《易经》的卦名只是一个符号，它代表一类事物，它有抽象性。

"其旨远，其辞文，其言曲而中，其事肆而隐。"这里说明《易经》卦爻辞的特点，从文字的表面看是很文的，其所包含的旨意则是深远的。许多话不是直接说出的，但是仔细考察很恰当，很对。《易经》讲许多事情都很明显，很具体，然而里边隐藏着深邃的思想。

"因贰以济民行，以明失得之报。"贰是什么呢？韩康伯说贰就是失得。朱熹说："贰，疑也。"吉，就是得；凶，就是失。"因贰以济民行"实际上就是用吉凶、失得来指导人们的行动。

《易》之兴也，其于中古乎！作《易》者，其有忧患乎！是故履，德之基也。谦，德之柄也。复，德之本也。恒，德之固也。损，德之修也。益，德之裕也。困，德之辨也。井，德之地也。巽，德之制也。履和而至，谦尊而光，复小而辨于物，恒杂而不厌，损先难而后易，益长裕而不设，困穷而通，井居其所而迁，巽称而隐。履以和行，谦以制礼，复以自知，恒以一德，损以远害，益以兴利，困以寡怨，井以辨义，巽以行权。

"中古"，这话是孔子讲的，恐怕还是指殷周之际。这个《易》，应该就是《周

易》，不包括《连山》《归藏》，这说明《周易》是什么时候作的。在孔子那个时候
并没有人确确实实知道《周易》是什么时候作的。所以孔子作《易传》时，也用了推
测之辞。"其于中古乎"，是说是不是作于中古呢？"作《易》者其有忧患乎"，是
说作《易》的大概有忧患吧！下面就提出几卦以作为对于"忧患"的证明。从六十四
卦当中，只举出九卦。而对这九卦，在系辞里反复讲了三次。为什么单单提出这九
卦，而且反复地讲，这个问题我没理解好。这九卦，履、谦、复是上经里边的，恒、
损、益、困、井、巽是下经里边的。上经选三卦，下经选六卦。这些我们都不准备详
细讲。其中有一点需要说一下，这就是"复小而辨于物，恒杂而不厌"，在这个问题
上，我看王引之《经义述闻》讲的好。他说，"小谓一身也"，小讲的是一身。"对
天下国家言之，则一身为小矣"。"辨于物"之辨读曰遍。王引之好改字，不过他改
字还是有点根据的。这个辨应读曰遍。古文学家说"读曰"和"读为"是两个意思。
说"读曰"，是说它们是一个字。说"读为"，那就是另外一字了。他说"读曰遍，
古字辨遍通"，是说在古字中辨与遍是相通的。"小而辨于物"，这里也有对待的意
思。王引之讲的是一个新的见解。原来韩康伯讲"微而辨之"，把辨当作辨别的辨讲
了。看起来，王引之的讲法比较好。

　　另外，王引之对"杂而不厌"的"杂"字也有一种说法。他说："杂当读为匝。
匝，周也，一终之谓也。恒之为道，终始相巡而无已时，故曰'杂而不厌'"。然后
他又举一些例证，说明杂可读为匝。大家可以查原书，这里就不详引了。王引之有这
么一个说法，恒嘛，"终则有始"。"终则有始"里边就有匝的意思。古代杂、匝是
一个字，这里杂应该读成匝。我看王引之这两个说法可取，过去别人没有讲过。古代
的字没有规范化，确实有这种情况。但是这个方法也不能滥用。后来有人滥用这个方
法，那就出了毛病。这个方法如果用得好，能把死句弄活。若滥用，也可能把活句弄
死。王引之用文字通假解释古书，确实有他的长处，许多地方讲对了，我们应当承

认。但是后来有些人滥用这个方法，竟按照自己的主观想法改字，明明对的给改错了，这就很不好。

《易》之为书也不可远，为道也屡迁。变动不居，周流六虚，上下无常，刚柔相易，不可为典要，唯变所适。其出入以度，外内使知惧，又明于忧患与故。无有师保，如临父母。初率其辞而揆其方，既有典常，苟非其人，道不虚行。《易》之为书也，原始要终以为质也。六爻相杂，唯其时物也。其初难知，其上易知，本末也。初辞拟之，卒成之终。若夫杂物撰德，辨是与非，则非其中爻不备。噫！亦要存亡吉凶，则居可知矣。知者观其象辞，则思过半矣。

"《易》之为书也"以下至"无有师保，如临父母"，主要谈《周易》一书的特点及其应用。"不可远"有不可须臾离也的意思。"为道也屡迁"至"唯变所适"都是说明《易》的特点在于变易。程颐《易传》序说"《易》变易也，随时变易以从道也"，真正抓住了《周易》的本质特点。"变动不居，周流不虚，上下无常，刚柔相易"都是说变。韩康伯说，六虚就是六位，六位也就是一卦之初二三四五上六爻。六爻为阴为阳，是周流六虚的。一卦里有内卦、外卦，内外卦亦即上体下体。上下也不是一定不变的，例如地天泰变为天地否，就是上下无常。"刚柔相易"，也是说明卦中各爻，有的时候是刚爻，有的时候是柔爻，是变化的。

"不可为典要"，韩康伯《注》说："不可立定准也。"我看这个解释是对的。不可拿什么东西作定准，都是变的。"唯变所适"，正是所谓"变通者，趣时者也"，亦即程《传》所说的"随时变易以从道也"。

"其出入以度，外内使知惧。"韩《注》说："明出入之度，使物知外内之戒也。出入犹行藏，外内犹隐显。遁以远时为吉，丰以幽隐致凶，渐以高显为美，明夷以处昧利贞，此外内之戒也。"我看韩《注》讲的也不甚贴切。对于此等处，我们无妨采取保留的态度，不必强解。

　　"又明于忧患与故"，韩《注》认为故就是事故。这个故恐怕就是"明于天之道而察于民之故"的故。"又明于忧患与故"，是说《易经》不仅知变，又明于人情物理。

　　"无有师保，如临父母"，这两句话，是说《易经》的作用好像人的师保父母一样。《周礼》有师氏、保氏。一个人养育成长靠父母，受教育则靠师保。

　　"初率其辞，而揆其方，既有典常，苟非其人，道不虚行。"古韵方、常、行是叶韵的。韩《注》说："能循其辞以度其义，原其初以要其终，则唯变所适是其常典也。明其变者存其要也。"其实这是随文解义，按照字面往下讲。究竟这个字里边讲的是什么东西，没有讲明白。实际上这是讲《易经》的用辞。初率其辞这个率，有统率的意思，就是说最初这个辞已确定了方向，以下就顺着这个方向往下发展。这个辞中是有典常的，说明《易》虽然讲变然而它还是有规律的。"苟非其人，道不虚行"，是说光有《易经》不行，还要有懂得《易经》的人。没有懂得《易经》的人，《易经》就等于白作。可见《易经》这个东西在当时也是不好懂的。正因为不好懂，孔子才作《易传》嘛。孔子在《易传》里头反复地说明，讲得很明白了。但是，后世人还是不明白，可见《易经》确实是很难读的。

　　"《易》之为书也，原始要终以为质也。"这个"原始要终以为质"怎么讲？韩康伯作注，是当一个卦的问题讲的，他说："质，体也。卦兼终始之义也。"我看这样讲法不见得对，因为是"《易》之为书也"吗？"原始要终以为质也"讲的应是《易经》整个儿这部书，也就是说，"原始要终以为质也"，讲的不是一个卦，而是六十四卦。六十四卦的始就是乾坤，终就是既济未济。原其始，应该是乾坤两卦；要其终，应该是既济未济两卦。那么，整个儿地说，这是《易经》的一个质。我看应该这么讲，不要按韩康伯《注》那么讲。过去的人，对于《易经》这部书的整体，理解得很不够。例如讲到"乾坤《易》之蕴邪"，"乾坤《易》之门邪"，都讲错了，没有讲对。对于《易经》整个儿这部书的排列、结构，许多人不懂。因为不懂，所以有的人，如叶适说《序卦》浅僻，康有为说《序卦》肤浅。其实不是《序卦》肤浅，而是他们没有读懂。因为对《易经》一书不懂，那么对这一句话也就不懂了。

"六爻相杂，唯其时物也。"《易经》这书有六十四卦，一卦有六爻，这些爻是很复杂的。实际上只是讲时讲物。王弼说："夫卦者，时也；爻者，适时之变者也。"王弼《周易略例·明卦适变通爻》里，开首有这样两句话。是说每一卦代表一个时代，每一爻代表这个时代里的一物。时物这两个字，我看应该按照王弼《周易略例》那样讲。

"其初难知，其上易知，本末也。初辞拟之，卒成之终。"这是说每一卦的初爻怎么说，难知。上爻则易知。一卦六爻，由初到上。这也是表示变化的。为什么一卦的初爻不容易知道：知道初爻了，上爻就容易知道了，因为这是"本末"。初爻是个本，上爻是个末。有了本，就容易知道末了。也就是说为什么其初难知，其上易知呢？因为它们是本末的关系。"初辞拟之，卒成之终"，这还是讲本末、始终、易知难知的问题。

"若夫杂物撰德，辨是与非，则非其中爻不备。"这个"中爻"的讲法也有不同。有人认为一卦之中二、五是中爻。我看这样讲不对。这个中爻是对初与上讲的。即除初与上两爻之外，二、三、四、五都是中爻。"杂物"，是说人事复杂的情况，贵贱呀，善恶呀，等等。"撰德"的撰，有的当数讲，有的作具讲。具，就是呈现出来，表现出来。这里边既有不同的物，又有不同的德，能辨别哪个是是，哪个是非。没有中爻不行，也就是说，我们读《易经》卦的时候，应该懂得光有初与上是不够的，还必须有中爻。

"噫！亦要存亡吉凶，则居可知矣。"王引之《经义述闻》说："噫与抑通。字或作意，又作亿。"对噫与抑通，还举了不少例证。我看是对的。因为《易经》的卦有初与上，有中爻了，所以存亡吉凶就能知道了。

"知者观其彖辞，则思过半矣。"一个有智慧的人只看见一卦里的彖辞，不必看见爻辞，就能知道一半了。彖，断也。断什么？是断整个儿一卦的存亡吉凶的，彖辞也叫卦辞。一个卦有卦辞有爻辞。卦辞是说明一卦的，是总的说明。爻辞是说明一爻的，是部分的说明。上述这几句话，对于我们了解《易经》的卦很重要。读《易》不容易，有孔子的《易传》作指导，我们读《易》就容易了。看起来，《易传》不是任何人都能作的。不是读《易》韦编三绝的人，是作不出的。

二与四同功而异位，其善不同。二多誉，四多惧，近也。柔之为道不利远者，其要无咎，其用柔中也。三与五同功而异位，三多凶，五多功，贵贱之等也。其柔危，其刚胜邪。

这是总论《易经》六十四卦当中的二、四、三、五爻所处的地位，从其性质说相同，只由于远近不同，而爻辞有吉凶、善否不同的道理。二爻与四爻，都是偶数，是阴位，所以说同功。但二在内卦的中爻，四在外卦的下爻，所以说异位。实际上同功是就性质言，异位是就远近言。"二多誉，四多惧"，这是从六十四卦二四的爻辞来看的，也就是说，二多半是誉，好。四多半是惧，不好。为什么四多惧呢？因为四"近也"。四接近君位，接近君位就要有所戒惧。"柔之为道不利远者，其要无咎，其用柔中也。"这是讲二多誉的道理。二是阴位，所以称柔。"柔之为道不利远者"，是指二距五远而言。虽然远五不利，但还是无咎，因为二得中，即在下卦的中位。一卦六爻得中的只有二与五。二在内卦中位，五在外卦中位。初三、四、上，都不得中。从"不利远者"来说，二是不利的，那么为什么二还多誉呢？因为它得中，因为用柔而得中。实际上这是找出《易经》的所谓的例。有例，就是有规律，不是杂乱无章的。

"三与五同功而异位，三多凶，五多功。"因为一卦之中，第三爻是阳位，第五爻也是阳位，所以说同功。但是位不同，这个位是指贵贱的位。在六十四卦的爻辞当中，第三爻多半是凶，第五爻多半有功。这是什么道理呢？因为"贵贱等级不同"，五，君位，贵；三，臣位，贱。"其柔危，其刚胜邪"，这是说总的看来，三与五若是柔爻的话就不好，若是刚爻的话就好。

《易》之为书也，广大悉备，有天道焉，有人道焉，有地道焉。兼三才而两之，故六。六者非它也，三才之道也。道有变动，故曰爻；爻有等，故曰物。物相杂，故曰文。文不当，故吉凶生焉。

这段话同上边说的"弥纶天下之道""冒天下之道"的意思基本一样，"广大悉备"也是无所不包的意思。不同的是这里明确提出"人道"这个概念来。这是从卦有六爻的角度，又把《易》有对于天下之道无所不包的特点讲了一次。"道有变动，故曰爻"这个道，就是上文所说的天地人三才之道。所谓"爻也者效此者也"效此就是效三才之道的变动。上文说："卑高以陈，贵贱位矣。"爻有等，就是说一卦六爻的贵贱等级不同，"故曰物"。这个物，就是指有贵贱等级的爻本身。六爻中各种物都在一起，所以说相杂。这个相杂就叫爻。一与四，二与五，三与上，它们的关系叫应。必阴爻与阳爻叫应，同时阴爻或同是阳爻，则不叫应。但也有特殊现象，有的卦同是阳爻或同是阴爻也叫应。比、应、承、乘，反映卦中六爻之间的复杂的关系。《易经》就用这种种不同的关系来说明问题。"文不当，故吉凶生焉"，吉凶就是由于"物相杂"的时候，由于文有当有不当而产生的。这还是讲卦中的六爻，说明什么爻叫文叫物，以及怎么产生吉凶。这些不加以说明，光看《易经》是不能懂的。

据王弼《周易略例》总结《周易》看出，一卦六爻中有承、乘、比、应的关系。下一爻对上一爻来说叫承。上一爻对下一爻来说叫乘。两爻相邻叫比。内卦的初爻与外卦的四爻，以及二与五，三与上，性质不同，叫应。承、乘里边还有顺逆的问题。阳爻乘阴爻叫顺。阴爻乘阳爻叫逆。这里有承乘，有顺逆。

《易》之兴也，其当殷之末世，周之盛德邪？当文王与纣之事邪？是故其辞危。危者使平，易者使倾。其道甚大，百物不废，惧以终始，其要无咎，此之谓《易》之道也。

"《易》之兴也，其当殷之末世，周之盛德邪？当文王与纣之事邪？"看起来这还是推测之辞。《易》到底是什么时候作的？是不是殷末周初时候作的？《易传》并不确切地知道。但是，这种推测，今天看起来，还是正确的。不过说文王在羑里演《周易》，恐怕不是事实。《史记》《汉书》都这么讲，其实是没有根据的。孔子说《易经》产生于殷周之际，这个说法我看是对的。但不要说一定是谁作的。我们的古人往往一定要某一事物是某一个人作的。谁造的字，谁造的车，谁造的井，《世本》都指出某某人来，其实都不一定可信。《易传》并没有说《易经》是谁作的。说《易经》是文王作，是后人的推测，不可信。我们还是相信《易传》的说法。

"是故其辞危"，是说"其辞危"是断定《易》兴于殷周之际的根据。"危者使平，易者使倾"，则是《周易》一书的特点。例如"其亡其亡，系于苞桑"，越是怕亡，反而不亡，像"系于苞桑"那样牢固。"其道甚大，百物不废，惧以终始，其要无咎"，这是对《易经》内容的概括说明。"其道甚大，百物不废"，是说《易经》所讲的道理大而全，什么事物都谈到了。

"惧以终始"是说《易经》自始至终都是用戒慎恐惧的精神处理问题。"其要无咎"是说《易经》最终的要求只是无咎而已。所以焦循说《易经》是"寡过之书"。孔子说："假我数年，五十以学《易》，可以无大过矣。""此之谓《易》之道也"，是说学《易》的结果能达到无咎，就是《易》之道。

夫乾，天下之至健也。德行恒易以知险。夫坤，天下之至顺也。德行恒简以知阻。能说诸心，能研诸侯之虑，定天下之吉凶，成天下之亹亹者。是故变化云为，吉事有祥，象事知器，占事知来。天地设位，圣人成能；人谋鬼谋，百姓与能。八卦以象告，爻象以情言，刚柔杂居而吉凶可见矣。变动以利言，吉凶以情迁，是故爱恶相攻而吉凶生，远近相取而悔吝生，情伪相感而利害生。凡《易》之情，近而不相得，则凶，或害之，悔且吝。将叛者其辞惭，中心疑者其辞枝。吉人之辞寡，躁人之辞多，诬善之人其辞游，失其守者其辞屈。

乾是天下最健的。乾卦的德行是常易，虽易却能知险。坤是天下最顺的，它的德行是常简，虽简却能知阻。为什么易简能知险阻呢？因为这个易简实际上是按照自然规律办事。"能说诸心，能研诸侯之虑"，朱熹说"侯之字衍"是对的。韩康伯按文解，解为诸侯，是不对的。古书传到今天，确实有讹误、错简的情况。说乾呀，坤呀，实际上就包括六十四卦全部。能说诸心，能研诸虑，定天下之吉凶，成天下之亹亹，这都是说乾坤的作用，亦即说六十四卦的作用。亹亹是勉勉。"成天下之亹亹者"，是指成就天下的事业。

"是故变化云为"，这是讲人事。"吉事有祥"，吉事就有吉的征兆。"象事知器，占事知来"，这里也就涉及卜筮的问题。"天地设位"是指自然。"圣人成能"，就是说依据自然运动变化的道理而制定《易经》六十四卦，其实也是说圣人可以与天地相参。《易经》里既有人谋，又有鬼谋。最后可以使"百姓与能"，就是说百姓也可以利用《易经》作为行动的指导。

"八卦以象告，爻象以情言，刚柔杂居而吉凶可见矣。"八卦只是告诉你象什么，例如象天象地等。"爻象"是说六十四卦的卦辞和爻辞。"以情言"是说卦爻辞说明卦爻的复杂情况。"刚柔杂居而吉凶可见矣"，是说就是因为卦之刚柔杂居，而可以看出吉凶来了。

"变动以利言，吉凶以情迁，是故爱恶相攻而吉凶生，远近相取而悔吝生，情伪相感而利害生。"这几句话是说变动、吉凶、悔吝、利害是有条件的，不是固定的。老苏讲《周易》就专门讲这些东西。

"将叛者其辞惭，中心疑者其辞枝。吉人之辞寡，躁人之辞多，诬善之人其辞游，失其守者其辞屈。"这几句话讲的虽然很好，也有道理，但不是讲《易经》的，与上文也接不上。我怀疑这不是《易传》里的话。

《系辞传》上下到此就讲完了。我讲的不见得都对，大家可以考虑，有什么不同意见，在讨论时提出来。

第四讲　《说卦》《序卦》《杂卦》

《说卦》《序卦》《杂卦》里边有许多地方不好讲，特别是《杂卦》不好讲。
《说卦》里边也有些地方不好讲。

《说 卦》

昔者圣人之作《易》也，幽赞于神明而生蓍，参天两地而倚数。观变于阴阳而立卦，发挥于刚柔而生爻。和顺于道德而理于义，穷理尽性以至于命。

我们学过《系辞传》，知道孔子讲过筮法，也就是讲蓍，这里则专门讲卦，所以名为《说卦》。孔子作《易传》，不是随文解义，侧重讲《易经》的思想内容。末流才专讲文字训诂，不讲思想内容。

"昔者圣人之作《易》也"，这个圣人到底是谁？是不是如后人所说是伏羲、文王、周公甚至夏禹？看来都不是。我看还是不把圣人说定是谁为好。

"幽赞于神明而生蓍，参天两地而倚数。"这是将要说卦，先说蓍，因为卦是从蓍产生出来的。从来讲《易经》都是先讲卦，说伏羲氏画八卦。其实不是这样，是先有蓍后有卦。"幽"，是暗，就像说在暗地里。赞是赞助。"神明"是指蓍可以知来而言。蓍，蓍草。这个蓍也就是策，原来用竹，是计数的工具，后来用蓍草。王充《论衡·卜筮》讲过这个问题。卜用龟是后来的事，筮用蓍，也是后来的事。王充引孔子说："夫蓍之为言耆也，龟之为言旧也，明狐疑之事当问耆旧也。"卜原来不一定用龟，筮原来也不一定用蓍。《说文》里这个筮字，从竹从巫，看出来原来不是用蓍，是用竹子。蓍也称策，这个策就像后世的筹码一样，用什么都可以。卜筮用蓍，并不是因为蓍有什么神灵，只是因为它能计数。蓍好像珠算的珠子，上边一个代表五，下边一个代表一，它本身并不神明。只是由于圣人的幽赞，它才变成神明了。

"参天两地而倚数"，这句话很难讲，也很简单。韩康伯《注》说："参，奇也。

两，耦也。七九阳数，六八阴数。"朱熹作《周易本义》，说："天圆地方，圆者一而围三。三各一奇，故参天而为三。方者一而围四，四合二耦，故两地而为二，数皆倚此而起，故揲蓍三变之末，其余三奇，则三三而九。三耦则三二而六。两二一三则为七，两三一二则为八。"其实这两种讲法都是错误的。参、两在古代是常用的词。《周礼·天官·疾医》有这样的话："两之以九窍之变，参之以九藏之动。"《逸周书·常训》也有这样的话："疑意以两，平两以参。"可见参、两在古代是常用词。在这个地方它讲的实际上是大衍之数的形成。这个天地就是天数地数。"天一，地二；天三，地四；天五，地六；天七，地八；天九，地十"，这就是天地。"天数五，地数五，五位相得而各有合。天数二十有五，地数三十，凡天地之数五十有五"，这就是参天两地。倚是立，倚数就是把天数地数参合在一起，形成大衍之数。然后用大衍之数分二、挂一、揲四、归奇等。也就是利用它四营而成易，十有八变而成卦。这两句话所讲的实际上就是这个意思，没有别的意思。可见，韩康伯、朱熹等人都讲错了。他们总是看成很神秘，其实这个并不神秘。

"观变于阴阳而立卦"，什么是观变于阴阳呢？也就是观察大衍之数的这个"数"，经过四营，十有八变，最后得出的阴阳，亦即得出七八九六来。这才成立了一个卦。这里的顺序可以看得非常明显，是先有蓍后有卦，不是先有卦后有蓍。一般讲《易》的人，一讲就是伏羲氏画八卦，即从画卦讲起。我看这个从根本上就错了。《易传》里讲的不是这样。"发挥于刚柔而生爻"，一卦里边又有六爻，这个六爻把更复杂的情况讲出来了。这就是发挥于刚柔而生爻。这里讲蓍，讲卦，讲爻，与《系辞传上》讲的"蓍之德圆而神，卦之道方以知，六爻之义易以贡"是一致的。《易经》里讲的东西就是这几个。爻与卦的作用不同。卦辞是一卦的总说明。爻辞是一卦的各自说明。总之，这几句话的意思是清楚的。不过过去的说《易》者都没讲对。

"和顺于道德而理于义，穷理尽性以至于命"，是用《易》，主要是指六十四卦的卦爻辞而言。著之所以神，"是以明于天之道而察于民之故"为前提条件，所以在著里边就包含着天之道与民之故。所谓"天之道"就是自然发展规律，所谓"民之故"就是有关社会历史的问题，人事上的问题。正因为这样，所以用《易》于人事，就能达到"以通天下之志，以定天下之业，以断天下之疑"。说"和顺于道德而理于义"，在这里头提出了道德，提出了义。后来宋儒对穷理尽性讲的很多。有人读《易》读到这里，觉得怎么有宋人的东西呢？其实宋人讲了这个东西，也就是因为《易传》原来就有这个东西。如果没有这个东西，那么《易经》就真正是卜筮之书了。和顺于道德而又理于义。这个"道德"怎么讲？"义"怎么讲？现在先讲义，我看义的实质就是阶级关系。《序卦》讲："有天地然后有万物，有万物然后有男女，有男女然后有夫妇，有夫妇然后有父子，有父子然后有君臣，有君臣然后有上下，有上下然后礼义有所错。"这一段话讲的很好，仿佛是讲了一段社会发展史。从自然界来说是先有天地，有了天地，然后有万物。万物当然包括很多。有万物然后有男女，这个男女可能包括雌雄牝牡，不一定就是指人类的男女。有男女然后有夫妇，这个男女当然是指人类。"有男女然后有夫妇"，说明有男女不等于有夫妇。人类在群婚时代就没有夫妇嘛。在那时候只能说有男女，不能说有夫妇。有夫妇，才能有父子。没有夫妇，生了子女，知母不知父，哪儿来的父子呢？有父子然后有君臣。说明有君臣是始于父权制。"有君臣然后有上下，有上下然后礼义有所错"，这里说的很明白，礼义的产生就是在有君臣有上下之后。很明显，礼义所表现的是阶级关系。在原始社会是没有"天下为家"以后所说的礼义的。礼义的根源按照恩格斯的讲法，是个体婚制。恩格斯说："最初的阶级对立，是同个体婚制下夫妻间的对抗的发展同时发生的，而最初的阶级压迫是同男性对女性的压迫同时发生的。"恩格斯又说："个体婚制是文明社会的细胞形态。"可以看出，《序卦》的讲法与恩格斯的讲法基本上是一致的。这一点应该说是很难得的。抑不独《易传》有此观点，亦屡见于他书。例如

《礼记·昏义》说："男女有别而后夫妇有义，夫妇有义而后父子有亲，父子有亲而后君臣有正。故曰：'昏礼者，礼之本也。'"《礼记·中庸》说："君子之道，造端乎夫妇。及其至也，察乎天地。"《礼记·郊特牲》说："男女有别然后父子亲，父子亲然后义生，义生然后礼作。礼作然后万物安。无别无义，禽兽之道也。"讲到礼义都是从男女有别开始讲的，这不是偶然的。"和顺于道德"的道德当然也是指人们的行为规范。"和顺于道德而理于义"实际上就是说既符合于道德又符合于义。

"穷理尽性以至于命"，这里谈到理论问题。由穷究事理开始，进一步是尽人之性，最后达到命，即与天地合其德，与日月合其明，与鬼神合其吉凶。所以，命是天命，就是自然规律。性，则是人性，当然也包括物性。《中庸》说："唯天下至诚为能尽其性；能尽其性，则能尽人之姓；能尽人之性，则能尽物之性；能尽物之性，则可以赞天地之化育；可以赞天地之化育，则可以与天地参矣。"《易传》所讲的尽性与《中庸》所讲的尽性，从思想上来看是一致的。"穷理"的理，当然是事理了。宋儒认为理"得于天而具于心"。戴震作《孟子字义疏证》对宋儒所讲的理进行批判，说，理是事物的文理，不是一个东西。这些问题我们现在可以不讨论，但是从穷理二字的来源看还是与《易传》有关。

昔者圣人之作《易》也，将以顺性命之理。是以立天之道曰阴与阳，立地之道曰柔与刚，立人之道曰仁与义。兼三才而两之，故《易》六画而成卦。分阴分阳，迭用柔刚，故《易》六位而成章。

"昔者圣人之作《易》也，将以顺性命之理。"可见《易》之中有天道人事，而其归结还是在人事。中国古代讲哲学，最重视伦理，最重视人。圣人作《易》的目的，就是顺性命之理。这个性命，我看性是人性，命是天命，"将以顺性命之理"还是离不开"明于天之道而察于民之故"。

"是以立天之道曰阴与阳，立地之道曰柔与刚，立人之道曰仁与义。"建立天道的阴与阳，地道的柔与刚，人道的仁与义，其目的，都是为了顺性命之理。

"兼三才而两之，故《易》六画而成卦"，一卦之中包含着三才。兼三才而两之，故《易》卦六画。这六画里边"分阴分阳，迭用柔刚"。

天地定位，山泽通气，雷风相薄，水火不相射。八卦相错，数往者顺，知来者逆，是故《易》逆数也。

这几句话不大好理解。宋人邵雍把它叫作先天八卦，说是伏羲氏所画八卦是这样。我不相信。我不认为伏羲氏有画八卦的事情。"天地定位"，我看这里也有"乾坤其《易》之蕴邪"的意思。因为八卦主要是乾坤，其他是乾坤的发展。"山泽通气"，是艮为山，兑为泽。"雷风相薄"，雷是震，风是巽。"水火不相射"，水是坎，火是离。这些都是讲八卦中对立的两卦之间的关系的。"水火不相射"的射字不好讲。

"数往者顺，知来者逆，是故《易》逆数也。""数往"，是知过去，这叫顺。"知来"，是知未来，这叫逆。《易》主要是知来的。

雷以动之，风以散之，雨以润之，日以烜之，艮以止之，兑以说之，乾以君之，坤以藏之。

这还是讲八卦，不是讲六十四卦。在八卦里边，乾坤两卦是主要的，"乾以君之，坤以藏之"嘛。其他"雷以动之，风以散之，雨以润之，日以烜之，艮以止之，兑以说之"，这些都是讲在发展中八卦各自不同的作用的。这些东西我看不像孔子作的，很可能孔子以前就有。《归藏》一名《坤乾》。这里说"坤以藏之"是不是与《归藏》有关系，我不知道。

帝出乎震，齐乎巽，相见乎离，致役乎坤，说言乎兑，战于乾，劳乎坎，成言乎艮。万物出乎震，震东方也。齐乎巽，巽东南也。齐也者，言万物之絜齐也。离也者，明也。万物皆相见，南方之卦也。圣人南面而听天下，向明而治，盖取诸此也。

坤也者，地也，万物皆致养焉，故曰："致役乎坤"。兑，正秋也，万物之所说也，故曰："说言乎兑"。战乎乾，乾西北之卦也，言阴阳相薄也。坎者水也，正北方之卦也，劳卦也，万物之所归也，故曰："劳乎坎"。艮，东北之卦也，万物之所成终而所成始也，故曰："成言乎艮"。

这些话是怎么回事？我不知道。我看不像是孔子的东西。但这些话不能说与《易经》没有关系，因为《易经》也讲西南呀，东北呀，等等。我看它是早有的。孔子作《易传》，把它保留下来了，或者是后人杂记的前人的旧说。

"万物出乎震，震东方也"以下是对"帝出乎震"至"成言乎艮"一段话的解释。是谁解释的？不知道。有人说这是文王八卦，也是臆说，不可靠。

神也者，妙万物而为言也。动万物者莫疾乎雷，挠万物者莫疾乎风，燥万物者莫熯乎火，说万物者莫说乎泽，润万物者莫润乎水，终万物始万物者莫盛乎艮。故水火相逮，雷风不相悖。山泽通气，然后能变化，既成万物也。

神是什么呢？妙万物是神。万物不是神。万物里边的运动变化，才是神。这里说"终万物始万物者莫盛乎艮"，是不是与《连山》有点关系呢？不知道。从"天地定位"到这一段，究竟是怎么回事，我不知道。有些人随文解义，我看也没回答问题。我总怀疑这里边有《连山》《归藏》的旧说，后人认为与《周易》有关系，就把它们抄在一起了。

乾，健也。坤，顺也。震，动也。巽，入也。坎，陷也。离，丽也。艮，止也，兑，说也。

这是讲八卦的性质，很容易理解。

要注意"也"与"为"不同。"也"的意思是是。是，是固定的。"为"的意思是变为，不是固定的。

乾为马，坤为牛，震为龙，巽为鸡，坎为豕，离为雉，艮为狗，兑为羊。

乾为首，坤为腹，震为足，巽为股，坎为耳，离为目，艮为手，兑为口。

乾，天也，故称乎父。坤，地也，故称乎母。震一索而得男，故谓之长男。巽一索而得女，故谓之长女。坎再索而得男，故谓之中男。离再索而得女，故谓之中女。艮三索而得男，故谓之少男。兑三索而得女，故谓之少女。

乾为天，为圜，为君，为父，为玉，为金，为寒，为冰，为大赤，为良马，为老马，为瘠马，为驳马，为木果。坤为地，为母，为布，为釜，为吝啬，为均，为子母牛，为大舆，为文，为众，为柄，其于地也为黑。震为雷，为龙，为玄黄，为旉，为大涂，为长子，为决躁，为苍筤竹，为萑苇。其于马也为善鸣，为馵足，为作足，为的颡。其于稼也为反生。其究为健，为蕃鲜。巽为木，为风，为长女，为绳直，为工，为白，为长，为高，为进退，为不果，为臭。其于人也为寡发，为广颡，为多白眼，为近利市三倍。其究为躁卦。坎为水，为沟渎，为隐伏，为矫輮，为弓轮。其于人也为加忧，为心病，为耳痛，为血卦，为赤。其于马也为美脊，为亟心，为下首，为薄蹄，为曳。其于舆也为多眚，为通，为月，为盗。其于木也为坚多心。离为火，为日，为电，为中女，为甲胄，为戈兵。其于人也为大腹，为乾卦。为鳖，为蟹，为蠃，为蚌，为龟。其于木也为科上槁。艮为山，为径路，为小石，为门阙，为果蓏，为阍寺，为指，为狗，为鼠，为黔喙之属。其于木也为坚多节。兑为泽，为少女，为巫，为口舌，为毁折，为附决。其于地也为刚卤，为妾，为羊。

乾为天为圜以下这一大段，也像后人杂记旧说，不似《易传》原文，因为关于八卦的取象，上边说了乾为马，为首，为天等，已经很明白了。如果不够用，罗列这一大段，就够用了吗？我看果真用于卜筮还是不够用，讲象数的人把这一段话看得很宝贵，觉得罗列的象还少，又找出多少象来。他们不懂得"也"与"为"不同，"乾，健也。"乾就是健，不是别的东西。"乾为马"是说乾可以为马，也可以为天为父为首，不是固定不变的。

《序　卦》

　　有天地，然后万物生焉。盈天地之间者唯万物，故受之以屯。屯者，盈也，屯者，物之始生也。物生必蒙，故受之以蒙。蒙者，蒙也，物之稚也，物稚不可不养也，故受之以需。需者，饮食之道也，饮食必有讼，故受之以讼。讼必有众起，故受之以师。师者众也，众必有所比，故受之以比。比者，比也，比必有所畜，故受之以小畜。物畜然后有礼，故受之以履。履而泰，然后安，故受之以泰。泰者通也，物不可以终通，故受之以否。物不可以终否，故受之以同人。与人同者物必归焉，故受之以大有。有大者不可以盈，故受之以谦。有大而能谦必豫，故受之以豫。豫必有随，故受之以随。以喜随人者必有事，故受之以蛊。蛊者，事也。有事而后可大，故受之以临。临者，大也，物大然后可观，故受之以观。可观而后有所合，故受之以噬嗑。嗑者，合也。物不可以苟合而已，故受之以贲。贲者，饰也。致饰然后亨则尽矣，故受之以剥。剥者，剥也，物不可以终尽，剥穷上反下，故受之以复。复则不妄矣，故受之以无妄。有无妄然后可畜，故受之以大畜。物畜然后可养，故受之以颐。颐者，养也。不养则不可动，故受之以大过。物不可以终过，故受之以坎。坎者，陷也。陷必有所丽，故受之以离。离者，丽也。

　　有天地然后有万物，有万物然后有男女，有男女然后有夫妇，有夫妇然后有父子，有父子然后有君臣，有君臣然后有上下，有上下然后礼义有所错。夫妇之道不可以不久也，故受之以恒。恒者久也，物不可以久居其所，故受之以遁。遁者退也，物不可以终遁，故受之以大壮。物不可以终壮，故受之以晋。晋者进也，进必有所伤，故受之以明夷。夷者伤也，伤于外者必反于家，故受之以家人。家道穷必乖，故受之以睽。睽者，乖也。乖必有难，故受之以蹇。蹇者，难也。物不可以终难，故受之以解。解者，缓也。缓必有所失，故受之以损。损而不已必益，故受之以益。益而不已必决，故受之以夬。夬者，决也。决必有所遇，故受之以姤。姤者，遇也。物相遇而后聚，故受之以萃。萃者，聚也。聚而上者谓之升，故受之以升。升而不已必困，故受之以困。困乎上者必反下，故受之以井。井道不可不革，故受之以革。革物者莫若鼎，故受之以鼎。主器者莫若长子，故受之以震。震者，动也。物不可以终动，止之，故受之以艮。艮者，止也。物不可以终止，故受之以渐。渐者，进也。进必有所归，故受之以归妹。得其所归者必大，故受之以丰。丰者，大也。穷大者必失其居，故受之以旅。旅而无所容，故受之以巽。巽者，入也。入而后说之，故受之以兑。兑者，说也。说而后散之，故受之以涣。涣者，离也。物不可以终离，故受之以节。节而信之，故受之以中孚。有其信者必行之，故受之以小过。有过物者必济，故受之以既济。物不可穷也，故受之以未济，终焉。

《序卦》是专讲六十四卦的结构的，可与"乾之策二百一十有六，坤之策百四十有四，凡三百有六十，当期之日。二篇之策万有一千五百二十，当万物之数也"，"乾坤其《易》之蕴邪？乾坤成列，而《易》立乎其中矣。乾坤毁，则无以见《易》。《易》不可见，则乾坤或几乎息矣"和"乾坤其《易》之门邪？乾，阳物也；坤，阴物也。阴阳合德而刚柔有体，以体天地之撰，以通神明之德"参看。这里边有丰富的辩证法思想。

《杂 卦》

乾刚坤柔，比乐师忧。临、观之义，或与或求。屯见而不失其居，蒙杂而著。震，起也。艮，止也。损、益，盛衰之始也。大畜，时也。无妄，灾也。萃聚而升不来也。谦轻而豫怠也。噬嗑，食也。贲，无色也。兑见而巽伏也。随，无故也。蛊，则饬也。剥，烂也。复，反也。晋，昼也。明夷，诛也。井通而困相遇也。咸，速也。恒，久也。涣，离也。节，止也。解，缓也。蹇，难也。睽，外也。家人，内也。否、泰，反其类也。大壮则止，遁则退也。大有，众也。同人，亲也。革，去故也。鼎，取新也。小过，过也。中孚，信也。丰，多故也。亲寡，旅也。离上而坎下也。小畜，寡也。履，不处也。需，不进也。讼，不亲也。大过，颠也。姤，遇也，柔遇刚也。渐，女归待男行也。颐，养正也。既济，定也。归妹，女之终也。未济，男之穷也。夬，决也，刚决柔也。君子道长，小人道忧也。

《杂卦》，比如"乾刚坤柔，比乐师忧"，都是从两卦的对立谈问题的。《杂卦》讲卦时也是分上下经，上经三十卦，下经三十四卦。但是它的排列顺序和《序卦》不一样。有的卦在《序卦》是属下经的，它在上边讲了；有的卦在《序卦》是属于上经的，它在下边讲了。这是怎么回事呢？我讲不出道理来。因此对《杂卦》我不准备细讲了。大家可以自己研究。

《杂卦》有"晋，昼也。明夷，诛也"，俞樾在《群经平议》中说："此亦参互以见义也。知晋之为昼，则明夷之为晦可知矣。知明夷之为诛，则晋之为赏可知矣。"我看俞樾这样讲，很好，提出来供大家参考。

孔子作《易传》十篇，《上系》《下系》《说卦》《序卦》《杂卦》这五篇，我看好像是总论。《上彖》《下彖》《上象》《下象》《文言》这五篇好像是分论。在总论五篇里边，"是以明于天之道而察于民之故，是兴神物，以前民用"，这几句话是个纲。这就是说，蓍与卦这个神物，以"明于天之道而察于民之故"作为前提，作为基础的。这样，他就着重写蓍和卦。蓍是写筮法。卦就是《说卦》里边讲的。蓍与卦是《易经》的主体，也是《易经》用以表达思想的工具。"蓍之德圆而神，卦之德方以知"一段话是对蓍对卦的性质、作用和特点讲了一次。此外又从宏观上讲了《易》经六十四卦的结构，这就是"乾坤其《易》之蕴邪"，"乾坤其《易》之门邪"，"在天成象，在地成形，变化见矣"等几段文字。这些都是讲六十四卦的结构，当然《序卦》讲的更为明晰、具体了。至于如何从微观上看六十四卦，这方面有不少东西我们已经讲过了。

这五篇《易传》还讲了如何学《易》如何用《易》的问题。孔子作《易传》和后世一般的传注不同，不是随文解义，而是重在思想，重在本质。

第五讲 乾卦　坤卦

今天开始讲卦。首先我要说，学《易》应该能够举一反三，不能只知其一不知其二。俗语说"明白人一拨三转，糊涂人棒打不回。"我说棒打不回的人不能学《易》，一拨三转的人才能学《易》。学《易》应该是聪明人，光靠功夫不行。郑康成这个人，注"三礼"挺好，《诗笺》就有问题。他注的《易经》，现在不传了。有人辑了一点，我看那就不行。《易经》是讲哲学的，总得像颜子那样"闻一以知十"才行。《易经》里的每一卦有卦辞，卦里边有爻，爻有爻辞。汉学把《易经》卦辞爻辞的每句每字都要找出来历来。这一卦的哪个哪个象是从哪儿来的，好像说杜诗韩文无一字无来处一样。字字都要找出处，我不同意这样的办法。如果真的像那样，卦辞、爻辞就很难作了。字字有来处，怎么可能作出来呢！比如作文章，文字学包括形、音、义，应该学；语法学应该学，修辞学也应该学。但是，如果说把这些都学了就会作文章，我不相信。学作文章，总得读范文。我看《易经》也是这样。苏东坡说，他的文章如行云流水，常行乎其所不得不行，止乎其所不得不止。如果是硬凑出来的，那怎么行！韩愈说："气，水也；言，浮物也。水大而物之浮者小大毕浮，气之与言犹是也。气盛，则言之短长与声之高下皆宜。"这是说，文章不是凑出来的。凑出来的文章，不行。不是说作文章不必懂得文字、语法、修辞，但是仅仅懂得这些，还不能作文章。《易经》的写作也应该是这样的。讲汉易的人，总想把每一个字都找出米历，甚至把《系辞传》的每一个字也要找出来历来。这样做，我看不对。如果《易经》是那样作出来的，那就太费劲了，那就得说是神了，人恐怕作不出来。《易经》是讲象的，蓍、卦、爻都离不开象。但是，是不是《易经》的每一个字都有象呢？我看不是。学《易》首先应该知道方法。《易经》不是那么死的，你若把《易经》的辞呀，象呀，都看死了，那就错了。《易经》里边哪个也不是死的。第一卦这个乾，我们还是这么说，这个乾是八卦之一，然后"因而重之"，变成六十四卦。八卦的产生呢，是"《易》有大极，是生两仪，两仪生四象，四象生八卦"。"八卦成列，象在其中矣"，八卦是有象的。八卦里每一卦的性质不能改变。例如"乾，健也"，乾的性质是健，这不能改变。乾不会变为顺。但是乾象什么，这不是固定的。它可以象马，可以象首，可以象天，可以象许许多多的东西。乾的根本，就在于这个健。不论乾象什么东西，都必须体现健的性质。一般讲，乾为天，这是对的。但是有时候，乾又为君了。自然界有自然界的乾，社会有社会的乾，家庭有家庭的乾。你不能把它看得很死。比方"乾，元亨利贞"这句话，首先要知道乾是象天的。天是什么呀？实际上，这个天讲的就是太阳。《礼记·郊特牲》说"大报天而主日"。《汉书·魏相传》记魏相说："天地变化，必繇①阴阳；阴阳之分，以日为纪。日冬夏至，则八风之序立，万物之性成，各有常职，不得相干。"有昼夜，有春秋，这都是阴阳。我看魏相说"阴阳之分，以日为纪"，是对的。古人所谓天，实际上就是指太阳。太阳老是运动变化。太阳的运动变化，造成气候有寒有暖。元亨利贞，古人都用春夏秋冬作解。认为春天就叫元，夏天就叫亨，秋天就叫利，冬天就叫贞。贞过去又是元，总是这样变化，永久这样变化。乾卦大象说"天行健"。乾是健嘛，天行也是健的。永久不停息，"君子以自强不息"。我看孔子作大象，是讲如何学《易》问题的。总的说，是乾；分开说，是元亨利贞。元亨利贞也就是乾。元亨利贞既可以解释为春夏秋冬，又可以解释为仁义礼智、东西南北等。这就是说，不要把它看死。学《易经》，你不要把它看死。你若看死，就学不好《易经》。

乾䷀乾下乾上

乾，六画都是阳。阳是刚，阴是柔。六画都是阳，所谓"阳之纯而健之至也"。这个乾，是六十四卦的乾卦的卦名。六十四卦的排列，乾为首；这个乾，就是过去我

---

① 繇：通"由"。

们讲过的"乾坤其《易》之蕴邪", "乾坤其《易》之门邪", "乾之策二百一十有六，坤之策百四十有四，凡三百有六十，当期之日"的乾。同时它又是六十四卦中独立的一卦。乾卦里边有六爻，那是乾卦本身。但是它在六十四卦中又有特殊的地位，如《易纬·乾凿度》所说它是"阴阳之根本，万物之祖宗"。我们学习乾卦时要注意这一点，我们若光注意它是六十四卦中之一卦，忘了它在六十四卦中所占的特殊地位，忘了它与其他各卦的关系，那就不对了。

乾，元亨利贞。

古人把元亨利贞讲为春夏秋冬，挺好。自然界有春夏秋冬，才产生万物嘛。乾坤象天地。天地变化，产生万物。天地怎么样变化呢？就是通过春夏秋冬四时嘛。春天来了，天气暖了，大地里的生物都萌发出来了，所以天地的变化主要表现在四时运行上。元亨利贞，前人解释为春夏秋冬四时，我看是对的。《论语》记孔子说："天何言哉？四时行焉，百物生焉，天何言哉！"古人说百物也就是万物。百、万都是表示最多的意思。我看《论语》的这个思想和《周易》是一致的。所谓天地变化，就是每一天有昼夜，每一年有四时。

元，就是开始；亨，就是发展；利，就是成熟；贞，就是收藏。然后，贞下又起元。元亨利贞，这么讲，我看还是对的。高亨先生把元亨利贞解释为"大亨利占"，这个解释，从文字学上看，可能说得过去。从《周易》全书的思想来看，恐怕说不通。

元亨利贞，也可以讲作仁义礼智，或者推广为其他种种。因为《周易》是用符号表示，好像代数学，拘泥于一事一物，就不对了。元亨利贞，这个词语，在古代人们可能都懂，今天人们不懂。这是时代变化的关系，并不是古人故弄玄虚，我们今天所以还能够明白它的意思，这是因为历代传下来的。

"乾，元亨利贞"，这是卦辞。王弼说："卦者，时也。"从六十四卦整体来看，一个卦代表一个时代。《系辞传》说"圣人有以见天下之赜，而拟诸其形容，象其物宜"，讲的就是卦。"圣人有以见天下之动，而观其会通"，讲的就是爻。卦辞，是一卦的总说明，六爻爻辞是一卦六爻的个别的说明。光有卦，说明的问题有限；有了爻，就能说明复杂很多的问题了。当然爻是属于卦的，但爻又有它自己的特点。

初九，潜龙勿用。

卦有六爻，六爻在一卦中居不同的位。初、二、三、四、五、上，是六爻的位。《系辞传上》说"卑高以陈，贵贱位矣"，六爻由初至上，用以区别贵贱。初九，九是怎么来的呢？我们讲过筮法，它就是用大衍之数经过四营、十有、八变而得出来的。当然得出来的不一定是九，也可能得六得七得八。九为老阳，六为老阴，七为少阳，八为少阴。七、八不变，九、六变。前人说三易《周易》占变爻，占九、六；《连山》《归藏》占不变爻，占七、八。根据《周礼》记载，《连山》《归藏》与《周易》一样，"其经卦皆八，其别皆六十有四"。不同的地方，相传认为《连山》《归藏》占不变爻，《周易》占变爻。《连山》首艮，《归藏》首坤，六十四卦的排列，与《周易》不同。这个说法，我看是可信的。但是，三易的卦爻辞恐怕也不会一样。《仪礼·士冠礼》讲"旅占"，用三易来占，可见那个时候，《连山》《归藏》还在。《左传》襄公九年说："筮之，遇艮之八。史曰是谓艮之随……姜曰亡，是于《周易》曰……"证明当时除《周易》之外还有易在。后来，《连山》《归藏》都亡佚了。《周易》如果不是有孔子作《易传》，恐怕也与《连山》《归藏》一样不传了。即使保留下来，没有《易传》的话，也不会有人懂。今人讲甲骨文，只能讲字，至于当时是怎么占出来的，谁也不知道。《周礼》有所谓"三兆"，《玉兆》《瓦兆》《原兆》，很早就没有了，所以谁也讲不了。有人把《周易》看成与甲骨文一样，只讲字，我看是不对的。

"初九"的这个九，就是从筮法中得出来的。筮法赖有《系辞传》才保存下来了。有人讲《易》，不要《易传》。岂知不要《易传》，连九都不明白，还谈什么？又如乾，没有《易传》，怎能知道"乾，健也"呢？

初是位，九是德。"初九，潜龙勿用"，这是乾卦最初的一爻，它取象是龙。龙这个东西古人认为善于变化。古代到底有没有这样的龙，现在大家还在争论。不过古人却把龙看得很神秘，所以乾卦六爻都取象这龙。《说卦》有"乾为马，震为龙"，有的人一定要从乾卦里找出震来，这正犯了王弼所说"定马于乾，案文责卦"的错误。这样的人，是不能读《易》的。

潜是藏，处于一卦最下，所以称为潜龙。"潜龙勿用"，意思是指导人们在这种情况下不要求用于世。《易经》主要是讲人事的，虽然作《易》不能不"明于天之道而察于民之故"，然而侧重点则是在民之故，亦即在社会，或者说这是为政治服务。我们学《易经》，首先要明白这一点，不要把自己变成卜筮先生。《荀子·天论》讲："雩而雨，何也？曰：'无何也，犹不雩而雨也。日月食而救之，天旱而雩，卜筮然后决大事，非以为得求也，以文之也。故君子以为文，而百姓以为神，以为文则吉，以为神则凶也。'"荀子这段话讲的最明白，他说求雨、救日食、卜筮等百姓以为神，君子即统治阶级并不以为神，这只是他们进行统治的一种手段。百姓认为卜筮有灵，作《易》者并不是认为卜筮有灵。孔子说"古之聪明睿智神武而不杀者夫"，把这个秘密给揭破了。

九二，见龙在田，利见大人。

一卦六爻，是兼三才而两之。二处在地位。"见龙在田"，是说这个龙出潜离隐有作为了。这个龙好像大人。"利见大人"，为众人所利见。九二有君德而无君位。若九五，则有君位。九二有君德，人们已经受到它的好处了。

九三，君子终日乾乾，夕惕若，厉，无咎。

九是阳爻,三是阳位,这叫以阳居阳,以刚居刚。这样不太好。君子在这个时候,要"终日乾乾",乾之又乾。"夕惕若",到傍晚,还是惕,还是战战兢兢。能够如此,虽危厉,也无咎。无咎即无过。

九四,或跃在渊,无咎。

这是乾卦第四爻。"或跃在渊",或者跃到高处或者还在渊。这也是取龙象。"或"是疑辞,看条件。条件许可就前进,条件不许可,就不前进。这样做,可得无咎。

九五,飞龙在天,利见大人。

这是乾卦第五爻,按位来说,它居君位,是最贵的,而又是九,是阳刚。"飞龙在天",龙怎么上天了呢?是飞上去的,飞龙与潜龙就当然不一样了。这是有君德又有君位的,这样的大人是群众所利见的。"同声相应,同气相求。水流湿,火就燥,云从龙,风从虎。"就是说利见大人。

上九,亢龙有悔。

龙到了最上,情况就发生了变化。从初到五,好像是量变,到了上的时候,要发生质变了。"穷则变,变则通,通则久。"上就是穷了,穷就要变了。这个穷,是量变的穷。穷则变的变,就是今天所说的质变。亢龙就是上穷。在这个时候,应当有悔;有悔就可以得吉。

用九,见群龙无首,吉。

用九怎么讲,各家的说法很多。六十四卦,唯乾坤两卦有"用九""用六",其余各卦没有。乾坤两卦在六十四卦中是特殊的。"用九"的意思是说,乾卦六爻都变为阴爻,但它不是坤,是由乾变的。这样就是"用九"。"用六"则是说坤卦六爻都变为阳爻,但它不是乾,是由坤变的。为什么叫"用九""用六"呢?从字面上讲,可以说《易经》用九不用七,用六不用八。但是这个说法我觉得还没有说明问题。究竟应当怎么解释，大家可以继续思考、讨论。我没有弄明白。

"群龙无首"，六爻都变了，但还是龙。六爻都是龙，所以无首。群龙无首，好，吉。现在把没有头头叫群龙无首，这个用法是错误的，它的本义不是这样。

彖曰：大哉乾元，万物资始，乃统天。云行雨施，品物流形；大明终始，六位时成，时乘六龙以御天。乾道变化，各正性命，保合太和，乃利贞。首出庶物，万国咸宁。

这是乾卦的彖传，它是解释"乾，元亨利贞"的。

"大哉乾元"，大矣哉乾元，叹息乾元之大。怎么大呢？"万物资始"，万物都资始于此。资是取的意思。万物之始，都取之于乾之元。作为一年来说，到了春天，万物开始发生。实际上，这个万物恐怕不止于乾本身，也包括六十四卦。《序卦》说，"有天地然后万物生焉"。《序卦》所说的万物，应与这里所说的万物是一回事。当然，这里讲的主要还是乾卦。"乃统天"，是说有元则有亨，有亨则有利，有利则有贞。

"云行雨施，品物流形"，讲的是亨。

"大明终始，六位时成，时乘六龙以御天。"我看这段话是讲用《易》的，即怎么样把它应用于社会，应用于政治。乾卦六爻，有终有始。"大明终始，六位时成"，是把这个六位，潜呀，见呀，惕呀，跃呀，飞呀，亢呀，都按照各自的时位去做。这就叫作六位时成。这也就是"时乘六龙以御天"。

"乾道变化，各正性命，保合太和，乃利贞"，这几句讲的是利贞。万物发生发展，由元到亨，由春天到夏天，现在到了秋天，成熟了。每个物有每个物的性，因而每个物也有每个物的命。《大戴礼记》："分于道谓之命，形于一谓之性。"戴震说过，道者行也，气化流行，生生不息。从这个道分出来的，也就是从自然界分出来的，这叫作命。分出来以后又形于一，这叫作性。命是自然赋予的；赋予以后，你这个人，这个物，形成个什么样子，就是性。"各正性命"，就是经过元亨以后，人与物能够各正性命。又"保合太和"，这就是利贞了。比如万物都成熟了，都结籽了，太和之气都保合于其中了。太和之气实际就是冲和之气。老子说"万物负阴而抱阳，冲气以为和"。

总起来说，"大哉乾元，万物资始，乃统天。云行雨施，品物流形"，这讲的是元亨。"乾道变化，各正性命，保合太和，乃利贞"，这讲的是利贞。"大明终始，六位时成，时乘六龙以御天"，这讲的乃是如何用《易》的问题。"首出庶物，万国咸宁"，也是讲用《易》。"六位时成，时乘六龙以御天"干什么？实际上就是为了"首出庶物，万国咸宁"。可见孔子讲《易》尤重在人事，即如何从《易》中学到一些东西，以统治人民。所以《易经》这部书，政治性很强。它既是讲哲学的书，里边也有很多涉及政治的地方。

象曰：天行健，君子以自强不息。

这个叫作大象。六爻爻辞下面的解释，叫作小象。大象是孔子专为怎样学《易》作的。乾卦内卦是乾，外卦也是乾，所以叫天行。天行表现出更为刚健。本来是地球在转，古人以为是天在转，所以称"天行"。君子学这个"天行健"，应该老是"自强不息"。

潜龙勿用，阳在下也。

一般把这个叫作小象。小象是解释爻辞的，解释每一爻爻辞的含义是什么。

"潜龙勿用，阳在下也"，这是解释为什么"潜龙勿用"，是因为阳在下啊。

见龙在田，德施普也。

九二见龙在田，是什么意思呢？是说它不是潜龙，也不是飞龙，而是在田的龙。既然在田嘛，它也要发挥作用。

终日乾乾，反复道也。

终日乾之又乾，夕还是惕，不休息。这是什么意思呢？是"反复道也"。反复于道，而不是干别的什么东西。

或跃在渊，进无咎也。

九四处在上下之交，在渊可以，跃也可以，即可以进，也可以不进。可以进，无咎。

飞龙在天，大人造也。

"大人造也"，就是大人作也。九五既有君德，又有君位。所以是"飞龙在天"，大人造就是大人作而居君位。

亢龙有悔，盈不可久也。

亢是过。"盈不可久也"，看出来《易》是有质量互变的问题。初九是潜嘛，到了上九就是亢。亢是过了，过就要有悔。"盈不可久"，就是要变。

用九，天德不可为首也。

筮的时候，六爻由九变六，由阳变阴，古人叫乾之坤。这样，就叫用九。用九"天德不可为首也"，这个解释，不像说乾不可作为一个头，好像周而复始、循环无端的意思。

以上是小象，是孔子解释爻辞的。韩愈《进学解》说"《易》奇而法"。潜龙，见龙，飞龙，这样取象有点奇吧。《系辞传》说："其旨远，其辞文，其言曲而中，其事肆而隐。"这几句话是怎么回事呢？我看，这就表明它是卜筮之书嘛，《易经》尽管由孔子发掘出深邃的哲学思想，但它到底不是纯正的哲学，还未完全脱却卜筮的特点。所以它不能不用卜筮的语言，而不是直截了当地讲出来。这里边也有个现象与本质的问题。单从现象上看，看不出《易经》有那么多的内容。然而从本质来看，它确实存在着很深刻的哲学思想。它的现象与本质是有矛盾的。科学研究就是通过现象看本质嘛。若光看现象，就用不着科学，常识就够了。《易经》之所以不好懂，正是因为人们容易停留在现象上，看不到它的本质。孔子晚而喜《易》，读《易》韦编三绝，说明《易经》并不简单。若是简单的话，还用得着"韦编三绝"吗！孔子对《易经》确实是看到了本质，不是光看现象。孔子在《系辞传》里对《易经》的本质，挖掘很深。而在小象里，好像解释得不够充分，有的几乎就没作什么解释。这可能由于爻辞里原来所包含的理论就不那么强吧！

专门讲解乾卦，有一个乾文言。专门讲解坤卦，有一个坤文言。其余各卦都没有。这可能有示范意义，告诉人们学《易》应当这么学。

文言是什么意思呢？刘瓛说："依文而言其理，故曰文言。"未知是否。总而言之，文言是专门解释乾卦、坤卦的。文言很难说是孔子亲笔写的，很可能是孔子讲的，弟子记录的。然而思想应属于孔子。所以，说文言是孔子作的，也没有什么不可以。古人的作，不能理解为现在人的作。正因为这样，乾文言说："元者善之长也，亨者嘉之会也，利者义之和也，贞者事之干也。"《左传》襄公九年穆姜也讲过这些话。文言里多有"何谓也？""子曰"如何如何，看起来就是孔子答弟子问，弟子们记下来的。《易传》的情况同《论语》差不多，不能说《论语》是孔子亲笔写作的，但是讲孔子思想离不开《论语》。不过《易传》与《论语》又有所不同。《系辞传》有大段大段的理论分析，不像《论语》那样仅作简单问答。

文言曰，元者善之长也，亨者嘉之会也，利者义之和也，贞者事之干也。君子体仁足以长人，嘉会足以合礼，利物足以和义，贞固足以干事。君子行此四德者，故曰：乾，元亨利贞。

这是《左传》上穆姜讲的话，是孔子弟子们抄录于此的。看起来，从理论上从思想上来解释《易经》，不始于孔子。又《易经》这部书本来就有这个内容，如果本来没有，孔子能解释出来吗！

《易》乾卦卦辞元亨利贞，这几个字原来也可以一看就懂，后来就不懂了。语言也是发展的嘛。先前谁都懂的东西，后世可能就不懂了，所以才有训诂嘛。训诂就是古言用今言来解释。周初至春秋，二百多年。这一段社会发展非常快，周初的语言文字到了春秋时代就需要解释了，需要翻译了。

元的意思是善之长。元是开始，像春天似的，以后万物生长畅茂。元是善之长，即善之首。亨，通。万物发生发展，万物畅茂，这叫亨。亨，嘉之会也，嘉美的荟萃。"利者义之和也"，发展不是直线的，很像现在所说的螺旋式发展。利是秋，万物成熟了，要收缩了。利是到了秋天，应该肃杀了，而肃杀是合乎义的。如果说春天万物发生发展是仁，那么到了秋天肃杀的时候，就是义了。"义之和"，人们各安其分，各守其职，各尽其责，社会安定不乱。"义之和"就是利。实际上在眼睛里还是看那个秋天。"贞者事之干也"，贞有正而固的意思，贞是事之干。贞仿佛是一个人有坚定的意志，这是干事业不可缺少的。

"君子体仁足以长人"，在古代，君子与小人是对立的两个概念，里边是有阶级性的。《左传》《国语》使用君子、小人概念的地方很多，很明显有阶级性。但是到后来，到了《论语》的时候，概念发展了，君子、小人有了道德的含义。《论语》说，"君子固穷，小人穷斯滥矣"，如果君子只是属于统治阶级，他怎么会穷呢？他不穷呀。在《论语》里，君子与小人不能绝对看作是阶级的概念。赵纪彬同志作《论语新探·君子小人辩》，一定说君子与小人是阶级关系。这个说法我是不同意的。

什么叫君子？孔颖达《疏》说："言君子者，谓君临上位，子爱下民，通天子诸侯兼公卿大夫有地者。"我对这个问题也有个解释，不知对不对，可以在这里说一说。我想，君子这个名称，就像过去称公子称王子一样，表明他不是君，而是君之子。君之子在当时当然是贵族，不是一般人，也就是说君子这个称号在当时确实有阶级的含义。然而经过历史发展，君子就变成了区别道德品质的一种称号，不能一概说成是一个表示阶级的概念。

"君子体仁足以长人"，就是说君子能够以仁为体，全心全意地为人，就可以做人的首长，做官儿。这个仁就是善的嘉会也就是乾卦的元。"嘉会足以合礼"，是说乾之亨之长，是与礼相合。为什么嘉会足以合礼？因为礼号称三百三千，最为繁富。

"利物足以合义"，也是说人如果效法乾之利而利物，就能够合义。"贞固足以干事"，也是说人效法乾之贞固，就能够干事，大有作为。

"君子行此四德者，故曰：乾，元亨利贞。"这是承上文作结束，说君子是行这四德的，所以叫乾，元亨利贞。

初九曰潜龙勿用，何谓也？子曰，龙德而隐者也。不易乎世，不成乎名，遁世无闷，不见是而无闷，乐则行之，忧则违之。确乎其不可拔，潜龙也。

这就是讲如何学《易》的问题。"初九潜龙勿用"，我们已经讲过了。经过这一次问答，我们更看出不简单了，其中有这么多丰富的内容。

潜龙是说有龙之德，而隐居的，"不易乎世"，是意志坚定不为世俗所移易。"不成乎名"，是不求知于时。《庄子·逍遥游》说宋荣子"举世誉之而不加劝，举世非之而不加沮，定乎内外之分，辩乎荣辱之境，斯已矣"，可以作为"不易乎世，不成乎名"句注解。"遁世无闷"，遁世不容易，遁世无闷，更不容易。"不见是而无闷"，"乐则行之，忧则违之"，即认为对，我就干；认为不对，我就不干，不管人们说长道短。"确乎其不可拔"，是极其坚定，不可动摇。"潜龙也"，是说能够如上述这样才是潜龙。

九二曰见龙在田，利见大人，何谓也？子曰，龙德而正中者也。庸言之信，庸言之谨。闲邪存其诚，善世而不伐，德博而化。《易》曰，见龙在田，利见大人，君德也。

"见龙在田"，利见大人是有龙德，而又"正中者也"。在《易经》内卦第二爻是中，外卦第五爻是中。《易经》把中看得非常重要。孔子说："中庸之为德也，其至矣乎，民鲜久矣。"可见孔子对中庸是一贯称赞的。

"庸言之信，庸行之谨"，庸是常。平常讲话也要重信，平常做事也要谨慎。

"闲邪存其诚"，闲，马圈外面的栅栏，叫作闲。"闲邪"，就是阻挡外界的邪，不使侵入内心。"存其诚"，即不但外面的邪不让进来，里边还要"存诚"。"善世而不伐"，是说对于世人有好处，"但是不自矜伐"，不夸耀自己的好处。

"德博而化"，"德博"就是"德施普"的意思。"而化"是说受施的人起了变化。这就说明"见龙在田，利见大人，君德也"。

九三曰君子终日乾乾，夕惕若，厉，无咎，何谓也？子曰，君子进德修业。忠信，所以进德也。修辞立其诚，所以居业也。知至至之，可与几也。知终终之，可与存义也。是故居上位而不骄，在下位而不忧。故乾乾因其时而惕，虽危，无咎矣。

君子"终日乾乾，夕惕若"是干什么呢？是为了进德修业。这里提出两个方面，一个是德，一个是业。为了进德修业，所以终日乾乾夕惕若。怎么样进德呢？忠信，所以进德也。就是说进德，要忠信。孔子很重视忠信。《论语》说"主忠信"，说"为人谋而不忠乎，与朋友交而不信乎，传不习乎？""修辞立其诚，所以居业也"是说居业离不开修辞，但修辞还要立诚立信。

"知至至之，可与几也。知终终之，可与存义也。"这也是从两方面讲的。一个是德的方面，一个是业的方面。"知至至之"，"知至"，这个至是理想、目标。"至之"是能够达到理想和目标。"可与几也"，这对于进德来说就差不多了。"知终终之，可以存义也"，"知终"是知终身如是，"终之"能做到终身如是。"可与存义也"，是说这样可与言存义了。

"是故居上位而不骄，在下位而不忧。故乾乾因其时而惕，虽危，无咎矣。"九三对下卦来说是居上位，对上卦来说，是居下位；乾乾因其时而惕，说明它居上位而不骄，居下位而不忧。九三以刚居刚，本来是有危的呀，但它因为能够乾乾因其时而惕，所以虽危无咎。

九四曰或跃在渊，无咎，何谓也？子曰，上下无常，非为邪也。进退无恒，非离群也。君子进德修业，欲及时也，故无咎。

"或跃"就是上呀，"在渊"就是下呀。"上下无常"，并不是为邪。"或跃"是进呀，"在渊"是退呀。"进退无恒"，也不是离群。这是怎么回事呢？因为君子进德修业就是要及时而上进的，所以无咎。

九五曰飞龙在天，利见大人，何谓也？子曰，同声相应，同气相求。水流湿，火就燥，云从龙，风从虎。圣人作而万物睹。本乎天者亲上，本乎地者亲下，则各从其类也。

"飞龙在天"，为天下人所利见，孔子讲，这个就像同声相应，同气相求，就像水向湿处流，火向干处烧，云从龙，风从虎一样。因为圣人作，为万物所愿睹，是说九五有君德又有君位。

"本乎天者亲上，本乎地者亲下，则各从其类也"，对这个讲法也不一样。朱熹讲"本乎天者亲上"谓动物，"本乎地者亲下"谓植物。程《传》不这么讲，程《传》说"本乎天者如日月星辰，本乎地者如虫兽草木"。看来朱熹的解释较好。"则各从其类也"，意思与同声相应，同气相求一样。

上九曰亢龙有悔，何谓也，子曰，贵而无位，高而无民，贤人在下位而无辅，是以动而有悔也。

"贵而无位"，贵在上，最高了。"而无位"，这个位是指政治地位，即"卑高以陈，贵贱位矣"的位。"高而无民"，在上而无民；民，王《注》释为"下无阴"。

"贤人在下位而无辅，是以动而有悔也"，贤人指九五以下。无辅，贤人不来辅助上九。上九居高而不当位，没有贤人辅助它，所以动辄有悔。

从乾文言来看，孔子翻来覆去地加以解释，这不就是"君子居则观其象而玩其辞"的意思吗？玩，玩索，玩味，反复琢磨，所以讲出这么多道理。看来，孔子翻来覆去地讲，弟子记录，给人们如何学《易》作一个示范。不仅仅乾卦、坤卦应该用这个办法去读，六十四卦都应该用这个办法去读。但是如果六十四卦每一卦都这样反复地解释，那就太多了。十翼，上彖下彖，上象下象，上系下系，说卦、序卦、杂卦、文言等，已经不少了，再多了就太烦琐了。文言反复讲，意思还是一个，还是爻辞从初九到上九那几句话的意思。

潜龙勿用，下也。

因为初是一卦之最下，所以称为潜龙勿用。

见龙在田，时舍也。

我想这个"时舍"，主要还是说有君德而没有君位，是九二而不是九五嘛。

终日乾乾，行事也。

九三，是行事的。行什么事呢？那就是进德修业。为了进德修业，所以终日乾之又乾。这也是自强不息。

或跃在渊，自试也。

九四或跃在渊，意思是自试。跃可以，在渊也可以，疑惑不定。

飞龙在天，上治也。

有君德又有君位，在上治理天下。

亢龙有悔，穷之灾也。

这是上九，一卦之最终，就是过了，过了就要有悔。这个意思就是"穷则变，变则通，通则久"。这个穷实际上也就是量变的穷，马上要发生质变了，所以这时候如果不变就是"穷之灾也"。

乾元用九，天下治也。

到得群龙无首的时候，天下治也，天下全都平治了。

潜龙勿用，阳气潜藏。

潜龙勿用，从阳气来说，是潜藏的时候。

见龙在田，天下文明。

天下文明，不是藏，是见了。

终日乾乾，与时偕行。

乾之又乾，自强不息。"与时偕行"，王《注》说："与天时俱不息。"

或跃在渊，乾道乃革。

九四，由内卦变到外卦，是乾道变化之际。

飞龙在天，乃位乎天德。

有君德又得君位。

亢龙有悔，与时偕极。

与时一同地达到极点，到最后了，也就是穷了。

乾元用九，乃见天则。

由乾元用九可以看出天道自然的法则、规律。以上把爻辞又解释了一遍。从孔子的反复解释中，我们也可以看出来，爻辞里包含着很多的意思。当然这不过是示范，我们可以按照这个方法去理解其余各卦的爻辞。

乾元者，始而亨者也。利贞者，性情也。

又把卦辞元亨利贞解释一番，认为元亨利贞是自然的变化发展。由元始，自然就变成亨，亨是亨通发展。"利贞者，性情也"，利贞的意思就是性情。按照事物的规律，这也就是发生、发展、衰老、死亡的过程。当然这里不能说是死亡，是贞下起元循环无端。情，是性的表现、发展。总的来看，元亨利贞，还是从春夏秋冬起意，可以引申到各个方面去解释它。元亨利贞，也可以看成是事物发展的几个阶段。分开说是元亨利贞，合起来说，就是一个乾。元亨利贞，循环无端。这个循环无端，不能理解为循环论，只能解释为螺旋式前进。因为今年有春夏秋冬，明年还有春夏秋冬；而明年的春夏秋冬和今年的春夏秋冬不完全一样，它是前进了嘛。

乾始能以美利利天下。不言所利，大矣哉！

乾始能以美利利天下，包括元亨利贞在内。不言所利，是说不像坤卦那样，言利牝马之贞。不言所利，当然是无所不利了。"大矣哉"，又重复加以赞叹。

大哉乾乎！刚健中正，纯粹精也。

乾卦都是阳爻，特别是九五，阳爻居阳位，得正，又居中，所以称刚健中正，纯粹精也。每一卦都有卦主。乾卦，九五应是卦主，所以这里讲的应是九五，只有九五具有刚健中正这几种性质。"大哉乾乎"，是赞叹之辞。

六爻发挥，旁通情也。

"六爻发挥"，发挥什么呢？实际上就是发挥刚健中正，纯粹精也。六爻把乾卦的中心思想充分全面地讲出来了，"旁通情"就是这个意思。汉易所说的旁通，那是断章取义，是曲解，不可从。

时乘六龙，以御天也。

这句话上头已经讲过，这里不再讲了。

云行雨施，天下平也。

"云行雨施"，这在表面上是讲自然现象，实质上还是谈社会问题，所以说天下平。

君子以成德为行，日可见之行也。潜之为言也，隐而未见，行而未成，是以君子弗用也。

"君子以成德为行"，才能够表现出来。潜是隐，是没有表现出来，成行而未，所以君子不用。这讲的是初九。

君子学以聚之，问以辩之，宽以居之，仁以行之。《易》曰，见龙在田，利见大人，君德也。

这是讲九二。首先举出学问宽仁这四个条件。这四个条件具备，才是君德，才是九二利见的大人。这四个条件首先是学，所谓"多识前言往行以畜其德"。其次是问，问是为了辨明是非。有学问作基础，然后才可以居官。居官最重要的要宽，要宽大为怀。汉高祖恢廓大度，吕端大事不糊涂，这就是宽嘛。行事要仁，切忌残忍刻薄。

九三，重刚而不中，上不在天，下不在田，故乾乾因其时而惕，虽危无咎矣。

九三这一爻，重刚。三，阳位；九，阳爻。阳爻居阳位，这是重刚。二、五是中，三是不中。它上不在天，下不在田，说明所处地位不利。因为它能够乾乾因其时而警惕，所以虽危无咎。

九四，重刚而不中，上不在天，下不在田，中不在人，故或之。或之者，疑之也，故无咎。

朱子本易说"重刚"的"重"字衍。因为九四是阴位，不是重刚。但九四上不在天，下不在田，中不存人，所以才用这个或字，或是疑的意思。

夫大人者，与天地合其德，与日月合其明，与四时合其序，与鬼神合其吉凶。先天而天弗违，后天而奉天时。天且弗违，而况于人乎！况于鬼神乎！

这个"大人"，实际上就是能够符合自然规律，按照自然规律办事的人。只有这样的人才能与天地合其德，与日月合其明，与四时合其序，与鬼神合其吉凶。按照规律做事，纵然是先天而行动，与自然规律也是一致的；你按规律办事，连天都不能违背你，何况鬼神与人呢！纵然是后天行动，与自然规律也是一致的。这里讲的天实质上是自然规律。

亢之为言也，知进而不知退，知存而不知亡，知得而不知丧。其唯圣人乎！知进退存亡而不失其正者，其唯圣人乎！

"亢龙有悔"是什么意思呢？就是知进而不知退，知存而不知亡，知得而不知丧，用今天的概念说，就是不懂得辩证法。只有圣人能够知道进退存亡得失而又不失其正，也就是说只有圣人才懂得辩证法，能够按照辩证法行事。我们今天学了辩证法，对这个道理就容易理解了。

坤☷坤下坤上

现在讲坤卦。乾坤两卦好像是一个整体，两卦是对立的统一。《易纬·乾凿度》说："乾坤相与俱生。"又说："乾坤，阴阳之根本，万物之祖宗。"这个提法是很深刻的。《系辞传》说，"乾坤其《易》之蕴邪"，"乾坤其《易》之门邪"。《序卦》说，"有天地然后万物生焉"，可以看出乾坤两卦在六十四卦中的重要性。当然乾坤一个是纯阳一个是纯阴，它们还是有不同的性质的。讲乾的时候，讲元亨利贞，讲坤的时候就不讲元亨利贞，而是讲元亨利牝马之贞。

坤，元亨，利牝马之贞。君子有攸往，先迷后得主，利西南得朋，东北丧朋，安贞吉。

什么叫牝马之贞？这个问题过去的人多讲不明白，我看《黑鞑事略》这部书里，讲到北方少数民族的畜牧生活，说："其牡马留十分壮好者，作移剌马种外，余者多骟了，所以无不强壮也。移剌者公马也，不曾骟，专管骒马群，不入骟马队。骟马、骒马各自为群队也。又其骒马群每移剌马一匹管骒马五六十匹。骒马出群，移剌马必咬踢之，使归。他群移剌马逾越而来，此群移剌马必咬踢之。"从这一段记载看，所谓利牝马之贞，不是别的，就是骒马群要受牡马的管束。也就是说，坤得服从乾。《周易折中》引俞琰说，也提到牝马从牡马的问题。他说："坤顺乾之健，故其占亦为元亨。北地马群，每十牝随一牡而行，不入它群，是为牝马之贞。坤道以阴从阳，其贞如牝马之从牡则利，故曰利牝马之贞。"俞琰也是看到了利牝马之贞应该这么讲。作《易》的时候，畜牧业是很普遍的，所谓"利牝马之贞"一般人都懂。现在我们就不懂了。不但我们不懂，可能很久以前的人们就不懂了。坤卦的利贞，应该利这样的贞，即"利牝马之贞"，像牝马服从牡马一样。王《注》、程《传》、朱子《本义》都没讲对。

"君子有攸往，先迷后得主"，君子有所往，这个有所往，包括很多的事情。"先迷后得主"，即在有所往的时候，如果先行动，就要迷失方向，不知道怎么做；如果后行动，就能得主。这也是坤卦的特点。看起来，《老子》讲"三宝"，其中"不敢为天下先"这一宝，很可能就是从《易》坤卦"先迷后得主"这儿来的。我总觉得《老子》这部书是受了《归藏》即《坤乾》的影响，他们言论反映的就是《归藏》的思想。《归藏》思想与《周易》思想是不同的，相反的。《老子》讲"反者道之动，弱者道之用"。"反者道之动"这个思想，《周易》也有。"弱者道之用"，《周易》就不是这样了。《周易》尚阳刚嘛。孔子思想是得之于《周易》的。老子的思想尚阴柔好像与孔子的思想对立。坤卦"利牝马之贞"，就是说坤要服从乾。"先迷后得主"，这是尚后，不是尚先。

"利西南得朋，东北丧朋，安贞吉。"这里讲到西南、东北，所以有人就与先天八卦、后天八卦联系起来了。但程《传》并不是这样。程《传》只是说，"西南阴方，东北阳方"，朱子《本义》也是这样讲的。我看程朱的这个讲法是对的，因为古来对东北西南的方位，本来就有一定的说法，例如《礼记·乡饮酒义》说："四面之坐，象四时也。天地严凝之气始于西南而盛于西北，此天地之尊严气也，此天地之义气也。天地温厚之气始于东北而盛于东南，此天地之盛德气也，此天地之仁气也。主人者尊宾，故坐宾于西北，而坐介于西南以辅宾。宾者，接人以义者也，故坐于西北。主人者接人以德厚者也，故坐于东南，而坐僎于东北以辅主人也。"看起来，

《周易》里讲的西南东北，与这里讲的是一样的。说明古来有这么一种看法。不一定跟邵雍所说的先天八卦、后天八卦有关系。邵雍的说法，程颐就不信，他作《易传》，不取邵雍的观点。

"利西南得朋"，西南，阴方。"天地严凝之气始于西南而盛于西北"，坤是阴，所以西南得朋。东北呢，"天地温厚之气始于东北而盛于东南"，这是阳，到东北应该是丧朋。这叫"东北丧朋"。"安贞吉"，安于贞得吉。

这是坤卦的卦辞，它把坤卦的特点讲出来了。

象曰：至哉坤元，万物资生，乃顺承天。坤厚载物，德合无疆，含弘光大，品物咸亨。牝马地类，行地无疆，柔顺利贞，君子攸行。先迷失道，后顺得常。西南得朋，乃与类行。东北丧朋，乃终有庆。安贞之吉，应地无疆。

"至哉坤元，万物资生，乃顺承天。"这个句式与乾卦象传一样，但是用字不同。乾象传讲到元的时候，称"大哉乾元"，坤象传不称大，称"至哉坤元"，用字是有所不同的。乾象传说"万物资始"，万物取之以始。坤象传说"万物资生"，万物取之以生。"乃顺承天"，与"乃统天"也不同。坤与乾不一样，必合起来乃能生万物，"有天地然后万物生焉"，就是指此。

"坤厚载物，德合无疆，含弘光大，品物咸亨。"坤象地，地厚能载物，"天覆地载"嘛。坤之德合乎无疆，"无疆"恐怕是指乾来说的。坤是合乎乾的。地能产生万物，光有天不行，天气暖了，万物还要土地来生它。土地能够含弘光大，使一切品物咸亨。乾卦是"品物流形"，坤卦是"品物咸亨"。有人说品物与万物是有区别的。

"牝马地类，行地无疆。柔顺利贞，君子攸行。"牝马地类，行地无疆，表示健的意思。坤卦柔，乾刚坤柔嘛。柔顺利贞，这是君子所行的。

"先迷失道，后顺得常。"先迷，迷失方向。后顺，顺什么呢？顺乾。

"西南得朋，乃与类行。"西南是阴方，坤卦是阴卦，所以叫乃与类行。

"东北丧朋，乃终有庆。"到阳的地方就不该结朋党了，这样才能终于得庆。

"安贞之吉，应地无疆。"应地道，应地德，是无疆的。

这是彖传，是孔子解释坤卦辞的。

象曰：地势坤，君子以厚德载物。

"地势坤"，坤卦内外都是地，两个地，其象是"地势坤"。君子看这个"地势坤"的象，应该怎么样呢？应该"厚德载物"。厚才能载物。不要薄，厚的反面是薄。刻薄寡恩，狭隘，都是薄。君子要宽要厚，才能容人容物。

这是大象。六十四卦都有大象，内容都是这一类性质的，看了卦以后，怎么样学呢？怎么样指导行动呢？大象就是讲这个问题的。主要还是从人事从道德方面谈的。在《说卦》就是所说的"和顺于道德而理于义"。孔子学《易》主要是学这些东西，不是为了卜筮，我觉得，学《易》向来有两种学法。一种是为卜筮而学《易》。另一种，学《易》不是为了卜筮，而是着重看它里边的思想。这是方向性的问题。朱熹作《周易本义》强调《易经》是卜筮之书，他认为程《传》在这方面是不足的。其实这正是程《传》的优点、长处。程《传》始终把《易经》看成是讲思想、理论之书。

初六，履霜坚冰至。

坤卦六爻都是阴。初爻最下，它的爻辞是"履霜坚冰至"。履霜，好像我们用脚踩着霜了，也就是见到霜了。见到霜，我们就知道天气冷了，快结冰了，坚冰快要来了。

象曰：履霜坚冰，阴始凝也。驯致其道，至坚冰也。

朱子《本义》据《魏志》作"初六履霜"。"初六履霜"，从上下文义看，比"履霜坚冰"好。原来很可能是"初六履霜"，后世传抄，发生讹误，抄成了"履霜坚冰"。

"初六履霜"，是什么意思呢？"阴始凝也"，阴开始凝聚。"驯致其道"，按着"初六履霜"的方向向前发展，必"至坚冰也"。

六二，直方大，不习无不利。

乾卦卦主是九五，坤卦卦主是六二。六二居中得正。直、方、大，这里有个发展的意思，由直发展为方，由方发展为大。《周易折中》按语里讲："数学有所谓线面体者。非线之直，不能成面之方。因面之方而积之，则能成体之大矣。"这个说法很好，不过作《易》之时未必有这样的知识。

直是得之于乾的，方是坤的特点。《周易折中》按语说："乾为圆，则坤为方。方者坤之德，与圆为对者也。"

"不习无不利"，这实际上还是"先迷后得主"的意思。看起来与老子的思想似乎有点关系。老子说："为学日益，为道日损，损之又损，以至于无为，无为而无不为。"即老子主张人不要学习，由无为可达到无不为。老子的这个思想与"不习无不利"很相似。我总觉得老子的思想是有根源的，而这个根源可以上溯到《归藏》。坤卦六二这个"不习无不利"就是《归藏》的思想在《周易》里保存下来的。

象曰：六二之动，直以方也。不习无不利，地道光也。

"六二之动直以方也"，是说六二的直方大，原是从坤动即坤承乾之动来说的。

"不习无不利，地道光也。"不习无不利，正是地道的光大。用地道来说明六二，因为六二是坤卦的卦主。

六三，含章可贞，或从王事，无成有终。

六三是阴爻居阳位，含着优美，可以贞守。或者给国家办事，可以有终，有成效有结果，但是不要居功，不要把功劳归自己，因为要守地道。

象曰：含贞可贞，以时发也。或从王事，知光大也。

这个在下边文言中还要讲，这里先不讲。

六四，括囊，无咎无誉。

六四，阴爻居阴位。在这个时候应怎么办呢？应该括囊，把口袋嘴扎上。这样做，无咎无誉，没有坏处，也得不到称赞。《庄子·养生主》说："为善无近名，为恶无近刑，缘督以为经。"这同"括囊，无咎无誉"的意义近似。

象曰：括囊无咎，慎不害也。

谨慎从事，便不受害。

六五，黄裳，元吉。

五是君位，六是阴爻，阴爻居阳位。黄是中色，中央之色（青是东方之色，赤是南方之色，白是西方之色，黑是北方之色）。王《注》说："黄，中之色也；裳，下之饰也。坤为臣道，美尽于下。"古人穿衣裳，衣是上身穿的，裳是下身穿的。上衣而下裳。王弼讲："坤为臣道，美尽于下。"处在六五这个地位，能够做到黄裳，必得元吉，那就最好了。

象曰：黄裳元吉，文在中也。

黄裳所以得元吉，是因为文在中也。

上六，龙战于野，其血玄黄。

上六，坤卦最上一爻。也像乾卦的上九一样，由初到上是个变化的过程。正是我们所说的量变。到上爻，就穷了，量变完了。这个时候有"龙战于野，其血玄黄"之象。

象曰：龙战于野，其道穷也。

"其道穷也"，正说明一卦六爻变化至此，完成了一个阶段，即量变完了，要发生质变了。

用六，利永贞。

用六也像用九似的。用九是说六爻阳都变阴了，即乾之坤。用六是说六爻阴皆变阳了，即坤之乾。"用六，利永贞"，可以长久保守下去。

象曰：用六永贞，以大终也。

阳大阴小坤卦六爻都变为阳，是"以大终也"。

文言：坤至柔而动也刚，至静而德方。后得主而有常，含万物而化光。坤道其顺乎，承天而时行。

孔子对乾坤两卦特别重视，有乾文言又有坤文言。从六十四卦的结构来看，重视乾坤两卦是应该的。

坤六爻皆阴，是至柔的，然而动起来就刚了。坤至静，然而从德来说是方的。这个方同"卦之德方以知"的方一样，表明有定。方是与圆对立的，圆则无定。"后得主而有常"，这是贵后，不是贵先。认为先则迷失方向，不知所从；后则得主，从主行所以有常。"含万物而化光"，坤含容万物发生发展以至于光大。"坤道其顺乎，承天而时行"，坤道是顺嘛，能够承天而时行。这样说也是有道理的。天气不暖，不能生长万物。所以地是要顺应天的。例如春天，万物发生；夏天，万物畅茂。动物、植物的生长离不开地，但是也与天密切相关，没有阳光也不行。

积善之家必有余庆，积不善之家必有余殃。臣弑其君，子弑其父，非一朝一夕之故。其所由来者渐矣。由辩之不早辩也。《易》曰"履霜坚冰至"，盖言顺也。

这是孔子学《易》学到"履霜坚冰至"的体会。累世积善之家必有余庆，积不善之家必有余殃，重在一个积字。不积，不见得有余庆余殃。社会上有弑君弑父的。这不是偶然的，"其所由来者渐矣"。"由辩之不早辩"，这也是由于积渐而然。不能防微杜渐到后来遂至于弑君弑父。《易》曰"履霜坚冰至"，盖言顺也。你看霜不怎么样，再发展就结成坚冰了。以上是讲初六一爻。

直其正也，方其义也，君子敬以直内，义以方外。敬义立而德不孤。直方大，不习无不利，则不疑其所行也。

直方大，直讲的是正，方讲的是义。君子应该"敬以直内"。怎么样"直内"呢？应该用敬。"庄敬日强"，"居敬穷理"都是讲这个问题。明代吕新吾说"反苟之谓敬"。他这个说法其实不符合文字学，但他这个解释我看挺好。人能做到处处不苟且，这就是敬嘛。君子要用敬以直内，用义以方外。义以方外就是做什么事情，都让它符合于义。如果敬义建立起来了，德就不孤了。"直方大，不习无不利，则不疑其所行也"，能够直方大，自然不习无不利，不要怀疑哪件事情做得不对。以上是讲六二一爻。

阴虽有美，含之以从王事，弗敢成也，地道也，妻道也，臣道也。地道无成而代有终也。

阴虽含章可贞，然而若为国家做事，事业虽然做好了，但不要算自己的，不要居功。这是什么意思呢？这是地道、臣道、妻道。这里边很明显反映阶级性。这是"天尊地卑，乾坤定矣"思想的反映。我们未见过《归藏》。《归藏》以坤为首，《周易》以乾为首。我看这一点很重要，它代表着殷周两代思想的不同。汉人提出"殷道亲亲""周道尊尊"绝不是偶然的。

"地道无成而代有终"，地道没有成功的问题，只是替人家把事情做完了。以上是讲六三一爻。

天地变化，草木蕃。天地闭，贤人隐。《易》曰"括囊，无咎无誉"，盖言谨也。

六四，当天地变化的时候草木蕃。当天地闭的时候，贤人就隐了。这里有"邦有道则见，邦无道则隐"的意思。括囊嘛，就是谨慎，这样也就无咎无誉了。由于隐才括囊嘛。以上是讲六四一爻。

君子黄中通理，正位居体，美在其中，而畅于四支，发于事业，美之至也。

这是讲黄裳元吉。"黄中通理，正位居体"，正位是五，是君位。裳是下体。正位居体，所以美在其中，而畅于四支，发于事业，美之至也。以上是讲六五一爻。

阴疑于阳必战。为其嫌于无阳也，故称龙焉；犹未离其类也，故称血焉。夫玄黄者，天地之杂也，天玄而地黄。

阴发展到上，就疑于阳了，与阳相似了，那就必战。为嫌于无阳，故称龙。犹未离其类，故称血。血还是阴类，玄黄是天地之杂，天是玄，地是黄。这里有个战的问题，大家要仔细体会。以上是讲上六一爻。

乾文言长一些，坤文言短一些。可见乾坤两卦，孔子尤重乾卦。

屯卦 蒙卦 需卦 讼卦

屯䷂震下坎上

我们研究《周易》，要重视程《传》。程《传》有其长处。它讲每一卦时，先讲《序卦》。它重视《序卦》，我看是对的。叶适认为《序卦》浅僻，康有为说《序卦》肤浅，是不对的。程《传》在每卦开头都把《序卦》提出来，对于理解《周易》六十四卦的结构很重要。我先把程《传》介绍一下：

屯，《序卦》说："有天地然后万物生焉。盈天地之间者唯万物，故受之以屯。屯者盈也，屯者物之始生也。"程《传》把《序卦》的原文引来，然后加以解释。它说："万物始生，郁结未通，故为盈塞于天地之间，至通畅茂盛，则塞意亡矣。"

"有天地然后万物生焉"，讲的是自然界，自然界是有天地之后而产生万物。就《易经》来说，则讲的是乾坤二卦。天地即指乾坤。"万物生焉"的"万物"是指屯以后的六十二卦。

"盈天地之间者唯万物，故受之以屯"，这是说六十四卦的排列次序，在乾坤两卦以后为什么要安排一个屯卦。什么是屯？《序卦》讲："屯者盈也，屯者物之始生也。"程《传》解释："万物始生，郁结未通，故为盈塞于天地之间。"天地之间郁结未通，也就是混沌状态。以后自发生到发展，塞意就没有了。"郁结未通，盈塞于天地之间"就是屯。总的说天地生万物，屯是物之始生，故继乾坤两卦之后。

程《传》说："以二象言之，云雷之兴，阴阳始交也。"水雷屯，震下坎上，坎为水，为云，为泉。屯卦大象称之为云雷屯。有云雷之兴，这叫阴阳始交。程《传》说："以二体言之，震始交于下，坎始交于中，阴阳相交，乃成云雷。"乾是父，坤是母，震是一索而得男。震卦上二爻是阴，下一爻是阳。也就是说，三画坤卦的下爻，由于受三画乾卦之阳爻的作用，由阴变为阳，便成为三画震卦。所谓"震始交于下"，就是这个意思。六画屯卦的上卦是坎，坎再索而得男。坎之中间一爻是阳，上下两爻是阴。中间这一阳爻是怎样得来的呢？这里的坎，本是三画坤卦，即三个阴爻，由于乾之阳爻交于坤之中爻，阴爻变为阳爻，三画之坤便成了三画之坎了。这就叫"震始交于下，坎始交于中"。阴阳相交，乃成云雷，"云雷相应而未成泽，故为屯"。若已成泽，那就不是屯了。如果是坎下震上，水雷变为雷水，便是解卦。因为已经成泽，所以称解。

"又动于险中，亦屯之义也。阴阳不交则为否，始交而未畅则为屯。"坎险，震动，动而遇险，能进而不宜进，这也是屯的意义。从时代的角度看，屯卦反映天下屯难未亨泰之时。

这是在屯卦之前程《传》的解释。这个解释很好。朱熹的《周易本义》就没有这样的解释。

屯，元亨利贞，勿用有攸往，利建侯。

这是屯卦的彖辞。彖辞也叫卦辞。《系辞传》说"圣人设卦观象，系辞焉而明吉凶"。一卦的卦辞就是所谓"系辞焉"的重要内容，如王弼《周易略例》所说："夫卦者，时也；爻者，适时之变者也。"一卦代表一个时代，爻是适时而变的。爻在一卦之中代表不同的地位（自初至上）。每一地位，有不同的才、德，即有不同的才能与不同的性质。有了卦之后，要"系辞焉"。"系辞焉"就是加以文字的说明（卦名也是"系辞焉"的一个内容，它也是辞）。用文字指示人们怎样行动得吉，怎样行动得凶。

卦是个符号。既是符号，就具有普遍性，不是代表一种事物，而是代表一类事物。因此，卦辞的内容都是抽象的，不是具体的，所以才有普遍的指导意义。

辞里面当然也有一些术语，"元亨利贞"呀，"吉凶悔吝"呀，等等。总的说来，也应像《系辞传》所讲的"其旨远，其辞文，其言曲而中，其事肆而隐"。这几句话可以概括《易经》卦爻辞的特点。"其旨远",是说不限于一事一物。"其辞文",是说语言有文采。"其言曲而中",是说话并不是直截了当地讲出来,而往往是转一些弯子,但是"而中",就是切中事理。"其事肆而隐",肆,陈列,摆到外面,很明显,但里面有深义,即"而隐"。这是我们读《易》应该知道的。《易经》的辞,确实具有这样的特点。《系辞传》说的"其称名也小,其取类也大",是指卦名来讲的。也就是说,卦名代表一类事物,带有普遍性。这都是《易传》提出来的。《易传》是我们学《易》的一把钥匙。我们学《易》应首先读《易传》。

屯卦的卦辞"屯,元亨利贞,勿用有攸往,利建侯",也可以说是屯卦的总说明。屯是难的意思。但是这个难与别的难不同,它能够"元亨利贞"。把乾卦卦辞的"元亨利贞"四个字全用上了。能够向前发展,可能发展到"元亨利贞"的程度,但是现在不要有攸往。"攸"是"所"的意思。"利建侯"的"侯"怎么讲?程《传》把"侯"解释为诸侯,"必广资辅助,故利建侯"。就是说,这个建侯,好像是分封似的,是天子分封诸侯。朱熹把《周易》看成卜筮之书,他的《周易本义》解释"利建侯"说:"故筮立君者遇之则吉也。"朱熹强调《易经》卜筮的一面,看来不如程《传》。

我看"利建侯"的这个"侯"是国君,此国君不是周代分封的国君,他是原来有的那个国君,好像部落的一个酋长似的。"利建侯",是说最初天下混乱之时,首先应立侯,立一个主,立一个君,亦即建立一个领导。记得注疏中有一句话说"百人而无主,不散则乱",讲的正是"利建侯"的意思。比卦大象说"地上有水,比。先王以建万国,亲诸侯",这个诸侯是分封的。屯卦卦辞讲的诸侯是自立的,不是分封的。程《传》把"利建侯"解释为分封诸侯,是不对的。

象曰:屯,刚柔始交而难生,动乎险中大亨贞。雷雨之动满盈,天造草昧,宜建侯而不宁。

"刚柔始交"是什么意思？朱熹《周易本义》认为"始交"是指震讲的，"难生"是指坎讲的。我看这样解释不见得对。当然，坎，陷也，可以作难讲，在别的卦里，坎也可作难讲。但屯卦里的"难生"应指屯来讲的。"难生"就是屯生。"刚柔始交"应该就是乾坤始交，也就是"有天地然后万物生焉"。刚柔是指乾坤讲的。程《传》说"震始交于下，坎始交于中"，讲的也是始交，都是就屯卦本身讲的。我看，按《序卦》来看，这个刚柔始交，应该是乾坤始交，"有天地然后万物生焉"。有天地，万物开始时而难生，这就是屯。《系辞传》说的"刚柔相摩，八卦相荡，鼓之以雷霆，润之以风雨"那个"刚柔相摩"就是乾坤相摩。韩坤在始交之时有难生，于是产生屯卦。其实屯卦以后，都应该说是乾坤交而产生的，然而屯卦是乾坤始交。难，不像朱熹说的指坎卦，难就是屯。"刚柔始交"是释卦名的。

"动乎险中"，这是据卦之震坎二体而言。震是动，坎是陷，也是险。下震上坎，叫"动乎险中"。为什么"元亨利贞"呢？大亨贞也。

"雷雨之动满盈"，雷，震；雨，坎。雷雨满盈，屯，刚柔始交之时，充塞天地之间都是雷雨。

"天造草昧，宜建侯而不宁"，正是天造草昧之时，混沌、混乱之时。这时候应该首先立君建侯来领导、治理。草是杂乱的意思。孔《疏》释草为草创，释昧为冥昧，亦可。但是说"王者宜建立诸侯，以抚恤万方之物而不得安居于事"，我看不见得对。这个侯不是王建的，而是在混乱之时人民推举出的。朱熹《周易本义》说，"天下未定，名分未明，宜立君以统治，而未可遽谓安宁之时也"，朱熹的这个解释我看是对的。不是天子要封建诸侯，这个侯，就是要立君以统治，因为这时是天下未定，名分未明。这一段话是解释卦辞的。

象曰：云雷屯，君子以经纶。

这是大象。云雷屯，是说学《易》学到此卦应该怎么办呢？要经纶。朱子《本义》、程《传》都把经纶二字分开讲，不对，其实经纶二字是一个词，是治理的意思。不要把二字分开讲。

初九：盘桓，利居贞，利建侯。

初九是屯卦之主，盘桓，朱子《本义》认为是"难进之貌"，是对的。贞作正讲，居贞就是守正。"利居贞"与卦辞中的"勿用有攸往"一句意思相同。程《传》释"利居贞"说"方屯之初，不盘桓而遽进，则犯难矣，故宜居正而固其志"，也是对的。

象曰：虽盘桓，志行正也，以贵下贱，大得民也。

这是孔子作的小象以解释爻辞。"虽盘桓，志行正"是说虽盘桓不进，然而志行还是正的。"以贵下贱"大概也是说初九，阳爻，以贵处于阴贱之下，能得到人们的拥护。

六二：屯如邅如，乘马班如，匪寇婚媾，女子贞不字，十年乃字。

这句话确实不好懂，各家解释不一致。"屯如邅如"也是不进的意思。"乘马班如"是什么意思，此卦有三处讲到"乘马班如"，班，马融说，"班班旋不进"，也是盘桓不进的状态。

"女子贞不字"，这个"字"是什么意思？旧释"不字"就是不孕。朱子《本义》依耿南仲据《礼记·曲礼》"女子许嫁，笄而字"的说法，释"字"为许嫁。王引之《经义述闻》用很大的篇幅加以驳斥，认为"字"应以虞翻训为妊娠。朱熹的解释是不对的。因为过去人们《学易》都读朱子《周易本义》，所以他的错误解释流传极广。

"匪寇婚媾"，据小象"六二之难，乘刚也"，知道寇应是初九。六二是阴，初九是阳，六二下边是初九，这叫乘刚。这也是《易经》的术语。某一爻在下，对它上边的一爻来说叫承，反之叫乘。初对四，二对五，三对上，这叫应。阴爻在上，阳爻在下，这叫乘刚，是谓逆。反之则谓顺。王弼《周易略例》中对此有解释。屯卦之六二这一爻中，"屯如邅如"，是不前进；"乘马班如"还是不前进。为什么六二会有这个难呢？因为它乘刚，受下边阳爻初九的侵逼，阴爻受阳爻的侵逼，所以它才"屯如邅如，乘马班如"。然而实际上它乘的阳爻初九，不是要寇，要侵犯它，而是要与它求婚，婚媾。"女子贞不字"，女子是六二，是阴爻。"不字"朱子讲求婚不许，不许嫁。"十年乃字"，十年乃许。但是"字"字没有这个解释。"字"是育的意思。女子守贞十年乃育。"十"是常用的数字。孔《疏》说"十"是数之极，是盈数。《左传》僖公十三年说："王怒未怠，其十年乎，不十年王弗召也。"不到十年，王不召回。古人以十为小盈，万为大盈，盈就是满。好像一个东西满了，要变了。《易经》中用"十年"的地方不少，不止于此一处。意思是事情发展到一定的时候，不可能要变为可能，可能要变为不可能。

象曰：六二之难，乘刚也。十年乃字，反常也。

这是说六二这一爻的难，是由于它乘刚造成的。这个难发展到一定时候必然得到克服。犹如女子不生育，但是到了十年，即到了时间的极限，不生育也要生育了。

六三：即鹿无虞，惟入于林中，君子几不如舍，往吝。

这是屯卦的第三爻，是阴爻，故称六三。三，阳位，处于下卦之上，想要前进，但在屯难的时候，必须守正才行，不可轻举妄动。如果贸然行动，必像"即鹿无虞"，要打猎，却无虞人引导领路，进入林中出不来。

象曰：即鹿无虞，以从禽也。君子舍之，往吝，穷也。

"即鹿无虞"，是说从禽，亦就是打猎，逐鹿。在屯难之时，处于三的地位，如逐鹿而无虞人指引，君子如果见几，不如舍，即不如不去。如果一定要去，那就要吝穷。

六四：乘马班如，求婚媾，往吉，无不利。

求是求初九，因为六四与初九是正应，尽管去求没有不利。四是阴爻，初是阳爻，所以往求婚媾是吉的。初九向六二求婚则不可，因为它们不是正应的关系。一个爻依据它与周围各爻的乘、承、比、应关系来判断吉凶。判断吉凶是用辞。不过在《易》里这个"辞"不是用很明白很直接的语言讲的，而是用隐晦的卜筮语言讲的。

程《传》说："六四以柔顺居近君之位（五，君位；四，近君之位），得于上者也，而其才不足以济屯。"六，阴爻，是柔弱的，其才不足以济时之屯，却又与上相得，似乎有前进的客观条件。所以"欲进而复止，乘马班如也。已既不足以济时之屯，若能求贤以自辅，则可济矣"。自己无能力解决当时的问题，乃求贤于初九，初九是阳刚，与己是正应，是己之婚媾，与之一同辅佐九五，则吉而无所不利。

朱熹《本义》说："阴柔居屯不能上进，故为乘马班如之象，然初九守正居下以应于己，故其占为下求婚媾则吉也。"意思与程《传》同，但不如程《传》讲的详明。

象曰：求而往，明也。

求是求初九，往是从九五。程《传》说："知己不足，求贤自辅而后往，可谓明矣。"可从。

九五：屯其膏，小贞吉，大贞凶。

程《传》说："五居尊得正，而当屯时，若有刚明之贤为之辅，则能济屯矣，以其无臣也，故屯其膏。人君之尊，虽屯难之世，于其名位，非有损也。"因为你虽是人君，但是目前已失去人君的权威，你的政令不能下达，你的膏泽不能广施，你与百姓隔绝了。这个时候，作为人君来说，大贞不可，小贞还行。程《传》举鲁昭公和高贵乡公之事为例，说明大贞则不吉。若小贞则吉，如盘庚、周宣王，修德用贤，复先王之政，谓以道驯政，为之不暴，也就是不操之过急，慢慢解决。但是像唐僖宗那样恬然不为，一点也不干，也不行。程《传》用历史的教训发挥这一段的解释，可以参考。

象曰：屯其膏，施未光也。

"屯其膏，施未光也"，就是说你有什么德泽、好处，未能发挥出去，人家未受其利。

上六：乘马班如，泣血涟如。

程《传》："六以阴柔居屯之终，在险之极而无应援，居则不安，动无所之，乘马欲往，复班如不进，穷厄之甚，至于泣血涟如。"

象曰：泣血涟如，何可长也。

处于屯难之极，不知出路何在，至于泣血。从客观的角度看，穷则变，变则通，目前这种泣血涟如的处境不可能长久。从主观的角度看，处在屯难之极的人，宜尽速争取改变处境，不可迟缓。

这是屯卦，屯卦总的看来是可以了解的。但其中也有一些地方，字义不易了解。我们可先读各家的注释，然后自己再细心体会。

蒙☷坎下艮上

蒙卦实际上是讲教育的。屯是作之君，蒙是作之师嘛。蒙，山水蒙，下坎上艮。屯卦倒过来就是蒙。这叫"反"。六十四卦中每相邻两卦的关系不反则对。屯与蒙两卦的关系是相反。乾与坤两卦的关系是相对。六十四卦全如此。这绝不是偶然的，是作《易》的人有意识这样排列的。六十四卦乾坤两卦居首，既济未济两卦在末，中间各卦两两不反则对，后边否定前边，这是有深刻意义的，我们应该加以研究。

《序卦》讲得明白，"有天地然后万物生焉"，由天地的变化产生了万物。天地就是乾坤。万物就是其他各卦。其他各卦是由乾坤两卦产生的。乾坤居首，哪一卦列于乾坤之后，大概也不是偶然的。天地开辟之后，首先要有个头头，古人叫立君，叫建侯。部落、共同体都要有一个酋长什么的，否则"百人无主，不散则乱"。屯卦讲天造草昧之时首先要建侯，所以屯卦列乾坤之后，成为六十四卦的第三卦。至第四卦时，已经立了君，有了头头，主要问题是如何启蒙，进行教育。程《传》引《序卦》说："'屯者盈也，屯者物之始生也。物生必蒙，故受之以蒙。蒙者蒙也，物之稚也。'屯者物之始生，物始生稚小，蒙昧未发，蒙所以次屯也。"程《传》重视《序卦》，用《序卦》提供的观点理解六十四卦的排列次序，值得我们注意。

蒙：亨，匪我求童蒙，童蒙求我。初筮告，再三渎，渎则不告，利贞。

这几句话是卦辞。蒙，一定能亨，因为山下有水，水必行之物，它总是要流出去的。不过现在它遇险而止，自己不知道应该向哪里流。"匪我求童蒙，童蒙求我"，谁是童蒙，谁是我呢？从这一卦看，六五是阴爻，居尊位，有柔顺之德，与九二为正应，是蒙卦之主，它就是童蒙。九二是我，是发蒙的，是老师。不是我求童蒙，是童蒙求我，讲的是教育上的事。"初筮告"，用筮作比喻，说发蒙教育也像筮似的，如果是初筮，有诚意，就告。如果无诚意，再三筮，就不告。"利贞"，贞是正的意思。无论童蒙还是我，都利于贞，都要贞正才好。

我们研究《周易》，应该看王《注》、程《传》。王《注》、程《传》的解释，往往可取。王《注》说："筮者，决疑之物也。童蒙之来求我，欲决所惑也。决之不一，不知所从，则复惑也。故初筮则告，再三则渎，渎蒙也。能为初筮，其唯二乎？以刚处中，能断夫疑者也。"王《注》又说："蒙之所利，乃利正也。夫明莫若圣，昧莫若蒙。蒙以养正，乃圣功也。然则养正以明，失其道矣。"程《传》说："蒙有开发之理，亨之义也。卦才时中，乃致亨之道。六五为蒙之主，而九二发蒙者也。我谓二也。二非蒙主，五既顺巽于二，二乃发蒙者也。故主二而言，匪我求童蒙，童蒙求我。五居尊位，有柔顺之德而方在童蒙，与二为正应，而中德又同，能用二之道以发其蒙也。二以刚中之德在下，为君所信向，当以道自守，待君至诚求己而后应之，则能用其道。匪我求于童蒙，乃童蒙来求于我也。筮，占决也。初筮告，谓至诚一意以求己则告之，再三则渎慢矣，故不告也。发蒙之道，利以贞正，又二虽刚中，然居阴，故宜有戒。"

彖曰：蒙，山下有险；险而止，蒙。蒙亨，以亨行时中也。匪我求童蒙，童蒙求我，志应也。初筮告，以刚中也。再三渎，渎则不告，渎蒙也。蒙以养正，圣功也。

"蒙，山下有险；险而止，蒙"，这两句话是解释卦名的。因为此卦下坎上艮，山下有险，内险不可处，外止不可进，未知所为，有昏蒙之义，所以取名叫蒙。《系辞传》说"其称名也小，其取类也大"，卦名都是按照这个意思取的。

彖传解释卦名之后，解释卦辞。"蒙亨，以亨行时中也"，这是指九二说的。亨，通。按时中去做，一定亨。六五与九二相应。蒙要养正，这是作圣的功。程《传》说："蒙亨，以亨行时中也。蒙之能亨，以亨道行也。所谓亨道，时中也。时，谓得君之应；中，谓处得其中。得中则时也。匪我求童蒙，童蒙求我，志应也。二以刚明之贤处于下，五以童蒙居上，非是二求于五，盖五之志应于二也。贤者在下，岂可自进以求于君，苟自求之，必无能信用之理。古之人所以必待人君致敬尽礼而后往者，非欲自为尊大，盖其尊德乐道不如是，不足与有为也。初筮，谓诚一而来，求决其蒙，则当以刚中之道告而开发之。再三，烦数也。来筮之意烦数，不能诚一，则渎慢矣，不当告也。告之，必不能信受，徒为烦渎，故曰渎蒙也，求者、告者皆烦渎矣。卦辞曰利贞，彖复伸其义，以明不止为戒于二，实养蒙之道也。未发之谓蒙，以纯一未发之蒙而养其正，乃作圣之功也。发而后禁，则扞格而难胜，养正于蒙，学之至善也。蒙之六爻，二阳为治蒙者，四阴皆处蒙者也。"

象曰：山下出泉，蒙。君子以果行育德。

程《传》说："山下出泉，出而遇险，未有所之，蒙之象也。若人蒙稚，未知所适也。君子观蒙之象，以果行育德。观其出而未能通行，则以果决其所行，观其始出而未有所向，则以养育其明德也。"

初六：发蒙，利用刑人，用说桎梏，以往，吝。

初六是阴爻。阴爻是蒙者，阳爻是发蒙者。蒙者是受教育的，发蒙者是教育人的。"发蒙，利用刑人，用说（音脱，义同）桎梏，以往，吝。"这句话解释不一样。程《传》说："说，去其昏蒙之桎梏。"朱子《本义》也说："当痛惩而暂舍之，以观其后。"程、朱二人的讲法都不对。这句话的意思是一反一正。强调应该利用刑人，这是正面的意思。如果不利用刑人，你要说桎梏以往，那就要吝。《周易折中》集说引王安石说："不辨之于早，不惩之于小，则蒙之难极矣。当蒙之初，不能正法以惩其小，而用说桎梏，纵之以往，则吝道也。"又引王宗传说："所谓刑人者，正其法以示之，立其防束，晓其罪戾，而豫以禁之，使蒙蔽者知其所戒惧，欲有所纵而不敢为，然后渐知善道，可得而化之也。"《周易折中》按语说："二王氏之说，则'利用刑人，用说桎梏，以往，吝'，只是一正一反口气。正如'师出以律，失律凶'之比尔。"王安石、王宗传不同意程《传》和朱子《本义》的说法，认为发蒙时应该"利用刑人"，约束受教育者，正如《礼记·学记》所说"夏楚二物，收其威也"。若不利用刑人，对受教育者不加约束、惩戒，而脱却其桎梏，蒙蔽者就要变坏，日子久了再想去约束他，那就晚了。看来，教育中的体罚现象，很早就有了。

象曰：利用刑人，以正法也。

这是小象，是孔子对初六爻辞的解释。"正法"，正如宋人王宗传所说："所谓刑人者，正其法以示之，立其防束，晓其罪戾，而豫以禁之。"

九二：包蒙吉，纳妇吉，子克家。

九二是蒙卦之主。程《传》说："包，含容也。二居蒙之世，有刚明之才，而与六五之君相应，中德又同，当时之任者也。必广其含容，哀矜昏愚，则能发天下之蒙，成治蒙之功。其道广，其施博，如是则吉也。""包蒙"，王弼《注》说："以刚居中，童蒙所归，包而不距，则远近咸至，故'包蒙，吉也'。"这讲的也很对。

"纳妇吉"，王弼《注》说："妇者，配己而成德者也。体阳而成包蒙，以刚而能居中，以此纳配，物莫不应，故'纳妇吉也'。"可见"纳妇吉"并不是娶媳妇好的意思，其实也含有包蒙之义。

程《传》说："卦唯二阳爻，上九刚而过，唯九二有刚中之德，而应于五，用于时而独明者也。苟恃其明，专于自任，则其德不弘，故虽妇人之柔暗，尚当纳其所善，则其明广矣。又以诸爻皆阴，故云妇。"又说："尧舜之圣，天下所莫及也，尚曰清问下民，取人为善也。二能包纳，则克济其君之事，犹子能治其家也。五既阴柔，故发蒙之功，皆在于二。以家言之，五，父也；二，子也。二能主蒙之功，乃人子克治其家也。"王弼《注》说："处于卦内，以刚接柔，亲而得中，能干其任，施之于子，克家之义。"

象曰：子克家，刚柔接也。

刚柔接，九二与六五相应。程《传》说："子而克治其家者，父之信任专也。二能主蒙之功者，五之信任专也。二与五刚柔之情相接，故得行刚中之道，成发蒙之功。苟非上下之情相接，则二虽刚中，安能尸其事乎！"

六三：勿用取女。见金夫，不有躬，无攸利。

"见金夫"，不好讲。朱子《本义》说："金夫，盖以金赂己而挑之，若鲁秋胡之为者。"这个讲法不见得对。程《传》也把"金夫"说成"见人之多金，说而从之"。其实，"金夫"不是什么金子。我看尚秉和讲的可取，他以为金是美好的意思。"金夫"是指谁呢？程《传》说："三以阴柔处蒙暗，不中不正，女之妄动者也，正应在上，不能远从，近见九二为群蒙所归，得时之盛，故舍其正应而从之，是女之见金夫也。女之从人当由正礼，乃见人之多金，说而从之，不能保有其身者也，无所往而利矣。"程《传》认为金夫是九二。王弼《注》说："童蒙之时，阴求于阳，晦求于明。六三在下卦之上，上九在上卦之上，男女之义也。上不求三，而三求上，女先求男者也。女之为体，正行以待命者也，见刚夫而求之，故曰不有躬也。施之于女，行在不顺，故勿用取女，而无攸利。"王弼认为金夫是上九。朱子《本义》未明确说金夫是上九还是六三。

象曰：勿用取女，行不顺也。

六四：困蒙，吝。

位在第四，阴爻。蒙卦六四这一爻是最困的，处境最不好，所以叫"困蒙，吝"。九二离它远，上九也离它远。在蒙卦中。六四是与阳爻相远的。王弼《注》说："独远于阳，处于两阴之中，暗莫之发，故曰困蒙也。困于蒙昧，不能比贤以发其志，亦以鄙矣，故曰吝也。"程《传》说："四以阴柔而蒙暗，无刚明之亲援，无由自发其蒙，困于昏蒙者也，其可吝甚矣。吝，不足也，谓可少也。"朱子《本义》说："既远于阳又无正应，为困于蒙之象。"这是六四，在蒙的时候，处于四的位，本身又是阴爻，其处境和前途非常可吝。

象曰：困蒙之吝，独远实也。

"实"指阳爻而言。蒙卦中四阴爻二阳爻，初六与六三皆与九二相比，六五与上九相比，唯独六四这一爻与阳爻不相比也不相应，所以叫"独远实也"。因为它独远实，困于蒙而无脱却愚暗的机会。

六五：童蒙，吉。

王《注》说："以夫阴质，居于尊位，不自任察，而委于二。付物以能，不劳聪明，功斯克矣，故曰'童蒙，吉'。"程《传》说："五以柔顺居君位，下应于二，以柔中之德，任刚明之才，足以治天下之蒙，故吉也。童，取未发而资于人也。为人君者苟能至诚任贤以成其功，何异乎出于己也。"朱子《本义》说："柔中居尊，下应九二，纯一未发，以听于人，故其象为童蒙。"在蒙卦之中，六五是童蒙，九二是发蒙的。六五自身不能发蒙，它要靠九二的力量去发天下之蒙。其他阴爻、阳爻的情况各自又有不同。

象曰：童蒙之吉，顺以巽也。

因为是阴爻，故顺巽也。程《传》说："舍己从人，顺从也。降志下求，卑巽也。能如是，优于天下矣。"

上九，击蒙，不利为寇，利御寇。

上九，蒙卦至此发展到极点了，九又是阳爻，是刚，王《注》说："处蒙之终，以刚居上，能击去童蒙，以发其昧者也，故曰'击蒙'也。童蒙愿发，而己能击去之，合上下之愿，故莫不顺也。为之扞御，则物咸附之。若欲取之，则物咸叛矣。故'不利为寇，利御寇'。"程《传》说："九居蒙之终，是当蒙极之时，人之愚蒙既极……当击伐之，然九居上，刚极而不中，故戒不利为寇，治人之蒙，乃御寇也。肆为刚暴，乃为寇也。若舜之征有苗，周公之诛三监，御寇也。秦皇、汉武穷兵诛伐，为寇也。"朱子《本义》说："以刚居上，治蒙过刚，故为击蒙之象，然取必太过，攻治太深，则必反为之害。唯捍其外诱以全其真纯，则虽过于严密，乃为得宜，故戒占者如此。凡事皆然，不止为诲人也。"

上九是教人的，但是它在上则过躁，所以用的是击蒙的办法。击蒙，必须把握准界限、分寸。所谓"为寇""御寇"就是这个意思。击蒙适度，上下愿意，就是"御寇"，击蒙过度，上下不欲，就是"为寇"。

象曰：利用御寇，上下顺也。

程《传》说："利用御寇，上下皆得其顺也。上不为过暴，下得击去其蒙，御寇之义也。"

需☰乾下坎上

　　需是什么意思？需是等待的意思。在现代汉语中需字好像不能作等待讲。在古代，需字确实作等待讲。《左传》哀公十四年有一句话"需，事之贼也"，哀公六年还有一句话"需，事之下也"。这个需字，是等待的意思。《左传》这两句话的意思是说做事等待、犹疑不好，但是《易》经需卦的用意与此相反。《易》经需卦要求人们要善于等待。

　　屯卦是作之君，蒙卦是作之师。有了君又有了师，该怎么办呢？《序卦》说："蒙者蒙也，物之稚也，物稚不可不养也，故受之以需。"养字也有等待的意思，所以需卦象传说"需，须也"，这个须就是等待的意思。

　　究竟怎么看需卦的重要意义呢？我想，如果我们读了柳宗元的《种树郭橐驼传》和《史记·曹相国世家》，大概就会了解需的含义了。郭橐驼种树，按树的本性种，所以树长得好。可是有的人种树却"爱之太殷，忧之太勤，旦视而暮抚，已去而复顾"，"甚者爪其肤，以验其生枯，摇其本以观其疏密，而木之性日以离矣。虽曰爱之，其实害之；虽曰忧之，其实雠之"。这些人的要害问题就是不善于等待。做事情，一切该做的都做到之后，重要的即是等待。

　　据《史记·曹相国世家》，萧何死，他荐曹参当相国。曹参怎么治理天下呢？他听胶西盖公的话，实行清静无为的政治，终日饮酒，无所事事。他对汉惠帝说，高帝与萧何开创的事业，我们"遵而勿失"就是了。他实行与民休养生息的政策，使西汉的经济逐渐恢复、发展起来。需卦就是这个意思。办事情，该等待的一定要等待，操之过急，往往坏事。

　　需卦之六爻，初九需于郊，九二需于沙，九三需于泥，六四需于血，九五需于酒食，上六入于穴。这是需卦的发展过程。总的说来，一卦反映一个时代，一卦之中从初到上，六爻反映一个时代的发展过程。一旦发展到上这一爻，这一卦即将转变为下一卦。这个过程其实就是由量变转为质变的过程。

需，有孚，光亨，贞吉，利涉大川。

这是需卦的卦辞。由卦辞看，这一卦有孚，光亨，贞吉，利涉大川。孚本是信的意思。要使人信嘛，就要实。从卦来说，九五这一爻有中实之象，所以才可能有孚。从历史上看，一个政权要想有威信，必须有适当的政治措施，一切设施具备。比方说汉高祖就是这样，他首先取得政权，然后才有孚，才能休养生息；有孚然后才能光大亨通。正，才能吉。利涉大川，能够渡过险境。

彖曰：需，须也。险在前也。刚健而不陷，其义不困穷矣。需，有孚，光亨，贞吉，位乎天位，以正中也。利涉大川，往有功也。

"需，须也"，等待。坎卦的性质是坎是险，"险在前也"，就是说这一卦下边是乾，上边是险是坎。卦是由下往上画的，所以坎在上是在前也。"刚健而不陷，其义不困穷矣"，刚健指乾而言，乾是刚健。因为乾是刚健，所以"而不陷"。前边有险，乾能够等在险之前，不遽进，不冒险，这样就不困穷了。位乎天位是九五，第五爻。卦有三才，上天中人下地。五在天位，既正又中。阳爻居阳位，叫作正。因为九五位乎天位以正中也，所以能够有孚光亨贞吉。利涉大川的意思是往有功，是说再前进就有功了。

象曰：云上于天，需。君子以饮食宴乐。

这是大象。大象是孔子解释卦的。每个六画卦，由两个三画卦组成；两个三画卦就是两体。大象按两体的关系讲一卦的意义。需卦的两体是下乾上坎，叫作云上于天，需。云上于天是雨要下而未下的样子，这就要等待。君子应效法于此。此时要饮食宴乐，不要有所作为。有所作为，反倒干扰了，所以曹参讲："以齐狱市为寄，慎无扰也。"

初九，需于郊，利用恒，无咎。

郊，最远，离坎、水、险很远。利用恒，寻常怎么样，就怎么样。

象曰：需于郊，不犯难行也。利用恒无咎，未失常也。

这是小象，是释爻辞的。这段话的意思是说，过去怎么办，现在还怎么办，未失常态。

九二，需于沙，小有言，终吉。

沙，离水近些，不是很远。小有言，小有些言语，小的伤害。虽然有一点险难，但最终还是吉的。

象曰：需于沙，衍在中也。虽小有言，以吉终也。

衍是宽的意思。九二虽已近险，而以宽裕居中，尽管小有言语伤害，最终还是吉的。

九三，需于泥，致寇至。

接近河泥了，离河近，离险近，容易致寇至。

象曰：需于泥，灾在外也。自我致寇，敬慎不败也。

小象说为什么叫需于泥呢？灾在外也。灾是指坎卦说的。因为是自我致寇，如能敬慎，亦可不败。

六四，需于血，出自穴。

六四已进入坎卦。血，伤的意思。穴是坎，险。六是阴爻，柔顺，不是一味前进的。这一爻的意思是说，虽已入险境，但由于柔顺，所以不至于受大害。

象曰：需于血，顺以听也。

六性阴，四阴位。阴爻居阴位，能够顺以听，所以虽然需于血，但还能出自穴。

九五，需于酒食，贞吉。

九五是需卦主要的一爻。九，阳爻，五，阳位，天位，既正又中。这一爻需于酒食，只要守正，必得吉。

象曰：酒食贞吉，以中正也。

因为此爻是阳爻居阳位，居坎卦之中，居中又正，故得酒食贞吉。

上六，入于穴，有不速之客三人来，敬之终吉。

入于穴，上六处于坎险之极。不速之客，主人未请而自来之客。不速之客三人指下卦三个阳爻说的。上六是阴爻，能以柔顺礼敬不请而自至的三阳爻，虽处险境，最终还可以得吉。

象曰：不速之客来，敬之终吉，虽不当位，未大失也。

上六是阴爻居上位，应当说当位，而此云不当位，朱子《本义》未作解释，程《传》说"明阴宜在下而居上，为不当位也"。虽不当位，若能敬慎自处，便可无大失。

总之，如王弼所说"夫卦者，时也；爻者，适时之变者也"，所以，需代表整个时代。在这个时代应当怎么做？六爻是六个位，刚柔阴阳是它们的性。怎样得吉得凶得无咎呢？就是根据六爻的位和六爻的性。从需于郊、需于沙、需于泥、需于血、需于酒食看，从初九到上六，需卦是一个发展过程。不同的位有不同的性，决定应当怎么做。由此可以知道，卦的次序有意义，六爻的排列也有意义，不是偶然的。孔子作的彖传、象传说六爻排列有思想有意义，是对的。

讼䷅坎下乾上

讼卦为什么列在需卦之后？《序卦》说："需者饮食之道也，饮食必有讼，故受之以讼。"

讼，有孚窒，惕中吉，终凶，利见大人，不利涉大川。

讼也要有孚，若没有孚，没有诚，没有信，没有实际力量，那不行，那还打什么官司！有孚而受窒了，才打官司。惕，谨慎小心。中途结束诉讼，不把官司打到底，吉。若打到底就凶了。"利见大人"，应找人评理裁断。"不利涉大川"，不利于冒险。要中途休止，勿打到底。

彖曰：讼，上刚下险。险而健，讼。讼，有孚窒，惕中吉，刚来而得中也。终凶，讼不可成也。利见大人，尚中正也。不利涉大川，入于渊也。

孔子作彖传，是解释卦辞的。讼，上卦是乾，下卦是坎，上刚下险，险而健，所以产生争讼。心中险，外又健，这样，人就要讼。

讼为什么有孚窒，惕中吉？因为"刚来而得中"。"刚来而得中"，指坎卦中央。过去用卦变来解释"刚来而得中"，说是由泰卦、否卦来。这个讲法过去人们有争论。我以为苏轼、程颐的讲法对，京房、虞翻讲的都不对。苏、程的讲法都在贲卦。贲卦彖传说："柔来而文刚，故亨。分刚上而文柔，故小利有攸往，天文也。"苏轼《易传》对此有说法，《周易折中》引用了。苏轼说："凡《易》之所谓刚柔往来相易者，皆本诸乾坤也。乾施一阳于坤，以化其一阴，而生三子。凡三子之卦有刚来者，明此本坤也，而乾来化之。坤施一阴于乾，以化其一阳，而生三女。凡三女之卦有言柔来者，明此本乾也，而坤来化之。非是卦也，则无是言也。"由乾卦（☰）的阳爻把坤卦（☷）的初爻化成阳爻，于是☷☷就变成☳，震。震怎么来的？按《说卦》说："震一索而得男，故谓之长男。"苏轼认为，说"刚来"原来就是坤卦，说"柔来"原来就是乾卦，也就是说，是由乾卦、坤卦转来的，不是一般所说从泰、否转来的。程颐也这么讲。

卦变可作为一个问题来研究。前人的说法很多，我看苏、程的说法是对的。李鼎祚《周易集解》和朱子《本义》讲的都不对。

讼卦彖传说的"刚来而得中"，刚是指什么？指坎卦的中爻。这里的坎卦本是坤卦，由于乾卦用一阳爻化了坤卦的中爻，☷便变成☵。坎卦的中间一阳爻是由乾卦来的，所以叫"刚来"。这么讲是对的。

"乾坤《易》之门"的乾坤是六画卦。"刚来而得中""柔来而文刚"的乾坤是三画卦。

象曰：天与水违行，讼。君子以作事谋始。

这是大象。君子依据讼卦的道理，做事要谋始。做事要一开始就做好，否则便要发生争讼。王弼认为："谋始在于作制，契之不明，讼之所以生也。"契是文契，文契没弄清楚，事后必然发生争讼。"物有其分，职不相滥，争何由兴？讼之所以起，契之过也。故有德司契而不责于人。"

初六，不永所事，小有言，终吉。

"不永所事"，官司不往下打，不打到底，可能要有一点小的伤害，但最终是吉的。

象曰：不永所事，讼不可长也。虽小有言，其辩明也。

初六以柔弱之才而争讼于下，打起官司来，打不胜而祸难必至，所以要"不永所事"，尽早停止争讼。这样做，虽然小有伤害，但是非可以得到辩明，所以能终吉。这是因为初六虽柔弱，却有九四做它的正应。

九二，不克讼，归而逋，其邑人三百户，无眚。

九二与九五相应，但这是两个阳爻，不是正应。两刚不相与而相讼。九二是自外来的，以刚处险，且与九五相敌，而九五以中正处君位，这个官司不能打，所以说"不克讼"。逋，逃。九二只好逃掉。它一跑掉，它的邑人三百户便无眚，便没有过错了，不受九二的连累了。

象曰：不克讼，归逋窜也。自下讼上，患至掇也。

掇，取。"患至掇也"，是说祸患来得极容易，犹如拾掇而取。不克讼，赶紧归而逃掉。否则，九二居下而与九五打官司，祸患立至。

六三，食旧德，贞，厉终吉。或从王事，无成。

六三与上九争讼，争讼不过，所以要"食旧德"。"食旧德"，就是食旧禄。食旧禄，是说六三应安分自守。厉终吉，是说六三虽居危地，但能自知危惧，则终必得吉。"或从王事"，六三自己无能力争讼，一切服从上九。"无成"，成事不在自己，而在上九。

象曰：食旧德，从上吉也。

安分守己，无所作为，一切听从上九，虽无成，却可得吉。

九四，不克讼，复即命，渝安贞，吉。

九四与初六，一个阳爻，一个阴爻，是正应。这按理说，九四与初六不能讼，不是按力说不能讼。王弼说："若能反从本理，变前之命，安贞不犯，不失其道，为仁由己，故吉从之。"

象曰：复即命，渝安贞，不失也。

能做到"复即命，渝安贞"，则无失。无失则可得吉。

九五，讼，元吉。

元吉，大吉而尽善。九五以中正居君位，是治讼的，即卦辞所谓"利见大人"之大人。它处中得正，所以听讼能公正裁决，平息乖争，而达到元吉。

象曰：讼元吉，以中正也。

上九，或锡之鞶革，终朝三褫之。

上九，以阳刚居讼之终极，它有可能以刚强而胜讼，甚至可能因胜讼而得锡命受服之荣，然而这样获得的荣耀，岂可长久？其必终朝之间三次被褫夺。

象曰：以讼受服，亦不足敬也。

此小象释上九爻辞之含义，争讼是坏事，无论在怎样的情况下都不可取。即便以讼而得高官厚禄，亦不足敬。

师䷆坎下坤上

师卦是讲军事的。《序卦》说："讼必有众起，故受之以师。"没有争讼，就谈不到师。

师，贞，丈人，吉，无咎。

师，众；贞，正。贞不当占讲。丈人，各种本子讲法不同，有的本作大人，作大人也可。王弼认为丈人，严庄之称也。严庄才吉，才无咎。

彖曰：师，众也。贞，正也。能以众正，可以王矣。刚中而应，行险而顺。以此毒天下而民从之，吉又何咎矣。

出师得正才行。为什么说能以众正则可以王呢？因为"吉凶与民同患"，出师的目的是正义的。可见《易经》是为当时的政治服务，为统治阶级服务的。

"刚中而应"，九二这一爻既刚又得中，六五与它正应。在师卦中，它是将，是元帅，受到天子的信任。天子，在师卦中是六五。"行险而顺"，险是坎卦，顺是坤卦。出师作战，虽是险事，但因"而顺"，所以是受到民众欢迎的正义之师。毒，《老子》讲"亭之毒之"，王弼说"毒犹役也"。朱熹、程颐皆作毒害讲。战争本是伤害天下之事，但天下民众却顺从之。

象曰：地中有水，师。君子以容民畜众。

地中有水，水聚于地中，就像民中有兵似的。这是师卦之象。君子观师之象，必容其民而养畜其兵众。有人说，这个就是讲井田制度，讲兵农合一。

初六，师出以律，否臧凶。

对"否臧"的讲法不一样。王弼把"否臧"作为两个相对的词讲，否是否，臧是臧。朱熹则把"否臧"讲作不臧，是一个意思。我看朱熹讲的对。师出应有纪律，师出若无纪律，是凶的。战争首先要强调纪律。无纪律的军队是乌合之众。乌合之众是不行的。

象曰：师出以律，失律凶。

军队出征要有纪律；没有纪律，战争的结果一定是凶的。失律就是否臧。

九二，在师中，吉，无咎。王三锡命。

九二是师卦之主，是统帅军队的将，它在师卦当中，故能吉无咎。"中"有无过不及之意。"王三锡命"，王多次重赏它，因为它指挥得当，取得了成功。

象曰：在师中吉，承天宠也。王三锡命，怀乃邦也。

六三，师或舆尸凶。

舆尸的讲法不一样，王弼和朱熹把舆当车讲，尸当尸首讲，是说打了败仗。程颐解舆为众，尸为主。舆尸，是军中号令不统一的意思。我同意程颐的解释。

象曰：师或舆尸，大无功也。

军中号令不统一，必无成功。

六四，师左次，无咎。

"师左次"，军队稍稍后退。力不足，势不利，后退也可。打仗不一定非前进不可。

象曰：左次无咎，未失常也。

师以右为主为常，左次就是失常了。但六四能够柔顺对待，因时制宜，虽左次，也不为失常。

六五，田有禽，利执言，无咎。长子帅师，弟子舆尸，贞凶。

六五，君位，兴师之主。田中进了禽兽，应该拿住。利执，把敌人拿住。"言"字，王引之《经传释词》说可以作虚词用，此处言字即当作虚词看。既长子帅师，弟子又舆尸，大家管，大家说了算，不行。邲之战，晋中军将荀林父未能统一决断，诸将各作主张，结果吃了败仗。

象曰：长子帅师，以中行也。弟子舆尸，使不当也。

长子谓九二，九二居中，所以让它行统帅之权。又让别的人主其事，便是任使不当了。

上六，大君有命，开国承家，小人勿用。

战争胜利，要论功行赏了。大君即天子或国君。开国指诸侯，承家指卿大夫。小人则不可开国承家。小人有功，给一点奖赏是可以的，但不可封爵封官。《易经》中确实讲君子小人，不仅《易传》中有，《易经》中也有。

象曰：大君有命，以正功也。小人勿用，必乱邦也。

"以正功"，是说论功行赏。"必乱邦"，是说勿用小人，若用小人，必乱邦国。

比☵坤下坎上

《序卦》说："众必有所比，故受之以比。"程《传》说："比，亲辅也。人之类，必相亲辅，然后能安。故既有众，则必有所比，比所以次师也。"

水地比，水在地上，象物之亲比。卦中五阴比一阳，象天子建万国亲诸侯。师以后，统治范围要扩大，万邦万国都来亲比，所以在师卦之后是比卦。

比，吉，原筮元永贞，无咎。不宁方来，后夫凶。

比，人相亲比，是好事，所以《杂卦》说"比乐师忧"。"原筮元永贞"，再筮，审慎的意思。元，善；永，久长；贞，正。自己做到审慎，又善又永又正，人家才来亲比，否则人家不来亲比。"不宁方"怎么讲？过去讲的都不对。《周礼·冬官·考工记·梓人》讲祭侯之礼时说："其辞曰：惟若宁侯，毋或若女不宁侯，不属于王所，故抗而射女。"读这一段经文时，我想到，这个"不宁侯"应与《易》比卦的"不宁方"是一个意思。后来读孙诒让《周礼正义》，知道孙氏早就这么讲了。孙氏说"不宁侯"是不安顺的诸侯，《易》比卦卦辞"不宁方来"与此同义，可见"不宁方"就是"不宁侯"。方，方国。朱熹说"不宁方"是"其未比而有所不安者"，程颐说"不宁方"是"人之不能自保其安宁，方且来求亲比"，都不对。

"不宁方"也来了，说明天下咸服。在这样的情况下，如果有人后来亲比，那就凶了。

象曰：比，吉也。比，辅也。下顺从也。原筮元永贞，无咎，以刚中也。不宁方来，上下应也。后夫凶，其道穷也。

"比，吉也"三字朱子《本义》疑为衍文。"下顺从也"，九五以阳居尊位，五阴都来亲比它，所以这一卦称比。"以刚中也"，九五以阳刚居中正，所以能够"原筮元永贞，无咎"。"上下应也"，从卦来看，上下群阴比于九五，九五与群阴相比。"其道穷也"，指上六说的。

象曰：地上有水，比。先王以建万国，亲诸侯。

比卦与屯卦不同。比卦是建万国，亲诸侯，屯卦是利建侯。利建侯就是利立君。前者是天子封建诸侯，后者是方国自己立君。

初六，有孚，比之无咎。有孚盈缶，终来有它吉。

孚，信。比之初始，要有诚信。诚信在中，犹如有物充实于缶中。缶，无文饰的瓦器。有诚信的比，不但可以无咎，还可以有它吉，意到不到的吉。

象曰：比之初六，有它吉也。

比的关键在开始，开始时有孚，终必有它吉。

六二，比之自内，贞吉。

六二与九五正应，都居中得正。以中正之道相比，当然是好上加好。六二处在卦内，它以正当的途径去与九五相比，必得吉。

象曰：比之自内，不自失也。

六二与九五应，是六二应九五之求，不是六二汲汲以求比，汲汲以求比，就是自失了。

六三，比之匪人。

六三这一爻自己阴柔不中不正，又应上六，上六是比之无首者，所以说六三比之非人。

象曰：比之匪人，不亦伤乎。

与人相比本是好事，六三所亲比的对象不正，好事反倒成了坏事，是可悲可伤的。

六四，外比之，贞吉。

《易》以上卦为外，下卦为内。六二与九五正应，六二在内卦，所以叫作"比之自内"。这里六四承九五，在外卦，所以叫作"外比之"。六四自身阴柔不中，能够比于刚明中正之九五，乃得正而吉。

象曰：外比于贤，以从上也。

九五，显比，王用三驱失前禽，邑人不诫，吉。

九五居君位，处中得正，它亲比天下之人，以光明之正道，不以邪道，这叫显比。"王用三驱失前禽，邑人不诫"是比喻，比喻九五之显比天下，好像天子围猎，合其三面，前开一路，去者不追，来则取之。也像"邑人不诫"，比人无远近亲疏之别，一律对待。

象曰：显比之吉，位正中也。舍逆取顺，失前禽也。邑人不诫，上使中也。

"显比之吉"，主要在于九五所处的地位又正又中。"舍逆取顺，失前禽也"，言来比者随其自愿。"邑人不诫，上使中也"，言九五比人使下，远近如一，不分亲疏。

上六，比之无首，凶。

比之无首，就是卦辞说的后夫凶。开始未与人亲比，后来晚了，不行了。

象曰：比之无首，无所终也。

首，初。开始时未能与人家诚信亲比，到了最后才想来亲比，必不可以。无始当然无所终。

小畜☰乾下巽上

讲小畜之先，说几句话。《周易》原是卜筮之书，但它有思想有哲学。我们学《易》，是为了学它的思想，不是为了卜筮。这是方向性问题，必须有明确的认识。历史上讲《周易》的，有两大派，一是汉易，一是宋易。我们对汉易也不完全否定，对宋易也不完全肯定。我们是根据马克思主义，用科学的观点、方法分析，对的就说对，错的就说错，不抱门户之见。总的说来，我不同意汉易，我觉得宋易可取的地方多。

我们治《易》，应有真知灼见。我们的知识，应有体系，有系统。也就是说要有个核心，就像结晶体似的。荀子说："口耳之间则四寸耳，曷足以美七尺之躯哉？"所以我们学习理论，就像吃菜吃肉一样，要吸收营养。孟子讲："君子深造之以道，欲其自得之也。自得之则居之安，居之安则资之深，资之深则取之左右逢其原，故君子欲其自得之也。"为什么能取之左右逢其源呢？因为它是有体系的，若掌握了这个体系，自得以后，才能达到取之左右逢其源。《学记》说"记问之学，不足以为人师"，这就是说光记住不行，记住以后还要形成理论，形成体系。我们学《易》，首先要知道这一点。这一点不明白，等于白学。下面讲小畜。

《序卦》说："比必有所畜，故受之以小畜。"比卦之下接小畜。比是亲比，比必有人群，比了以后一定有所畜。程《传》说，畜当聚字讲，又当止字讲。其实，畜也有积蓄的意思。从发展历史看，小畜与需是相近的。需是等待，小畜也有那么点意思。说止也好，说积蓄也好，不是马上就前进。小畜上巽下乾，全卦只有一个阴爻，《易经》是阳大阴小，巽畜乾，故曰小畜。

小畜，亨，密云不雨，自我西郊。

小畜有亨的道理，暂时积蓄，因为能发扬发展，将来还是亨通的。"密云不雨，自我西郊"，很不好讲。过去，人们很少有讲对的。朱子《本义》说"西郊"是"文王演《易》于羑里，视岐周为西方"。这个说法是不对的。查慎行的《周易玩辞集解》也如此说。"密云不雨"不难理解，问题是"自我西郊"。对这句话，我有一个看法，不一定对，供大家参考。我看过去的月历牌，有一回，它记天气谚语说："云行东，车马通；云行西，披雨衣。"谚语是群众经验的积累，月历牌用科学的观点加以解释，它说，一般来说，高空大气运动方向，在中纬度地带，都是从西向东。如果云从西往东走，说明以后的天气是正常的好天气。但是当南部的暖空气向西北、北方运动时（云向西行）往往会与由北方南下的冷空气相遇。当两者相遇交会时，就会产生降雨天气。这是根据科学讲的，是可信的。当古人讲"密云不雨，自我西郊"时，大概也有这种经验了。云向东，好天气，不能下雨。很可能是这样的。密云不雨，表明这个畜的意思。

彖曰：小畜，柔得位而上下应之，曰小畜。健而巽，刚中而志行，乃亨。密云不雨，尚往也。自我西郊，施未行也。

"密云不雨，尚往也"，雨未下来。"小畜，柔得位而上下应之，曰小畜"，柔得位是六四，上下皆阳爻，阴阳相应。"健而巽，刚中而志行，乃亨"，这卦是健而巽。健，乾卦；巽，巽卦。刚中指九二与九五皆刚而皆得中，这才能志行。虽暂时是畜，但还要发展的，所以乃亨。亨，通。"自我西郊，施未行也"，施是可以行的，但尚未行。雨是能下的，但是未下。所以未下，是因为"自我西郊"。

象曰：风行天上，小畜。君子以懿文德。

风行天上，上巽下乾。风行地上是观，风行天下是姤。风行天上，还未发生作用，故曰小畜。"君子以懿文德"，君子用小畜美文德。君子是搞政治的，政治是国之大事。文德不是大事，但是也得搞。

初九，复自道，何其咎，吉。

小畜第一爻，是九，阳爻。乾是刚，是要进的，然而小畜要止，不能进。初九与六四相应。不前进，还回到本位来，叫"复自道"。

象曰：复自道，其义吉也。

复自道，按其义说，应该是吉的。

九二，牵复，吉。

九是阳爻，二又得中，能牵复。初九已经复了，九二与初九牵连而复，也吉。

象曰：牵复在中，亦不自失也。

九二是中爻，这时候没有前进，也是不会自失的。

九三，舆说辐，夫妻反目。

辐字《释文》作輹。宋人项安世《周易玩辞》："按，辐，车轑也。輹，车轴转也。辐以利轮之转，輹以利轴之转。然辐无说理，必轮破毂裂而后可说。若輹则有说时，车不行则说之矣。"所以，"舆说辐"应是"舆说輹"，是车停下来不前进的意思。九三与六四相比，九三是夫，六四是妻。他要前进，她不让前进。这叫"夫妻反目"。

象曰：夫妻反目，不能正室也。

九三不能正其室家，妻与之反目，咎由自取。

六四，有孚，血去惕出，无咎。

六四是此卦之主。与谁有孚？与九五有孚。六四与九五相比，得到九五的信任。九五居君位，六四是大臣，下面是三阳。因为有孚，可以血去惕出，一些忧虑恐惧都没有了，可以得到无咎。

象曰：有孚惕出，上合志也。

血去惕出，无忧无伤，是因为上边的九五与它是合志的。

九五，有孚挛如，富以其邻。

此"有孚"各家解释不一样。我认为此"有孚"与六四"有孚"是相关联的。"有孚挛如"，王弼释为专固，谓结合得很紧密。《易》以阳为实为富，以阴为虚为不富。能够左右的叫作"以"，九五是阳爻，所以称"富以其邻"。

象曰：有孚挛如，不独富也。

不但它自己富，而且与六四合作，因而能够成小畜。下边是乾卦三阳。九五与六四"有孚挛如"，能够止三阳。有人说畜是止，那么就是止三阳。

上九，既雨既处，尚德载，妇贞厉，月几望，君子征凶。

这是说小畜卦到最终这一爻要发生质的变化。原来是密云不雨，现在下雨了。原来"尚往"，现在"既处"。"尚德载"，虞翻作"尚得载"。德与得，古音义可以相通。此"尚德载"与"舆说辐"相应。原来"舆说辐"，车不进，此时车可以进，可以载东西了。这是用"得"作解。王《注》、朱子《本义》、程《传》还是用"德"作解，究竟谁说得对，请你们自己研究。

项安世说："以小畜大非可常之事也，归道贞此而不变则为危，君子过此而复行则为凶。盖月望则昃，阴极则消，自然之理也。"这个说法很好。

象曰：既雨既处，德积载也，君子征凶，有所疑也。

"君子征凶"，君子是阳，是男子；征是动。因为妇与男子一样了，有所疑，所以"君子征凶"。坤卦上六有"阴疑于阳必战"，与此疑字义同。

履☱兑下乾上

《序卦》说："物畜然后有礼，故受之以履。"这是履卦的意思。程《传》说："夫物之聚，则有大小之别，高下之等，美恶之分，是物畜然后有礼。履所以继畜也。履，礼也。"履卦主要讲的是礼，经过师、比、小畜，此时需要有礼。

履虎尾，不咥人，亨。

天泽履，上乾下兑。乾为天，也可以认为是虎。虎尾谁来履呢？用什么来履呢？《易》卦上面是首，下面是尾。履卦乾在上兑在下，好像履虎尾一样。虽履虎尾，虎却不咬人。说明礼很重要。你对人家讲礼貌，人家对你也好。对什么样的恶人，你有礼貌，他也不至于咬你。

彖曰：履，柔履刚也。说而应乎乾，是以履虎尾，不咥人，亨。刚中正，履帝位而不疚，光明也。

上乾下兑，上边是乾，兑卦说而应乎乾，所以才履虎尾不咥人。"刚中正"指九五爻。履卦辨上下定民志，定社会秩序。讲秩序，尊者为帝位，即九五一爻。不疚，没什么缺陷，得到光明。与"说而应乎乾"意思一致。可见《易经》是为统治阶级服务的，讲阶级关系。

象曰：上天下泽，履。君子以辨上下定民志。

君子学履卦，可以分辨上下，安定民志。这是礼的作用。

初九，素履，往无咎。

素，朴素。履是讲文的，有文还要有质。素履，即不讲文饰。

象曰：素履之往，独行愿也。

不是为利而往，只是为了实现自己的志愿而前进。

九二，履道坦坦，幽人贞吉。

九二是阳爻居阴位得中。坦坦，可以随意前行。幽人与素履意义相近。礼尚文，虽然履道坦坦，但是也要幽静安恬，不讲文饰的人，才能贞固守正而得吉。

象曰：幽人贞吉，中不自乱也。

幽人贞吉，是因为中心安静。

六三，眇能视，跛能履，履虎尾，咥人凶，武人为于大君。

眇，眇目，眼有病。跛，腿有病，眇者视，看不清；跛者履，腿步不灵利。这样的人，老虎要咬的。六三，是阴柔居阳位，好似一个人内阴柔，外阳刚，它若履于危地，等于履虎尾，咥人凶。但是如果不计利害，勇往直前，像武人为大君打仗那样，虽弱也可取胜。

象曰：眇能视，不足以有明也。跛能履，不足以与行也。咥人之凶，位不当也。武人为于大君，志刚也。

六三是阴柔之人，所处的地位又不当，若有所作为，必遭咥人之凶。不过若是武人用于王事，敢于履危蹈险，还是可取的，好的。

九四，履虎尾，愬愬终吉。

此爻也说履虎尾，然而是阳爻居多惧之地，人因此而恐惧小心，终必得吉。

象曰：愬愬终吉，志行也。

小心谨慎而终得吉，什么吉呢？是上进之志得到实现。

九五，夬履，贞厉。

夬是决的意思。九五居君位，它的履可以刚决。但是贞而厉，还是有危险。

象曰：夬履贞厉，位正当也。

既夬履又贞厉，是由于九五所处的优越地位决定的。

上九，视履考祥，其旋元吉。

　　这一爻有给人的表现作总结的意思。祥，善；旋，周旋完备。考察一个人他的表现完美无缺，其吉是再大不过了。

　　象曰：元吉在上，大有庆也。

　　上是履之终，一个人在最后得到元吉，当然是大有庆的事。

泰卦 否卦 同人 大有

泰☷☰乾下坤上

《序卦》："履而泰，然后安，故受之以泰。"好像是这样，经过师、比、小畜、履，社会真正达到了太平。

泰，小往大来，吉亨。

《易经》以阳为大，以阴为小，向上叫往，向下叫来。泰卦三阴爻在上，三阳爻在下，故云小往大来，得吉，亨。

彖曰：泰，小往大来，吉亨，则是天地交而万物通也。上下交而其志同也。内阳而外阴，内健而外顺，内君子而外小人，君子道长，小人道消也。

清人查慎行《周易玩辞集解》说孔子写到此处高兴了，"如身处盛际，不觉踊跃鼓舞，把卦辞一口道尽"。泰卦表示天地相交，天气上升，地气下降。从自然界看，是天地交，从人事看，是上下交。上下之情通，上下之志同，故可交。全卦讲君子道长，小人道消，讲君子、小人，很明显是为政治服务的。

象曰：天地交，泰。后以裁成天地之道，辅相天地之宜，以左右民。

这一卦大象为什么不说"君子"如何如何，而说"后"呢？因为这一卦是就最高统治者来说的。后与王同，亦即帝王。帝王以天地交泰得出"裁成天地之道，辅相天地之宜"的道理。朱子《本义》认为"裁成以制其过，辅相以补其不及"，讲的有道理。天能覆，不能载；地能载，不能覆。朱子的解释是可取的。左右也是辅助的意思。

初九，拔茅茹以其汇，征吉。

程《传》讲："君子之进，必与其朋类相牵援，如茅之根然，拔其一，则牵连而起矣。茹，根之相牵连者，故以为象。"王《注》也说："茅之为物，拔其根而相牵引者也。茹，相牵引之貌也。"拔这一根茅草，把别的茅草的根也连带着拔出来了。程《传》说："汇，类也。贤者以其类进，同志以行其道，是以吉也。"君子之进，必以其类。不能独自一人前进，而要与同志者一齐并进。征，表示前进的行动。

象曰：拔茅征吉，志在外也。

泰卦下乾之三阳都欲上进，所以取茅茹汇征之象。欲上进，从爻象看，是志在外。

九二，包荒，用冯河，不遐遗，朋亡，得尚于中行。

泰卦九二这一爻重要。处于泰的时代应怎样做呢？要包荒冯河，不遐遗，朋亡。荒，大也。包荒，大度包容。冯河，有果断勇敢的精神，能济深越险。既能大度包容，又刚果决断。不遐遗，远的也不遗漏。朋亡，没有朋党。处在泰的时候，要这样做才行，即大度包容，刚果决断，不遗遐远，不结朋党。尚当配讲。配于中行，能做到以上四点，就合于九二之德。

象曰：包荒得尚于中行，以光大也。

小象在爻辞四点之中只举包荒一点，因为包荒在四点之中是根本的，最重要的。包荒而又能合乎中行，是因为它正大光明，明断无私。

九三，无平不陂，无往不复，艰贞无咎，勿恤其孚，于食有福。

泰卦之九三，下卦的乾，到了最末，平可以变成不平，往可以变成复。没有平而不陂的，没有往而不复的，总是这样变化。内卦乾是要变成坤的，于是泰将变为否。从这一卦可以明显地看出里边有辩证法思想，不是形而上学。

象曰：无往不复，天地际也。

无往不复，正好是天地之际。天地之际，是说阴阳升降，否泰无常。

六四，翩翩不富以其邻，不戒以孚。

这句话过去讲法不一样。朱子《本义》和程《传》都把这句话当坏的意思讲，但有的人当好的意思讲。泰卦的时候，不是坏的。翩翩，表示上下交，上边谦虚接乎下，下边刚直事乎上。不戒，不待告诫，不必事先告知。

我想，还是应当作好的方面讲，因为是泰嘛，全卦是泰，不光下边乾卦是泰。从天地交、上下交来理解"翩翩不富以其邻，不戒以孚"，我看此爻意义还是好的不是坏的。大家还可以研究程、朱的解释对不对。《周易玩辞集解》的解释，就是我刚才说的那样。

象曰：翩翩不富，皆失实也。不戒以孚，中心愿也。

失实就是不富，有虚中无我的意思。在下卦之初，则明以汇交于上，在上卦之初，则明以邻交于下，上下之交是出于中心志愿，不需事先约定。

六五，帝乙归妹，以祉元吉。

六五，阴爻居阳位。帝乙，殷代帝王，这恐怕没问题。但有人把它作为历史故事、历史资料应用，是不对的。《易经》是讲思想的，不是讲历史的。帝乙归妹，是公主下嫁。归妹归谁？六五与九二正应，应是归九二。有人说帝乙以前没有这种事，是帝乙创造了这种事。这个我们不知道。京房把帝乙释为商汤，还搞出了"商汤嫁妹"的一个故事，我以为是不对的。《书经》引帝乙是对的。程《传》说殷代叫帝乙的很多，不知此帝乙指哪一个。我看还是指后边的那个帝乙。以祉，得福，有福。元吉，大吉而完善无憾。那么，"帝乙归妹"用在此处是什么意思呢？是说六五以阴柔居君位，能够屈尊而顺从其下之九二，有如帝乙归妹。这样做是对的，所以能得福，得元吉。

象曰：以祉元吉，中以行愿也。

为什么能够有"以祉元吉"的结果呢？因为是"中以行愿"。"中以行愿"，六五以柔中之德而下合于九二，完全出于志愿，不是勉强的。由六五这一爻可以看出，六四那一爻也是讲泰卦好的方面，是讲上下交而其志同的。如果把六四解释成阴来了，小人来了，变坏了，像程、朱说的那样，不见得对。

上六，城复于隍，勿用师，自邑告命，贞吝。

泰卦发展到最后，要发生变化了。不能长期泰呀。隍，筑城时挖池取土用以修城。城修成了，因挖土而形成的那个池就是隍。城复于隍，城墙的土又回复到隍里去，恢复原来的样子。这是比喻，说明泰要发生变化了。此时不能兴师用众，自邑告命就行了。贞是守常，守常不变，必得羞吝。

象曰：城复于隍，其命乱也。

泰卦本来好，但好事不长，最后必然发生变化。按京氏讲十二辟卦，泰卦是阴历正月卦。十一月卦是地雷复卦，一阳生；十二月卦是地泽临卦，二阳生。正月三阳生，恰是地天泰卦。按十二辟卦的说法，泰卦是正月卦，过去写对联有"三阳开泰"即本于此。

否☷坤下乾上

《序卦》："泰者通也，物不可以终通，故受之以否。"程《传》说："为卦，天上地下。天地相交，阴阳和畅，则为泰。天处上，地处下，是天地隔绝，不相交通，所以为否也。"

否之匪人，不利君子贞，大往小来。

"之匪人"三字，朱子《本义》认为是衍文。朱子此说也不无道理。宋人治学敢于怀疑，有点疑古精神，也有可取之处。不过相传的本子都有此三字。查慎行的《周易玩辞集解》就不同意朱子之说。

"匪人"不好解释，程《传》解释为无人道。从否卦的时代说，是不利君子贞。因为这个卦是大往小来，阳往阴来了，小人道长，君子道消了。

　　彖曰：否之匪人，不利君子贞，大往小来，则是天地不交而万物不通也。上下不交而天下无邦也。内阴而外阳，内柔而外刚，内小人而外君子，小人道长，君子道消也。

　　否卦坤下乾上，君子往居于外，小人来处于内，正是小人道长，君子道消的时候。

　　象曰：天地不交，否。君子以俭德辟难，不可荣以禄。

　　程《传》讲："君子道消，当观否塞之象，而以俭损其德，避免祸难，不可荣居禄位也。否者小人得志之时，君子居显荣之地，祸患必及其身，故宜晦处穷约也。"这个卦是告诉你在否的时候怎么做，要俭德辟难，不可荣以禄。虞翻"荣以禄"作"营以禄"，王引之意同。高诱注《吕氏春秋·尊师》《淮南子·原道》并云营是惑。我看这不一定对。

　　初六，拔茅茹以其汇，贞吉亨。

　　泰卦拔茅茹以其汇，征吉，征是动的意思。征吉，前进则吉。这里是贞吉，贞，固也，要求固守，不要前进。亨是道亨。程《传》说："初六能与其类贞固其节，则处否之吉，而其道之亨也。当否而能进者，小人也。君子则伸道免祸而已。君子进退未尝不与其类同也。"否卦的"贞"与泰卦的"征"意思是相反的。

　　象曰：拔茅贞吉，志在君也。

　　王弼《注》说："志在于君，故不苟进。"

　　六二，包承，小人吉，大人否亨。

　　"包承"，王弼《注》说："居否之世，而得其位，用其至顺，包承于上。小人路通，内柔外刚，大人否之，其道乃亨。"

　　六二在否时，其象是包承。小人得吉，大人否才能亨。如王《注》说，"其道乃亨"，所亨的是道。

　　象曰：大人否亨，不乱群也。

大人就是君子，不与小人同类。

六三，包羞。

郭雍说："尸禄素餐，所谓包羞者也。孔子曰，'邦无道，谷，耻也'，其六三之谓与？"六三居下卦而上位，此时就是包羞。郭氏说"尸禄素餐"，是指小人而言。邦无道，谷，耻，这是包羞。程《传》说："三以阴柔不中不正而居否。又切近于上，非能守道安命，穷斯滥矣。极小人之情状者也。其所包畜谋虑，邪滥无所不至，可羞耻也。"

象曰：包羞，位不当也。

王《注》说："用小道以承其上，而位不当，所以包羞也。"程《传》说："阴柔居否，而不中不正。所为可羞者，处不当故也。处不当位，所为不以道也。"

九四，有命无咎，畴离祉。

程《传》说："四以阳刚健体居近君之位，是有济否之才而得高位者也。足以辅上济否……能使事皆出于君命，则可以济时之否。其畴类皆附离其福祉。离，丽也。君子道行，则与其类同进，以济天下之否，畴离祉也。"九四已经到上卦乾了。有命则无咎，畴类皆丽于祉。"有命"之命，程《传》当君命讲，项安世则以为是天命，实际上是自然规律。程《传》以为是君命，看来是牵强的。

象曰：有命无咎，志行也。

"有命"就是"不知命无以为君子也"的"知命"。能够据客观规律行事的人，是无咎的。

九五，休否，大人吉，其亡其亡，系于苞桑。

九五能使否休。休，止。否休即将变泰，大人得吉。这时心中老是念叨"要完了要完了"，这样才能反而不完。苞桑是坚固的，不会亡的。程《传》说："否既休息，渐将反泰，不可便为安肆，当深虑远戒，常虞否之复来，曰：'其亡矣，其亡矣.'其系于苞桑,谓为安固之道,如维系于苞桑也。桑之为物,其根深固。苞谓丛生者,其固尤甚。"《系辞传》曰:"危者,安其位者也;亡者,保其存者也;乱者,有其治者也。是故君子安而不忘危,存而不忘亡,治而不忘乱,是以身安而国家可保也。"

象曰:大人之吉,位正当也。

九五能休否,原因在于它居中得正,而且在尊位。

上九,倾否,先否后喜。

否倾了,否要变成泰。先极否,后倾喜。说"倾否",不说"否倾",表明人力很重要。

象曰:否终则倾,何可长也。

否发展到终极,何可长也。泰不会永久的泰,否也不会永久的否。《易经》讲消息盈虚,与时偕行,很有辩证法的思想。

同人䷌离下乾上

《序卦》说:"物不可以终否,故受之以同人。"同人的前卦是天地否。否主要是天地不交,上下不交,否塞。"物不可以终否",历史的发展运动,变化不停。变化是按辩证法规律向前进的。老子讲的"反者道之动,弱者道之用",里边也有辩证法。《易经》讲"物不可以终否",也是辩证法,也是讲事物变化的,而且有肯定、否定、否定之否定的意思。这句话有深刻意义,不是随便讲的。有人认为《序卦》肤浅、浅僻,是不对的。

"物不可以终否,故受之以同人。"否是天下不交,同人是天下交。同人,与人同,与人相同。同人的内卦有一阴爻,其他全是阳爻。同人越是大公越好,越是无私越好。

同人于野，亨，利涉大川，利君子贞。

此卦辞里的"同人于野"，与后面爻辞里讲的同人于门于宗不同。过去讲"野"为空旷野地。我们看，古代有"野"，"野"是最边远的地方。同人已经同到最边远的野，说明同人大公无私，这样能亨通。"利涉大川"，能够济险。同人，怎么样同啊？有这么一个问题。君子用正来同。

彖曰：同人，柔得位得中而应乎乾曰同人。同人曰，同人于野，亨。利涉大川，乾行也。文明以健，中正而应，君子正也。唯君子为能通天下之志。

六二柔得位，阴爻得位又得中，有这样的好处，又应乎乾，即应乎九五（《易》卦初与四、二与五、三与上的关系叫应）。朱子《本义》认为"应乎乾"的乾是九五，程《传》认为五是乾之主，故云应乎乾。这个说法是对的。六二柔得中，又与九五正应，所以叫同人。

"同人曰"三字，朱子《本义》以为是衍文，是对的。否卦"否之匪人"的"之匪人"三字，朱子《本义》也说是衍文，也是对的。古书辗转相抄，难免错讹。朱熹治学还是有求实精神的。

"同人于野，亨。利涉大川，乾行也"，光是柔，无刚无健，是不行的。只有应乎乾才能亨，才能"利涉大川"，渡过险难。

"文明以健，中正而应，君子正也"，这是解释"利君子贞"的。离为火，有文明的意思。健，乾。中正而应是六二上应乎乾。"君子正也。唯君子为能通天下之志"，小人办不到。程《传》说："小人则唯用其私意，所比者虽非亦同，所恶者虽是亦异。故其所同者即为阿党，盖其心不正也。"君子正，故君子能通天下之志。"利君子贞"，贞，正也。君子贞即君子正。

象曰：天与火，同人。君子以类族辨物。

这是大象。大象由内外卦来应用于人事。它既不解卦辞也不解爻辞。它是单独的。在《易传》中它比较特殊。它是属于孔子自己的，每卦的大象都是如此。

同人卦是天与火。程《传》说："天在上，火性炎上，火与天同，故为同人之义。"

君子学同人卦怎么应用？用以类族辨物。光有同没有异还不行。有同无异，同不了。同与异是相联系的。因为有同人，君子才类族辨物。朱子《本义》说："其性同也，类族辨物，所以审异而致同也。"同异是相关的，学同人卦应该类族辨物。类族辨物才能同，否则不能同，不能大同。

初九，同人于门，无咎。

程《传》说："九居同人之初而无系应，是无偏私，同人之公者也。"无系应指初与四相应的问题。此卦初是九，四也是九，都是阳爻，不是正应。正应必须是阴爻与阳爻应。无系应，就是无偏无私，能够出门同人，所以公。

象曰：出门同人，又谁咎也。

爻辞说："同人于门。"小象解释门为出门。既然是同人于门外，同人的面必广，又无有偏私，所以不应当还有谁过咎于它。

六二，同人于宗，吝。

六二是成卦之主，从爻来看，六二与九五正应，所以是同人于宗。宗是宗族宗党，只同于宗族宗党，必然有所偏私，所以可吝。

象曰：同人于宗，吝道也。

别的卦有中正相应的情况是好事，而在此卦则不然，此卦九五不是君，六二与九五相应被认为是偏私的行为，是可吝的。

九三，伏戎于莽，升其高陵，三岁不兴。

同人卦是讲同人的，而三与四两爻却不讲同人。《周易折中》按语（名为康熙加，实为李光地所加）说："卦名同人，而三四两爻所以有乖争之象者，盖人情同极必异，异极乃复于同，正如治极则乱，乱极乃复于治。此人事分合之端，《易》道循环之理也。"《周易折中》按语我看加的很好。

三四两爻有乖争之象。伏戎于莽，草莽中埋伏有兵。然后"升其高陵"，又到高陵去看。这是互相有争夺了，即"有乖争之象"。因为什么呢？"盖人情同极必异，异极乃复于同。"从卦之六爻看，《周易折中》按语说："卦之内体自同而异，故于门于宗同也。至三而有伏戎之象，则不胜其异矣。外体自异而同，故乘墉而弗克攻，大师而克相遇，渐反其异也。至上而有于郊之象，则复归于同矣。三四两爻正当同而异、异而同之际，故圣人因其爻位爻德以取象。"又说："三之所谓敌刚者，敌上也，四之所谓乘墉者，攻初也。盖既非应则不同，不同则有相敌相攻之象矣。""敌刚"一语出自小象。小象说："伏戎于莽，敌刚也。"按语就是根据"敌刚"本不应叫敌而言的。"敌刚"是说九三对上九，而三与上本是相应的关系，但由于此卦三与上都是阳爻，所以称敌。别的卦也有称敌的。按语的这个解释是对的。

按语接下来说："以为争六二之应，而与九五相敌相攻，似非卦意也。"这话是驳程《传》与朱子《本义》。程朱以为九三与九五争六二之应，"伏戎于莽"等是九三对九五。程《传》解释九三说："三以阳居刚而不得中，是刚暴之人也。在同人之时，志在于同。卦惟一阴，诸阳之志皆欲同之，三又与之比。然二以中正之道与五相应，三以刚强居二五之间，欲夺而同之，然理不直、义不胜，故不敢显发，伏藏兵于林莽之中，怀恶而内负不直，故又畏惧，时升高陵以顾望。如此至于三岁之久，终不敢兴。此爻深见小人之情状。然不曰凶者，既不敢发，故未至凶也。"

朱子《本义》也同意程《传》的说法。《周易折中》按语不同意程、朱的说法，根据就是小象讲九三这爻时说"敌刚也"。"敌刚"是指上九，九三与上九是相应的关系，但是上九不是阴爻是阳爻，所以称为"敌刚"。在同人时，因为它们是不同的、相异的，才伏戎于莽，升其高陵，三岁不兴。

象曰：伏戎于莽，敌刚也。三岁不兴，安行也。

"安行也"，也有不同的讲法。程《传》释为焉行，不能行，作为问号讲。别人也有不作问号讲的。谁讲的对，请大家考虑。

九四：乘其墉，弗克攻，吉。

墉，墙。乘其墉，要向人进攻。依程《传》讲，还是针对九五。程《传》说："四刚而不中正，其志欲同二，亦与五为仇者也。墉，垣，所以限隔也。四切近于五，如隔墉耳。乘其墉欲攻之，知义不直而不克也。苟能自知义之不直而不攻，则为吉也。若肆其邪欲，不能反思义理，妄行攻夺，则其凶大矣。三以刚居刚，故终其强而不能反。四以刚居柔，故有困而能反之义。能反则吉矣。畏义而能改，其吉宜矣。"

《周易折中》按语认为九四攻的不是九五而是初九。九四与初九这两爻也是敌刚，所以不能同，不同就是异，有异就要相攻。所以"乘其墉"，要攻初九。但是又觉得这个攻是不对的，结果"弗克攻"，终于未攻。

象曰：乘其墉，义弗克也。其吉则困而反则也。

又回到正确的原则上，所以得吉。程《传》与朱子《本义》释"则"为法则。

总之，同人的三四两爻不好讲。前人的解释有两种，我的意思还是从《周易折中》按语的说法，程、朱的解释不可取。我觉得"敌刚"只能指九三和上九来讲。九三不是与九五有什么争，九四也不是与九五争，而是与初九敌刚。

九五，同人先号啕而后笑，大师克相遇。

先号啕说明异，后笑说明同。"大师克相遇"，程《传》还是坚持他在三四两爻上的意思。他说："九五同于二，而为三四二阳所隔，五自以义直理胜，故不胜愤抑，至于号啕。然邪不胜正，虽为所隔，终必得合，故后笑也。大师克相遇，五与二正应，而二阳非理隔夺，必用大师克胜之，乃得相遇也。云大师云克者，见二阳之强也。九五君位，而爻不取人君同人之义者，盖五专以私昵应于二，而失其中正之德。人君当与天下大同，而独私一人，非君道也。又，先隔则号啕，后遇则笑。"

孔子作《系辞传》对此有解释，他说："君子之道，或出或处，或默或语，二人同心，其利断金，同心之言，其臭如兰。"先号啕是说异，不同，后笑是说同。同的力量极大，二人同心，其利可以断金。

胡炳文说："同人九五刚中正而有应，故先号啕而后笑；旅上九刚不中正而无应，故先笑后号啕。"这是用旅卦来解释。

"大师克相遇"，程《传》还是他先前的讲法。《周易折中》按语："《易》凡言号者皆写心抒诚之谓，故曰中直，言至诚积于中也。当同人之时，二五正应，必以相克而后相遇者，因外卦以反异归同取象，无它旁取也。"说大师必相克而后才能相遇，因为外卦是反异归同的。它说内卦由同而异，外卦由异而同。反异归同，需要有大师，大师克相遇。"同人之先，以中直也，大师相遇言相克也"，那就是关于三、四、五三爻，程《传》、朱子《本义》和折中的解释是不同的。我们怎么看？孰是孰非？大家可以进一步考虑。

象曰：同人之先，以中直也。大师相遇，言相克也。

上九，同人于郊，无悔。

郊在邑之外，野之内，远于邑而近于野。同人于郊，意思是说，同人的广度大于"于门"而小于"于野"。

象曰：同人于郊，志未得也。

《周易折中》集说引蔡渊的话说："未及乎野，非尽乎大同之道者也，故曰志未得。"未达到圆满。

总之，同人一卦总的说来是讲如何同人的问题，而六爻每一爻又有不同的情况。

各爻有各爻的爻辞，爻辞都是不同的。总的说是同人，但同中有异。"同人于野"最好。"同人于郊"也好。"同人于门"不如"同人于郊"。"同人于宗"又不如"同人于门"。若有了争夺，产生了不同，那就不如"同人于宗"了。有争，所以有"伏戎于莽""乘其墉"。而争的结果，大师克相遇。整个同人卦应是这样子。三四爻应怎么讲，有两种讲法，请大家自己考虑。能够提出另外的解释，那当然更好。

大有☲乾下离上

大有与同人这两卦是相反的。六十四卦每两卦不反则对。同人倒过来就是大有。这叫反。《序卦》说："与人同者物必归焉，故受之以大有。"

大有，元亨。

大有只有一阴爻，其他都是阳爻。六五这一阴爻在上卦之中，五个阳爻都来宗它。五阳爻所有的，也都是它所有。所以叫大有。元亨，亨之善，亨之大者。

彖曰：大有，柔得尊位大中而上下应之曰大有。其德刚健而文明，应乎天而时行，是以元亨。

柔指六五，六五是阴爻，故称柔。五，尊位，大中也指五。六五这个阴爻，上下各阳爻都来应它。由此我们看出，同人是一阴在下，大有是一阴在上。这在《易经》，说法不一样。《周易折中》集说引项安世说："一阴在下，势不足以有众，能推所有以同乎人者也，故名曰同人。一阴在上，人同乎我，为我所有者也，故名曰大有。象于同人曰应乎乾，明我应之也。于大有曰上下应之，明人应我也。履卦柔在下，亦曰应乎乾，小畜柔在上，亦曰上下应之，此可以推卦例矣。"卦是有例的。什么叫"应乎乾"，什么叫"上下应之"，不是随便说的，有一定的例。

"其德刚健而文明，应乎天而时行，是以元亨"，此卦从卦德看，刚健而文明。

乾，刚健；离，火，文明。这个"应乎天"，朱、程说法不一样。朱子《本义》以为应天是应六五。程《传》以为应乎天是六五应九二。项安世说："同人、大有两卦皆以离之中爻为主，而以乾为应者也。同人离在下，以德为主，故曰应乎乾者，应其德也。大有离在上，以位为主，故曰应乎天而时行者，应其命也。履，兑在下，曰应乎乾，大畜艮在上，曰应乎天，亦卦例也。"

看起来，"应乎天"，还应该是应九二，不是应六五。朱子《本义》之说不可从。

程《传》说："二，乾之主也，是应乎乾也。顺应乾行，顺乎天时也，故曰应乎天而时行，其德如此，是以元亨。"

象曰：火在天上，大有。君子以遏恶扬善，顺天休命。

君子学大有以后，可以遏恶扬善，顺天休命。顺天与休命是两义。程《传》以为是一义，说"奉顺天休美之命"。看起来还是释为两义对。杨万里云："同人离在下，而权不敢专，故止于类而辨。大有离在上，而权由己出，故极于遏而扬。"

初九，无交害，匪咎，艰则无咎。

程《传》说："九居大有之初，未至于盛，处卑无应与，未有骄盈之失，故无交害，未涉于害也。"

象曰：大有初九无交害也。

黄淳耀说："无交害者，以九居初，是初心未变，无交故无害也。若过此而有交，则有害矣。安得不慎终如始，而一以艰处之也？"意思是说，处于最初最下，与别的无有交往，所以无害。

九二，大车以载，有攸往，无咎。

九二与六五正应，为六五所倚重所信任。程《传》说："九以阳刚居二，为六五之君所倚任，刚健则才胜，居柔则谦顺，得中则无过。其才如此，所以能胜大有之任。如大车之材强壮，能胜载重物也，可以任重行远，故有攸往而无咎也。"

象曰：大车以载，积中不败也。

大车，在古代是指载重之牛车而言。兵车、乘车有一辕，曰辀，四马。大车有两个辕，牛拉，载重。一辕的车不叫大车。大车在古书上有特定的含义。程《传》说："壮大之车，重积载于其中而不损败，犹九二材力之强，能胜大有之任也。"程《传》对小象意思的理解是对的，但把大车释为壮大之车则不妥。

九三，公用亨于天子，小人弗克。

朱子《本义》把亨读作享，是对的。程《传》读亨，不对。《本义》说："亨，《春秋传》作享，谓朝献也。古者亨通之亨，享献之享，烹饪之烹，皆作亨字。九三居下之上，公侯之象，刚而得正，上有六五之君，虚中下贤，故为亨于天子之象。"又《朱子语类》说："古文无享字。亨、享、烹并通用，如'公用亨于天子'，解作亨字便不是。"又曰："亨享二字据《说文》本是一字，故《易》中多互用，如'王用亨于岐山'，亦当为享。如'王用享于帝'之云也。字画音韵，是经中浅事，故先儒得其大者，多不留意。然不知此等处不理会，却枉费了无限辞说牵补，而卒不得其大义，亦甚害事也。"朱子在这一点上还是对的。朱子对文字是重视的。程《传》把亨还念作享，就错了。古代亨一字作三字用，后来才分别为三个字。

九三是下卦之上爻，所以是公侯之象。阳爻得阳位，所以可以作为公，用享于天子，但小人是不行的。《易经》中常有君子小人的区别，《书经》中也讲小人，说明君子小人的概念很早就有了。

象曰：公用亨于天子，小人害也。

"公用亨于天子"，须是君子能够做到，若是小人，则为害了。

九四，匪其彭，无咎。

朱子《本义》说彭字音义不详，程《传》说彭，盛貌。根据是《诗·载驱》云"汶水汤汤，行人彭彭"，言行人盛多，及《诗·大明》云"驷騵彭彭"，言武王戎马之盛。"匪其彭"，不盛。谦，损，不处其太盛，无咎。

象曰：匪其彭，无咎，明辨晢也。

明辨晢，非常明智。能够谦虚损抑，不处其盛，从而无咎的，是非常明智的。

六五，厥孚交如，威如，吉。

六五是君位，孚是信。与谁相孚？有人说是与九二，因为六五与九二正应。其实是上下应之，六五与各爻都相孚。"厥孚交如"，互相都是信赖的。"威如"，六五居君位，君与臣下光是"交如"相互信赖还不行，还要"威如"，使臣下有所畏惧。

象曰：厥孚交如，信以发志也。威如之吉，易而无备也。

"易而无备"也不太好讲。孔颖达《疏》说："唯行简易，无所防备，物自畏之，故云易而无备。"朱子《本义》说："太柔，则人将易之而无畏备之心。"程《传》说："谓若无威严，则下易慢而无戒备也。谓无恭畏备上之道。备，谓备上之求责也。"《周易折中》按语说："孔氏之说亦有理，盖言威如，则疑于上下相防矣。故申之曰'易而无备'。明乎遏恶扬善，顺理而行，非有所戒备也。"以上几家的解释都不同，确实不好讲。大家看看到底怎么讲对。"威如之吉"何以叫"易而无备"？

上九，自天祐之，吉无不利。

大有之上九爻辞是说全卦的。这一卦在《系辞传》中单有解释。《系辞传》说："祐者，助也。天之所助者，顺也。人之所助者，信也。履信思乎顺，又以尚贤也。"孔子此话是解释"自天祐之，吉无不利"的。祐，助也。助什么？天助顺，人助信。履信思乎顺，又以尚贤，是指六五这一爻而言。大有上九爻辞所云不是单纯就是最上这一爻，而是对六五这一爻得出的一个结果。

程《传》说："履信谓履五。五虚中，信也。思顺谓谦退不居，尚贤谓志从于五。""尚贤"还是应该是君之大有急于尊贤。这也应是六五得出的。

《周易折中》按语："传、义（程《传》、朱子《本义》）皆以履信思顺尚贤为上九之事，然《易》中以上爻终五爻之义者甚多，如师之'大君有命'，离之'王用出征'，解之'公用射隼'，皆非以上爻为王公也，蒙五爻而终其义尔。"这样讲是对的。

胡炳文说："小畜上九，畜之终也。其占曰厉曰凶，承六四言也。大有上九，有之终也，其占吉无不利，承六五言也。小畜一阴畜众阳，故其终也如彼。大有一阴有众阳，故其终也如此。君臣大分，岂不明哉。盖五之厥孚，履信也；柔中，思顺也；尚上九之一阳，尚贤也。所以其终也自天祐之，吉无不利也。"

郭雍说："《系辞》曰：'祐者，助也。天之所助者，顺也。人之所助者，信也。履信思乎顺，又以尚贤也。'六五之君实尽此，而言于上九者，盖言大有之吉，以此终也。故象曰'大有上吉'，故知此吉大有之吉也，非止上九之吉也。"郭氏讲的极为清楚。

王宗传说："六五以一柔有五刚，上九独在五上，五能尚之。《系辞传》所谓又以尚贤，则上九是也。祐之自天，吉无不利。谓大有至此，愈有隆而无替也。然则当大有之极，莫大于得天，而所以得天，又莫大于尚贤也。"

郑汝谐说："履信思顺，又以尚贤，盖言五也。五厥孚交如，履信也。居尊用柔，思顺也。上九在上，尚贤也。五获天之祐，吉无不利，由其有是也。言五而系之上，何也？五成卦之主，上其终也。五之德宜获是福，于终可验也。《易》之取义若是者众，小畜之上九曰'妇贞厉，月几望'，言六四之畜阳，至上而为贞厉之妇，几望之月也。若指上九而言，则上九阳也，不得为妇与月。说《易》者其失在于泥爻以求义。故以履信思顺尚贤归之于上九也。《易》之所谓尚者上也。五尚上九之贤，故自天之祐，于上九见之。"

《周易折中》在集说中引了以上胡、郭、王、郑四家之说。四家之说是一致的。

《周易折中》编者同意此四家之说，不同意程《传》与朱子《本义》的说法。程、朱单就上九一爻讲，四家则以六五一爻来讲，不止解此一卦，而且又发现了《易》之通例。此四家之说是重要的。

第九讲 谦卦 豫卦 随卦 蛊卦

谦☷艮下坤上

《序卦》说："有大者不可以盈，故受之以谦。"这句话本身就有辩证法在内。

谦，亨，君子有终。

谦卦六爻皆吉，所以人要谦，谦是什么坏处也没有的。谦必得亨，君子若能做到谦，即使先前受到委曲，最终却一定是好的。因此过去取名叫什么"地山"的人很多，地山谦嘛。

什么叫谦？我看程《传》讲的对。程《传》说："有其德而不居谓之谦，人以谦巽自处，何往而不亨乎！君子有终，君子志存乎谦巽，达理故乐天而不竞，内充故退让而不矜，安履乎谦，终身不易，自卑而人益尊之，自晦而德益光显，此所谓君子有终也。在小人则有欲必竞，有德必伐，虽使勉慕于谦。亦不能安行而固守，不能有终也。"

象曰：谦亨，天道下济而光明，地道卑而上行。天道亏盈而益谦，地道变盈而流谦，鬼神害盈而福谦，人道恶盈而好谦。谦尊而光，卑而不可逾，君子之终也。

"天道下济"是指什么说的呢？也是指艮为山来讲的。蔡渊说："下济而光明，艮也。艮有光明之象，故艮之象曰'其道光明'，谓艮阳止乎上，阴不得而掩之，故光明。卑而上行，坤也。"

这个天不是一般的天，是指艮卦讲的。艮在下，所以说"天道下济而光明"，坤在上，所以说"地道卑而上行"。这叫谦亨。项安世说："'天道下济而光明，地道卑而上行'，此以卦体释卦辞也。九三，乾也，降在下卦，是'下济而光明'也。坤，地道，处势至卑而升在上卦，是'卑而上行'也。'下济'与'卑'皆释谦字，'光明'与'上行'皆释亨字。"项氏的解释很好。蔡氏讲艮讲的好，项氏讲九三讲的好。

"天道亏盈而益谦"以下几句话从几个方面讲谦的好处。"谦尊而光"，项安世说："九三，乾也，降在下卦，是'下济而光明'也。'卑而不可逾'即地道卑而上行。"项氏这样解释是对的。王引之在《经传释词》中一定把"尊"字改成"撙"。这样滥改字不好，是一种坏的习气。"尊"字有时可以当作"撙"字用，但在这里则不可。这个尊是尊卑的尊，是代表天的，王引之改的不对。

象曰：地中有山，谦。君子以哀多益寡，称物平施。

君子学此卦，有多哀出去，寡者增益。程《传》说"哀取多者，增益寡者"我看是对的。

初六，谦谦君子，用涉大川，吉。

初是第一爻，最处下，谦；又是六，阴爻，亦谦。朱子《本义》说："以柔处下，谦之至也。"朱熹这样讲是对的。

象曰：谦谦君子，卑以自牧也。

孔颖达把牧讲成养，是对的。程《传》把牧讲成《诗经》"自牧归荑"的牧，即郊牧的牧，是不对的。张栻释成牧牛羊的牧，也不对。孔氏把牧讲成养，"卑以自牧"就是用卑来自养。

六二，鸣谦，贞吉。

程《传》说："见于声音颜色，故曰'鸣谦'。"苏轼《易传》说："雄鸣则雌应，故《易》以阴阳唱和，寄之于鸣。谦之所以为谦者三，六二其邻也，上九其配也，故皆和之而鸣于谦。"谦成卦之主是九三。六二与九三相和，鸣谦。总而言之，鸣谦，能把谦表现出来。

象曰：鸣谦贞吉，中心得也。

君子所表现出来的谦，是发自中心的，是自然的流露，不是勉强的，更不是虚假的。

九三，劳谦君子，有终吉。

九三这一爻重要，全卦止此一阳爻，是成卦之主。劳谦，有功劳而又能保持谦德。这样的人，古人也认为不多。程《传》说："三以阳刚之德而居下体，为众阴所宗，履得其位，为下之上，是上为君所任，下为众所从，有功劳而持谦德者也，故曰劳谦。古之人有当之者周公是也。"《系辞传》也有涉及。孔子说：劳谦君子，有终吉，"劳而不伐，有功而不德，厚之至也。语以其功，下人者也。德言盛，礼言恭，谦也者，致恭以存其位者也"。这几句话专门解释"劳谦君子，有终吉"。

象曰：劳谦君子，万民服也。

程《传》说："能劳谦之君子，万民所尊服也。"

六四，无不利扬谦。

扬谦，发挥谦德。程《传》说："四居上体，切近君位。六五之君，又以谦柔自处，九三又有大功德，为上所任，众所宗，而己居其上，当恭畏以奉谦德之君，卑巽以让劳谦之臣，动作施为，无所不利于扬谦也。"这样讲是对的。

象曰：无不利扬谦，不违则也。

发挥谦之德要不违背法则，就是要有个度，不宜过分。

六五，不富以其邻，利用侵伐，无不利。

不富是阴爻，富是阳爻，邻是近的意思。程《传》说："不富而得人之亲也，为人君而持谦顺，天下所归心也。"但不是一谦到底，所以程《传》又说："然君道不可专尚谦柔，必须威武相济，然后能怀服天下，故利用行侵伐也。威德并著，然后尽君道之宜，而无所不利也。盖五之谦柔当防于过，故发此义。"

象曰：利用侵伐，征不服也。

对于文德不能服的人，使用武力征讨。六五居人君之位，文不能服人而可动武，这不但是允许的，而且是必须的。由此可见，《易经》是为统治阶级服务的。

上六，鸣谦，利用行师，征邑国。

利用行师征己之邑国。程《传》说："六以柔处柔顺之极，又处谦之极，极乎谦者也。以极谦而反居高，未得遂其谦之志，故至发于声音。柔处谦之极，亦必见于声色，故曰鸣谦。虽居无位之地，非任天下之事。然人之行己，必须刚柔相济。上，谦之极也，至于太甚，则反为过矣，故利在以刚武自治。邑国，己之私有。行师，谓用刚武。征邑国，谓自治其私。"

象曰：鸣谦，志未得也。可用行师，征邑国也。

上六鸣谦，因为上六虽外有谦之声誉，但自己内心仍感谦之不足。征邑国，虽然可以行师，但是只能限于征自己的邑国，还是自己管自己的意思。

总而言之，谦卦正如王弼所说："夫吉凶悔吝，生乎动者也。动之所起，兴于利者也。故饮食必有讼，讼必有众起。未有居众人之所恶，而为动者所害；处不竞之地，而为争者所夺。是以六爻虽有失位、无应、乘刚，而皆无凶咎悔吝者，以谦为主也。'谦尊而光，卑而不可逾'，信矣哉。"这就是一般所说的谦卦六爻皆吉。六爻皆吉的话正是依据王弼此语讲的。胡一桂说："谦一卦下三爻皆吉而无凶，上三爻皆利而无害。《易》中吉利罕有若此纯全者。谦之效固如此。"

豫☷坤下震上

《序卦》说："有大而能谦必豫，故受之以豫。"程《传》说："有既大而能谦，则有豫乐也。豫者，安和悦乐之义。"

豫，利建侯，行师。

因为上卦是震，长子主祭，故利建侯，下卦是坤，坤是众，故利行师。

彖曰：豫，刚应而志行，顺以动，豫。豫顺以动，故天地如之，而况建侯行师乎！天地以顺动，故日月不过，而四时不忒。圣人以顺动，则刑罚清而民服，豫之时义大矣哉。

刚指九四这一爻，谓四为群阴所应而得众。顺是坤，动是震。顺而动，故曰豫。天地也是如此，能按顺来动，合乎规律地运动，更何况建侯行师？建侯行师尤其是顺理之事。天地以顺动，日月的运转，四时的变化，绝不反常。人类社会的事情也是如此，统治者若能做到以顺动，则刑罚清，百姓服。

项安世说的好："豫、随、遁、姤、旅，皆若浅事而有深意，故曰时义大矣哉，欲人之思之也。坎、睽、蹇，皆非美事，而圣人有时而用之，故曰时用大矣哉，欲人之别之也。颐、大过、解、革，皆大事大变也，故曰时大矣哉，欲人之谨之也。"吴澄说："专言'时'者，重在时字，'时义'重在义字，'时用'重在用字。"《易经》一共称"大矣哉"的有十二卦，其中为什么有的称"时义"，有的称"时用"，有的称"时"，他们都做了解释，解释得很好，很重要。他们就全《易》考虑问题，是对的。

象曰：雷出地奋，豫。先王以作乐崇德，殷荐之上帝，以配祖考。

乐，音乐。殷，盛。先王观豫卦，乃作乐。"殷荐之上帝，以配祖考"，重视音乐到了极点。履卦是讲礼的，豫卦是讲乐的。

初六，鸣豫，凶。

鸣谦好，鸣豫不好。豫，乐，一般说是好的，但是鸣豫，把乐搞过分了，就不好。程《传》说："不胜其豫，至发于声音，轻浅如是，必至于凶也。"

象曰：初六鸣豫，志穷凶也。

六二，介于石，不终日，贞吉。

介于石，即介如石。介如石，即坚如石。对于这段爻辞，《系辞传》有解释，《系辞传》说："知几其神乎！君子上交不谄，下交不渎，其知几乎！几者，动之微，吉之先见者也。君子见几而作，不俟终日。《易》曰：'介于石，不终日，贞吉。'介如石焉，宁用终日，断可识矣。君子知微知彰，知柔知刚，万夫之望。"

程《传》说："逸豫之道，放则失正，故豫之诸爻多不得正，才与时合也。唯六二一爻处中正，又无应，为自守之象。当豫之时，独能以中正自守，可谓特立之操，是其节介如石之坚也。介于石，其介如石也。人之于豫乐，心悦之，故迟迟遂至于耽恋不能已也。二以中正自守，其介如石，其去之速，不俟终日，故贞正而吉也。处豫不可安且久也，久则溺矣，如二可谓见几而作者也。"

丘富国说："豫诸爻以无所系应者为吉，豫初应四，而三五比四，皆有系者也，是以为凶、为悔、为疾。独六二阴静而中正，与四无系，特立于众阴之中，而无迟迟耽恋之意。方其静也，则确然自守而介于石。及其动也，则见几而作，不俟终日。盖其所居得正，故动静之间，不失其正，吉可知矣。"

丘氏的解释很好，不仅解释一爻，把全卦都解释了。

象曰：不终日，贞吉，以中正也。

六三，盱豫悔，迟有悔。

盱是向上看。六三向上看九四，有悔。如果迟了，有悔。这个"有"，查慎行释为"又"。古"有"与"又"二字可以通用。在这里讲成"又"，更好，比朱子《本义》、程《传》作"有"讲好。胡炳文也是把"迟有悔"讲成"迟又悔"。他说："二中而得正，三阴不中正，故盱豫与介石相反，迟与不终日相反，中正与不中正故也。六三虽柔，其位则阳，犹有能悔之意，然悔之速可也，悔之迟则又必有悔矣。"

象曰：盱豫有悔，位不当也。

九四，由豫，大有得，勿疑，朋盍簪。

朱子《本义》说："簪，聚也，又速也。"讲的对。程《传》说："豫之所以为豫者，由九四也，为动之主。动而众阴悦顺，为豫之义。四，大臣之位，六五之君顺从之，以阳刚而任上之事，豫之所由也，故云'由豫'。'大有得'，言得大行其志，以致天下之豫也。'勿疑，朋盍簪'，四居大臣之位，承柔弱之君，而当天下之任，危疑之地也。独当上之倚任，而下无同德之助，所以疑也。唯当尽其至诚，勿有疑虑，则朋类自当盍聚。夫欲上下之信，唯至诚而已。苟尽其至诚，则何患乎其无助也。簪，聚也。簪之名簪，取聚发也。"

象曰：由豫，大有得，志大行也。

六五，贞疾，恒不死。

"贞疾，恒不死"，有这样的解释，六五这个君好像受到大臣九四的威胁、控制，但又没有完全失去自己的地位。程《传》说："六五以阴柔居君位，当豫之时，沉溺于豫，不能自立者也，权之所主，众之所归，皆在于四。四之阳刚得众，非耽惑柔弱之君所能制也。乃柔弱不能自立之君，受制于专权之臣也。居得君位，贞也。受制于下，有疾苦也。六五尊位，权虽失而位未亡也，故云'贞疾，恒不死'，言贞而有疾，常疾而不死。"

王宗传说："当逸豫之时，恣骄侈之欲，宜其死于安乐有余也。然乘九四之刚，恃以拂弼于己，故得恒不死也。"

王氏的讲法与程《传》不同，甚至相反。王氏以为九五不是受九四的胁迫，而是受九四的辅弼。我看王氏的解释好一些，比程《传》好，这从小象中可以看出来。

象曰：六五贞疾，乘刚也。恒不死，中未亡也。

六五得中，乘刚。"贞疾"到底好还是坏，程氏以为受大臣的逼迫，王氏说受大臣的辅弼。我看王氏说的对。《周易折中》按语也是同意王氏的说法。

上六，冥豫，成有渝，无咎。

冥豫，一直是豫，但因为上六，卦之最终一爻，若有变化，则无咎。

象曰：冥豫在上，何可长也。

豫悦过甚，到了极点，不可以继续下去了，应尽快改变，才可无咎。

随☳☱震下兑上

《序卦》说："豫必有随，故受之以随。"随的含义，各家说法不一。随是从的意思，大概没有什么疑问。悦豫和乐再发展一步，一定要随。

随，元亨利贞，无咎。

元亨利贞在乾卦里用过。元亨，大亨。随从人家，可以大亨，但要利正。能够做到元亨利贞，才可无咎。若不能元亨利贞，则有咎。此卦《左传》襄公九年穆姜被幽禁，占得随卦。有人说此卦吉，能很快得释。她有自知之明，说虽然随卦讲"元亨利贞，无咎"，但她自己作为妇人，行为很不好，没做到元亨利贞，不可能无咎，必死于此。结果到底死在里面。

彖曰：随，刚来而下柔，动而说，随。大亨贞无咎，而天下随时。随时之义大矣哉。

"随，刚来而下柔，动而悦，随"，以卦体解释卦名。"刚来而下柔"有二说。一说刚指震卦，柔指兑卦。另一说，上兑本是乾卦，下震本是坤卦。坤卦之下爻变为阳爻，乾卦之上爻变为阴爻，好像是乾卦的上爻来到坤卦之下爻。易卦从上至下叫来，从下至上叫往。此卦说的"刚来"就是上爻来到初，也有这样讲的，用卦变来讲。卦变问题过去我进过。朱子《本义》讲卦变，讲的非常混乱。查慎行《周易玩辞集解》驳了朱熹的说法。我过去说过，卦变问题还是苏东坡和程颐两家讲的对。如果说刚指震，柔指兑，那就没说的了。如果用卦变来解释，那就还应依据苏、程的说法。

"动而说"，下震下兑。《说卦》有"震，动也""兑，说也"的说法。刚来下柔，动而说是随。可以说孔子释卦名是这样释的。这是解释"元亨利贞，无咎"。"元亨利贞"是随时的，不是固定的。在这个时候这样做，用这个随，就无咎。不符合这个时，就要有咎。把这个说成是"天下随时"。"天下随时"，朱子《本义》说王肃的本子作"天下随之"（王肃是王朗的儿子，作过《圣证论》《孔子家语》等，有学问，其说有的地方不一定错，其书在晋代很流行）。朱子《本义》同意王本作"天下随之"。但一般的本子还作"天下随时"。

《易》有讲时义的，有讲时用的，有讲时的。程《传》说共十二卦，豫以下十一卦。"豫、遁、姤、旅言时义。坎、睽、蹇言时用。颐、大过、解、革言时。各以其大者也。"项安世说："豫、随、遁、姤、旅，皆若浅事而有深意，故曰时义大矣哉，欲人之思之也。坎、睽、蹇，皆非美事，而圣人有时而用之，故曰时用大矣哉，欲人之别之也。颐、大过、解、革，皆大事大变也，故曰时大矣哉，欲人之谨之也。"讲豫卦已谈及此，讲随卦也有这个问题。随不一定好，在某个时候是好的。"随时之义大矣哉"与豫卦是一样的。

象曰：泽中有雷，君子以向晦入宴息。

雷在泽中，雷藏起来了，这就是说雷有时不是在泽中。君子效法这个，天将昏黑时，就要休息睡觉了。

初九，官有渝，贞吉，出门交有功。

随卦整个来说，我看，《周易折中》引龚焕的话和查慎行《周易玩辞集解》所讲的，是对的。程《传》、朱子《本义》讲的，是不对的。查氏说，随，从也。随之六爻不论应不应，只论近比。初随二，二随三，三随四，五随上，多取以下从上之义。查氏此说可从。《周易折中》引龚焕说："随卦诸爻皆以阴阳相随为义。三四皆无正应，相比而相随者也。然六三上而从阳，理之正也。九四下为阴从，固守则凶，若心所孚信，在于道焉，以明自处。何咎之有？"这是专说九四这一爻的。另外，俞琰说："随之六爻专取相比相随，不取其应。"与查氏之说一致。俞氏又解释初九说："初九震体，震以刚爻为主，官也。官虽贵乎有守，然处随之时，不可守常而不知变也。变者何，趋时从权，不以主自居也，故曰'官有渝'。"此俞氏解释"官有渝"。俞氏又云："初九乃成卦之主爻。主不可以随人，故不言随而言交。"此卦是震，震卦阳爻为主爻，不该随人，所以言交不言随。又云："系者随而攀恋不舍之义，六二、六三、上六，其性皆阴柔，而攀恋相随不舍，故皆言系。"也就是说，这个随是初九与六二相随。"官有渝"，变，可以从权，故阳可以随阴。因为是阳随阴，不叫随而叫交。

象曰：官有渝，从正吉也。出门交有功，不失也。

《周易折中》按语说："阳为阴主，故曰官。夫阳为主而阴随之者，正也。今以刚而下柔，是其变也，故曰'官有渝'。然当随而随，变而不失其正也，故可以得吉而出门交有功。"讲的挺好。

六二，系小子，失丈夫。

小子、丈夫是谁？说法就不一样了。程《传》、朱子《本义》都认为，初阳在下是小子，五正应在上是丈夫。丈夫是五，小子是初。但俞琰、龚焕、查慎行就不这样讲了。初以刚随人叫作交，二以柔随人叫作系。系小子是谁呢？小子是六三。失丈夫是谁呢？丈夫是初九。《易经》里阳为大阴为小。六三是阴，故称小，初九是阳，故称丈夫。六二随六三，因为阴爻称随，系小子是系六三，而失掉了初九。六二既与六三相比，又与初九相比，但是它系了六三就失掉了初九。这叫作"系小子，失丈夫"。我看这样讲是对的。程《传》说丈夫是五，小子是初，不对。因为随卦不取应，不取应，就不能是五爻。

象曰：系小子，弗兼与也。

六三，系丈夫，失小子，随有求得，利居贞。

这一爻也要按比来讲。查慎行说，三与二是同体的，而外比于四，小子是六二，丈夫是九四。卦义以随上为贵，随阳为得，三与四近而相取，其情易合，故随有求而皆得，查氏这样讲，我看是通的。程《传》与朱子《本义》都认为小子是初，看起来不大对。系丈夫是系九四，失小子是失六二。六二是阴爻。"随有求得"是随九四而有所得。"利居贞"，查氏讲，以六居三，以九居四，位皆不当，恐其为妄求，为苟得，所以诫以"利居贞"，要正。查氏的讲法，是对的。

象曰：系丈夫，志舍下也。

系丈夫是系九四，舍下是舍六二。

九四，随有获，贞凶，有孚在道以明，何咎？

查慎行解释：四与五两爻相比，初爻是四之所应爻。三爻呢？三所系是系丈夫，失小子。我随人而人随我，随有获之象。这就是"随有获"。随有获，但贞凶。若固守这个，容易得凶。为什么得凶呢？因为九四是大臣，五是君位。人都随大臣了，大臣有凶。但是"有孚在道以明，何咎"，假设你有孚有信，人们相信你符合道，那有什么咎呢！真正以诚相待，符合道，便不会有咎。

象曰：随有获，其义凶也。有孚在道，明功也。

程《传》说："九四以阳刚之才，处臣位之极，若于随有获，则虽正亦凶。有获谓得天下之心随于己。为臣之道，当使恩威一出于上，众心皆随于君。若人心从己，危疑之道也，故凶。居此地者奈何，唯孚诚积于中，动为合于道，以明哲处之，则又何咎！"

九五，孚于嘉，吉。

九五居君位，都能随它。《周易折中》引王应麟语："信君子者治之原，随之九五曰'孚于嘉，吉'。信小人者乱之机，兑之九五曰'孚于剥，有厉'。"正相反对，"孚于嘉"即孚于美。天下人都随它。它阳刚中正嘛。

象曰：孚于嘉，吉，位中正也。

上六，拘系之，乃从维之，王用亨于西山。

这个王是谁？有人说是九五，不是指上六说的。"王用亨于西山"，意思是很诚，九五对上六很诚，就像西山祭祀似的。拘系之，还要维之。《诗·有客》"言授之絷，以絷其马"，《诗·白驹》"絷之维之，以永今朝"，正与此爻意义相合。

享字，现在《易经》还是写成亨字。项安世曰："大有九三'公用亨于天子'，随上六'王用亨于西山'，益六二'王用亨于帝'，升六四'王用亨于岐山'，四爻句法皆同。古文亨即享字。今独益作享，读者，俗师不识古字，独于享帝不敢作亨帝也。"项氏讲了，朱熹也讲了，唯高亨以为遇亨一律念享，不对。

《周易折中》按语说："凡《易》中五上二爻，六五下上九，则有尚贤之义，大有、大畜、颐、鼎是也。九五近上六，则有比匪之义，大过、咸、夬、兑是也。然九五上六相比不正之私情，必于兑体取之者，为其以相说而动，易入于不正也。独此卦虽亦兑体，而卦以刚下柔为义，则九五上六有相随之义，非不正也。故于九五曰孚于嘉，所以别于兑之孚于剥也。于上六则不曰系小子，亦不曰系丈夫，而但曰拘系之，下乃云王用亨于西山，明乎其所系者王也。凡《易》爻言王用亨者三，皆谓王用如此爻者之人，以亨于山川上帝也，非谓其爻为王也。"此王指九五而言，九五对上六不能用随字。所以，用亨于西山，表示它这个诚，对上六拘系之，乃从维之。

象曰：拘系之，上穷也。

上穷，说法不同。《周易折中》按语以为，上穷则有高亢之意，如人之绝世离群，不易系之，所以不言"系"而言"拘系之"。

蛊☶巽下艮上

《序卦》说："以喜随人者必有事，故受之以蛊。"随卦之后有蛊，蛊是坏的意思，不是事的意思。就社会来说，蛊之时，是乱世，社会乱了。

蛊，元亨，利涉大川，先甲三日，后甲三日。

蛊是坏的意思。苏轼讲："器久不用而虫生之谓之蛊。人久宴溺而疾生之谓之蛊。天下久安无为而弊生之谓之蛊。蛊之灾非一日之故也，必世而后见，故爻皆以父子言之。"

象曰：蛊，刚上而柔下，巽而止，蛊。蛊元亨，而天下治也。利涉大川，往有事也。先甲三日，后甲三日，终则有始，天行也。

"刚上而柔下"，向来都认为是卦变。我认为程《传》讲的对。程《传》说："刚上而柔下，谓乾之初九，上而为上九。坤之上六，下而为初六也。"上卦原为坤，下卦原为乾。现在变了，上阴爻变为阳爻，初阳爻变为阴爻。此所谓刚上而柔下。

"巽而止"，巽，顺也；止，艮也，上下不相交，不相通，因而长期因循无为，巽而止。《周易折中》引集氏说："巽而止者，巽而不为，因循至坏者也。"刚上而柔下，巽而止，所以卦名曰蛊。

"蛊元亨，而天下治也"，有乱就可以得治了，所以元亨天下治。"利涉大川，往有事也"，利涉大川，表示往有事也。《杂卦》所谓"蛊，饬也"，就是要治。

"先甲三日，后甲三日，终则有始，天行也。"先甲三日，后甲三日，讲的是终则有始。终以后就要有始，乱以后就要有治。这就是天行，即这是自然的规律，必然如此。

程《传》说："甲，数之首，事之始也。如辰之甲乙，甲第甲令，皆谓首也，事之端也。治蛊之道当思虑其先后三日，盖推原先后为救弊可久之道。先甲，谓先于此，究其所以然也。后甲，谓后于此，虑其将然也。一日二日至于三日，言虑之深，推之远也。究其所以然，则知救之之道。虑其将然，则知备之之方。善救则前弊可革，善备则后利可久。此古之圣王所以新天下而垂后世也。"又说："甲者事之首，庚者变更之首。制作政教之类则云甲，举其首也。发号施令之事则云庚。庚犹更也。有所更变也。"《易经》在蛊卦卦辞讲先甲三日后甲三日，在巽卦的爻辞中讲先庚三日后庚三日。在这里连带谈庚的问题。关于这个问题过去有两种讲法。一种是王弼的讲法，一种是郑玄的讲法。王氏解释甲是事之始，程《传》从之。郑玄说先甲三日是辛日，义取更新。后甲三日是丁日，义取丁宁。朱子《本义》取郑玄说。所以程、朱二人意见不同。我认为程《传》讲的对。《周易折中》引龚焕说："蛊卦辞言先甲后甲，巽卦辞言先庚后庚，事坏而至蛊，则当复始。甲者事之始，故蛊彖传以先甲后甲为终则有始也。事久而有弊，不可以不更，庚者事之变，故巽爻辞以先庚后庚为无初有终也。夫事之坏而新之，是谓终则有始；事之弊而革之，是谓无初有终。终则有始，如创业之君，新一代之法度也。无初有终如中兴之主，革前朝之弊事也。"我看龚焕讲的很透彻，足以申程《传》之说，解释的很好。蛊是坏了，要治，好像创业，所以用甲创始。庚是说，出了毛病，要改革，要中兴了，所以称庚。故蛊彖传云终则有始，巽的爻辞讲无初有终。《易》先甲三日后甲三日，先庚三日后庚三日，是很难讲的东西。我看这样讲，就可以讲明白了。再扼要说一遍。过去有二说，一是王弼的说法，一是郑玄的说法。程《传》是根据王弼讲的，朱熹是根据郑玄讲的。两相比较，我看还是程《传》讲的好。龚焕讲的，足以申明程《传》之说。

象曰：山下有风，蛊，君子以振民育德。

山下有风，表示乱了。君子由此卦得出要振民育德的思想。社会乱了，要振民，要育德。

初六，干父之蛊，有子，考无咎，厉终吉。

初六这一爻在蛊卦之初，处于乱世，因为前代因循而乱而蛊。后一代的儿子能够干父之蛊，把乱世给治好。有了好儿子，就"考无咎"，没什么了。厉，危险，但终得吉。胡炳文（元人，专门讲朱子《本义》的）说："爻辞有以时位言者，有以才质言者。如蛊初六以阴在下，所应又柔，才不足以治蛊。以时言之，则为蛊之初，蛊犹未深，事犹易济，故其占为有子，故其考可无咎矣。然谓之蛊，则已危厉，不可以蛊未深而忽之也。故又戒占者知危而能戒，则终吉。"这就讲明白了。

象曰：干父之蛊，意承考也。

考是父亲。儿子治理父亲留下的乱摊子，实际上是继承了父亲的意志。

九二，干母之蛊，不可贞。

九二与六五是应爻。"九二，干母之蛊"，程《传》曰："九二阳刚，为六五所应，是以阳刚之才，在下而干夫在上阴柔之事也。故取子干母蛊为义。以刚阳之臣，辅柔弱之君，义亦相近。"

因为九而居二，阳爻居阴位，这还好些，若是阳爻又居阳位，太刚了，干母之蛊，容易出毛病。此阳爻居阴位，调和了，中道，所以干母之蛊就好了。《周易折中》引苏轼说："阴之为性，安无事而恶有为，是以为蛊之深而干之尤难者。正之则伤爱，不正则伤义，以是为之难也。二以阳居阴，有刚之实，而无用刚之迹，可以免矣。"干母之蛊为什么不可贞？《周易折中》引蒋悌生说："九二以阳刚而承六五之阴柔，有母子之象，但戒以不可贞，则与干父小异，然以巽顺而得中道，亦善干蛊者也。"

象曰：干母之蛊，得中道也。

九三，干父之蛊，小有悔，无大咎。

九三阳爻居阳位，朱子《本义》云："过刚不中，故'小有悔'，巽体得正，故'无大咎'。"胡炳文说："干蛊之道，以刚柔相济为尚，初六六五柔而居刚，九二刚而居柔，皆可干蛊。不然，与其为六四之过于柔而吝，不若九三之过于刚而悔，故曰小有悔。若不足其过于刚，继之曰无大咎，犹幸其能刚也。"

象曰：干父之蛊，终无咎也。

六四，裕父之蛊，往见吝。

六四就不行了。既是六又居四，阴爻居阴位，那就不能干父之蛊，而只能裕父之蛊。裕，宽裕。以柔顺之才，往见就得吝了。《周易折中》引刘弥邵的话说："强以立事为干，怠而委事为裕，事弊而裕之，弊益甚矣。盖六四体艮之止，而爻位俱柔，夫贞固足以干事，今止者怠，柔者懦。怠且懦，皆增益其蛊者也。持是以往，吝道也。安能治蛊邪？"这讲的很明白。六四阴柔，不能干父之蛊，只能裕父之蛊。

象曰：裕父之蛊，往未得也。

六五，干父之蛊，用誉。

六五这一爻干父之蛊，是很好的啦，能够用誉。程《传》说："五居尊位，以阴柔之质当人君之干，而下应于九二，是能任刚阳之臣也。虽能下应刚阳之贤而倚任之，然己实阴柔，故不能为创始开基之事，承其旧业则可矣。故为干父之蛊。夫创业垂统之事，非刚明之才则不能。继世之君虽柔弱之资，苟能任刚贤则可以为善继而成令誉也。太甲、成王皆以臣而用誉者也。"

象曰：干父用誉，承以德也。

上九，不事王侯，高尚其事。

蛊的最上一爻，这是在事外的，事外能怎样呢？能够不事王侯，以高尚其事。当事的以干父为事，不当事的以高尚其事，高尚就是他的事。其他都在位，就以干父之蛊为事。此在上，在事外，不事王侯，高尚其事。

象曰：不事王侯，志可则也。

临卦 观卦 噬嗑 贲卦

临☱☷兑下坤上

《序卦》说："蛊者事也，有事而后可大，故受之以临。"韩康伯说："可大之业，由事而生。"程《传》说："泽上有地则为临也。临者，临民临事，凡所临皆是，在卦取自上临下，临民之义。"

临，元亨利贞，至于八月有凶。

八月，天山遁，二阴生。地泽临，是二阳，发展到八月变成天山遁，那时就是阴生了，所以有凶。朱子《本义》讲了两种说法。其一说："八月，谓自复卦一阳之月至于遁卦二阴之月，阴长阳遁之时也。"这涉及京房的十二辟卦。十二辟卦，看来是《易经》旧有的。

象曰：临，刚浸而长，说而顺，刚中而应，大亨以正，天之道也。至于八月有凶，消不久也。

程《传》讲八月，也是说由复至遁。程《传》说："八月，谓阳生之八月。阳始生于复，自复至遁凡八月。自建子至建未也。二阴长而阳消矣，故云消不久也。"我看程《传》此说可从，与朱子《本义》说法还是一致的。朱子《本义》先说："八月谓自复卦一阳之月，至于遁卦二阴之月，阴长阳遁之时也。"接着又说："或曰，八月谓夏正八月，于卦为观，亦临之反对也。"朱子前一说据程《传》，但他犹疑不定。我看程《传》是对的，"八月"的讲法应从程《传》。"消不久也"，不久就要消了，要变成天山遁了。遁是二阴生，临是二阳生。复是一阳生，建子。临是二阳生，建丑。泰是三阳生，建寅。大壮是四阳生，建卯。夬是五阳生，建辰。乾是六阳生，建巳。姤是一阴生，建午。遁是二阴生，建未。由复卦，十一月，至遁卦，六月，共八个月。复，地雷复☷，一阳生。遁，天山遁☶，二阴生。临，地泽临☷，二阳生。刚长，长到临，由一阳变为二阳；阴长，长到遁，由一阴变为二阴。对于刚来说，临好，遁不好。因为遁时二阴生，阴要长了，阳要消了。王弼《注》只是讲八月阳衰而阴长，未具体讲八月是什么卦。若至八月，天山遁，小人道长，君子道消，故曰有凶。

象曰：泽上有地，临。君子以教思无穷，容保民无疆。

临是大的意思。君子效法临卦的含义，要尽量广大地教民、保民。

初九，咸临，贞吉。

咸字是古感字，咸字在古代恐怕就是感字。《易》下经之咸卦，那个咸也是感。后人解咸为无心之感，恐怕是望文生义，古感字本无心，心是后加的。咸临就是感临。初与四应，感应，称感临。初九得位居正，故曰贞吉。

象曰：咸临贞吉，志行正也。

九二，咸临，吉无不利。

九二与六五相应，所谓刚中而应，也是咸临吉无不利。

象曰：咸临，吉无不利，未顺命也。

"未顺命也"不好讲。朱子《本义》对"未顺命"说"未详"。《周易折中》按语的解释，也不怎么明白。查慎行《周易玩辞集解》是这样讲的："未顺命当指四阴而言。二阳在下，四阴在上，其势尚壮，未必皆顺以从阳。夫子于阳长之时，致防微之虑，所以补爻辞未言也。"总之，有几种讲法，或者就说成"未详"也可。

六三，甘临，无攸利，既忧之，无咎。

甘临，兑为口舌，用口舌临人，叫甘临。无攸利，若忧之，则无咎。程《传》说："三居下之上，临人者也。阴柔而说体，又处不中正，以甘说临人者也。在上而以甘说临下，失德之甚，无所利也。兑性既说，又乘二阳之上，阳方长而上进，故不安而益甘。既知畏惧而忧之，若能持谦守正，至诚以自处，则无咎也。邪说由己能忧而改之，复何咎乎！"

象曰：甘临，位不当也，既忧之，咎不长也。

六四，至临，无咎。

六四与初九正应，阴爻居阴位，故曰至临。王宗传说："四以上临下，其与下体最相亲，故曰至临。以言上下二体莫亲于此也。"

象曰：至临，无咎，位当也。

六五，知临，大君之宜，吉。

六五是君位，居君位而临天下，程《传》曰："五以柔中顺体居尊位，而下应于二刚中之臣，是能倚任于二，不劳而治，以知临下者也。夫以一人之身，临乎天下之广。若区区自任，岂能周于万事！故自任其知者，适足为不知。唯能取天下之善，任天下之聪明，则无所不周。是不自任其知，则其知大矣。五顺应于九二刚中之贤，任之以临下，乃己以明知临天下，大君之所宜也，其吉可知。"胡炳文说："五虚中下应九二，不任己而任人，所以为知，所以为大君之宜。"

象曰：大君之宜，行中之谓也。

主要在于居中，有中德。

上六，敦临，吉无咎。

敦，敦厚。敦临，敦厚于临。程《传》说："六居临之终，而不取极义。临无过极，故止为厚义。"艮卦上九叫敦艮，复卦六五叫敦复，与临卦上六敦临一样，都是敦笃、敦厚的意思。

象曰：敦临之吉，志在内也。

"志在内"，程《传》说："应乎初与二也。志顺刚阳而敦笃，其吉可知也。"

观☷坤下巽上

《序卦》："临者大也，物大然后可观，故受之以观。"程《传》说："凡观视于物则为观（音关），为观于下则为观（音贯）。如楼观之谓观者，为观于下也。人君上观天道，下观民俗，则为观（音关），修德行政为民瞻仰则为观（音贯）。"观字两读，其实是后分的，原来不分。

观，盥而不荐，有孚颙若。

盥，祭祀之前洗手，以示诚敬。用匜盛水，往手中倒水。荐是进献的意思。祭祀时，先洗手，然后进献祭品。"盥而不荐"，当洗了手而尚未进献祭品的时候，心中的诚敬已经表现出来。颙是仰望的意思。下边信而仰之。下边看你的样子，你不说话也行，便受到感化。有点像《中庸》说的"不动而敬，不言而信"的意思。

彖曰：大观在上，顺而巽，中正以观天下。观，盥而不荐，有孚颙若，下观而化也。观天之神道而四时不忒，圣人以神道设教而天下服矣。

中正是指九五。顺，下卦坤；巽，上卦巽。"顺而巽，中正以观天下"，是释卦名的。"神道"怎么讲？就文义看，还是"盥而不荐，有孚颙若"，看那个样子，很端庄。"不忒"，不差忒。"天之神道而四时不忒，圣人以神道设教而天下服矣"，看这段话的文义，好像说"不言而信"的意思。只要下边一看就行了，就感化了。

象曰：风行地上，观，先王以省方观民设教。

朱子《本义》说："省方以观民，设教以为观。"

初六，童观，小人无咎，君子吝。

胡炳文说："观以远近为义。"因为初爻离五爻最远，故为童观，像儿童看不清楚似的。童观，对于小人来说是无咎的，对于君子来说则有咎。程《传》说："六以阴柔之质，居远于阳，是以观见者浅近，如童稚然，故曰童观。阳刚中正在上，圣贤之君也。近之则见其道德之盛，所观深远。初乃远之，所见不明，如童蒙之观也。小人，下民也，所见昏浅，不能识君子之道，乃常分也，不足谓之过咎，若君子如是，则可鄙吝也。"讲的很明白。

象曰：初六，童观，小人道也。

六二，窥观，利女贞。

程《传》说："二应于五，观于五也。五，刚阳中正之道，非二阴暗柔弱所能观见也。故但如窥觇之观耳。窥觇之观，虽少见而不能甚明也。二既不能明见刚阳中正之道，则利如女子之贞，虽见之不能甚明，而能顺从者，女子之道也，在女子为贞也。二既不能明见九五之道，能如女子之顺从，则不失中正，乃为利也。"

象曰：窥观女贞，亦可丑也。

男女吉凶不同。既云"利女贞"，则对于男子来说，便是可丑的了。

六三，观我生进退。

孔颖达《疏》："三居下体之极，是有可进之时，又居上体之下，复是可退之地。远则不为童观，近则未为观国，居在进退之处，可以自观。时可则进，时不可则退，故曰观我生进退也。"看我自己。讲的不错。刘牧说："自观其道，应于时则进，不应于时则退。"胡炳文说："六三上下之间，可进可退之地，故不必观五，但观我所为而为之进退。"

象曰：观我生进退，未失道也。

六四，观国之光，利用宾于王。

《周易折中》引刘定之说："九五大君，观己所为以仪型天下。初居阳而去五远，所观不明如童子。二居阴而去五远，所观不明，如女子。唯四得正而去五近，所观最明，故曰观光宾王。盖诸爻皆就五取义也。"朱子《本义》说："六四最近于五，故有此象，其占为利于朝觐仕进也。"程《传》说："古者有贤德之人，则人君宾礼之，故士之仕进于王朝，则谓之宾。"

象曰：观国之光，尚宾也。

九五，观我生，君子无咎。

九五是君，看我的嘛。孔颖达《疏》："九五居尊，为观之主，四海之内，由我而化。我教化善，则天下有君子之风；教化不善，则天下著小人之俗。故观民以察我道，有君子之风者，则无咎也。"

象曰：观我生，观民也。

上九，观其生，君子无咎。

王弼说："观我生，自观其道者也。观其生，为民所观者也。不在于位，最处上极，高尚其志，为天下所观者也。处天下所观之地，可不慎乎！故君子德见，乃得无咎。"《周易折中》按语说："上九观其生，似只是承九五之义而终言之尔。盖九五正当君位，故曰我。上非君位，而但以君道论之，故曰其。辞与九五无异者，正所以见圣人省身察己，始终如一之心，故象传发明之曰：'志未平也。'"

象曰：观其生，志未平也。

"志未平也"，不好讲。程《传》说："平，谓安宁也。"也不好讲。《周易折中》引陆希声说："民之善恶，由我德化，其志未平，忧民之未化也。"

噬嗑䷔震下离上

《序卦》说："可观而后有所合，故受之以噬嗑。"此卦震下离上，火雷噬嗑。如果把第四爻变为阴爻，就变成震下艮上，山雷颐。颐之上爻是阳爻，初爻也是阳爻，中间是四个阴爻。阳实阴虚，这叫颐。颐也就是人的嘴。颐卦上下实，中间虚，而且上边为艮止，下边为震动。上不动下动，所以其象为颐。

噬嗑则象颐中有物。象传说颐中有物叫噬嗑。嘴中有物，需要咬一下方能合。噬，咬。噬嗑，咬一口以后才能合。颐中有物，作为卦来说，九四就是物。口中有一个硬物，要咬要嚼，口方可合。社会中有个强梗的，就要用刑法合。天地之间有梗物，需用雷电合，故曰噬嗑。

噬嗑，亨，利用狱。

咬掉口中之物，必亨通。社会要安宁亨通，咬的办法是利用刑法去掉天下之梗。噬嗑这一卦主要是讲刑狱的。

彖曰：颐中有物曰噬嗑。噬嗑而亨，刚柔分，动而明，雷电合而章，柔得中而上行。虽不当位，利用狱也。

"刚柔分"，为卦三阴三阳。离为火，象电，故明。震为雷，故动。"柔得中而上行"，指六五而言。《易经》中柔往往说上行。因为一般阳应在上，阴应在下。今六五以阴居上卦，故曰"上行"。六五以阴柔居阳位，虽居中但不当位。虽不当位，但利用狱。狱，需要有离的明察，有雷的威严。程《传》说："刚爻与柔爻相间，刚柔分而不相杂，为明辨之象。明辨，察狱之本也。"关于"上行"，《周易折中》引石介说："大凡柔则言上行，刚则言来。柔下刚上，定体也。"

这是就全《易经》讲的。石介说："刚来，如讼、无妄、涣等，刚体本在上而来下。上行，如晋、睽、鼎、噬嗑等，柔体本在下，今居五位为上行。"又引俞琰说："噬嗑倒转为贲，亦有颐中有物之象，而以为贲，何耶？"曰："凡噬者必下动。贲无震，故不得为噬嗑也。夫颐而中虚，则无事于噬而自可合。今有物焉，则窒塞矣。苟不以齿决之，乌得而合？故噬已则嗑。嗑则窒者去而上下亨通。故文王曰'噬嗑亨'，孔子添一'而'字，盖谓噬而嗑之则亨，不噬则不嗑，不嗑则不亨也。"

象曰：雷电噬嗑，先王以明罚敕法。

这里有这么一个问题：本应说电雷，此处倒过来说雷电，是什么缘故？朱子《本义》以为雷电当作电雷，程《传》亦如此说。《周易折中》引张清子说："蔡邕石经本作电雷。"看来本来可能是电雷，后来变成雷电了。查慎行还维护电雷说。这问题没有更多的深意。

先王效法这一卦的意义，明罚敕法。该定什么罪就定什么罪。项安世说："阴阳相噬而有声则为雷，有光则为电。二物因噬而嗑。"

初九，屦校灭趾，无咎。

关于此卦六爻，王《注》、程《传》、朱子《本义》皆以为初九、上九是受刑的。无位不是无阴阳之位，是在社会等级中无位。中间四爻是用刑的。朱子《本义》说："初上无位，为受刑之象，中四爻为用刑之象。"程《传》说："初与上无位，为受刑之人，余四爻皆为用刑之人。"

初爻在一卦之最下，屦校，脚戴刑具。灭，没，不是消灭。灭趾，看不见脚趾，无咎。这个无咎，《系辞传》中讲过。《系辞传》说："小人不耻不仁，不畏不义。不见利不劝，不威不惩，小惩而大诫。此小人之福也。《易》曰：'屦校灭趾，无咎。'此之谓也。"程《传》、朱子《本义》以为初九是受刑的人。

象曰：屦校灭趾，不行也。

使其不得行走，不再作恶事。

六二，噬肤灭鼻，无咎。

六二是用刑的人，柔顺中正。肤是肉，噬肤，咬到了肉。朱熹说肉之柔脆者曰肤，很像猪肚下面的肉，容易咬。灭鼻，咬得深入，把鼻子都没进去了。无咎，六二居中得正，终能制服有罪的人，故无咎。

象曰：噬肤灭鼻，乘刚也。

孔颖达说："乘刚者，释噬肤灭鼻之义，以其乘刚，故用刑深也。"

六三，噬腊肉遇毒，小吝，无咎。

腊肉是陈久之肉，不好咬。朱子《本义》说："腊肉，谓兽腊全体骨而为之者，坚韧之物也。"古人把肉晾干，变成腊肉。程《传》说："六居三，处不当位。自处不得其当而刑于人，则人不服而怨怼悖犯之。如噬啮干腊坚韧之物，而遇毒恶之味，反伤于口也。用刑而人不服，反致怨伤，是可鄙吝也。"然而只是小吝，无有大咎。

象曰：遇毒，位不当也。

九四，噬干胏，得金矢，利艰贞，吉。

关于"得金矢"的讲法不一样。朱子《本义》据《周礼》"狱讼，入钧金（三十斤铜）束矢，而后听之"。束矢是十枝箭。程《传》说："金取刚，矢取直。九四阳德刚直，为得刚直之道。"说与朱子《本义》不同。三国时的陆绩说："金矢者，刚直也。"看来金矢当刚直讲是对的。查慎行也驳朱说，穷人打不起官司。《周礼》的东西不要用在这里。查氏说："矢百为束，三十斤为一钧。必入金矢而后听其狱，窃恐贫民之冤，无由上达肺石矣。"查氏反对朱说，认为刚直说是对的。治狱的人必须为人刚直，又有艰难守正，才可能得吉。

象曰：利艰贞，吉未光也。

治狱的人尚未做到光明正大的程度，他办案，还应利艰贞，下点功夫。

六五，噬干肉，得黄金。贞厉，无咎。

九五这一爻就像咬干肉似的，可以得到黄金。黄，中色；金，刚物。五是阳位，有君道，有四大臣为辅，故得黄金。贞厉，六五还是有危险的，比较困难的。胡炳文说："噬肤，噬腊肉，噬干胏，一节难于一节。六五噬干肉，则易矣。五君位也，以柔居刚，柔而得中，用狱之道也，何难之有！"

象曰：贞厉无咎，得当也。

上九，何校灭耳，凶。

此为受刑之人，刑很重，刑具把耳朵都没上了，所以凶。《系辞传》对此也有解释："善不积不足以成名，恶不积不足以灭身。小人以小善为无益而弗为也，以小恶为无伤而弗去也。故恶积而不可掩，罪大而不可解。《易》曰：'何校灭耳，凶。'"

灭作没讲，灭耳不是割掉耳朵。郭雍说："初上灭字，或以为刑，独孔氏训没。屦校，桎其足，桎大而灭趾。何校，械其首，械大而灭耳也。"这种说法我看是对的。

《周易折中》总论引李过说："以六爻之位言之，五，君位也，为治狱之主。四，大臣位也，为治狱之卿。三二又其下也，为治狱之吏。"总之，以初上为受刑者，中间四爻为用刑者。全卦讲治狱的问题。

象曰：何校灭耳，聪不明也。

贲䷕离下艮上

贲字正音读毕。《序卦》说："嗑者合也，物不可以苟合而已，故受之以贲。"程《传》说："物之合则必有文，文乃饰也。如人之合聚则有威仪上下，物之合聚则有次序行列。合则必有文也，贲所以次噬嗑也。"贲卦讲文，从中能看出文与质的关系。荀子说："墨子蔽于用而不知文。"墨子光看到实用方面，未看到文的重要性。其实文对于社会也是很重要的，例如礼仪等。贲卦专讲这个问题。

贲，亨，小利有攸往。

程《传》说："物有饰而后能亨，故曰无本不立，无文不行。有实而加饰则可以亨矣。文饰之道可增其光彩，故能小利于进也。"王申子说："徒质则不能亨，质而有文以加饰之，则可亨，故曰贲亨。然文盛则实必衰，苟专尚文以往则流，故曰小利攸往。小者谓不可太过以灭其质也。"

彖曰：贲亨。柔来而文刚，故亨。分刚上而文柔，故小利有攸往，天文也。文明以止，人文也。观乎天文，以察时变；观乎人文，以化成天下。

朱子《本义》说"亨"是衍文，我看此说有道理。"柔来而文刚"是什么？"分刚上而文柔"是什么？这又涉及卦变的问题。苏轼《易传》在贲卦对卦变问题有解释。他说："《易》有刚柔往来上下相易之说，而其最著者贲之彖传也。故学者治是争推其所从变，曰：'泰变为贲。'此大惑也（京房以来有此说）。一卦之变为六十三，岂独为贲也哉？徒知泰之为贲，又乌知贲之不为泰乎？凡《易》之所谓刚柔往来相易者，皆本诸乾坤也。乾施一阳于坤，以化其一阴而生三子。凡三子之卦有言刚来者，明此本坤也，而乾来代之。坤施一阴于乾，以化其一阳，而生三女。凡三女之卦有言柔来者，明此本乾也，而坤来化之。非是卦也则无是言也。"程《传》也有一段话："卦之变皆自乾坤，先儒不达，故谓贲本是泰卦。岂有乾坤重而为泰，又由泰而变之理。下离本乾，中爻变而成离。上艮本坤，上爻变而成艮。离在内，故云柔来。艮在上，故云刚上，非自下体而上也。乾坤变而为六子，八卦重而为六十四，皆由乾坤之变也。"

苏、程二人意见一致，孰先孰后，今不明。据我看，他们解决了卦变的问题。朱熹后来又讲了一番卦变问题，讲错了，不要信他。

"柔来而文刚"，乾之阳爻，柔来加以文饰。阳爻是本是实是质，由阴爻来了加以文饰。因为有柔来文饰，所以变成亨了。

"分刚上而文柔"，上艮原为坤，坤之上爻变为刚阳则为艮。这个"文"不是文饰，而是加上质了。所以小利有攸往。"天文也"，此语不好理解。王《注》有一个"刚柔交错"，朱子《本义》解释说："先儒说'天文'上当有'刚柔交错'四字，理或然也。"看来，加上"刚柔交错"四字，还是对的。不然的话，"天文也"不好讲。意谓柔来文刚，刚上文柔，刚柔交错，天文也。

"文明以止，人文也"，离为明，艮为止；止要有节，有限度。这就是人文。

"观乎天文，以察时变；观乎人文，以化成天下。"察时变，察日月星辰四时的变化。程《传》说："人文，人理之伦序。观人文以教化天下，天下成其礼俗，乃圣人用贲之道也。"《周易折中》引梁寅说："贲者，文饰之道也。有质而加之文，斯可亨矣。朝廷文之以仪制而亨焉。宾主文之以礼貌而亨焉。家人文之以伦序而亨焉。官府文之以教令而亨焉。推之事物，凡有质者，无不待于文也，文则无不亨也。然既亨矣而曰小利有攸往，何也？文饰之道，但加之文彩耳，非能变其实也。故文之过盛，非所利也。但小利于有往而已矣。世之不知本者，或忘其当务之急而屑屑焉于文饰，虽欲其亨，亦安得而亨乎！"这段话讲的很好。

象曰：山下有火，贲。君子以明庶政，无敢折狱。

为什么不敢折狱？程《传》说："折狱者专用情实，有文饰则没其情矣，故无敢用文以折狱也。"程《传》讲的很好。

初九，贲其趾，舍车而徒。

贲卦讲文饰，不过内卦与外卦有所不同。外卦三爻，刚上而文柔，表示无质而又加上质。外卦重质，内卦重文。内卦三爻，柔来而文刚，表示有质而又加之文。初九贲其趾，六二贲其须，九三贲如濡如，都是讲文饰的。初九，初爻在下，象趾。"舍车而徒"，不用车，徒步而行。程《传》的解释不见得对，实际上，因为贲其趾，才舍车而徒行。

象曰：舍车而徒，义弗乘也。

六二，贲其须。

须是胡须，对人的脸面有文饰的作用，没什么大的用处。毛在颐曰须，在口曰髭。《周易折中》引俞琰说："二无应而比三，三亦无应而比二。故与之相贲。贲以柔来文刚故亨。文当从质，非质则不能自饰。阴必从阳，非阳则不能自进。六二纯柔，必待九三之动而后动，故曰：'贲其须。'"九三动，六二才动。

象曰：贲其须，与上兴也。

嘴动，须也就动了。须附于口，是文饰口的。

九三，贲如濡如，永贞吉。

九三是阳爻，但处在六二与六四两阴爻之间，所以贲如濡如，文饰太多了。程《传》说："贲饰之盛，光采润泽，故云濡如。"俞琰说："文过则质丧，质丧则文弊。要当永久以刚正之德自守则吉。"所以要求永贞嘛，守刚正，才能得吉。

象曰：永贞之吉，终莫之陵也。

蔡渊说："陵，侮也。三能永贞，则二柔虽比己而濡如，然终莫之陵侮，而不至陷溺也。"

六四，贲如皤如，白马翰如，匪寇婚媾。

皤，今音播。过去有很多写法，加火旁等，音训也很多。贲如，文饰；皤如，白的意思。六四与初九正应。初九用质来文四，故此文饰不是加文采，而是加上很质朴的"皤如"。"白马翰如"，白马是初九，初九对六四不是来寇，而是与它婚媾。程《传》说："四与初为正应，相贲者也。本当贲如，而为三所隔，故不获得相贲而皤如。皤，白也，未获贲也。马，在下而动者也。未获相贲，故云白马。其从正应之志如飞，故云翰如。匪为九三之寇仇所隔，则婚媾遂其相亲矣。己之所乘，与动于下者，马之象也。初四正应，终必获亲，第始为其间隔耳。"朱子《本义》与程《传》意同。《周易折中》按语不同意程、朱的观点，它说："程《传》沿注疏之说，《本义》又沿程《传》之说。皆以为初、四相贲而为三所隔，故未得其贲而皤然也。然《朱子语类》以无饰言之，则已自改其说矣。故以后诸儒皆以皤白为崇素返质之义，实与卦意为合。"俞琰说："发白曰皤，马白为翰。《礼记》云：'殷人尚白，戎事乘翰。'郑《注》云：'翰，白色马也。'四当贲道之变，文返于质，故其象如此。"

下三爻用文来贲，上三爻用质来贲。梁寅说："六四在离明之外，为艮止之始，乃贲之盛极，而当反质素之时也。故云贲如皤如。"此说可从。《周易折中》引苏浚说："六四一爻当以白贲之义推之。四与初相贲者也。以实心而求于初，不为虚饰。初曰贲趾，四曰皤如，初曰舍车，四曰白马，同一白贲之风而已。"就是说，皤如是文返于质，崇素返质的意思，不是为九三所隔。注疏及程、朱义皆不可从。

象曰：六四，当位疑也。匪寇婚媾，终无尤也。

不是寇，而是婚媾，因为与初没有过错，无尤也。有解释贲如皤如，好像都是相对的。这么说又那么说，所以认为是疑。《周易折中》按语说："《易》中凡重言者，皆两端不定之辞。故屯如邅如者欲进而未径进也。此三爻贲如濡如者，得阴自贲，又虑其见濡也。此爻贲如皤如者，当贲之时，既外尚乎文饰，而下应初刚，又心崇乎质素，两端未能自决。象传谓之疑者，此也。白马翰如指初九也。己有皤如之心，故知白马翰如而来者，匪寇也，乃己之婚媾也。"

六五，贲于丘园，束帛戋戋，吝，终吉。

丘园指上爻说。五与上是比的关系。贲于丘园，不是贲于朝市，也是崇素返质的意思。束帛，礼物。贤人给的礼物。戋戋，束帛很少的意思。戋戋是浅小之意。朱子《本义》说的对。从水为浅，从贝为贱，从金为钱，是俭的意思，吝啬的意思。此在贲卦有反本之意。朱熹此说有理。胡炳文说："不贲于市朝，而贲于丘园，敦本也。束帛戋戋，尚实也。"胡氏之说对。

象曰：六五之吉，有喜也。

《周易折中》按语："传于五位多言有庆，庆大而喜小也。"

上九，白贲，无咎。

上九更素了，用白来文饰，而不是用彩来文饰，无咎。杂卦说"贲无色也"，重在质。上，文用白贲。胡炳文说："杂卦曰贲无色也，可谓一言以蔽之也。"丘富国（宋人，朱熹之再传弟子）说："阴阳二物，有应者以应而相贲，无应者以比而相贲。四与初应，求贲于初。故初贲趾而四翰如也。二比三而贲乎三，故二贲须而三濡如也。五比上而贲乎上，故五贲丘园而上白贲也。初与四应而相贲者也。二与三，五与上，比而相贲者也。此贲六爻之大旨也。"这段话可作贲卦之总论。

象曰：白贲无咎，上得志也。

第十一讲 剥卦 复卦 无妄 大畜

剥☷坤下艮上

《序卦》说："贲者饰也，致饰然后亨则尽矣，故受之以剥。"剥，阴剥阳的意思。剥与复两卦专讲阴阳消长。而且每一卦从初到上，确实有一个发展过程，说明其中是有思想的。里边谈到君子小人、先王圣人、男女夫妇，也反映当时的社会已有了阶级关系。这是客观存在的，但是有的人完全不承认这个。实际上这些人治《易经》的目的是为了否定《易经》。

剥，不利有攸往。

程《传》说："剥者，群阴长盛，消剥于阳之时，众小人剥丧于君子，故君子不利有所往，唯当巽言晦迹，随时消息，以免小人之害也。"

彖曰：剥，剥也，柔变刚也。不利有攸往，小人长也。顺而止之，观象也。君子尚消息盈虚，天行也。

"消息盈虚"是规律，"天行也"就是自然规律。程《传》说："君子尚消息盈虚，天行也，君子存心消息盈虚之理而能顺之，乃合乎天行也。理有消衰，有息长，有盈满，有虚损，顺之则吉，逆之则凶。君子随时敦尚，所以事天也。"这是说，剥卦是九月卦，只有一个阳。剥卦之后是十月卦，十月卦是坤卦，一个阳也没有，全是阴爻。

象曰：山附于地，剥。上以厚下安宅。

研究剥卦，居上位的应厚下而安宅。程《传》说："《书》曰：'民唯邦本，本固邦宁。'"

初六，剥床以足，蔑贞凶。

蔑，也是没的意思。俞琰说："阴之消阳，自下而进。初在下，故为剥床而先以床足灭于下之象。当此不利有攸往之时，唯宜顺时而止耳。贞凶，戒占者固执而不知变，则凶也。"这个贞是固执的意思，不当正讲。

象曰：剥床以足，以灭下也。

六二，剥床以辨，蔑贞凶。

俞琰说："既灭初之足于下，又灭二之辨于中，则进而上矣。得此占者，若犹固执而不知变，则其凶必也。"

象曰：剥床以辨，未有与也。

无与，没有应爻，没有援助。"未有与也"，君子还是未有应，未有所与。龚焕说："六二阴柔中正，使上有阳刚之与，则必应之助之，而不为剥矣。唯其无与，所以杂于群阴之中而为剥。若三则有与，故虽不如二之中正而得无咎。"

六三，剥之无咎。

六三有应爻，所以在剥卦中它是无咎的。荀爽说："众皆剥阳，三独应上，无剥害意，是以无咎。"讲的比较明白。

象曰：剥之无咎，失上下也。

王《注》说："三，上下各有二阴，而三独应于阳，则失上下也。"

六四，剥床以肤，凶。

继续往上来，六四剥床已剥到人身上，剥到肉了。这当然凶。

象曰：剥床以肤，切近灾也。

六五，贯鱼以宫人宠，无不利。

六五虽是阴爻，却在君位。卦中五阴似鱼给穿了起来，受五的领导。程《传》说："五，群阴之主也。鱼，阴物，故以为象。五能使群阴顺序，如贯鱼然。反获宠爱于在上之阳，如宫人，则无所不利也。宫人，宫中之人，妻妾侍使也。以阴言，且取获宠爱之义，以一阳在上，众阴有顺从之道，故发此义。"朱子《本义》："五为众阴之长，当率其类，受制于阳，故有此象。"

象曰：以宫人宠，终无尤也。

上九，硕果不食，君子得舆，小人剥庐。

上九是阳爻，好似硕果剩下了，留下不食。君子得到车，小人则剥了自己的房子。程《传》说："诸阳消剥已尽，独有上九一爻尚存，如硕大之果不见食，将见复生之理。上九亦变，则纯阴矣。然阳无可尽之理，变于上则生于下，无间可容息也。圣人发明此理，以见阳与君子之道，不可亡也。或曰剥尽则为纯坤，岂复有阳乎？曰，以卦配月，则坤当十月，以气消息言，则阳剥为坤，阳来为复，阳未尝尽也。剥尽于上，则复生于下矣。故十月谓之阳月，恐疑其无阳也。阴亦然，圣人不言耳。阴道盛极之时，其乱可知。乱极则自当思治。故众心愿载于君子。君子得舆也。《诗·匪风》《下泉》所以居变风之终也。理既如是，在卦亦众阴宗阳，为共载之象。小人剥庐，若小人则当剥之极，剥其庐矣，无所容其身也。更不论爻之阴阳，但言小人处剥极，则及其庐矣。庐，取在上之象。或曰阴阳之消，必待尽而后复生于下。此在上便有复生之义，何也？夬之上六，何以言终有凶？曰，上九居剥之极，止有一阳，阳无可尽之理，故明其有复生之义，见君子之道不可亡也。夬者阳消阴。阴，小人之道也，故但言其消亡耳，何用更言却有复生之理乎？"

象曰：君子得舆，民所载也。小人剥庐，终不可用也。

复☷震下坤上

《序卦》说："剥者剥也，物不可以终尽，剥穷上反下，故受之以复。"程《传》说："物无剥尽之理，故剥极则复来，阴极则阳生。阳剥极于上而复生于下。穷上而反下也。复所以次剥也。为卦一阳生于五阴之下，阴极而阳复也。"

复，亨，出入无疾，朋来无咎，反复其道，七日来复，利有攸往。

程《传》说："复亨，既复则亨也。阳气复生于下，渐亨盛而生育万物。君子之道既复，则渐以亨通，泽于天下，故复则有亨盛之理也。出入无疾，出入谓生长。复生于内，入也。长进于外，出也。先云出，语顺耳。阳生非自外也，来于内，故谓之入。物之始生，其气至微，故多屯艰。阳之始生，其气至微，故多摧折。春阳之发，为阴寒所折。观草木于朝暮，则可见矣。出入无疾，谓微阳生长，无害之者也。既无害之，而其类渐进而来，则将亨盛，故无咎也。所谓咎，在气则为差忒，在君子则为抑塞，不得尽其理。阳之当复，虽使有疾之，固不能止其复也，但为阻碍耳。而卦之才，有无疾之义，乃复道之善也。一阳始生至微，固未能胜群阴，而发生万物，必待诸阳之来，然后能成生物之功，而无差忒，以朋来而无咎也。三阳子丑寅之气，生成万物，众阳之功也。若君子之道，既消而复，岂能便胜于小人，必待其朋类渐盛，则能协力以胜之也。反复其道，谓消长之道，反复迭至。阳之消，至七日而来复。姤，阳之始消也。七变而成复，故云七日，谓七更也。临云八月有凶，谓阳长至于阴长，历八月也。阳进则阴退。君子道长则小人道消，故利有攸往也。"过去讲七日来复，有许多不同的解释，我们还是从程《传》说。

象曰：复，亨，刚反。动而以顺行，是以出入无疾，朋来无咎。反复其道，七日来复，天行也。利有攸往，刚长也。复见其天地之心乎！

地雷复，雷动，地顺，按规律行动，无阻碍，所以朋来无咎。《周易折中》引侯行果说："五月，天行至午，阴升也。十一月，天行至子，阳升也。天地运往，阴阳升复，凡历七月，故曰七日来复，此天之运行也。《豳诗》曰：'一之日觱发，二之日栗烈。'一之日，周之正月也。二之日，周之二月也，则古人呼月为日明矣。"这也是一种说法，称月为日，王引之给驳了。我们暂取程《传》的说法，没有找到更好的解释。

"利有攸往，刚长也。复其见天地之心乎！"项安世说："剥曰不利有攸往，小人长也。复曰利有攸往，刚长也。《易》之意，凡以为君子谋也。"

复怎么能见天地之心呢？孔子讲过"消息盈虚"这么一句话，天地之心可能就由这当中反映出来。朱子《本义》引邵雍诗曰："冬至子之半，天心无改移。一阳初动处，万物未生时。玄酒味方淡，太音声正希。此言如不信，更请问包羲。"这么一首诗，讲冬至，讲复卦。说复卦是冬至子之半，可比作大音、玄酒。

象曰：雷在地中，复。先王以至日闭关，商旅不行，后不省方。

至日就是冬至日。《易传》也把复卦看成是冬至，即十一月。所谓十二辟卦，十二消息卦，《易》中真有，是汉代的人从《易经》中看出来的。《易经》中确实有十二辟卦。至于卦气那个东西，《易经》中没有。复卦之至日，此时要闭关，商旅停止活动，人君也不出巡了。

初九，不远复，无祗悔，元吉。

孔子作的《系辞传》中有一段话说："颜氏之子，其殆庶几乎！有不善，未尝不知，知之未尝复行也。《易》曰：'不远复，无祗悔，元吉。'"程《传》说："复者，阳反来复也。阳，君子之道，故复为反善之义，初刚阳来复，处卦之初，复之最先者也，是不远而复也。失而后有复。不失则何复之有？唯失之不远而复，则不至于悔。大善而吉也。祗，宜音抵，抵也。《玉篇》云：'适也'，义亦同。无祗悔，不至于悔也。坎卦曰，祗既平无咎，谓至既平也。颜子无形显之过，夫子谓其庶几，乃无祗悔也。过既未形而改，何悔之有？既未能不勉而中，所欲不逾矩，是有过也。然其明而刚，故一有不善，未尝不知，既知未尝不遽改，故不至于悔，乃不远复也。"

象曰：不远之复，以修身也。

六二，休复吉。

程《传》说："二虽阴爻，处中正而切比于初，志从于阳，能下仁也。复之休美者也。复者，复于礼也。复礼则为仁。初阳复，复于仁也。二比而下之，所以美而吉也。"

象曰：休复之吉，以下仁也。

程《传》说："为复之休美而吉者，以其能下仁也。仁者天下之公，善之本也。初复于仁，二能亲而下之，是以吉也。"我认为，此"仁"字似应作人。修身下人其义一贯。"下仁"当与"何以守位曰仁""井有仁焉"一致。仁是人的同音假借。

六三，频复厉无咎。

六三以阴爻处阳位，不中不正。程《传》说："三以阴躁处动之极，复之频数而不能固者也。复贵安固。频复频失，不安于复也。复善而屡失，危之道也。圣人开迁善之道，与其复而危其屡失，故云厉无咎，不可以频失而戒其复也。频失则为危，屡复何咎？过在失而不在复也。"

象曰：频复之厉，义无咎也。

程《传》说："频复频失，虽为危厉，然复善之义则无咎也。"

六四，中行独复。

程《传》说："此爻之义，最宜详玩。四行群阴之中，而能独复，自处于正，下应于阳刚，其志可谓善矣。不言吉凶者，盖四以柔居群阴之间，初方甚微，不足以相援，无可济之理，故圣人但称其能独复，而不欲言其独从道而必凶也。曰，然则不言无咎，何也？曰，以阴居阴，柔弱之甚，虽有从阳之志，终不克济，非无咎也。"五个阴爻当中，六四阴爻居阴位，得正，且与初九正应，在群阴之中能独复。

象曰：中行独复，以从道也。

孔颖达说："中行独复者，处于上卦之下，上下各有二阴，己独应初，居在众阴之中，故云中行，独自应初，故云独复。"

六五，敦复，无悔。

敦，厚也。五为敦复，上六是迷复。《周易折中》引项安世的话说："临以上六为敦临，艮以上九为敦艮，皆取积厚之极。复于五即言敦复者，复之上爻，迷而不复，故复至五而极也。卦中复者五爻，初最在先，故为不远，五最在后故为敦。"说的很好。

象曰：敦复无悔，中以自考也。

《周易折中》引梁寅说："中以自考，言以其有中德，故能自考其善不善也。"又引丘富国说："二、四待初而复，故曰下仁曰从道，五不待初而复，故曰自考。"

上六，迷复，凶。有灾眚，用行师，终有大败，以其国君凶，至于十年不克征。

迷复不好。程《传》说："以阴柔居复之终，终迷不复者也。迷而不复，其凶可知。有灾眚，灾，天灾，自外来。眚，己过，由自作。既迷不复善，在己则动皆过失。灾祸亦自外而至，盖所招也。迷道不复，无施而可。用以行师，则终有大败。以之为国，则君之凶也。十年者，数之终。至于十年不克征，谓终不能行。既迷于道，何时而可行也？"程《传》讲的很好。

《周易折中》总论引胡炳文说："迷复与不远复相反。初不远而复，迷则远而不复。敦复与频复相反，敦无转易，频则屡易。独复与休复相似，休则比初，独则应初也。十年不克征，亦七日来复之反。"胡氏这段话讲的也很好，对于了解全卦很有帮助。

象曰：迷复之凶，反君道也。

无妄☰震下乾上

《序卦》说："复则不妄矣，故受之以无妄。"前卦是复。所谓复，就是阴消以后阳又复长。从易来说，阴是虚，阳是实，所以复以后就表明是实。无妄，没有虚妄，也是实的意思。所以在复卦以后，紧接着就是无妄。

无妄，元亨利贞，其匪正有眚，不利有攸往。

乾卦有元亨利贞，无妄也有元亨利贞。无妄能得到大亨大通。但是必须是利于正，守正道，做事合于客观规律。天雷无妄，这与乾为天的天有关系。无妄即是顺应自然。如果不能守正，便要有眚，不利有所往。

彖曰：无妄，刚自外来而为主于内，动而健，刚中而应，大亨以正，天之命也。其匪正有眚，不利有攸往。无妄之往，何之矣。天命不祐，行矣哉。

"设卦观象，系辞焉而明吉凶"，设卦就观象，无妄卦的卦象，刚自外来而为主于内，指下卦震说的。程《传》说："坤初爻变而为震。"《说卦》说："震一索而得男，故谓之长男。"坤之初爻变为阳爻，坤变为震。"一索而得男"，是说坤卦初爻由阴变阳，此阳来自乾卦。《说卦》是这样讲的。程《传》说"坤初爻变而为震"，是有根据的，是根据《说卦》讲的。刚自外来，初九阳爻是刚，外即外卦乾，表明初九这一阳爻是自乾来的。初九这一爻在震，处在内卦，故云"为主于内"。王弼《周易略例》谈到卦主的问题，就是根据无妄卦的彖传讲的，不是凭空编造的。无妄卦的彖传只说无妄卦有卦主，王弼加以发挥，认为每一卦都有卦主。程《传》说："震以初爻为主，成卦由之，故初为无妄之主。"

"动而健"，下卦震是动，上卦乾是健。这一卦的象是"动而健"。"刚中而应"，九五这一爻得中，又是阳爻，是刚。"而应"，六二是阴爻，也得中，与九五为正应。由上文讲到的这些条件，便可以得到大亨大通。我们知道，乾卦有元亨利贞。乾卦元亨利贞，就是自然规律。这里讲的"大亨以正，天之命也"，也是这个意思。若匪正，便有眚，不利有攸往。"无妄之往"，往那里去！这样违背规律的往，天不佑，你还怎样前行呢？《周易折中》引何楷说："震初一刚，其所从来，即乾之初画。无妄外乾内震，初九得外卦乾刚初爻，以为内卦之主，故曰刚自外来而为主于内。"

象曰：天下雷行，物与无妄，先王以茂对时育万物。

这好像自然界打雷，所有的物都与它无妄。程《传》说："洪纤高下，各正其性命，无有差妄，物与无妄也。"茂，程《传》释为盛，不对。茂在这里应为勉励的意思。"对时育万物"，勉励对时育万物，天按照四时生育万物嘛。先王也应该按时去成育万物。古代有朔政制度，实际上就是"茂对时育万物"。什么季节来了，做什么工作，按季节安排工作。朔政即月令，也就是一年的工作计划。

初九，无妄，往吉。

无妄，实，可以往，往则吉。初九，"刚自外来而为主于内"，故可以往。《周易折中》引何楷说："此爻足蔽无妄全卦。震阳初动，诚一未分，是之谓无妄。以此而往，动与天合，何不吉之有？"古人讲的天，实际上是指自然界而言。

象曰：无妄之往，得志也。

程《传》说："以无妄而往，无不得其志也。盖诚之于物，无不能动。"

六二，不耕获，不菑畬，则利有攸往。

此话程《传》解释的比较费力。看来，《周易折中》引何楷的解释，挺好。何楷说："人之有妄，在于期望。不耕获者，不方耕而即望有其获也。不菑畬者，不方菑而即望成其畬也。学者之除妄心而必有事焉。当如此矣，故曰则利有攸往，言必如此而后利也。"比程《传》讲的直接明白。

象曰：不耕获，未富也。

"未富也"这句话不好讲，各家都没解释通顺。大家可以研究。程《传》说："未者，非必之辞，临卦曰未顺命是也。"其实临卦的"未顺命"也不好讲。《周易折中》引丰寅初说："未，犹非也。富谓利也。"也不大好。朱子《本义》讲："富，如非富天下之富，言非计其利而为之也。"讲的也不是很通顺。我看，"未富"这句话暂时就存疑吧。我没有想出更好的解释。

六三，无妄之灾，或系之牛，行人之得，邑人之灾。

六三爻辞，朱子《本义》的解释比程《传》好。朱子《本义》说："卦之六爻皆无妄者也。六三处不得正，故遇其占者无故而有灾，如行人牵牛以去，而居者反遭诘捕之扰也。"或系之牛，是说不知道谁把牛拴在这儿了，后来有路人将牛牵走了，牛丢了。牛的主人问邑人，以为邑人牵去了。这叫"行人之得，邑人之灾"。此谓无妄之灾也。有灾，但不是应得之灾。《周易折中》引胡炳文说："匪正有眚，人自为之也。无妄之灾，天实为之也。六爻皆无妄，三之时，则无妄而有灾者也。《杂卦》曰'无妄灾也'，其此之谓与？"

象曰：行人得牛，邑人灾也。

九四，可贞，无咎。

此爻我看还是何楷讲的直接，何云："四，刚阳而居乾体，本自无妄者也。可贞固守此则无咎。初九之无妄，往吉，行乎其当行者也。九四之可贞无咎，止乎其所当止者也。"可贞就是不行不往。初九是往，初九往得吉，九四可贞即不行不往得无咎。何楷的解释挺好。

象曰：可贞无咎，固有之也。

本身就自无妄，所以无咎，所以可贞。

九五，无妄之疾，勿药有喜。

本来是无妄，是真实无妄。得疾，就是无妄之灾，不要吃药。本来无病，不吃药倒好，吃药倒坏。

象曰：无妄之药，不可试也。

上九，无妄，行有眚，无攸利。

《周易折中》引龚焕语："无妄者，实理自然之谓，循是理则吉，拂是理则凶。初往吉，二利有攸往，循是理而动者也。四，可贞无咎，守是理而不动者也。三有灾，五有疾，不幸而遇无故非意之事，君子亦听之而已。守是理而不为动者也。或动或静，唯理是循，所以为无妄。上九居无妄之极，不可有行，若不循理而动，则反为妄矣。其有眚而不利也宜哉。"

《周易折中》引胡炳文语："六爻皆无妄也，特初九得位而为震动之主。时之方来，故无妄往吉。上九失位而居乾体之极，时已去矣，故其行虽无妄，有眚无攸利，是故善学《易》者在识时。初曰吉，二曰利，时也。三曰灾，五曰疾，上曰眚，非有妄以致之也，亦时也。初与二皆可往，时当动而动也。四可贞，五勿药，上行有眚，时当静而静也。"

象曰：无妄之行，穷之灾也。

大畜☰乾下艮上

《序卦》说："有无妄然后可畜，故受之以大畜。"畜，蓄聚。大畜，所畜至大。

大畜，利贞，不家食吉，利涉大川。

程《传》说："莫大于天，而在山中，艮在上而止乾于下，皆蕴畜至大之象也。在人为学术道德充积于内，乃所畜之大也。凡所畜聚，皆是专言其大者，人之蕴畜宜得正道，故云利贞。若夫异端偏学，所聚至多，而不正者，固有矣。既道德充积于内，宜在上位，以享天禄，施为于天下，则不独于一身之吉，天下之吉也。若穷处而自食于家，道之否也。故不家食则吉。所畜既大，宜施之于时，济天下之艰险，乃大畜之用也，故利涉大川。此只据大畜之义而言，象更以卦之才德而言。诸爻则唯有止畜之义，盖《易》体道随宜，取明且近者。"

象曰：大畜，刚健笃实辉光，日新其德。刚上而尚贤，能止健，大正也。不家食吉，养贤也。利涉大川，应乎天也。

刚健是乾，笃实是艮。刚健笃实就能发其辉光，就能日新其德。这是释卦名。刚上，上爻是乾，是刚，刚居尊位五之上，有尚贤之义。艮止居乾健之上，能止刚健，没有大正之道，是办不到的。"利涉大川，应乎天地"，刚健，故能涉险，胡炳文说："卦有乾体者，多曰利涉大川，健故也。"

象曰：天在山中，大畜。君子以多识前言往行，以畜其德。

君子学此卦，要多多学习古代贤哲的言行，以充实自己的道德修养。程《传》说："天为至大而在山之中，所畜至大之象。君子观象以大其蕴畜。人之蕴畜由学而大，在多闻前古圣贤之言与行，考迹以观其用，察言以求其心，识而得之，以畜成其德，乃大畜之义也。"

初九，有厉，利已。

大畜下卦乾，上卦艮。乾是健，健是要前进的。艮是止，止是要止健前进的。《朱子语类》说："大畜下卦取其能自畜而不进，上卦取其能畜彼而不使进。"胡炳文说："他卦取阴阳相应，此取相畜。内卦受畜，以自止为义。外卦能畜，以止之为义。独三与上居内外卦之极，畜极而通，不取止义。"

初九有厉，厉是危险，初九与六四相应，不该有厉，但此卦不取相应之义，取自止之义。已是中止，停止。有危险而停止前进，那就好了。

象曰：有厉利已，不犯灾也。

九二，舆说輹。

輹是车轴下边那个东西，不是辐。"舆说輹"，车自己把輹说下来了，表示车自己就不走了。程《传》说："二为六五所畜止，势不可进也。五据在上之势，岂可犯也？二虽刚健之体，然其处得中道，故进止无失。虽志于进，度其势之不可，则止而不行，如车舆说去轮輹，谓不行也。"

象曰：舆说輹，中无尤也。

九二以刚居中，知不可行而不行，是没有过错的。

九三，良马逐，利艰贞，曰闲舆卫，利有攸往。

曰字朱子《本义》以为应是日月之日。九三与上九都是阳爻，不是相应的。不相应也就不相畜，但却有同志的意思。九三是阳爻，刚健之才，上九与之志同道合，所以它的前进有如良马驰逐一样的迅速。但还是要艰难其事，慎重小心，坚守正道。闲，练习。舆，车。卫，自我防卫。"曰闲舆卫"，要经常练习车的使用和自我防卫。这样，有所前进才是有利的。

象曰：利有攸往，上合志也。

《周易折中》引赵汝楳说："它卦阴阳应为得，此则为畜。它卦阴阳敌为不胥与，此则为合。"

六四，童牛之牿，元吉。

上卦艮取止义。六四处在上卦而与初九相应。初九，阳爻，居全卦之下，是阳之微者，最易畜止。一个人的错误刚刚萌发，容易纠正，就像"童牛之牿"似的。童牛，未长角的小牛。牿是牛角前面放的横木，使之不触及东西。这样，牛就不会顶人了。六四好比那个牿，能够把下的错误畜止在未发之前。这当然是再好不过了，所以叫元吉。

象曰：六四元吉，有喜也。

六五，豮豕之牙，吉。

六五居君位又守中，能以柔道制止九二的刚暴之气。九二居乾卦之中，刚暴之性已经形成，就像猪牙一样厉害。怎么办呢？直接治猪之牙，不是根本办法。根本的办法是"豮豕"，也就是把猪给去势了。猪去了势，自然老实。厉害的牙变成"豮豕之牙"，也就构不成危害了，这样就吉。

象曰：六五之吉，有庆也。

《周易折中》引蔡清说："五不如四所处之易者，时不同也。四不如五所济之广者，位不同也。"项安世说："喜者，据已言之，庆则其喜及人。五居君位，故及人也。若论止物之道，则制之于初，乃为大善，故四为元吉。五独得吉而已。"讲的很好。

上九，何天之衢，亨。

这个"何"字有数种讲法。程《传》说："予闻之胡先生曰，天之衢亨，误加何字。"朱子《本义》将何字作语词讲，"何天之衢，言何其通达之甚也"。可是过去有很多人，如汉王延寿作《鲁灵光殿赋》，何作荷。《释文》说梁武帝何音贺。《周易折中》按语说："何字，程《传》以为误加，《本义》以为发语。而诸家以荷字为解，义亦可从。盖刚上尚贤者，唯上九一爻当之。且为艮主，是卦之主也。故取尚贤之义，则是贤路大通。卦所谓不家食者此已。取艮主之义，则能应天止健，卦所谓涉大川者此已。故天衢者喻其通也。荷天之衢者，言其遇时之通也。《杂卦》云'大畜时也'，正谓此也。"看起来还是作荷音贺为是，不从程、朱。

《周易折中》大畜总论引叶良佩说："卦象兼取畜止、畜聚二义，大象专取畜聚义，六爻专取畜止义。初九进则有厉，唯利于已，知难而止者也。九二处得中道，能说輹而不行，时止而止者也。九三与上合志，其进也如良马之驰逐，此畜极而通之象，然犹以艰贞闲习为戒者，虑其可进而锐于进也。六四当大畜之任，能止恶于初，若童牛始角而加之以牿，则大善之吉也。六五制恶有道，得其机会，故其象以豮豕之牙。其占虽吉，然比之于四则有间矣。"

第十二讲 颐卦 大过 坎卦 离卦

颐☲震下艮上

《序卦》说："物畜然后可养，故受之以颐。"颐是养的意思。上卦是艮，艮为山。下卦是震，震为雷。最上是一阳爻，初也是一个阳爻，中间是四个阴爻。全卦很像人的口。口中虚，上下实。而且上止下动，样子极像人在吃饭，所以卦名叫颐。程《传》说："卦上艮下震，上下二阳爻，中含四阴，上止而下动，外实而中虚，人颐颔之象也。颐，养也。人口所以饮食养人之身，故名为颐。"

颐，贞吉，观颐自求口实。

贞，正，正即得吉。观颐与自求口实两个方面，程《传》说："颐之道，以正则吉也。人之养身养德，养人养于人，皆以正道则吉也。天地造化，养育万物，各得其宜者，亦正而已矣。观颐，自求口实，观人之所颐在其自求口实之道，则善恶吉凶可见矣。"

象曰：颐，贞吉。养正则吉也。观颐，观其所养也。自求口实，观其自养也。天地养万物，圣人养贤以及万民，颐之时大矣哉。

程《传》说："贞吉，所养者正则吉也。所养谓所养之人与养之之道。自求口实，谓其自求养身之道，皆以正则吉也。"

《周易折中》引赵汝楳说："圣人之于万民，岂能家与之粟，而人与之衣，其急先务者，亦曰养贤而已。贤得所养，则仁恩自及于百姓矣。"

象曰：山下有雷，颐。君子以慎言语，节饮食。

病从口入，祸从口出。君子学颐卦，不要随便说话，吃勿太多。《周易折中》引俞琰说："颐乃口颊之象，故取其切于颐者言之，曰慎言语，节饮食。充此言语之类，则凡号令政教之出于己者，皆所当慎，而不可悖出。充此饮食之类，则凡货财赋税之入于上者，皆所当节，而不可悖入。"

颐卦有些爻不好解释。

初九，舍尔灵龟，观我朵颐，凶。

初九与六四相应。六四对初九说，"观我朵颐"。朵是垂的意思。"朵颐"，程《传》释为垂涎，即流口水。"观我朵颐"，你本来有灵龟，不用吃就活着，挺好哇，你怎么看到我就流口水？这不好，凶。《周易折中》引郑汝谐说："颐之上体皆吉而下体皆凶。上体止也，下体动也。在上而止，养人者也。在下而动，求养于人者也。动而求养于人者，必累于口体之养，故虽以初之刚阳，未免于动其欲而观朵颐也。"

象曰：观我朵颐，亦不足贵也。

六二，颠颐，拂经于丘颐，征凶。

这一爻不好讲，颠颐一般指阴爻。二与初两爻相比。六二阴爻，不能独立自养，乃求比于下，这叫颠顾。程《传》说："女不能自处，必从男。阴不能独立，必从阳。二阴柔不能自养，待养于人者也。天子养天下，诸侯养一国。臣食君上之禄，民赖司牧之养，皆以上养下，理之正也。二既不能自养，必求养于刚阳。若反下求于初，则为颠倒，故云颠颐。"

程《传》与朱子《本义》说"丘颐"指上九。程《传》说："丘，在外而高之物，谓上九也。"程《传》说的对，不过他把"拂经"与"颠颐"断在一起讲，认为"颠颐"是拂经，违背经常。许多人不这么讲，把"颠颐"断为句，把"拂经于丘颐"断为句。项安世说："二五得位得中而不能自养，反由颐于无位之爻，与常经相悖，故皆为拂经。上艮体，故为'于丘'。"程《传》与朱子《本义》与此不同。又黄干说："颐之六爻，只是颠拂二字。求养于下则为颠，求养于上则为拂。六二比初而求上，故颠颐当为句，拂经于丘颐为句。"程、朱断颠颐拂经，于丘颐为句。《周易折中》按语说："项氏黄氏说深得文义，可从。"

象曰：六二征凶，行失类也。

六三，拂颐贞凶，十年勿用，无攸利。

《周易折中》引杨时说："颐正则吉，六三不中正而居动之极，拂颐之正也。十年勿用，则终不可用矣，何利之有？"程《传》说："颐之道唯正则吉。三以阴柔之质而处不中正，又在动之极，是柔邪不正而动者也。其养如此，拂违于颐之正道，是以凶也。得颐之正，则所养皆吉。"

象曰：十年勿用，道大悖也。

《周易折中》引项安世语："拂颐贞三字当连读。颐之卦辞曰颐贞吉，三之爻辞曰拂颐贞凶。卦中唯此一爻与卦义相反，故曰道大悖也。"

六四，颠颐吉，虎视眈眈，其欲逐逐，无咎。

六四与初九相应，又得正。程《传》说："四在人上，大臣之位，六以阴居之，阴柔不足以自养，况养天下乎。初九以刚阳居下，在下之贤也，与四为应，四又柔顺而正，是能顺于初，赖初之养也。以上养下则为顺，今反求下之养，颠倒也，故曰颠颐。然己不胜其任，求在下之贤而顺从之，以济其事，则天下得其养，而己无旷败之咎，故为吉也。"

《周易折中》引苏轼说："自初而言之，则初之见养于四为凶；自四言之，则四之得养初九为吉。"又引游酢说："以上养下，颐之正也。若在上而反资养于下，则于颐为倒置矣。此二与四所以俱为颠颐也。然二之志在物，而四之志在道，故四颠颐而吉，而二则征凶也。"《朱子语类》说："问：'《音辩》载马氏曰眈眈虎下视貌，则当为下而专矣。'曰：'然。'又问：'其欲逐逐如何？'曰：'求于下以养人，必当继继求之，不厌乎数，然后可以养人而不穷。'"此是对"虎视眈眈""其欲逐逐"的讲法。朱子《本义》："虎视眈眈，下而专也。其欲逐逐，求而继也。"

吴澄说："自养于内者莫如龟，求养于外者莫如虎。故颐之初九、六四取二物为象。四之于初，其下贤求益之心，必如虎之视下求食而后可。其视下也专一而不他，其欲食也继续而不歇。如是则于人不贰，于己不自足，乃得居上求下之道。"

象曰：颠颐之吉，上施光也。

谷家杰说："养逮于下，则上施光，是养贤及民也。"

六五，拂经居贞吉，不可涉大川。

六五求养于上九叫拂经，拂经是违背常理的意思。如果能够居贞守正，则得吉。但是涉大川还不行，遇到艰险是无力渡过的。

象曰：居贞之吉，顺以从上也。

上九，由颐，厉吉，利涉大川。

王《注》说："以阳处上而履四阴，阴不能独为主，必宗于阳也，故莫不由之以得其养。"丘富国说："阳实阴虚，实者养人，虚者求人之养，故四阴皆求养于阳者。然养之权在上，是二阳爻又以上为主。"程《传》说："上九以刚阳之德，居师傅之任，六五之君，柔顺而从于己，赖己之养，是当天下之任，天下由之以养也，以人臣而当是任，必常怀危厉则吉也，如伊尹、周公，何尝不忧勤兢畏，故得终吉。夫以君之才不足而倚赖于己，身当天下大任，宜竭其才力，济天下之艰危，成天下之治安，故曰利涉大川。"

象曰：由颐厉吉，大有庆也。

《周易折中》引王宗传说："豫之九四，天下由之以豫，故曰大有得。颐之上九，天下由之以颐，故曰大有庆。"项安世说："六五、上九二爻皆当以小象解之。六五之居贞，非自守也，贞于从上也，故曰'居贞之吉，顺以从上也'。上九之厉吉，非能自吉也，得六五之委任而吉也，故曰'由颐厉吉，大有庆也'。"

《周易折中》颐卦总论引吴曰慎说："养之为道，以养人为公，养己为私。自养之道，以养德为大，养体为小。艮三爻皆养人者，震三爻皆养己者。初九、六二、六三皆自养口体，私而小者也。六四、六五、上九皆养其德以养人，公而大者也。公而大者吉，得颐之正也。私而小者凶，失颐之贞也，可不观颐而自求其正邪！"

大过䷛巽下兑上

《序卦》说："颐者养也，不养则不可动，故受之以大过。"

大过，栋桡，利有攸往，亨。

栋桡就是本末弱。为卦上下二阴爻，中间四阳爻。

彖曰：大过，大者过也。栋桡，本末弱也。刚过而中，巽而说行，利有攸往乃亨。大过之时大矣哉。

程《传》说："大者过，谓阳过也。"又说："谓上下二阴衰弱，阳盛则阴衰，故为大者过。在小过，则曰小者过阴过也。"《周易折中》引何楷说："栋，《说文》谓之极，《尔雅》谓之桴，其义皆训中也。即屋之脊檩。唯大过，是以栋桡，是以利有攸往。唯有攸往，是以亨。""刚过而中"，程《传》说："言卦才之善也。刚虽过而二五皆得中，是处不失中道也。下巽上兑，是以巽顺和说之道而行也。在大过之时，以中道巽说而行，故利有攸往，道所以能亨也。"项安世说："栋桡二字，以六爻之象言之，中四爻强，初上二爻弱，有栋桡之象，此祸变之大者也。利有攸往，亨。以六爻之才言之，中四爻刚虽大过，而得时措之中，初上二爻又能巽而说，不失人心，故利于有行，虽遇大变而可以亨。此才略之大者也。巽而说之下加行字者，能以巽说而行，是以利有攸往也。"

"大过之时大矣哉"，程《传》说："大过之时，其事甚大，故赞之曰大矣哉。如立非常之大事，兴不世之大功，成绝俗之大德，皆大过之事也。"

象曰：泽灭木，大过。君子以独立不惧，遁世无闷。

巽为木、为风，见《说卦》。泽灭木，灭木是灭没于木，故称大过。君子观大过这一卦，能够学到独立不惧，遁世无闷。程《传》说："泽，润养于木者也，乃至灭没于木，则过甚矣，故为大过。君子观大过之象，以立其大过人之行。君子所以大过人者，以其能独立不惧，遁世无闷也。天下非之而不顾，独立不惧也。举世不见知而不悔，遁世无闷也。如此然后能自守，所以为大过人也。"讲的极明白。

初六，藉用白茅，无咎。

《系辞传》对此爻有解释。"藉用白茅"，《系辞传》说："苟错诸地而可矣，藉之用茅，何咎之有？慎之至也。夫茅之为物薄而用可重也，慎斯术也以往，其无所失矣。"把物放在地上可以，若用茅铺上，不是更好了吗！有什么不好呢？程《传》说："初以阴柔巽体而处下，过于畏慎者也。以柔在下，用茅藉物之象。不错诸地而藉以茅，过于慎也，是以无咎。茅之为物虽薄而用可重者，以用之能成敬慎之道也。慎守斯术而行，岂有失乎。大过之用也，《系辞传》云：'苟错诸地而可矣，藉之用茅，何咎之有？慎之至也。夫茅之为物薄而用可重也，慎斯术也以往，其无所失矣。'言敬慎之至也。茅虽至薄之物，然用之可甚重，以之藉荐，则为重慎之道，是用之重也。人之过于敬慎，为之非难，而可以保其安而无过。苟能慎斯道，推而行之于事，其无所失矣。"

象曰：藉用白茅，柔在下也。

《周易折中》大过初六按语说："盖大过者大事之卦也。自古任大事者必以小心为基，故圣人于初爻发义。任重大者，栋也。基细微者，茅也。栋支于上，茅藉于下。故《系辞传》云'茅之为物薄而用可重也'，正对栋为重物重任而言。"

九二，枯杨生稊，老夫得女妻，无不利。

程《传》说："阳之大过，比阴则合，故二与五皆有生象。九二当大过之初，得中而居柔，与初密比而相与。初既切比于二，二复无应于上，其相与可知。是刚过之人而能以中自处，用柔相济者也。过刚则不能有所为，九三是也。得中用柔则能成大过之功，九二是也。杨者，阳气易感之物，阳过则枯矣。杨枯槁而复生稊，阳过而未至于极也。九二阳过而与初，老夫得女妻之象。老夫而得女妻，则能成生育之功。二得中居柔而与初，故能复生稊而无过极之失。无所不利也。在大过，阳爻居阴则善，二与四是也。二不言吉，方言无所不利，未遽至吉也，稊，根也。"程《传》把稊当根讲，但有的人不作根讲。

《周易折中》引王申子说："大过诸爻以刚柔适中者为善。初以柔居刚，二以刚居柔而比之，是刚柔适中，相济而有功者也。其阳过也，如杨之枯，如夫之老。其相济而有功也，如枯杨而生稊，如老夫得女妻，言阳虽过矣，九二处之得中，故无不利。"王氏讲的很好。

象曰：老夫女妻，过以相与也。

九三，栋桡，凶。

程《传》说："夫居大过之时，兴大过之功，立大过之事，非刚柔得中，取于人以自辅，则不能也。既过于刚强，则不能与人同，常常之功，尚不能独立，况大过之事乎？以圣人之才，虽小事必取于人，当天下之大任，则可知矣。九三以大过之阳，复以刚自居而不得中，刚过之甚者也。以过甚之刚，动则违于中和，而拂于众心，安能当大过之任乎？故不能胜其任，如栋之桡倾败其室，是以凶也。"俞琰说："卦有四刚爻，而九三过刚特甚，故以卦之栋桡属之。"吴曰慎说："九三栋桡，自桡也。所谓太刚则折，故象有取于刚过而中，巽而说行也。"

象曰：栋桡之凶，不可以有辅也。

《周易折中》引项安世说："全卦有栋桡之象，而九三乃独有之。全卦有利往之象，而九二乃独有之，盖九二当刚过之时，独能居柔而用中，在六爻之中，独此一爻不过，故无不利也。卦体本以中太强而本末弱，是以为桡。九三以刚居刚，在六爻中独此一爻为过，故栋愈桡而不可辅也。"

九四，栋隆吉，有它吝。

《周易折中》引李过说："下卦上实而下弱，下弱则上倾。故三居下卦之上而曰栋桡凶，言下弱而无助也。上卦上弱而下实，下实则可载，故四居上卦之下而曰栋隆吉，言下实而不桡也。此二爻当分上下体看。"李氏讲的挺好，吴曰慎说："三、四居卦之中，皆有栋象。三桡而四隆者，三以刚居刚，四以刚居柔，一也。三在下四在上，二也。三于下卦为上实下虚，四于上卦为下实上虚，三也。"李、吴二人所说大意相同。"有它吝"是什么呢？程《传》说："大过之时，非阳刚不能济，以刚处柔为得宜矣。若又与初六之阴相应，则过也。既刚柔得宜而志复应阴，是有它也。有它则有累于刚，虽未至于大害，亦可吝也。盖大过之时，动则过也。有它，谓更有它志。吝为不足之义，谓可少也。"又曰："四与初为正应，志相系者也。九既居四，刚柔得宜矣，复牵系于阴以害其刚，则可吝也。"《周易折中》引刘牧说："大过之时阳爻皆以居阴为美，有应则有它吝。"

象曰：栋隆之吉，不桡乎下也。

九五，枯杨生华，老妇得其士夫，无咎无誉。

程《传》说："九五当大过之时，本以中正居尊位，然下无应助，固不能成大过之功。而上比过极之阴，其所相济者如枯杨之生华。枯杨下生根稊，则能复生，如大过之阳，兴成事功也。上生华秀，虽有所发，无益于枯也。上六，过极之阴，老妇也。五虽非少，比老妇则为壮矣，于五无所赖也。故反称妇得，过极之阴，得阳之相济，不为无益也。以士夫而得老妇，虽无罪咎，殊非美也，故云无咎无誉，象复言其可丑也。"

象曰：枯杨生华，何可久也。老妇士夫，亦可丑也。

项安世说："二五皆无正应，而过以与阴者也。二所与者初，初本也，故为稊。稊者，木根新生之芽也。过而复芽，故有往亨之理。五所与者上。上，末也，故为华。木已过而生华，故无久生之理也。"讲的挺好。程《传》说："老妇而得士夫，岂能成生育之功，亦为可丑也。"

上六，过涉灭顶，凶，无咎。

灭项，没顶。此爻的讲法各家不同。程《传》以为是小人蹈祸，朱子《本义》以为是君子成仁。《周易折中》按语说："此爻程《传》以为履险蹈祸之小人，《本义》以为杀身成仁之君子。《本义》之说固比程《传》为长，然又有一说，以为大过之极，事无可为者。上六柔为说主，则是能从容随顺，而不为刚激以益重其势，故虽处过涉灭顶之凶，而无咎也。"此爻有三种解释。因为无咎而以为是小人，不大合适。朱子说杀身成仁，这样解释也不好。看来还是第三种说法好些。

象曰：过涉之凶，不可咎也。

《周易折中》大过卦总论引冯椅说："《易》大抵上下画停者，从中分反对为象，非他卦相应之例也。颐、中孚、小过皆然，而此卦尤明。三与四对，皆为栋象，上隆下桡也。二与五对，皆为枯杨之象，上华下稊也。初与上对，初为藉用白茅之慎，上为过涉灭顶之凶也。"冯氏发明《易》之例，应该注意。

坎䷜坎下坎上

《序卦》说："物不可以终过，故受之以坎。"《序卦》的辞例都是这样的："不可……故……"或者"……必……"。今天我们可以把它作为一种必然性来看待。这是一点。另外一点，说"物不可以终过，故受之以坎"，这里边有辩证法。这是向相反的方向转化。大过和坎，这里边有相反的意思。"物不可以终过"，那就是说，发展到一定的程度就要发生变化。怎么变呢？就是坎。坎和过是相反的。程《传》讲："阳居阴中则为陷。"这是就这一卦讲的。坎卦正是阳居阴中。"阳居阴中则为陷"，解释坎所以是陷的思想内容。"阴居阳中则为丽"，这是解释离的。程《传》又说："凡阳在上者止之象。"阳在上就是艮，艮者止也。"在中，陷之象"，就是坎。"在下，动之象"，就是震。我看程《传》的解释也是有点道理。"阴在上，说之象"，说是兑。"阴在中，丽之象"，丽，离也。这些都是讲得对的。不过他把"习坎"的"习"字当作学习、温习讲，有问题。按象传的说法，"习坎"就是重坎，那就是把习字作为重字讲，没有什么学习、温习的意思。习就是重，习坎就是重险。象传的解释是对的。此卦上下两卦都是坎，所以叫习坎。

习坎，有孚，维心亨，行有尚。

有孚就是有信。象传里说的"水流而不盈，行险而不失其信"，我看实际上就是讲"有孚"。"水流而不盈"，这个各家解释不大一样。我体会这句话主要在"流"字。"流"是讲这个"水"的性质的。坎为水，水是流的。"水"之"流"也是一种"有孚"，一种"信"。流与盈是相反的。"流而不盈"，若盈满，它就不流了。水的性质是流，向下流。"水流而不盈"，这就是"行险而不失其信"。流，经过艰难险阻，一直流向大海。这个水是"有孚"的，有信的。程《传》把孚作诚字讲。俞琰说："坎水，流水也。昼夜常流，流则不盈，故曰水流而不盈。"俞琰的解释是对的，比程《传》讲的好。其他人的解释都不怎么好。

"维心亨"的心字怎么解释？我看可从"心"和"深"来讲。坎是险，习坎是重险，也是深险，然而心是亨的。那么这也是"有孚"，是从"有孚"那儿来的。"维心亨"，心是亨的，而身还是险的，并不是说不险。

象曰：习坎，重险也。水流而不盈，行险而不失其信。维心亨，乃以刚中也。行有尚，往有功也。天险不可升也，地险山川丘陵也。王公设险以守其国，险之时用大矣哉。

为什么说"维心亨"呢？"乃以刚中也"，这就是指坎卦，特别是指坎九五这一爻。当然九二也是中，也是刚中。所以"有孚"，所以"维心亨"，都是因为此卦九五与九二两爻是"刚中"。

"行有尚，往有功也"，行险也就能出险，所以有功。这是把"行有尚"的意思解释为"往有功"。

下边的容易懂，因为这个是孔子作象传时加上的。"天险不可升也，地险山川丘陵也。王公设险以守其国，险之时用大矣哉。"坎卦重坎，也就是说是重险，这个卦被看作是不好，险嘛。内外两卦都是险，重险，不好。孔子作《易传》的时候，讲究应用。孔子从险之用这方面考虑问题。"王公设险"，王公什么时候开始设险？谈谈这个问题。桃林之塞是险，虎牢是险。可是过去对险不一定这么重视。武王伐纣，从现在的西安出发到河南，队伍很容易就过去了。后来的秦国想往东扩展，经过桃林之塞就不容易了。因为晋国在那里阻挡，桃林之塞的险起了作用。战国时代不仅设险，而且还修城，修长城。所以说"王公设险以守其国"显然不是《易经》的思想，作于殷周之际的《易经》不可能有这种思想。这种思想应该是在春秋以后出现的。所以我在《中国奴隶社会史》讲战国军事时讲过，古代的军将就驻在国门守国，国之外一般就不守了，不设防了。所谓设险，春秋时代不见得有，后来慢慢就有了。因此，我看"王公设险以守其国"还是孔子作的。"天险不可升也，地险山川丘陵也。王公设险以守其国，险之时用大矣哉"，看你怎么用法，你要"时用"。险不好，但是有用，用得恰当就好。"险之时用大矣哉"，这个思想也有辩证法。

象曰：水洊至，习坎。君子以常德行，习教事。

洊，再，仍。"水洊至"，水又至，因为是习坎，两个坎，所以称为"水洊至，习坎"。君子学习这个坎卦，能得到什么呢？可以"常德行，习教事"。"常德行"，德行要常，不是暂时的。教事要习，也不是一次就完了。俞琰说："常德行，谓德行有常而不改。习教事，谓教事练习而不辍。"俞氏讲的比较简明，还是好的。

初六，习坎，入于坎窞，凶。

初六是坎卦的最下一爻，重险之下，不能出险了。程《传》说："窞，坎中之陷处，已在习坎中，更入坎窞，其凶可知。"

象曰：习坎入坎，失道凶也。

程《传》说："能出于险，乃不失道也。"

九二，坎有险，求小得。

程《传》说："二当坎险之时，陷上下二阴之中，乃至险之地，是有险也。然其刚中之才，虽未能出乎险中，亦可小自济，不至如初益陷入于深险，是所求小得也。"

象曰：求小得，未出中也。

没有出这坎，坎还没有出来，但是有刚中，有孚，所以求能得到"小得"。

六三，来之坎坎，险且枕，入于坎窞，勿用。

这一爻是在下坎。《周易折中》引王申子的话，讲的比较好："下卦之险已终，上卦之险又至。"来，向下来。之，向上往。来也好之也好，统统都是坎，都是险。上边是险，下边也是险，进退皆险。"险且枕"，王申子说"且者，聊尔之辞"，聊且在这个地方休息休息，如果在这个时候前进，那就"入于坎窞"了。这时不要再动。王申子说："其进而入，则陷益深，为不可用。"只能止，不可动，暂时等待好了。

象曰：来之坎坎，终无功也。

程《传》说："进退皆险，处又不安，若用此道，当益入于险，终岂能有功乎？"

六四，樽酒簋贰，用缶，纳约自牖，终无咎。

樽酒，一樽酒，也就是一瓶酒。簋是盛食物的器具。圆的叫簋，方的叫簠，贰，有人当副字讲。《周易折中》引何楷说："贰，副也，谓樽酒而副以簋也。"朱子

《本义》根据《管子·弟子职》（这一篇，是说学生应该如何对待老师的）"周旋而贰"的贰来解释。这个贰是什么意思呢？这个贰就是益，添加的意思。这两个解释不同。总而言之，这个贰不能为两个。《周易折中》坎六四爻按语同意何楷的解释，贰当副讲。有樽酒，还之副以簋，就是"樽酒簋贰"。

"用缶"，缶也是一种器具，是很简朴的器具。樽酒，酒很少，一樽。簋贰，也是不多的，而且是用瓦器来盛。这都说明很简易，很简约的。

"纳约自牖"的约字有两种讲法。一是王弼的解释，认为约是简约，亦即从"樽酒簋贰，用缶"中来的。用的东西很简朴，不多。程《传》和朱子《本义》把这个约字释为约结，结交。大臣（六四的位是大臣的位，九五代表国君）想办法去结国君的欢心。这样，约就作为结字讲了。这两种讲法都说得通。不过，我个人的想法，还是觉得王弼的解释更好些。究竟怎样讲好，同志们还可以考虑。"自牖"的牖本来是窗子。学"三礼"就知道了。古代的宫室建筑，前边是寝门，里边庭中有两条小路，进了寝门后经过小路而升阶登堂，登堂然后入室。室的东面有个向南的门，叫户，户的西边有个窗子，叫牖。牖是透亮的，是室中唯一采光的地方，是"明"处。所以程《传》说，你要说服一个人，要知道他哪些地方明白，哪些地方不明白，你要从他明白的地方去说服他。汉高祖想立他宠爱的戚姬之子为太子。这是废嫡立庶的做法，在当时是违礼的。张良、周昌、叔孙通劝阻，都不行。应该立长子，汉高祖不是不知道，但是他不立长子。后来找来了四皓劝说，这回高祖就信了。一个人就是这样，这方面他糊涂，那方面他明白。你要沿着他明白的地方讲。赵太后爱其少子长安君，不肯让他去齐国做人质。谁说都不听。最后是触龙把她说通了。触龙就是从她明白的地方讲，亦即"自牖"，才讲通的。程《传》对"自牖"一词就是这么讲的。这一爻是说，如果是"樽酒簋贰，用缶，纳约自牖"，就无咎。虽然有些艰难，但最终可以得到无咎。

象曰：樽酒簋贰，刚柔际也。

刚柔指六四与九五这两爻。"刚柔际"，六四与九五相交接。"樽酒簋贰"，质实无文，简朴诚笃。朱子《本义》引晁氏说："先儒读'樽酒簋'为一句，'贰用缶'为一句，今从之。"在小象，朱子《本义》又说："晁氏曰，陆氏《释文》本无贰字。"小象说："樽酒簋贰，刚柔际也。"说明朱熹引晁氏的说法不对。《周易折中》引姜宝说："观孔子小象以樽酒簋贰为句，则晁氏之说以贰用缶为句者，非矣。"既不同意晁氏之说，也不同意朱熹的说法。

九五，坎不盈，祇既平，无咎。

俞琰解释说："坎不盈，以其流也。象传云'水流而不盈'，是也。不盈则适至于既平，故无咎。"《周易折中》按语也是同意俞氏之说的："如程《传》说，则不盈为未能盈科出险之义，与象传异指矣，须以何氏、俞氏之说为是。盖不盈，水德也。有源之水，虽涓微而不舍昼夜，虽盛大而不至盈溢，唯二五刚中之德似之。此所以始于小得而终于不盈也。"

象曰：坎不盈，中未大也。

"中未大也"，项安世解释说："水流而不盈，谓不止也。坎不盈，谓不满也。不止，故有孚。不满，故中未大。凡物盈则止，水盈则愈行，故坎有时而盈，水无时而盈也。"实际上，这句话是不大好讲的。

上六，系用徽纆，置于丛棘，三岁不得，凶。

到了最后，终于还是险，被拘系到牢狱里去了。徽是三股麻绞成的绳，纆是两股麻绞成的绳。这是《经典释文》讲的。"丛棘"是牢狱。牢狱的墙上搞上刺，就像后世的"刺鬼"一样。"系用徽纆，置之丛棘"用绳索拴上，投入牢狱。

"三岁不得，凶"，程《传》认为："至于三岁之久，不得免也，其凶可知。"吴澄引《周礼·司圜》：'收教罢民……能改者，上罪三年而舍……其不能改而出圜土者，杀。'三岁不得，其罪大而不能改者与？"上罪拘禁三年可以释放，若不能改，跑出监狱，要杀头。这是《司圜》里的规定。程《传》说："言久，有曰十，有曰三，随其事也。陷于狱，至于三岁，久之极也。他卦以年数言者，亦各以其事也，如'三岁不兴'、'十年乃字'是也。"这是说时间之长。

象曰：上六失道，凶三岁也。

程《传》说："以阴柔而自处极险之地，是其失道也。故其凶至于三岁也，三岁之久而不得免焉，终凶之辞也。"

《周易折中》坎卦总论引龚焕的话说："坎卦本以阳陷为义，至爻辞则阴阳皆陷，不以阳陷于阴为义矣。二小得，五既平，是阳之陷为可出。初与三之入于坎窞，上之三岁不得，则阴之陷反为甚。《易》卦爻取义不同多如此。"

离☲离下离上

《序卦》讲："坎者陷也，陷必有所丽，故受之以离。离者丽也。"程《传》说："离为火，火体虚，丽于物而明者也。"火都是丽于一种东西才明。程《传》又说："又为日，亦以虚明之象。"

离，利贞，亨，畜牝牛，吉。

程《传》说："离，丽也。万物莫不皆有所丽，有形则有丽矣。在人则为所亲附之人，所由之道，所主之事，皆其所丽也。人之所丽，利于贞正，得其正则可以亨通，故曰'离，利贞，亨'。'畜牝牛，吉'，牛之性顺，而又牝焉，顺之至也。既附丽于正，必能顺于正道，如牝牛，则吉也。畜牝牛，谓养其顺德。"

象曰：离，丽也。日月丽乎天，百谷草木丽乎土，重明以丽乎正，乃化成天下。柔丽乎中正，故亨，是以畜牝牛吉也。

这个"丽"不是美丽的"丽",是附丽的"丽"。"重明",两个"离"。"重明以丽乎正"的"正",主要是指六二来说的。六二是中爻,阴居阳位,又是正,所以亨,也所以"畜牝牛,吉"。这主要是指牛的柔来说的。项安世说:"'重明以丽乎正',此统论一卦之义,以释卦名也。'柔丽乎中正',此以二五成卦之爻释卦辞也。"吴曰慎说:"坎性就下,下不已则入坎窞。离性炎上,炎之盛则突如焚如。坎陷,欲之类也。离炎,忿之类也。坎维心亨,以刚中则不陷。离畜牝牛,以中顺则不突。"

象曰:明两作,离。大人以继明照于四方。

"明两作",两个离。"继明",明,又明,很像古代继承的意思。继承前人的明德,发扬光大,以此照临于四方。大人,是统治者,王者。

初九,履错然,敬之无咎。

对此爻的解释也不一样。有人把"错然"和"敬之"放在一起,作为两个意思来讲。离卦的下边三爻,荀爽说:"初为日出,二为日中,三为日昃。"初爻是太阳初升,二为日当中午,三为太阳到下午了,昃了。"履错然",冯当可解释:"日方出,人夙兴之晨也。'履错然',动之始也。"开始动了。又说:"于其始而加敬,则终必吉。祸福几微,每萌于初动之时,故戒其初。"看起来这个解释还是对的。胡瑗说:"错然者,敬之之貌也。居离之初,如日之初生。于事之初,则当常错然警惧,以进德修业,所以得免其咎。"这样的解释是不对的。孔颖达把"错然"和"敬"解释为一个意思,也是不对的。程《传》释为交错,还是对的。

象曰:履错之敬,以辟咎也。

六二,黄离,元吉。

程《传》说:"二居中得正,丽于中正也。黄,中之色,文之美也。文明中正,美之盛也,故云黄离。以文明中正之德,上同于文明中顺之君,其明如是,所丽如是，大善之吉也。"

郭雍说："离之六爻，二五为美。五得中而非正。柔丽中正者，唯六二尽之。黄为中之色，而德之至美者也，故言元吉，其义与坤六五相类。"

俞琰说："九三言日昃之离，六二其日中之离乎？居下卦之中，而得其中道，故比他爻为最吉。六二盖离之主爻也。"

杨启新说："畜牝牛而利贞，六二得之。明而不失其中正，故曰黄离。"

象曰：黄离元吉，得中道也。

九三，日昃之离，不鼓缶而歌，则大耋之嗟，凶。

这就是荀爽所说的"三为日昃"了，日偏斜了。这一点，我看《周易折中》引梁寅的话，挺好。梁寅说："三居下离之终，乃日昃之时也。夫持满定倾，非中正之君子不能。三处日之夕而过刚不中，其志荒矣。故不鼓缶而歌，则大耋之嗟。其歌也，乐之失常也；其嗟也，哀之失常也。哀乐失常，能无凶乎？"这个解释我看是好的。

象曰：日昃之离，何可久也。

九四，突如其来如，焚如，死如，弃如。

《周易折中》引何楷说："三处下卦之尽，似日之过中。四处上卦之始，似火之骤烈。"这就像"明两作"，现在下卦已尽，上卦的"明"又该继续了。这个"继续"是突如其来的。因为九四太刚了，有突如其来之象。程《传》说："刚躁而不中正，且重刚以不正，而刚盛之势突如而来，非善继者也。"所以才有焚如、死如、弃如之象。

象曰：突如其来如，无所容也。

六五，出涕沱若，戚嗟若，吉。

六五是君位，又是柔爻，以柔居上，下又无应，在两刚爻之间，处境很不好。程《传》说："六五居尊位而守中，有文明之德，可谓善矣。然以柔居上，在下无助，独附丽于刚强之间，危惧之势也。唯其明也，故能畏惧之深，至于出涕；忧虑之深，至于戚嗟，所以能保其吉也。出涕戚嗟，极言其忧惧之深耳。时当然也。居尊位而文明，知忧畏如此，故得吉，若自恃其文明之德与所丽中正，泰然不惧，则安能保其吉也？"蔡渊说："坎离之用在中。二五皆卦之中也。坎五当位而二不当位，故五为胜。离二当位而五不当位，故二为胜。"刘定之说："坎者阴险之卦，唯刚足以济之，沉潜刚克也。离者阳躁之卦，唯柔足以和之，高明柔克也。二五同归于吉，以柔而然也。"

象曰：六五之吉，离王公也。

上九，王用出征，有嘉折首，获匪其丑，无咎。

程《传》说："九以阳居上，在离之终，刚明之极者也。明则能照，刚则能断。能照足以察邪恶，能断足以行威刑。故王者宜用如是刚明，以辨天下之邪恶，而行其征伐，则有嘉美之功也。"折首之"首"，就是"头"。又说："夫明极则无微不照，断极则无所宽宥。不约之以中，则伤于严察矣。去天下之恶，若尽究其渐染诖误，则何可胜诛？所伤残亦甚矣。"所以重要的是折首，惩罚头头，所获的不是丑类，不是一般群众。

象曰：王用出征，以正邦也。

咸☰艮下兑上

《序卦》在这个地方讲的较多。它说："有天地然后有万物，有万物然后有男女，有男女然后有夫妇，有夫妇然后有父子，有父子然后有君臣，有君臣然后有上下，有上下然后礼义有所错。"这段话讲的极好，极深刻。

"有天地然后有万物"，这是讲六十四卦产生的问题。"天地"就是乾坤。《序卦》是在说，开始时有天地，然后产生万物。万物是从这儿开始的。那么天地是什么呢？天地是自然界，在《易》就是乾坤。有了天地之后，有万物生焉。这个道理我以前讲《系辞传》时讲过。今天没必要再讲。《序卦》在这里讲的，意思与《系辞传》一样。

"有万物然后有男女，有男女然后有夫妇"，这个提法很值得注意。有万物然后有男女，用我们现在的历史唯物主义来讲，也是讲得通的。那时候，只能说"有男女"，不能说"有夫妇"。依《仪礼·丧服》所说，那时还是知有母不知有父，处在群婚阶段。这样的说法看起来还是符合历史实际的，不违背科学。"有男女然后有夫妇"这个提法很不简单。历史正是这样。一夫一妻的个体婚制是在父权制确立时才有的。的确是先有男女群婚，然后才产生了夫妇关系。

"有夫妇然后有父子"，知有母不知有父，哪里会有父子关系？知母又知父，必然就有了一夫一妻制的夫妇关系。

"有父子然后有君臣"，这个说法看起来也不错。父权制发展的结果产生君臣关系。恩格斯说，个体婚制是文明社会的细胞形态，阶级压迫是同男人对女人的压迫同时产生的。我们可以说，阶级的产生，可以一直追溯到"有夫妇"。有夫妇，有父子，发展以后就有君臣。国家是一步一步产生的。有父子，还不能说就有了国家。有父子，还可能是原始社会的。有君臣，那就到了文明社会了。

"有君臣然后有上下"，有上下就不限于最高的君主，社会普遍有了等级的关系。"有上下然后礼义有所错"，有的人对此不大重视。其实这一点还是很重要的。礼这个东西，是有上下以后才有的。礼是阶级社会的东西，至少在《周易》看来，礼是阶级社会的东西，而这个观点和《礼记·礼运》讲的"天下为家"以后才有"礼义以为纪"是一致的。古人讲的"义"，实际上讲的是阶级关系。古人讲的"仁"，特别是孔子讲的"仁"，反映的主要是血缘关系，是父子有亲，而"义"这个概念则不是反映血缘关系的。《礼记·中庸》说"仁者人也，亲亲为大；义者宜也，尊贤为大"，这讲得很清楚。当然，礼之中包括风俗习惯在内，而风俗习惯在原始社会就有了。所以孔子讲："殷因于夏礼，所损益可知也；周因于殷礼，所损益可知也。"孔子讲礼的时候，讲的是夏、殷、周。《礼运》讲"礼义以为纪"，说的也是阶级社会的东西。孔子是把礼看成是阶级社会的东西了。我们今天进行研究，应透过现象看本质，不为表面现象所迷惑。在那个时代，能提出从"有天地"一直到"礼义有所错"的一套说法，是很不简单的。孔子当然不知道什么是历史唯物主义，竟能讲出这么一套来，值得重视。这一套说法，即便在今日看来，也不错。

程《传》说："天地，万物之本；夫妇，人伦之始。"儒家孔子对这一点非常重视。"男女有别而后夫妇有义，夫妇有义而后父子有亲，父子有亲而后君臣有正"，这是《礼记·昏义》讲的。周人讲："君子之道，造端乎夫妇。"这和恩格斯所说"个体婚制是文明社会的细胞形态"，至少说不违背吧。我看是一致的。学《易》学到这个地方，我们应该予以重视，不要随随便便读过，否则看不出深刻的意义。程《传》又说："上经首乾坤，下经首咸继以恒也。天地二物，故二卦分为天地之道。男女交合而成夫妇，故咸与恒皆二体合为夫妇之意。咸，感也，以说为主。恒，常也，以正为本。而说之道自有正也，正之道固有说焉。巽而动，刚柔皆应，说也。咸之为卦，兑上艮下，少女少男也。男女相感之深，莫如少者，故二少为咸也。艮体笃实，止为诚悫之义。男志笃实以下交，女心说而上应。男感之先也，男先以诚感，则女说而应也。"

咸，亨，利贞，取女吉。

咸就是感。感能够亨，但是要贞正，取女吉。

彖曰：咸，感也。柔上而刚下，二气感应以相与。止而说，男下女，是以亨，利贞，取女吉也。天地感而万物化生，圣人感人心而天下和平，观其所感而天地万物之情可见矣。

过去都讲咸，不讲感，以为感是无心之感。我看不应这样解释。古代的咸字就是感字。后来在咸字上加一个心字。"柔上而刚下"，程《传》说："柔爻上而刚爻下。柔上变刚而成兑，刚下变柔而成艮。"上边三爻本来都是阳爻，现在变成兑了。那就是坤的一爻上来了，把最上一爻变成阴爻了，所以乾卦变成了兑卦。下边的艮卦原来本是坤卦即三个阴爻，现在变成了艮卦。原因是上边的一阳爻下来把坤卦的第三爻变成了阳爻。这就叫"刚下变柔而成艮"。我看"柔上而刚下"，用卦变来解释，是对的。不过卦变问题应该按照程《传》的观点讲。朱子《本义》讲的是不对的。顾炎武《日知录》讲卦变问题时，也是从程《传》的。"二气感应"，下卦艮，艮为山；上卦兑，兑为泽。山泽通气。"止而说"，艮是止，兑是说。"男下女"，艮是少男，在下。兑是少女，在上。由于柔上刚下，二气相应，从此而说，男下女，然后是以亨，利贞，取女吉。

然后又扩展来讲了。这和坎卦一样。"天地感而万物化生，圣人感人心而天下和平，观其所感而天地万物之情可见矣。"推广来讲，讲到感，讲到天地感，讲到圣人与人心感。这个"圣人"显然不是一般的人，是指统治阶级的王侯而言。这一点我们要看清楚。《易经》的政治性是很强的。我们研究《易经》不能离开当时的历史条件，《易经》的思想是由当时的历史条件决定的。我们研究《易经》，讲《易经》的问题，只能这样讲。天下和平是怎么得来的呢？圣人得感人心。现在我们讲改革讲开放，大家认为这政策对，也是因为它是感人心的。这样讲也有道理。"观其所感而天地万物之情可见矣"，"天地万物之情"我们本来不知道，由这个地方就可以看得出来，这就不简单了。从一个很小的事物能看出来很大的问题。

象曰：山上有泽，咸。君子以虚受人。

君子要虚，只有虚才能受于人。程《传》说："泽性润下，土性受润。泽在山上，而其渐润通彻。是二物之气相感通也。君子观山泽通气之象，而虚其中以受于人。夫人中虚则能受，实则不能入矣。虚中者，无我也。中无私主，则无感不通。以量而容之，择合而受之，非圣人有感必通之道也。"

初六，咸其拇。

咸其拇，就是感其拇。初六在一卦之下。拇是足之大指，在身体之最下。咸其拇，是说感于最下最初，感的程度不深。咸卦的卦辞与爻辞并不一致。卦辞讲"取女吉"，而爻辞里边不讲这个。六爻都只讲"感"。而且各爻都从人的身体取象，根本没有提到"取女"，也没有像《序卦》所说的"有男女然后有夫妇"等。这就提出一个问题，卦辞与爻辞究竟是不是一个人作的。卦辞与爻辞多少有一点矛盾，卦爻辞与《序卦》的内容也不完全一样。这个问题我们也应注意。

象曰：咸其拇，志在外也。

程《传》说："初志之动，感于四也，故曰在外。志虽动而感未深，如拇之动，未足以进也。"光是感拇，还没有往前进呢。咸卦六爻皆以人身取象。初六为拇，第二爻为腓，第三爻为股，第四爻为心，第五爻是脢，脢即背。最上爻是舌。

六二，咸其腓，凶，居吉。

腓是腿肚，这个地方动了，还是需要静，不需要动。动则凶，居则吉。

象曰：虽凶居吉，顺不害也。

九三，咸其股，执其随，往吝。

"执其随"，讲法也不一样，随谁？程《传》认为是随上，因为九三与上六相应，九三是随上六。朱子《本义》认为是随其下之二爻。《周易折中》按语认为是随四。它说："执其随，《本义》以为随下二爻，程《传》以为随上。然随之为义，取于雁行相从，则以三为随四者近是。"这是第三说。三种说法，哪个对呢？我同意朱子《本义》的说法，因为小象讲："咸其股，亦不处也。志在随人，所执下也。""亦不处也"的"亦"是从哪儿来的？这就是说初与二两爻都动，"咸其拇"，"咸其腓"，九三也是不处的，它也动。人家动，它也动。"志在随人"，是它随初二两爻。

象曰：咸其股，亦不处也。志在随人，所执下也。

九四，贞吉悔亡，憧憧往来，朋从尔思。

九四是人的心，能得正则吉。如果不这样，"憧憧往来，朋从尔思"，是不好的。这个在《系辞传》里有说明。《系辞传》说："《易》曰：'憧憧往来，朋从尔思。'子曰：'天下何思何虑？天下同归而殊途，一致而百虑。天下何思何虑？日往则月来，月往则日来，日月相推而明生焉。寒往则暑来，暑往则寒来，寒暑相推而岁成焉。往者，屈也；来者，信也。屈信相感而利生焉。尺蠖之屈，以求信也。龙蛇之蛰，以存身也。精义入神，以致用也。利用安身，以崇德也。过此以往，未之或知也，穷神知化，德之盛也。'"程《传》说："圣人感天下之心，如寒暑雨旸，无不通无不应者，亦贞而已矣。贞者，虚中无我之谓也。'憧憧往来，朋从尔思'，夫贞一则所感无不通，若往来憧憧然，用其私心以感物，则思之所及者有能感而动，所不及者不能感也，是其朋类则从其思也。以有系之私心，既主于一隅一事，岂能廓然无所不通乎。子曰：'天下何思何虑？天下同归而殊涂，一致而百虑。天下何思何虑？'夫子因咸极论感通之道，夫以思虑之私心感物，所感狭矣。天下之理一也。涂虽殊而其归则同，虑虽百而其致则一。虽物有万殊，事有万变，统之以一，则无能违也。故贞其意，则穷天下无不感通焉。故曰'天下何思何虑'。用其思虑之私心，岂能无所不感也？"又说："屈则有信，信则有屈。所谓感应也。故日月相推而明生，寒暑相推而岁成。功用由是而成，故曰'屈信相感而利生焉'。感，动也。有感必有应，凡有动皆为感，感则必有应，所应复为感，感复有应，所以不已也。尺蠖之屈，以求信也。龙蛇之蛰，以存身也。精义入神，以致用也。利用安身，以崇德也。过此以往，未之或知也。前云屈信之理矣，复取物以明之。尺蠖之行，先屈而后信，盖不屈则无信，信而后有屈。观尺蠖则知感应之理矣。龙蛇之藏，所以存息其身而后能奋迅也。不蛰则不能奋矣。动息相感，乃屈信也。君子潜心精微之义，入于神妙，所以致其用也。潜心精微，积也。致用，施也。积与施乃屈信也。利用安身以崇德也，承上文致用而言。利其施用，安处其身，所以崇大其德业也。所为合理，则事正而身安。圣人能事尽于此矣。故云过此以往，未之或知也。"这里程《传》就《系辞传》做了发挥。"憧憧往来"的意思究竟是什么？《朱子语类》说："憧憧只是加一个忙迫底心，不能顺自然之理。"朱熹的这个解释比较好。他又说："方往时又便要来，方来时又便要往，只是一个忙。"

"日往则月来，月往则日来"，范文澜同志在《中国通史简编》中把它解释为循环论，是不对的。"日月相推而明生焉"，往来以后就产生了明。明天就不会是今天了。"寒往则暑来，暑往则寒来，寒暑相推而岁成焉"，成了岁了。今年的岁和明年的岁不一样。这与辩证法的螺旋式发展的规律是一致的，而且这里讲的极明白透彻。人利用安身，能做到"穷神知化"。什么叫"穷神知化"？所谓神、化，用今天的话说，实际上还是规律，是社会的发展规律。规律的运动是自然的运动。"憧憧往来"，那就是说用私心，不用自然，所以才"朋从尔思"。

象曰：贞吉悔亡，未感害也。憧憧往来，未光大也。

九五，咸其脢，无悔。

脢是后背上里脊肉。程《传》说："九居尊位，当以至诚感天下，而应二比上，若系二而说上，则偏私浅狭，非人君之道，岂能感天下乎？脢，背肉也，与心相背而所不见也。言能背其私心，感非其所见而说者，则得人君感天下之正而无悔也。"程《传》的这个解释还是好的。

象曰：咸其脢，志末也。

程《传》说："戒使背其心而咸脢者，为其存心浅末，系二而说上，感于私欲也。"李鼎祚说："末，犹上也。五比于上，故咸其脢志末者，谓五志感于上也。"

上六，咸其辅颊舌。

颊，两颊。辅，牙车①。颊与辅及舌都是说话的东西。这些东西动了，就是要动口舌说话。光是用口舌说话感人，是不行的。程《传》说："唯至诚为能感人，乃以柔说腾扬于口舌言说，岂能感于人乎！"

象曰：咸其辅颊舌，滕口说也。

王弼说："咸道转末，故在口舌言语而已。"

《周易折中》咸卦总论引丘富国说："咸六爻以身取象，上卦象上体，下卦象下体。初在下体之下，为拇。二在下体之中，为腓。三在下体之上，为股。此下卦三爻之序也。四在上体之下，为心。五在上体之中，为脢。上在上体之上，为口。此上卦三爻之序也。"丘氏的这个解释很好。

---

① 辅，颊骨，面颊。初版原文为"牙车"。

恒☴巽下震上

《序卦》说："夫妇之道不可以不久也，故受之以恒。"程《传》说："咸，夫妇之道，夫妇终身不变者也。故咸之后受之以恒也。咸，少男在少女之下。以男下女，是男女交感之义。恒，长男在长女之上，男尊女卑，夫妇居室之常道也。论交感之情，则少为亲切；论尊卑之序，则长当谨正。"

恒，亨，无咎，利贞，利有攸往。

恒是久常。"利贞"和"利有攸往"有两个意思。"利贞"是利正，表示常。《周易折中》引徐几说："恒有二义。有不易之恒，有不已之恒。利贞者，不易之恒也。利有攸往，不已之恒也。合而言之，乃常道也。倚于一偏，则非道矣。"因为是正，便要求久有正，不必变。但是如果不正，做不到正，那就要有变了。有变之恒，是不已之恒。这时候，变动一下，是好的，所以叫利有攸往。

彖曰：恒，久也。刚上而柔下，雷风相与，巽而动，刚柔皆应，恒。恒，亨，无咎，利贞，久于其道也。天地之道，恒久而不已也。利有攸往，终则有始也。日月得天而能久照，四时变化而能久成。圣人久于其道而天下化成，观其所恒，而天地万物之情可见矣。

"恒，久也。刚上而柔下，雷风相与，巽而动，刚柔皆应，恒。"这是解释卦名恒的。"刚上而柔下"，程《传》解释说："谓乾之初上居于四，坤之初下居于初，刚爻上而柔爻下也。"这样解释是对的。"雷风相与"，震为雷，巽为风，"雷震则风发，二者相须，交助其势，故云相与"。巽而动，六爻刚柔相应，所以亨。

"亨，无咎，利贞，久于其道也。天地之道，恒久而不已也。利有攸往，终则有始也"，这个程《传》讲的还是好的："恒非一定的谓也，一定则不能恒矣。唯随时变易乃常道也，故云利有攸往。"这样讲是对的。"利有攸往"则"终则有始"。

"终则有始"，就是说恒不能总是一成不变，要有变化。总的说，恒是常。然而在恒的过程中，还必须有变化，没有变化不能常。"终则有始"的意思就是有变化。彖传接着又作了发挥："日月得天而能久照，四时变化而能久成，圣人久于其道而天下化成。"这是由自然又说到社会历史。这里也是"明于天之道而察于民之故"，其中有自然又有社会。我们研究《易经》，要看到两方面。一方面讲自然，讲自然规律，一方面讲社会，讲历史。这里讲到日月，讲到四时。这当中也有变化的意思，不是一定的。事物若总是一定则不能久，变化才能久。"圣人久于其道而天下化成"，也得靠"久"，没有一定的时间是不行的。"观其所恒，则天地万物之情可见矣。"

龚焕说："利贞久于其道，体常也。利有攸往，终则有始，尽变也。体常而后能尽变，尽变亦所以体常。天地万物所以常久者，以其能尽变也。"讲的挺好。

象曰：雷风恒，君子以立不易方。

雷风就是变化的，而雷风合起来却是恒。君子从此卦学习什么呢？应该立不易方。胡炳文说："雷风虽变，而有不变者存。体雷风之变者，为我之不变者，善体雷风者也。"胡氏讲变和不变，不变就是立不易方。任何时候，我们自己都应该有所树立，即立不易方。

初六，浚恒，贞凶，无攸利。

初六，恒卦第一爻。浚，深的意思。浚恒，谓求恒之深，能守常而不能随时应变。固定这一条道而不知变，必凶。

象曰：浚恒之凶，始求深也。

郭雍说："进道有渐而后可久，在恒之初，浚而深求，非其道也。"陆希声说："常之为义，贵久于其道。日以浸深，初为常始，宜以渐为常，而体巽性躁，遽求深入，是失久于其道之义，不可以为常，故贞凶。"

九二，悔亡。

程《传》说："在恒之义，居得其正，则常道也。九阳爻，居阴位，非常理也。处非其常，本当有悔，而九二以中德而应于五，五复居中，以中而应中，其处与动皆得中也，是能恒久于中也。能恒久于中，则不失正矣。中重于正，中则正矣，正不必中也。九二以刚中之德而应于中，德之胜也，足以亡其悔矣。"

《周易折中》按语说："恒者常也，中则常矣。"都是讲所重要的是中。

象曰：九二悔亡，能久中也。

九三，不恒其德，或承之羞，贞吝。

苏轼说："咸恒无完爻，以中者用之，可以悔亡。以不中者用之，无常之人也。故九三不恒其德。"主要的还是这个"中"，九三的问题是不得中。

象曰：不恒其德，无所容也。

《周易折中》按语说："此无所容，与离四相似，皆谓德行无常度，自若无所容，非人之不容之也。"

九四，田无禽。

程《传》说："以田为喻，言九之居四，虽使恒久，如田猎而无禽兽之获，谓徒用力而无功也。"

象曰：久非其位，安得禽也。

六五，恒其德贞，妇人吉，夫子凶。

程《传》说："夫以顺从为恒者，妇人之道，在妇人则为贞，故吉。若丈夫而以顺从于人为恒，则失其刚阳之正，乃凶也。"

象曰：妇人贞吉，从一而终也。夫子制义，从妇凶也。

丘富国说："二以刚中为常，而五以柔中为常也。以刚处常，能常者也。以柔为常，则是妇人之道，非夫子所尚，此六五所以有从妇之凶。"

上六，振恒，凶。

王弼说："夫静为躁君，安为动主，故安者上之所处也。静者可久之道也。处卦之上，居动之极，以此为恒，无施而得也。"

象曰：振恒在上，大无功也。

丘富国说："恒卦六爻无上下相应之义，唯以二体而取中焉，则恒之义见矣。初在下体之下，四在上体之下，皆未及乎恒者，故泥常而不知变，是以初浚恒，四田无禽也。三在下体之上，上在上体之上，皆已过乎恒者，故好变而不知常，是以三不恒而上振恒也。唯二五得上下体之中，知恒之义者。而五位刚爻柔，以柔中为恒，故不能制义，而但为妇人之吉。二位柔爻刚，以刚中为恒，而居位不当，亦不能尽守常之义，故特言悔亡而已。恒之道岂易言哉！"

李舜臣说："咸恒二卦，其象甚善，而六爻之义鲜有全吉者。盖以爻而配六位，则阴阳得失，承乘逆顺之理，又各不同故也。"也指出恒卦卦辞与爻辞不一致的问题。

遁䷠艮下乾上

恒卦以后是遁卦。天山遁，上面是乾，乾为天；下面是艮，艮为山。《序卦》说："恒者久也，物不可以久居其所，故受之以遁。"这里反映了辩证思想。过去有人认为《序卦》浅僻，不知道其中有辩证思想。在那个时候能有这样的思想，是不简单的。

遁，亨，小利贞。

遁的意思是逃，退。遁怎么能亨？象传讲"遁亨"是"遁而亨"，加个而字，"遁亨"变成"遁而亨"。程《传》认为，"君子退藏以伸其道，道不屈则为亨"。这是说，在政治上不能够前进了，要想退避了。但这个退避从道来讲，还是亨的。遁里边有"小利贞"。什么叫"小利贞"？看法就不一样了。朱子《本义》认为是君子遁，小人利贞。把小作为小人讲。遁卦是二阴长嘛。程《传》小不作小人讲。它说："阴柔方长而未至于甚盛，君子尚有迟迟致力之道，不可大贞而尚利小贞也。"程《传》是从君子这方面看的。遁的时代还未达到否，到否的时代就不利君子贞了。现在，君子还有可为，要小利贞。这是程《传》的说法。朱子《本义》认为，君子退了，小人你还得老实点。两种观点不一样。《周易折中》按语同意程《传》的说法。它说："小利贞之义，传义（程《传》与朱子《本义》的简语）说各不同。据《易》例，则似传说为长。盖至于三阴之否，则直曰不利君子贞矣。遁犹未至于否，但当逊避以善处之，不可过甚以激成其势，故曰小利贞也。"我同意程《传》的解释。

象曰：遁亨，遁而亨也。刚当位而应，与时行也。小利贞，浸而长也。遁之时义大矣哉。

"刚当位而应，与时行也"，在遁卦里，九五阳爻在阳位而应六二，能够与时行也。这个"与时行也"，也有不同的解释。怎么叫"与时行"？也就是君子还有可为，遁了还与时行。程《传》说："五以刚阳之德，处中正之位，又下与六二以中正相应，虽阴长之时，如卦之才，尚当随时消息。苟可以致其力，无不至诚自尽以扶持其道，未必于遁藏而不为，故曰与时行也。"《周易折中》引吴曰慎说："非以刚当位而应为犹可亨，唯其当位而应，能顺时而遁，所以亨也。与时行，谓时当遁而遁。"吴氏以为不是要做事，是要遁。两种解释，我同意程《传》。还是要做事的，不是完全不贞。

"小利贞，浸而长也"，浸而长，是慢慢地长。什么长？柔长，阴长。遁卦已经两个阴长了。《周易折中》引张清子说："二阳为临，二阴为遁，遁者临之反对也。临之象曰'刚浸而长'，遁之象则不曰'柔浸而长'，而止曰'浸而长'。"实际上是柔浸而长，二阴渐渐地长。

遁彖传最后又加一句"遁之时义大矣哉",孔子是赞成这个遁的。遁有好处。《周易折中》引郭雍的话说:"遁之小利贞,暌之小事吉。不知者遂以为小而不思也。故孔子明其大,而后知小利贞小事吉者有大用存焉。"

象曰:天下有山,遁。君子以远小人,不恶而严。

君子应该远小人。"不恶而严",恶读憎恶的恶。对待小人的办法,就该这样,不让他知道你讨厌他,要让他敬畏你。阴长就是小人长。

初六,遁尾厉,勿用有攸往。

在全卦里,两个阴爻是代表小人的,在爻里则不一定代表小人了。《周易折中》引杨启新说:"卦中以二阴为小人,至爻中则均退避之君子。盖皆遁爻,则发遁义也。"遁尾,遁之初爻为尾。遁而在后,是危险的,所以"勿用有攸往",往就不利了。王申子说:"位居卑下,不往即遁也。若又有所进往,则危厉益甚矣。"往就是前进。

象曰:遁尾之厉,不往何灾也。

六二,执之用黄牛之革,莫之胜说。

说,程《传》读为言说之说,朱子《本义》读为脱。朱子《本义》是对的。"执之",朱熹认为必遁之志很坚决,谁也改变不了。程《传》认为六二与九五相应,国君(九五)拉大臣,像用黄牛之革那样拉他。两人的解释不一样,我看程《传》讲的对。程《传》说:"二与五为正应,虽在相违遁之时,二以中正顺应于五,五以中正亲合于二,其交自固,黄,中色;牛,顺物;革,坚固之物。二五以中正顺道相与,其固如执系之以牛革也。莫之胜说,谓其交之固,不可胜言也。在遁之时,故极言之。"《周易折中》引龚焕曰:"五爻皆言遁,唯六二不言者,二上与五应,虽当遁时,固结而不可遁者也。故有执用黄牛之革之象。谓其有必遁之志,似未必然。"龚氏同意程《传》,不同意朱熹之说。我同意龚氏的解释。孔颖达说:"处中居内,非遁之人也。既非遁之人，便为所遁之主。物皆弃己而遁，何以执固留之？唯有中和厚顺之道，可以固而安之也。能用此道，则无能胜己解脱而去。"这是程、朱之外又一说。

象曰：执用黄牛，固志也。

这个"固志"，按程《传》解释，是比较好的。

九三，系遁，有疾厉，畜臣妾吉。

系谁？九三上无应，系二或系初。受之阴，有疾，不好。厉，危险。程《传》说："阳志说阴，三与二切比，系乎二者也。遁贵速而远，有所系累，则安能速且远也。害于遁矣。故为有疾也。遁而不速，是以危也。臣妾，小人女子，怀恩而不知义。亲爱之则忠其上，系恋之私恩，怀小人女子之道也。故以畜养臣妾，则得其心为吉也。然君子之待小人，亦不如是也。三与二非正应，以暱比相亲，非待君子之道。若以正，则虽系，不得为有疾。蜀先主之不忍弃士民是也。虽危为无咎矣。"一方面受二与初系，对九三要畜要养才对。《周易折中》按语说："孔子曰：'唯女子与小人为难养也。近之则不逊，远之则怨。'然则不远不近之间，岂非不恶而严之义乎！故当遁之时，有所系而未得去者，待小人以畜臣妾之道则可矣。"

象曰：系遁之厉，有疾惫也。畜臣妾吉，不可大事也。

九四，好遁，君子吉，小人否。

程《传》说："四与初为正应，是所好爱者也。君子虽有所好爱，义苟当遁，则去而不疑。"君子这时候吉，小人否。因为小人则不能遁。《周易折中》按语说："好者，恶之反也。好遁，言其不恶也。从容以遁，而不为忿戾之行。孟子曰：'予岂若是小丈夫然哉。怒悻悻然见于其面。'正好遁之义也。小人否者即孟子所谓小丈夫者也。"

象曰：君子好遁，小人否也。

九五，嘉遁，贞吉。

九五刚中得正，贞得吉。程《传》说："九五中正，遁之嘉美者也。处得中正之道，时止时行，乃所谓嘉美也。故为贞正而吉。"

象曰：嘉遁贞吉，以正志也。

张载说："居正处中，能正其志，故获贞吉。"

上九，肥遁，无不利。

王弼说："最处外极，无应于内，超然绝志，心无疑顾，忧患不能累，缯缴不能及，是以肥遁无不利也。"肥遁，程《传》讲："宽绰有余裕也。遁者，穷困之时也。善处则为肥矣。"肥字有的本子作蜚。

象曰：肥遁无不利，无所疑也。

《周易折中》遁卦总论引项安世说："下三爻艮也，主于止，故为不往，为执革，为系遁。上三爻乾也，主于行，故为好遁，为嘉遁，为肥遁也。"这是对全卦所作的说明，讲的极清楚。

大壮☰乾下震上

《序卦》说："遁者退也，物不可以终遁，故受之以大壮。"

大壮，利贞。

阳大阴小，大者壮也。

彖曰：大壮，大者壮也。刚以动，故壮。大壮利贞，大者正也。正大而天地之情可见矣。

象曰：雷在天上，大壮。君子以非礼弗履。

初九，壮于趾，征凶有孚。

壮于趾，初其象为趾。阳爻要前进，要前进必有凶。王申子说："卦虽以刚壮为义，然爻义皆贵于用柔。盖以刚而动，刚不可过也。"用柔，是就六爻说的。初九没有柔，所以征凶。

象曰：壮于趾，其孚穷也。

九二，贞吉。

阳处阴位，也好，贞得吉。《周易折中》引易袯说："爻贵得位，大壮则以阳居阴为吉，盖虑其阳刚之过于壮也。故二与四皆言贞吉。"

象曰，九二贞吉，以中也。

九三，小人用壮，君子用罔，贞厉，羝羊触藩，羸其角。

项安世说："君子用罔，说者不同。然观爻辞之例，如小人吉，大人否亨；君子吉，小人否；妇人吉，夫子凶。皆是相反之辞。又象辞曰'小人用壮，君子罔也'，全与'君子好遁，小人否也'句法相类。诗书中罔字与弗字、勿字、毋字皆通用，皆禁止之义也。"这是说，朱子《本义》，程《传》对罔字的解释不对。

象曰：小人用壮，君子罔也。

九四，贞吉，悔亡。藩决不羸，壮于大舆之輹。

九四藩决不羸，是接九三讲的。《易经》中輹与辐常通用。輹，在车轴；辐，在车轮。程《传》说"輹与辐同"，不对。王弼说："未有违谦越礼而能全其壮者也，故阳爻皆以居阴位为美。"郑汝谐说："居四阳之终，其壮易过。故必正吉则悔亡。群阳并进，非二阴之所能止。藩决不羸，其道通也。壮于大舆之輹，其行健也。"

象曰：藩决不羸，尚往也。

项安世说："九四以刚居柔，有能正之吉，无过刚之悔。贞吉悔亡四字既尽之矣，又曰藩决不羸，壮于大舆之輹者，恐人以居柔为不进也。故以尚往明之。"尚往是进，不是不进。

六五，丧羊于易，无悔。

程《传》释易为和易，说："羊群行而喜触，以象诸阳并进。四阳方长而并进，五以柔居上，若以力制，则难胜而有悔，唯和易以待之，则群阳无所用其刚，是丧其壮于和易也。如此则可以无悔。五以位言则正，以德言则中，故能用和易之道，使群阳虽壮，无所用也。"胡炳文说："旅上九丧牛于易。牛性顺，上九以刚居极，不觉失其所谓顺。此曰丧羊于易，羊性刚，六五以柔居中，不觉失其所谓刚，自失其壮，故爻独不言壮。"朱子《本义》游移不定，易字作容易解，又作疆场解。我看朱子《本义》讲的不对。程《传》和胡炳文之说是对的。有人说"丧羊于易"是一段历史故事。此说不可取。但此说颇迷惑一些人，现在还很流行。其实"丧羊于易"与那个历史故事没有关系。

象曰：丧羊于易，位不当也。

这个"位不当也"不好讲。《周易折中》按语说："位当位不当，《易》例多借爻位以发明其德与时地之相当不相当也。此位不当，不止谓以阴居阳，不任刚壮而已。盖谓四阳已过矣，则五所处非当壮之位也。于是而以柔中居之，故为丧羊于易。"项安世说："有以事理得中为正者，有以阴阳当位为正者。刚以柔济之，柔以刚济之，使不失其正。此事理之正也。以刚处刚，以柔处柔，各当其位，此爻位之正也。大壮之时义，其所谓利贞者，利守事理之正，不以爻位言也。是故九二、九四、六五三爻，不当位而皆利。又于九二、九四爻辞明言'贞吉'，于初九、九三爻辞明言'征凶'、'贞厉'。圣人犹恐其未明也，又以小象释之。于九二则曰：'九二贞吉，以中也。'明正吉以中而不以位也。于六五则曰：'位不当也。'亦明无悔在中不在位也。《易》之时义屡迁如此。"项氏此说也通，不过也有一点勉强。

上六，羝羊触藩，不能退，不能遂，无攸利。艰则吉。

走不了，也不能退，艰则吉。《朱子语类》说："上六取喻甚巧，盖壮终动极，无可去处，如羝羊之角挂于藩上，不能退遂。然艰则吉者，毕竟有可进之理，但必艰始吉耳。"

象曰：不能退，不能遂，不详也。艰则吉，咎不长也。

详，详慎、详审的意思。

晋☷☲坤下离上

《序卦》说："物不可以终壮，故受之以晋。晋者，进也。"

晋，康侯用锡马蕃庶，昼日三接。

现在有人把这附会成历史故事，我不同意。象传明确讲："晋，进也。"程《传》说："晋为进盛之时，大明在上，而下体顺附，诸侯承王之象也，故为康侯。康侯者，治安之侯也。上之大明，而能同德以顺附，治安之侯也。故受其宠数，锡之马众多也。车马，重赐也。蕃庶，众多也。不唯锡与之厚，又见亲礼，昼日之中，至于三接。言宠遇之至也。"朱子《本义》说："晋，进也。康侯，安国之侯也。锡马蕃庶，昼日三接，言多受大赐而显被亲礼也。"程、朱这样讲是对的。郭雍说："晋卦取名之义，与大有略相类。大有火在天上，君道也。晋明出地上，臣道也。以人臣之进，独备一卦之义，则臣之道至大者，非康侯安足以当之！"《周易折中》按语说："《易》有晋、升、渐三卦皆同为进义而有别。晋如日之方出，其义最优。升如木之方生，其义次之。渐如木之既生，而以渐高大，其义又次之。观其象辞皆可见矣。"

象曰：晋，进也。明出地上，顺而丽乎大明。柔进而上行，是以康侯用锡马蕃庶，昼日三接也。

程《传》说："晋，进也。明进而盛也。明出于地，益进而盛，故为晋。所以不谓之进者，进谓前进，不能包明盛之义。明出地上，离在坤上也。坤丽于离，以顺丽于大明，顺德之臣，上附于大明之君也。柔进而上行，凡卦离在上者，柔居君位，多云柔进而上行，噬嗑、睽、鼎是也。六五以柔居君位，明而顺丽，为能待下宠遇亲密之义，是以为康侯用赐马蕃庶，昼日三接也。大明之君，安天下者也。诸侯能顺附天子之明德，是康民安国之侯也，故谓之康侯。是以享宠锡而见亲礼，昼日之间，三接见于天子也。不曰公卿而曰侯，天子治于上者也，诸侯治于下者也。在下而顺附于大明之君，诸侯之象也。"项安世说："三女之卦，独离柔在上为得尊位，大中而行之，故谓之上行。巽在六四，例谓之上合上同。兑在上六，例谓之上穷，皆不得为上行也。"这是从离来讲的。王申子说："六十四卦，离上者八，专以六五一爻以为成卦之主者二，晋、大有也。大有曰，柔得尊位大中而上下应之，晋则曰柔进而上行，是专以康侯之晋者，当此一卦之义矣。"

象曰：明出地上，晋。君子以自昭明德。

俞琰说："明德，君子固有之德也。自昭者，自有此德而自明之也。人德本明，人欲蔽之，不能不少昏昧。其本然之明，固未尝息，知所以自明，则本然之明，如日之出地，而其昭著初无增损也。《大学》所谓明明德，所谓自明，与此同旨。"

初六，晋如摧如，贞吉，罔孚，裕，无咎。

"晋如"是进，"摧如"是不进。这样能贞正。"罔孚"不信的话，处以宽裕则无咎。程《传》说："初居晋之下，进之始也。晋如，升进也。摧如，抑退也。于始进而言遂其进不遂其进，唯得正则吉也。罔孚者，在下而始进，岂遽能深见信于上；苟上未见信，则当安中自守，雍容宽裕，无急于求上之信也。苟欲信之心切，非汲汲以失其守，则悻悻以伤于义矣，皆有咎也。故裕则无咎，君子处进退之道也。"

象曰：晋如摧如，独行正也。裕，无咎，未受命也。

程《传》与朱子《本义》皆以为"未受命"指未受官守之命，所以裕无咎。

六二，晋如愁如，贞吉，受兹介福，于其王母。

程《传》说："六二在下，上无应援，以中正柔和之德，非强于进者也。故于进为可忧愁，谓其进之难也。然守其贞正，则当得吉。故云'晋如愁如，贞吉'。王母，祖母也，谓阴之至尊者，指六五也。二以中正之道自守，虽上无应援，不能自进，然其中正之德，久而必彰。上之人自当求之。盖六五大明之君，与之同德，必当求之，加之宠禄，受介福于王母也。介，大也。"《周易折中》按语说："二五相应者也。以阴应阳，以阳应阴，则有君臣之象。以阴应阴，则有姒妇之象。不曰母而曰王母者，礼重昭穆，故孙祔于祖，则孙妇祔于祖姑，盖以昭穆相配，《易》爻以相配喻相应也。此明其为王母，而小过只言姒。蒙上过其祖之文尔。"又说："六五，卦之主，而二应之，故有受福之义。"王母指六五说的。六二、六五都是阴，以阴应阴。

象曰：受兹介福，以中正也。

六三，众允，悔亡。

程《传》说："以六居三，不得中正，宜有悔咎。而三在顺体之上，顺之极者也。三阴皆顺上者也。是三之顺上，与众同志，众所允从，其悔所以亡也。有顺上向明之志，而众允从之，何所不利。"

象曰：众允之志，上行也。

《周易折中》引李过说："初之罔孚，众未允也；二之愁如，犹有悔也；三德孚于众，进得所愿而悔亡也。"众允，指三为两阴所信。

九四，晋如鼫鼠，贞厉。

因不中不正，以窃高位。程《传》说："以九居四，非其位也。非其位而居之，贪据其位者也。贪处高位，既非所安，而又与上同德，顺丽于上，三阴皆在己下，势必上进，故其心畏忌之。贪而畏人者，鼫鼠也。故云'晋如鼫鼠'。贪于非据而存畏忌之心，贞固守此，其危可知。言贞厉者，开有改之道也。"《周易折中》按语说："此卦以象辞观之，则九四以一阳而近君，康侯之位也。参之爻义，反不然者，盖卦义所主在柔，则刚正与时义相反。当晋时，居高位，而失静正之道，乖退让之节，贪而畏人，则非鼫鼠而何？贞厉者，戒其以持禄保位为常，而不知进退之义也。"

象曰：鼯鼠贞厉，位不当也。

六五，悔亡，失得勿恤，往吉无不利。

程《传》说："六以柔居尊位，本当有悔，以大明而下皆顺附，故其悔得亡也。下既同德顺附，当推诚委任，尽众人之才，通天下之志，勿复自任其明，恤其失得。如此而往，则吉无不利也。六五大明之主，不患其不能明照，患其用明之过，至于察察，失委任之道，故戒以失得勿恤也。夫私意偏任，不察则有蔽尽天下之公，岂当复用私察也？"不要考虑失或得，往吉无不利。

象曰：失得勿恤，往有庆也。

不必忧失，不必忧得，"往有庆也"。

上九，晋其角，维用伐邑。厉吉无咎，贞吝。

项安世说："晋好柔而恶刚，故九四、上九皆以厉言之。四进而非其道，故为鼯鼠。上已穷而犹晋，故为晋其角。"陆振奇说："当晋之时，圣人最喜用柔而不用刚，故四阴吉、悔亡，二阳厉且吝也。"《周易折中》总论引龚焕说："晋卦诸爻，皆以进为义，初、二、三、五，柔之进，四与上，刚之进也。四阴二阳，阴多吉而阳多厉者，晋以柔顺为善，刚强则躁矣。故象传曰：'顺而丽乎大明，柔进而上行。'卦之得名，其亦以柔为主与？"

明夷䷣离下坤上

《序卦》说："晋者进也，进必有所伤，故受之以明夷。"

明夷，利艰贞。

程《传》说："君子当明夷之时，利在知艰难而不失其贞正也。在昏暗艰难之时，而不能失其正。所以为明君子也。"

象曰：明入地中，明夷。内文明而外柔顺，以蒙大难，文王以之。利艰贞，晦其明也。内难而能正其志，箕子以之。

内卦离，文明；外卦坤，柔顺。蒙受大难时能内文明而外柔顺，文王就能这样。"利艰贞，晦其明也。内难而能正其志，箕子以之。"纣之暴虐，对箕子来说，是内难。内难而能正其志，箕子能够这样做。

象曰：明入地中，明夷。君子以莅众，用晦而明。

孔颖达讲："冕旒垂目，黈纩塞耳。"意思就是不要察察为明。水至清则无鱼，人至察则无徒。

初九，明夷于飞，垂其翼，君子于行，三日不食，有攸往，主人有言。

"明夷于飞"，象鸟飞，要垂其翼，不要高飞。"君子于行"，赶快走。"三日不食，有攸往，主人有言"，是说有些人不相信，有些议论。程《传》说："君子见几，故亟去之。世俗之人未能见也。故异而非之，如穆生之去楚，申公、白公且非之，况世俗之人乎？但讥其责小礼，而不知穆生之去，避胥靡之祸也。当其言曰'不去，楚人将钳我于市'，虽二儒者亦以为过甚之言也。又如袁闳于党事未起之前，名德之士方锋起，而独潜身土室，故人以为狂生，卒免党锢之祸。所往而人有言，何足怪也？"

项安世说："垂其翼，不言夷，未伤也。夷于左股（六二），言已伤也。说者以垂其翼为伤翼，非也。敛翼而下飞者，避祸之象也。"俞琰说："居明夷之初，不敢高飞，遂垂敛其翼以向下。此见几之明，不待难作而早避者也。夫知几而早去，此君子独见，主人固不识也，岂得无言？"

象曰，君子于行，义不食也。

六二，明夷，夷于左股，用拯马壮，吉。

明夷已夷于左股了。这时用拯，马壮，这是好的。王宗传说："六二，文明之主也。以六居二，柔顺之至，文王以之。"

象曰：六二之吉，顺以则也。

则，中正之道。项安世说："明夷之下三爻，唯六二有救之之诚。上三爻，唯六五无去之之心。皆中顺之臣也。"王申子说"以柔顺处之，而不失其中正之则，昔者文王用明夷之道，其如是乎！"

九三，明夷于南狩，得其大首，不可疾贞。

"夷于南狩"，一般说指武王伐纣。"得其大首"，俘获敌人的大头头。"不可疾贞"，但不要着急。胡炳文说："二之救难，可速也。三之除害，不可速也。故有不可疾贞之戒。"程《传》说："九三，离之上，明之极也，又处刚而进。上六，坤之上，暗之极也。至明居下而为下之上，至暗在上而处穷极之地，正相敌应，将以明去暗者也。斯义也，其汤武之事乎！南，在前而明方也。狩，畋而去害之事也。南狩，谓前进而除害也，当克获其大首。大首谓暗之魁首，上六也。三与上正相应，为至明克至暗之象。不可疾贞，谓诛其元恶。旧染污俗，未能遽革，必有其渐，革之遽，则骇惧而不安。故《酒诰》云：'惟殷之迪诸臣惟工，乃湎于酒，勿庸杀之，姑惟教之。'至于即久，尚曰余风未殄。是渐渍之俗不可以遽革也，故曰'不可疾贞'。正之不可急也。上六虽非君位。以其居上而暗之极，故为暗之主，谓之大首。"讲得明白。

象曰：南狩之志，乃大得也。

六四，入于左腹，获明夷之心，于出门庭。

一般认为这说的是微子。程《传》讲是指小人。程《传》的说法不可从。朱子《本义》说"此爻之义未详"。《周易折中》引胡炳文说："初、二、三在暗外，至四则将入暗中。然比之六五，则四尚浅也，犹可得意于远去。获明夷之心者，微子之自靖。于出门庭者，微子之行遁也。"把这比作微子，是对的。

象曰：入于左腹，获心意也。

六五，箕子之明夷，利贞。

箕子的处境是这样。《周易折中》总论引苏轼说："力能救则救之，六二之用拯是也。力能正则正之，九三之南狩是也。既不能救又不能正，则君子不敢辞其辱以私便其身，六五之箕子是也。君子居明夷之世，有责必有以塞之，无责必有以全其身而不失其正。初九、六四，无责于斯世，故近者则入腹获心于出门庭，而远者则行不及食也。"苏轼这段话讲得挺好。

象曰：箕子之贞，明不可息也。

苏轼说："六五之于上六，正之则势不敌，救之则力不能，去之则义不可。此最难处者也，如箕子而后可。箕子之处于此，身可辱也，而明不可息也。"

上六，不明晦，初登于天，后入于地。

指纣王不明，晦，初登于天，后入于地了。胡炳文说："下三爻以明夷为句首，四、五明夷之辞在句中，上六不曰明夷而曰不明晦。盖唯上六不明而晦，所以五爻之明皆为其所夷也。"

象曰：初登于天，照四国也；后入于地，失则也。

明夷这一卦讲的是文王与纣王的事，看得比较明显。

家人䷤离下巽上

家人这一卦实际上谈的是家庭问题。我们学习马克思主义，知道恩格斯说过"家庭是文明社会的细胞形态"。所以也应当重视中国古人是怎么看的，同时我们也要运用历史唯物主义观点看这个问题。社会存在决定社会意识，有那样的社会条件才产生那样的思想。《序卦》说："夷者伤也，伤于外者必反于家，故受之以家人。"

家人，利女贞。

家人卦辞"利女贞"，贞是正。利女贞，这里边就有男尊女卑的思想，反映那时的社会存在男尊女卑的现象。《易经》在君臣夫妇的关系方面，观点很清楚。

象曰：家人，女正位乎内，男正位乎外。男女正，天地之大义也。家人有严君焉，父母之谓也。父父子子，兄兄弟弟，夫夫妇妇，而家道正。正家而天下定矣。

"女正位乎内"指六二说的。六是阴爻，二是阴位。阴爻在阴位就叫作正。六二在内卦，所以叫"女正位乎内"。九五是阳爻在阳位，也是得正。阴象女，阳象男。九五在外卦，所以叫"男正位乎外"。卦辞强调"利女贞"，没讲男的。象传则男女都讲了，说"男女正，天地之大义也"。这是推广来说了。"男女正"不简单，是"天地之大义"。由此看来，古人认为天人关系很密切。天人合一呀，法天呀，在《易经》里有反映。《系辞传》讲"是以明于天之道而察于民之故，是兴神物，以前民用"，不是把自然界和人类社会截然分开的，而是认为人应该效法自然。讲到男女，讲到夫妇，而后又讲到天地。"男女正"是"天地之大义也"。程《传》说："男女各得其正位也，尊卑内外之道正，合天地阴阳之大义也。"

"家人有严君焉，父母之谓也"，家里也得有尊卑上下，父母是家中的严君。"父父子子，兄兄弟弟，夫夫妇妇，而家道正"，一家之人，应该是父尽父道，子尽子道，兄尽兄道，弟尽弟道，夫尽夫道，妇尽妇道。《论语》说"君君臣臣，父父子子"，也谈到这个问题。这个思想是一致的。所以，说《易传》是孔子作的，我看不应该有什么怀疑。

"父父子子，兄兄弟弟，夫夫妇妇，而家道正。正家而天下定矣"，这个思想还是家齐而后国治，国治而后天下平呀。修身齐家治国平天下，家道正了以后，天下就定了。家庭都好了，天下就好了。定字和正字是一样的意思。俞琰说："彖辞（即卦辞）举其端，故但言利女贞。象传极其全，故兼言男女之正，而又以父子兄弟夫妇推广而备言之。"林希元说："正家而天下定，犹云人人亲其亲，长其长而天下平，不作正家之效说。"这引了孟子之话。

象曰：风自火出，家人。君子以言有物而行有恒。

君子学家人卦，就要言有物，说话不要空。我们写文章也要言有物，谈问题要明白，要通。说了半天，人家不知道你讲的是什么，那怎么行！"行有恒"，做事，办事情，搞事业，要有始有终，不可半途而废。

初九，闲有家，悔亡。

闲，防闲。比如畜养牛马，给一个栏，圈住不会跑掉，那叫闲。那个栏是闲。圈起来不会跑掉，就是防闲。防闲要一开始就做，等马跑了才做栏，那就晚了。所以初九的爻辞叫"闲有家，悔亡"。胡炳文说："初之时当闲，九之刚能闲。颜之推曰：'教子婴孩，教妇初来。'"

象曰：闲有家，志未变也。

初九正在开始之时，志还未变，没有沾染上坏东西，是纯洁的，这时就闲，最有效。

六二，无攸遂，在中馈，贞吉。

六二是阴爻，象家中之妇女。家中的妇女应该怎么样呢？应该"无攸遂"。遂是自专的意思。妇女不可有所有专，就是不可自己想干什么就干什么。《公羊传》讲"大夫无遂事"，大夫要听国君的，出国办事，不许自作主张。比如外交官，国家派你去日本办事，办完要回来。你办完事不回来，临时又自作主张去美国，那不行。可见，遂有自专的意思。"在中馈"现代北方方言叫"锅台转"。"锅台转"是主持家人伙食，在古代除这一项责任外，主妇还要负责家中祭祀的事情。王宗传说："无攸遂，示不敢有所专也。妇人之职不过奉祭祀馈饮食而已。此外无他事也。《诗》曰：'无非无仪，唯酒食是议。'"家中妇女只能做这两件事，他事勿问。这就是"无攸遂，在中馈，贞吉"。

象曰：六二之吉，顺以巽也。

因为阴爻是讲顺讲巽的，顺巽则吉。

九三，家人嗃嗃，悔厉吉。妇子嘻嘻，终吝。

九，阳爻；三，阳位。朱子《本义》讲嗃嗃和嘻嘻，意思是相反的，嗃嗃是比较严的。过于严，要有悔厉，然而这样能够得吉。如果女人和孩子都嘻嘻，那终究得吝。程《传》说："嘻嘻，笑乐无节也。"那终究是吝的。胡炳文说："嗃嗃以义胜情，虽悔厉而吉。嘻嘻以情胜义，终吝。悔，自凶而吉；吝，自吉而凶。九三以刚居刚，若能严于家人者；比乎二柔，又若昵于妇子者。三其在吉凶之间乎！故悔吝之占两言之。"

象曰：家人嗃嗃，未失也。妇子嘻嘻，失家节也。

嗃嗃，还未失家节，家长管得严一点，但不为过分。嘻嘻，家长管得松，就不好了，失了家节了。

六四，富家大吉。

六四，富家；六，阴爻居四，得正，故大吉。《周易折中》按语说："四在他卦，臣道也。在家人卦，则亦妻道也。夫，主教一家者也，妇，主养一家者也。老子所谓教父食母是也。自二之在中馈，进而至于四之富家，则内职举矣。"

象曰：富家大吉，顺在位也。

九五，王假有家，勿恤吉。

假字，程《传》、朱子《本义》当至讲，另外一些人当格讲。龚焕说："假与格同，犹'奏假无言，昭假烈祖'之假，谓感格也。九五以阳刚中正居尊位，为有家之主，盛德至善，所以感格乎家人之心者至矣。王者家大人众，其心难一，有未假者，勿用忧恤而自吉也。盖初之闲有家，是以法度防闲之。至王假有家，则躬行有以感化之矣。"我看假作格，当感格讲，还是好的。《周易折中》按语也作感格讲。感格有家，勿用恤，自然得吉。"王假有家"，就是说，一家人都可以感化过来了。

象曰：王假有家，交相爱也。

家中之人互相之间都能爱。龚焕说："交相爱，则一家之父子兄弟夫妇长幼莫不相爱，非特夫妇而已也。"这与程《传》、朱子《本义》的讲法不一样。程、朱说"交相爱"是夫妇相爱。我看龚焕讲的好。不单是夫妇相爱，是全家人相爱。

上九，有孚威如，终吉。

上九，最上一爻，阳爻。有孚，有信。威如，治家严格，终能得吉。不严就不行了。

象曰：威如之吉，反身之谓也。

反身，自正。自己不正，别人也不能信服你。

《周易折中》总论引吴曰慎说："家人之道，男以刚严为正，女以柔顺为正。初曰闲，三曰厉，上曰威，男子之道也。二、四象传皆曰顺，妇人之道也。五刚而中，非不严也，严而泰也。"

睽☲兑下离上

上离，离为火。下兑，兑为泽。火泽睽。《序卦》说："家道穷必乖，故受之以睽。"

睽，主要是谈同异问题。这是一个大问题。

睽，小事吉。

不是大事，是小事。"小事吉"，何楷说："业已睽矣，不可以忿疾之心驱迫之也，唯不为已甚，徐徐转移，此合睽之善术也，故曰小事吉。小事，犹言以柔为事，非大事不吉而小事吉之谓。"何氏的这个说法实际上是驳朱子《本义》。朱子《本义》说："其占不可大事，而小事尚有吉之道也。"何氏说"小事犹言以柔为事"，与朱熹的说法不同。

象曰：睽，火动而上，泽动而下，二女同居，其志不同行。说而丽乎明，柔进而上行，得中而应乎刚，是以小事吉。天地睽而其事同也。男女睽而其志通也。万物睽而其事类也。睽之时用大矣哉。

睽卦上卦是离，下卦是兑。离为火，兑为泽。火动而上，泽动而下，那就是睽。"二女同居"，离是中女，兑是少女，处于一卦之中，是二女同居了。"其志不同行"，程《传》说："女之少也同处，长则各适其归。"长大了就出嫁了。各适其归，其志不同，这是就睽字来讲的。"说而丽乎明"，离，丽也。丽明是就兑来讲的。"柔进而上行，得中而应乎刚"，六五在上，所以上行。五居中得正，"应乎刚"，下与九二相应，九二是刚爻，故叫"应乎刚"。"丽乎明"，"柔进而上行"，"得中而应乎刚"，这几条长处，归纳起来，便得"小事吉"。《周易折中》按语讲："盖明乎当睽之时，有此数善，是以小事吉；亦唯因睽之时，故有此数善，而唯小事吉也。"

推广开来讲，天地是睽的，但其事是同的，天地相感而成四时，生万物。同样的道理，"男女睽而其志通也。万物睽而其事类也"。睽不要看成是不好的。如果用之得当，其时用大矣哉。这是把睽推广开来讲，从中能看出很多问题。

象曰：上火下泽，睽。君子以同而异。

君子学这一卦，应该能够以同而异。同而异的说法，我看与和而不同是一个意思。是讲和的，不是讲同的。和与同不是相同的。和同问题，《国语》上讲过，《左传》上也讲过。晏子讲和同问题，从音乐上讲，从饮食上讲，证明同是不行的。从音乐上讲是这样呀，五音和才好听。如果管弦乐都是一种乐器，那还有人听吗？同中要有异，都一样不行。所以同异的问题是个大问题。睽卦主要讲同异问题，而且提出来"以同而异"，和而不同。我看这里面包含有辩证法。

初九，悔亡，丧马勿逐自复，见恶人无咎。

程《传》说："夫合则有睽，本异则何睽？"本来就异，那里还有睽呢？初九与九四皆阳，不是应爻。然而同德相与，虽都是阳爻，也没问题。好像丧马，不用追，马自己会回来的。"见恶人无咎"，王申子说："方睽之时，其睽未深，马之失也未远。恶人睽间之情未甚也。失马逐之则愈逐愈远，恶人激之则愈激愈睽。故勿逐而听其自复，见之而可以免咎也。处睽之初，其道当如此。不然，睽终于睽矣。"郑汝谐说："居睽之初，在卦之下，必安静以俟之，宽裕以容之，睽斯合矣。丧马勿逐，久则自复，安静以俟之也。睽而无应，无非戾于己者，拒绝之则愈戾，故宽裕以容之也。合睽之道，莫善于斯。"《周易折中》按语说："此爻所谓不立同异者也，不求同，故丧马勿逐。不立异，故见恶人。然唯居初处下，其睽未甚者，用此道为宜耳。立此心以为之本，然后随所处而变通也。"

象曰：见恶人，以辟咎也。

九二，遇主于巷，无咎。

九二与六五是应爻。程《传》说："在睽乖之时，阴阳相应之道衰，而刚柔相戾之意胜。学《易》者识此，则知变通矣。故二五虽正应，当委典以相求也。"遇主于巷，委曲以求。巷，委曲之途。遇，会逢之谓。《周易折中》按语讲的对："《春秋》之法，备礼则曰会，礼不备则曰遇。睽卦皆言遇，小事吉之意也。又，礼君臣宾主相见，皆由庭以升堂。巷者，近宫垣之小径。故古人谓循墙而走，则谦卑之义也。谦逊谨密，巽以入之，亦小事吉之意也。"

象曰：遇主于巷，未失道也。

六三，见舆曳，其牛掣，其人天且劓，无初有终。

应与上九一爻合着看。我看这样的事有没有，可怀疑。后边有车曳，前边有牛掣，人嘛天且劓，上边髡了，鼻子也受刑了。程《传》说："三以正应在上，欲进与上合志，而四阻于前，二牵于后。"六三本来与上九合志，而处九四、九二之间，四阻于前，二牵于后。"牛掣"，程《传》说："车牛，所以行之具也。舆曳，牵于后也，牛掣，阻于前也。在后者，牵曳之矣；当前者，进者之所力犯也。故重伤于上，为四所伤也。其人天且劓。天，髡首也。劓，截鼻也。三从正应，而四隔止之。三虽阴柔，处刚而志行，故力进以犯之，是以伤也。天而又劓，言重伤也。三不合于二与四。睽之时，自无合义，适合居刚守正之道也。其于正应，则睽极有终合之理。"所以无始有终，最后还是合的。开始受二阳爻的阻隔，是无初；最后必与上六合，是有终。

象曰：见舆曳，位不当也。无初有终，遇刚也。

六三阴爻居阳位，位不当。遇刚也，遇上九。与上九相遇，所以虽然初未合，最终还是合的。程《传》说："以六居三，非正也。非正则不安。又在二阳之间，所以有如是艰厄，由位不当也。无初有终者，终必与上九相遇而合，乃遇刚也。"胡瑗说："无初有终遇刚也者，言初为上之见疑，然终则知已之诚而与之应，是六三所遇，得刚明之人也。"就是说，上九开始时怀疑，最后终于理解了六三之诚，而与之合。

九四，睽孤，遇元夫，交孚，厉无咎。

睽孤，无应爻。遇元夫，谁遇元夫呢？是初九遇元夫。初九与九四虽不是阴阳相应，但是同德相应。遇元夫，交孚，虽然危厉，也无咎。孔颖达说："元夫谓初九也。处于卦始，故云元。"程《传》说："四与初皆以阳处一卦之下，居相应之位，当睽乖之时，各无应援，自然同德相亲，故会遇也。同德相遇，必须至诚相与。交孚，各有孚诚也。上下二阳以至诚相合，则何时之不能行，何危之不能济，故虽处危厉而无咎也。当睽离之时，孤居二阴之间，处不当位，危且有咎也。以遇元夫而交孚，故得无咎也。"朱子《本义》讲的也很清楚。什么叫睽孤呢？谓无应，无应交。遇元夫，谓得初九。交孚，谓同德相信。讲的很简明易懂。

象曰：交孚无咎，志行也。

六五，悔亡，厥宗噬肤，往何咎。

六五的宗是谁呢？是九二。六五与九二是容易相合的，像噬肤一样，往何咎呢？程《传》说："六以阴柔当睽离之时而居尊位，有悔可知。然而下有九二刚阳之贤与之为应，以辅翼之，故得悔亡。"

象曰：厥宗噬肤，往有庆也。

项安世说："二以五为主，而委曲以入之，巷虽曲而通诸道，遇主于巷，将以行道，非为邪也。五以二为宗而亲之，二、五以中道相应，当睽之时，其间也微而易合，如肤之柔，噬之则入，岂独无咎，又将有庆。二五阴阳正应，故其辞如此。"

上九，睽孤，见豕负涂，载鬼一车。先张之弧，后说之弧。匪寇婚媾，往遇雨则吉。

"睽孤"，程《传》说："上九有六三之正应，实不孤，而其才性如此，自睽孤也。""见豕负涂，载鬼一车"这是什么呢？因为它心里有疑惑。六三本来阴爻，上九是阳爻，是能合的。但是他看她像猪，背上还有泥。载鬼一车，并没有鬼，是怀疑，是猜想。因为怀疑，先张弧，要射箭。后来说之弧，箭不射了。知道他匪寇婚媾。六三并不是寇而是婚媾。"往遇雨"，遇雨是阴阳合了，阴阳合则吉。程《传》说："然居睽极，无所不疑。其见三如豕之污秽，而又背负泥涂，见其可恶之甚也。既恶之甚，则猜成其罪恶，如见载鬼满一车也。鬼本无形，而见载之一车，言其以无为有，妄之极也。物理极而必反。以近明之，如人适东，东极矣，动则西也。如升高，高极矣，动则下也。既极则动而必反也。"以后也就解开了，不疑了。丘富国说："上本与三应，不孤也。睽极而疑生，故亦曰睽孤。豕鬼皆指三也。上睽疑而未敢亲近乎三，如见豕背之负泥涂，又如载鬼满于一车之中。始焉致疑则张弧，终焉释疑则说弧。知其匪为寇仇，乃我之婚媾也。自此以往，阴阳和畅，向之疑心群起者，至此尽冰释而亡矣。"

象曰：遇雨之吉，群疑亡也。

孔颖达说："群疑亡者，往与三合，如雨之和。向之见豕见鬼，张弧之疑，并消释矣，故曰群疑亡也。"

《周易折中》总论引吴曰慎的话说："六爻皆取先睽后合之象，初之丧马自复，即四之睽孤遇元夫也。二之遇主于巷，即五之厥宗噬肤也。三之无初有终，即上之张弧遇雨也。合六爻处睽之道而言，在于推诚守正，委曲含弘，而无私意猜疑之蔽，则虽睽而必合矣。"这样讲，我看很好。玩其辞，这个上九还是好理解的。有的人故意说得不好理解。

第十五讲 蹇卦 解卦 损卦 益卦

蹇☶艮下坎上

上坎为水，下艮为山，水山蹇。《序卦》说"睽者乖也，乖必有难，故受之以蹇。"蹇的意思就是难。

蹇，利西南，不利东北，利见大人，贞吉。

这是说从社会历史看，如有这种情况，应该怎么办？蹇利西南，不利东北，西南、东北，大家讲的不一样。我看依《说卦》讲，坤为西南，艮为东北，还是有根据的，还是好的。这个西南、东北，《周易折中》按语解为西方、南方和东方、北方。我不同意。我觉得把西南作为坤，把东北作为艮，就是指两隅而言，也就是两个隅，就是按西南隅和东北隅讲，不要讲成西方、南方、东方、北方。我不同意《周易折中》按语的讲法。我看旧说还是可从的。王弼说："西南，地也；东北，山也。之平则难解，之山则道穷。"王弼的这个讲法我看是好的。程《传》和朱子《本义》的解释与王弼一致。这个讲法我看还是对的。程《传》说："西南坤方，坤地也，体顺而易。东北艮方，艮山也，体止而险。在蹇难之时，利于顺处平易之地，不利止于危险也。处顺易则难可纾，止于险则难益甚矣。"这是讲为什么利西南，不利东北。这样讲，我看是好的。"利见大人"，程《传》说："蹇难之时，必有圣贤之人则能济天下之难，故利见大人也。济难者，必以大正之道，而坚固其守，故贞则吉也。凡处难者，必在乎守贞正。设使难不解，不失正德，是以吉也。若遇难而不能固其守，入于邪滥，虽使苟免，亦恶德也。知义命者不为也。"这是解利西南不利东北，利见大人，贞吉。

象曰：蹇，难也。险在前也。见险而能止，知矣哉。蹇利西南，往得中也。不利东北，其道穷也。利见大人，往有功也。当位贞吉，以正邦也。蹇之时用大矣哉。

险嘛，就是坎。止嘛，就是艮。坎在上，就是"险在前"。"见险而能止"，止属艮，见险而能止，知矣哉。从思路看，蹇也不是什么好事情，象传又把它推广了。程《传》说："蹇之时，利于处平易。西南坤方为顺易，东北艮方为险阻，九上居五而得中正之位，是往而得平易之地，故为利也。五居坎险之中而谓之平易者，盖卦本坤，由五往而成坎，故但取往而得中，不取成坎之义也。方蹇而又止危险之地，则蹇益甚矣，故不利东北。其道穷也，谓蹇之极也。"这里讲五本来在坎险之中，而谓之平易，是什么意思呢？程《传》说："盖卦本坤。"是坤卦，再索而得男，谓之中男。这是乾坤交错的结果。我看程《传》的讲法很好，能发前人所未发。"利见大人，往有功也"，大人指九五。"当位贞吉以正邦也"，能够济蹇呀。"蹇之时用大矣哉"，重在时用。胡炳文说："坎、睽、蹇皆非顺境，夫子以为虽此时亦有可用者，故皆极言赞之。坎、睽释卦辞后，复从天地人物极言之，以赞其大。蹇则释卦辞以赞之而已。盖上文所谓往得中有功正邦，即其用之大者也。"《周易折中》按语不同意讲坎、艮、坤，这一点，我不同意。我认为旧解还是可从的。《周易折中》引龚焕说："蹇以见险而能止得名。故爻辞除二五相应以济外，余皆不宜往而宜止。然事无终止之理，故利西南，利见大人，以济蹇难，而诸爻皆无凶咎也。"这个讲法好。

象曰：山上有水，蹇。君子以反身修德。

初六，往蹇来誉。

卦的前边有止有险，初六以不往为好，若往就有困难，有坎险。若来就好。这叫"往蹇来誉"。程《传》有两句话我看挺好："来者对往之辞，上进则为往，不进则为来。"这两句话《朱子语类》也是很赞赏的。何楷说："此卦中言来者皆就本爻言，谓来而止于本位也，对往之辞。初六去险最远，其止最先，独见前识，正传之所谓智也。""所谓智也"是王弼的话。

象曰：往蹇来誉，宜待也。

六二，王臣蹇蹇，匪躬之故。

"王臣蹇蹇"是对九五说的。王臣蹇而又蹇，这是必济蹇的。程《传》说："志在济君于蹇难之中，其蹇蹇者非为身之故也，虽使不胜，志义可嘉。"王弼说："处难之时，当位居中，以应乎五，执心不违，志匡王室者也，故曰王臣蹇蹇，匪躬之故。"

象曰：王臣蹇蹇，终无尤也。

无尤，没有过错。

九三，往蹇来反。

往就蹇。来，下来；反，还归。九三反就二阴。二阴是初六、六二。初六与六二是柔，它们喜附于九三。程《传》说："九三以刚居正，处下体之上。当蹇之时，在下者皆柔，必依于三，是为下所附者也。三与上为正应，上阴柔而无位，不足以为援，故上往则蹇也。来，下来也；反，还归也。三为下二阴所喜，故来为反其所也，稍安之地也。"

象曰：往蹇来反，内喜之也。

注疏和程《传》、朱子《本义》的解释都是一样的。孔颖达说："内卦三爻，唯九三一阳，居二阴之上，是内之所恃，故云内喜之也。"我看这样解释是对的。

六四，往蹇来连。

这一爻有两种解释。程《传》和朱子《本义》都说连是指九三来说的。程《传》说："往则益入于坎险之深，往蹇也。居蹇难之时，同处艰厄者，其志不谋而同也。又四居上位，而与在下者同有得位之正，又与三相比相亲者也。二与初同类相与者也。是与下同志，众所从附也，故曰来连。来则与在下之众相连合也。能与众合，得处蹇之道也。"朱子《本义》说："连于九三，合力以济。"程、朱的讲法我看是对的。另外一种讲法，荀爽说："蹇难之世，不安其所，故曰往蹇也，来还承五，则与"

至尊相连，故曰来连也。"把来连说成连九五，《周易折中》按语赞成荀氏的讲法。我不同意荀氏的讲法，因为《易》中来都是往下，往都是向上，没有来还是向上的。这个问题，大家还可以研究。

象曰：往蹇来连，当位实也。

程《传》说："四当蹇之时居上位，不往而来，与下同志，固足以得众矣。又以阴居阴，为得其实，以诚实与下，故能连合而下之，二三亦各得其实。"这是从以阴居阴来讲的。《周易折中》按语列举了荀爽、沈该、姜宝的说法，并同意他们的观点，即说"实"是指九五而言。我看还是程《传》的讲法好。

九五，大蹇朋来。

程《传》说："五居君位而在蹇难之中，是天下之大蹇也。当蹇而又在险中，亦为大蹇。大蹇之时，而二在下，以中正相应，是其朋助之来也。方天下之蹇而得中正之臣相辅，其助岂小也！"

象曰：大蹇朋来，以中节也。

孔颖达说："得位履中，不改其节，则同志者自远而来，故曰朋来。"

上六，往蹇来硕，吉，利见大人。

项安世说："上六本无所往，特以不来为往耳。初六本无所来，特以不往为来耳。"这样解释往来，我看挺好。"利见大人"，指九五讲的。程《传》说："六以阴柔居蹇之极，冒极险而往，所以蹇也。不往而来，从五求三，得刚阳之助，是以硕也。蹇之道厄塞穷蹙。硕，大也，宽裕之称。来则宽大，其蹇纾矣。蹇之极有出蹇之道。下六以阴柔，故不得出，得刚阳之助，可以纾蹇而已。在蹇极之时，得纾则为吉矣。非刚阳中正，岂能出乎蹇也。利见大人，蹇极之时，见大德之人，则能有济于蹇也。大人谓五，以相比发此义。五刚阳中正而居君位，大人也。在五不言其济蹇之功，而上六利见之，何也？曰，在五不言，以其居坎险之中，无刚阳之助，故无能济蹇之义。在上六蹇极而见大德之人，则能济于蹇，故为利也。各爻取义不同。"

象曰：往蹇来硕，志在内也。利见大人，以从贵也。

程《传》说："上六应三而从五，志在内也。蹇既极而有功，是以硕而吉也。六以阴柔当蹇之极，密近刚阳中正之君，自然其志从附以求自济。故利见大人，谓从九五之贵也。所以云从贵，恐人不知大人为指五也。"苏轼说："内与贵皆五之谓。"

<h2>解䷧坎下震上</h2>

上震为雷，下坎为水，雷水解。解读谢音。《序卦》说："蹇者难也，物不可以终难，故受之以解。"

解，利西南，无所往，其来复吉，有攸往，夙吉。

孔颖达引褚氏说："世有无事求功，故诫以无难宜静。亦有待败乃救，故诫以有难须速也。"没有难时宜静，不要无事求功，当有难时要速，不要等败以后才救。我看"无所往，其来复吉"，这就是无难宜静。"有攸往，夙吉"，这就是有难须速。

象曰：解，险以动，动而免乎险，解。解利西南，往得众也。其来复吉，乃得中也。有攸往夙吉，往有功也。天地解而雷雨作，雷雨作而百果草木皆甲坼。解之时大矣哉。

下边是水，水险。上边是雷，雷动。雷动在险之外，所以是动而免乎险。这是解释卦名。"解利西南，往得众也"，《说卦》说，坤为众。朱子《本义》说："坤为众，得众谓九四入坤体。得中有功，皆指九二。"西南坤方，坤为众，所以往得众也。这么讲，我看是好的，因为《说卦》是说坤为众的。"其来复吉，乃得中也"，这就是功啊！九二，我看从蹇、解两易卦来说，蹇、解反对，蹇是坎在上，解是坎在下。"天地解而雷雨作，雷雨作而百果草木皆甲坼。解之时大矣哉"，这又是推广来讲了。天地解雷雨作，到春天了，雷雨作了，百果草木的甲都坼开了。"解之时大矣哉"，是赞扬解的。

象曰：雷雨作，解。君子以赦过宥罪。

赦过宥罪，看来君子是指在位的人讲的。

初六，无咎。

程《传》说："六居解初，患难既解之时，以柔居刚，以阴应阳，柔而能刚之义。既无患难，而自处得刚柔之宜。患难既解，安宁无事，唯自处得宜，则为无咎矣。方解之初，宜安静以休息。爻之辞寡，所以示意。"郭雍说："处解之初，得无往其来复吉之义，故无咎也。"胡炳文说："恒九二悔亡，大壮九二贞吉，解初六无咎。三爻之占只二字，其言甚简。象在爻中，不复言也。"

象曰：刚柔之际，义无咎也。

程《传》说："初四相应，是刚柔相际接也。刚柔相际，为得其宜。难既解而处之，刚柔得宜，其义无咎也。"

九二，田获三狐，得黄矢，贞吉。

田是田猎，田猎中捕获三只狐。狐在此是指小人，亦即卦中三阴爻。黄是中色，矢是直的意思。这样嘛，就是贞吉。《周易折中》引何楷说："天下之难，率自小人始。欲解天下之难者，必有以处小人然后可。"何楷以为三狐是指小人说的。

象曰：九二贞吉，得中道也。

得黄矢就是得中道。黄者中也，矢者直也。中而且直，是九二的特点。

六三，负且乘，致寇至，贞吝。

《系辞传》里讲了这一爻。《系辞传》说："子曰，作《易》者，其知盗乎？《易》曰：'负且乘，致寇至。'负也者，小人之事也。乘也者，君子之器也。小人而乘君子之器，盗思夺之矣。上慢下暴，盗思伐之矣。慢藏诲盗，冶容诲淫。《易》曰：'负且乘，致寇至。'盗之招也。"

负，背东西，是小人的事情。乘，乘车，是君子的事情。负且乘，古代男子乘车，站立不坐。背着东西立在车上。小人而乘君子乘的车，盗一看不像君子，就要下手抢夺了。所以负且乘，致寇至。"上慢下暴，盗思伐之矣。"慢藏，不好好地藏。这就等于教盗行盗。冶容，就是诲淫。这是《系辞传》对"负且乘，致寇至，盗之招也"这一爻的解释。《周易折中》引胡瑗说："六三以不正之质，居至贵之地，是小人在君子之位也，故致寇盗之至，为害于己而夺取之。然而小人得在高位者，盖在上之人慢其名器，不辨贤否而与之，以至为众人所夺，而致寇戎之害也。"《周易折中》按语说："《系辞传》释此爻云'盗思夺之'者，夺负乘之人也。又曰'盗思伐之'者，非伐负乘之人，乃伐上慢下暴之国家也。"这一点说的我看挺好。夺是夺负乘之人，伐不是伐负乘之人，是伐上慢下暴之国家。按语又说："盖上褒其名器，则是上慢，如慢藏之诲盗。下肆其贪窃，则是下暴，如冶容之诲淫。夫是以贼民兴而国家受其害，难又将何时而解乎！"这是讲"负且乘，致寇至"。贞吝，贞也是吝的。

象曰：负且乘，亦可丑也。自我致戎，又谁咎也。

咎由自取，那怨谁呀。

九四，解而拇，朋至斯孚。

拇指初爻。《周易折中》引刘牧说："拇谓初也。居下体之下而应于己，故曰拇。"又引何楷说："解，去小人之卦也。卦唯二四两阳爻，皆任解之责者。而，汝也。拇，足大指也。九四居近君之位，苟昵近比之小人而不解，则君子之朋虽至，彼必肆其离间之术矣。""解而拇"，解你的大脚趾，去掉周边的小人，朋必然都来了。若不这样，你亲近小人，不让小人都离开，那么，朋也就都不会来。

象曰：解而拇，未当位也。

"未当位也"，有个说法。郑汝谐说："四之所自处者不当，宜小人之所附丽也。必解去之，然后孚于其朋。朋，刚阳之类。拇，在下之阴。"

六五，君子维有解，吉，有孚于小人。

程《传》说："六五居尊位，为解之主，人君之解也。以君子通言之，君子所亲比者，必君子也。所解去者，必小人也。故君子维有解则吉也。小人去，则君子进矣。吉孰大焉。有孚者，世云见验也。可验之于小人。小人之党去，则是君子能有解也。小人去，则君子自进，正道自行，天下不足治也。"胡炳文说："卦唯四、五言解。四能解小人，可以来君子。五能解小人，亦可验其能为君子。"郑汝谐说："益之戒曰，任贤勿贰，去邪勿疑。如使世之小人皆信上之所用者必君子，而所解者必小人，则必改心易虑，不复有投隙抵巇之望。唯未孚于小人，此小人所以犹有觊幸之心也。五，解之主也，以其阴柔，故有戒意。"《周易折中》按语说："郑氏说有孚于小人，与传义（程《传》与朱子《本义》）异，而其理尤精。盖朋至斯孚者，君子信之也。有孚于小人者，小人亦信之矣。君子信，故乐于为善，小人信，故化而不为恶。往往国家有举措，而小人未革心者，未信之也。信则枉者直，而不仁者远矣。"

象曰：君子有解，小人退也。

上六，公用射隼于高墉之上，获之，无不利。

这个隼也是指小人说的。程《传》说："上六，尊高之地，而非君位，故曰公。但据解终而言也。隼，鸷害之物。象为害之小人。墉，墙，内外之限也。害若在内，则是未解之时也。若出墉外，则是无害矣，复何所解。故在墉上，离乎内而未去也。云高，见防限之严而未去者。上，解之极也。解极之时，而独有未解者，乃害之坚强者也。上居解极，解道已至，器已成也，故能射而获之。既获之，则天下之患，解已尽矣，何所不利。夫子于《系辞》复伸其义。曰：隼者，禽也；弓矢者，器也；射之者，人也。君子藏器于身，待时而动，何不利之有？动而不括，是以出而有获，语成器而动者也。"括当结字讲。程《传》说，括，"括结，谓阻碍"。动而不括，这个意思，我看还是按程《传》解为好。解卦主要是说如何去小人。隼是小人中的强者，必须除去这个强的小人。"射隼于高墉之上，获之，无不利"，孔子在这里解释为君子藏器于身，待时而动。《周易折中》引王申子说："隼指上，以其柔邪谓之狐，以其阴鸷谓之隼。上以阴柔处震之极，而居一卦之上，是阴鸷而居高者。解之既极，尚何俟乎，故获之无不利。"王氏这个解释，我看是好的。

象曰：公用射隼，以解悖也。

损䷨兑下艮上

《序卦》说："解者缓也，缓必有所失，故受之以损。"解卦与损卦之间的必然联系好像不那么明显。《序卦》中有些卦之间的必然联系很明显，有的就不那么明显，甚至看起来有些牵强。这是事实，我们不能否认。过去叶适、康有为说《序卦》肤浅，不是完全没有道理的，但是我们看问题应该看主要方面。从《序卦》的主要方面来看，卦与卦之间的必然联系是存在的。但它的排列顺序是人为的，也确实难免有牵强的地方。我们只是说，它的排列反映出作《易》者的一定的思想，即事物互相联系的思想，不必一定要求它每一卦都是这样。

损，有孚，元吉，无咎，可贞，利有攸往。曷之用，二簋可用享。

象曰：损，损下益上，其道上行。损而有孚，元吉，无咎，可贞，利有攸往。曷之用，二簋可用享。二簋应有时，损刚益柔有时，损益盈虚，与时偕行。

"损，损下益上"，怎么叫"损下益上"？那就是把内卦看成乾，把外卦看成坤，怎么变成损了呢？内卦乾的第三爻，阳爻变为阴爻了。外卦坤的第三爻，阴爻变为阳爻了。从这个意义来说，是损下益上。损卦的六三谈到"三人行则损一人，一人行则得其友”，实际上也是谈这个问题。苏轼、程颐讲卦变，认为各卦全是从乾坤两卦变来的。这个思想看来是对的。乾纯刚，坤纯柔，以下各卦都是刚柔交错形成的。从损卦的结构意义来看，也是这样。所以《系辞传》讲“乾坤《易》之蕴”，“乾坤《易》之门”，也就是说，《易经》的安排，本来就是这样，并不是穿凿附会。应当这样认识。

卦辞整段话中最重要的是“有孚”，所以彖传讲“损而有孚”。孚是信，如果你的损为多人所信，这样就符合人心。这个损可以得元吉，可以无咎，也可贞，也可以利有攸往。这个“有孚”很重要。彖传说：“损下益上，其道上行。”此卦之所以名损，因为这是损下益上。这个卦的上爻，就是把乾的第三爻放在坤的第三爻，坤的第三爻放到乾的第三爻。这是损下益上，损刚益柔。有的人发挥这个问题，以为《易经》讲这个损，是损下益上。从政治上说，损下益上，叫损；损上益下，叫益。对人民搜刮太多了，损下益上了，这是损。《周易折中》引蔡清说：“损下益上，利归于上也，故曰其道上行。下损则上不能独益矣，卦所以为损也。”讲的很明白。又引林希元说：“损下益上，下损则上亦损，故曰其道上行。道者损之道也。”讲的更明白了。《周易折中》按语不完全采用蔡、林之说，显然它有立场问题，它是站在剥削阶级的立场讲话的。

“曷之用，二簋可用享”，古代簋是盛黍稷稻粱的。最多的用八簋，其次用四簋，用二簋是最简的了。二簋，表示很简约的意思。簋的形制问题，过去的解释也不同。有人说簋是圆形的，簠是方的。有人说簋是里边圆外边方。现在考古方面得出的形状也不完全一样。过去许慎、郑玄二人的解释正相反，不一样。这里是讲，孚诚是最根本的，不在于东西怎么多。曷之用，二簋可用享。心若诚敬，用二簋也足够了。

彖传说“二簋应有时”，《易经》特别着重这个“时”字。“损刚益柔有时”，“损益盈虚，与时偕行”。应当损的时候损，应当益的时候益。不是损就一定好，也不是益就是一定好，要与时偕行。《易经》《易传》很强调这个"时"字。孟子说"孔子，圣之时者也"，也是强调孔子的这个特点。我们读《易经》《易传》，很明显，会发现它最强调"时"字。第一个就是"时"字，其次强调"中"，再次强调"正"，强调"顺"，强调"应"。这是孔子作《易传》从《易经》中发掘出来的，是辩证法的思想。这里讲的"二篇应有时"，"损刚益柔有时"，这个"时"我看符合辩证法。形而上学是不会强调"时"的。"时"字是灵活的，不是死的。我们学习《易经》，对于这一点应特别注意。

象曰：山下有泽，损。君子以惩忿窒欲。

君子学了损卦，应该这样：惩忿窒欲。孔颖达说："惩者，息其既往；窒者，闭其将来。惩窒互文而相足也。"忿这个东西是不好的。如果打仗，有忿那是不行的。一朝之忿，而遗终身之忧。苏东坡《留侯论》说："匹夫见辱，拔剑而起，挺身而斗，此不足为勇也。天下有大勇者，卒然临之而不惊，无故加之而不怒。"有忿应当惩。惩是止的意思。窒欲，有各种私欲也是不好的，要窒，以闭其将来。惩忿窒欲也是很重要的一个修养。有忿要惩，不要一朝之忿而遗终身之忧。欲要窒，养心莫善于寡欲。从儒家的整个思想来看，不是禁欲的，只主张寡欲。这里边看起来也有"时"的问题，也有正与不正的问题，欲一味地禁也不行。

初九，已事遄往，无咎，酌损之。

"已事"的讲法，程《传》与朱子《本义》不一样。《本义》说"辍所为之事而速往以益之"，认为这是讲初九与六四两爻相应的关系。所做的事情要停下来。程《传》不这样讲，程《传》说："事既已则速去之，不居其功，乃无咎也。"事情已经做完，不是没做完而中途停止。孔颖达《疏》："竟事速往，乃得无咎。"与程颐的讲法一样。我看，"已事"的解释应从程、孔之说。孔颖达说："损之为道，损下益上，如人臣欲自损己奉上，然各有职掌，若废事而往，咎莫大焉。竟事速往乃得无咎。酌损之者，以刚奉柔，初未见亲也，故须酌而减损之。"初九是刚，六四是柔。初九损自己而益六四，损刚益柔，已事遄往，赶快去。这个"损"要"酌"，要斟酌。

象曰：已事遄往，尚合志也。

这个"上"就是六四，因为六四和它合作，所以它可以已事遄往。遄，速。

九二，利贞，征凶，弗损益之。

程《传》说："守其中乃贞也。"意思是说，不要征，要守。朱子《本义》说："志在自守，不肯妄进，故占者利贞，而征者凶也。"九二对六五，九二本身没有损，没有损也能对六五有所益，所以叫"弗损益之"。林希元说："夫自守而不妄进，宜若无益于上矣，然由是而启时君尊德乐道之心，止士大夫奔竞之习，其益于上也不少，是弗损乃所以益之也。桐江一丝，系汉九鼎，清风高节，披拂士习，可当此爻之义。"严子陵不做汉光武的官，没什么益，可实际益处很大。桐江一丝能系汉九鼎。

象曰：利贞，中以为志也。

九二是中，这是强调"中"，因为九二居中，所以能弗损而益之。

六三，三人行则损一人，一人行则得其友。

程《传》说："损者，损有余也。益者，益不足也。三人谓下三阳、上三阴。"损卦原来是下三阳，乾。上三阴，坤。"三阳同行，则损九三以益上。三阴同行，则损上六以为三。"朱子《本义》与程《传》讲的不大一样。《本义》说："下卦本乾，而损上爻以益坤。三人行而损一人也。"《本义》的讲法好一些。因是损下益上，损刚益柔。程《传》讲三阳又讲三阴，看来和爻辞的意思不合。我同意《本义》之说。《本义》专就乾来讲，是对的。《本义》然后又说："一阳上而一阴下，一人行而得其友也。两相与则专，三则杂而乱。卦有此象，故戒占者当致一也。"这个"致一"，是根据《系辞传》讲的。《系辞传》说："天地细缊，万物化醇，男女构精，万物化生。《易》曰：'三人行，则损一人。一人行，则得其友。'言致一也。"这里边主要强调这个"二"。程《传》说："初、二，二阳；四、五，二阴。同德相比，三与上应，皆两相与，则其志专，皆为得其友也。三虽与四相比，然异体而应上，非同行者也。'三人则损一人，一人则得其友'，盖天下无不二者。一与二相对待，生生之本也。三则余而当损矣。此损益之大义也。"这里强调二，强调天地，强调男女。程《传》又说："夫子又于《系辞传》尽其义曰：'天地细缊，万物化醇……'细缊，交密之状。天地之气，相交而密，则生万物之化醇。醇，谓浓厚，浓厚犹精一也。男女精气交构，则化生万物。唯精醇专一，所以能生也。一阴一阳，岂可二也。故三则当损，言专致乎一也。天地之间当损益之明且大者，莫过此也。"这个意思应依程《传》的说法理解。而"三人行则损一人"，则应按朱子《本义》的解释。三人指乾的三阳。损一人，这个"一人"益上卦坤的第三爻。三人损一人，剩二人了。

象曰：一人行，三则疑也。

程《传》说："一人行而得一人，乃得友也。若三人行，则疑所与矣。理当损去其一人，损其余也。"

六四，损其疾，使遄有喜，无咎。

"损其疾"，六四应当减损它的不善。六四与初九相应，如果它能损去自己不好的地方，而且损得迅速、及时，初九就可以与之来往，能有喜无咎。程《传》说："四以阴柔居上，与初之刚阳相应，在损时而应刚，能自损以从刚阳也，损不善以从善也。初之益四，损其柔而益之以刚，损其不善也。故曰'损其疾'。疾谓疾病，不善也。损于不善，唯使之遄速，则有喜而无咎。人之损过，唯患不速。速则不至于深过，为可喜也。"这样讲是可以的。

象曰：损其疾，亦可喜也。

六五，或益之，十朋之龟弗克违，元吉。

"十朋之龟"，解释也不一样。有人说这个"龟"就是《洪范》"龟从筮从"的"龟"。这就是鬼神不能违背，释为卜筮用的龟。这是一种讲法。再一种是朱子《本义》的讲法。《本义》说："两龟为朋，十朋之龟，大宝也。"这是当作货币来讲。程《传》的解释属于前一种讲法，即说"十朋之龟"即龟策之龟。《周易折中》所引，不少是前一种意见，与程《传》一致。我看"十朋之龟"应依朱子《本义》讲，因为这里有"十朋"，有这个数字。查慎行说："古者以贝为货，两贝为一朋。"《汉书·食货志下》："元龟岠冉长尺二寸，直二千一百六十，为大贝十朋。"这个还是对的。十朋之龟，用现代语言说，就是有很多钱。有人给你十朋之龟，你也不能违背，这就能得元吉。

损卦下三爻强调损，上三爻强调益。

象曰：六五元吉，自上祐也。

这个"自上祐"解释也有不同。有人解释成上爻。查慎行说："五之祐，盖自上来也。"这样讲还好一些。

上九，弗损益之，无咎，贞吉，利有攸往，得臣无家。

下卦三爻都是损己益人，而上九是弗损，不损下以益己。不但不损下，还要益于人，所以得无咎，贞吉，利有攸往。上九与六三相应。"得臣无家"，那就是说，在上能益于下边，下边得到上边的好处，很普遍，得到好处的人很多。

程《传》说："凡损之义有三，损己从人也，自损以益于人也，行损道以损于人也。损己从人，徙于义也。自损益人，及于物也。行损道以损于人，行其义也。各因其时，取大者言之。四、五二爻，取损己从人。下体三爻，取自损以益人。损时之用，行损道以损天下之当损者也。上九则取不行其损为义。九居损之终，损极而当变者也。以刚阳居上，若用刚以削损于下，非为上之道，其咎大矣。若不行其损，变而以刚阳之道益于下，则无咎而得其正且吉也。如是则宜有所往，往则有宜矣。在上能不损其下而益之，天下孰不服从？从服之众，无有内外也。故曰'得臣无家'。'得臣'，谓得人心归服；'无家'，谓无有远近内外之限也。"大意是说，上爻以不损而益之人。这样能得到臣，得到人心的归附。王肃说"万方一轨"，意犹"四海为家"，"得臣无家"有这样意思。

《周易折中》按语说："九二之弗损，谓损己。益之，谓益人。此爻之弗损，谓损人。益之，谓益己。辞同而旨异者，卦义损下益上，故在下卦为自损，在上卦为受益。"这段话讲的挺好，值得注意。九二与上九都说"弗损益之"，但两爻的意思不一样。

象曰：弗损益之，大得志也。

程《传》说："居上不损下而反益之，是君子大得行其志也。君子之志，唯在益于人而已。"

益䷩震下巽上

《序卦》说："损而不已必益，故受之以益。"

益，利有攸往，利涉大川。

利于有所行动，有所作为，利于做大事情。故程《传》说："益者，益于天下之道也。故利有攸往，益之道可以济险难，利涉大川也。"这一卦正好与损卦相反。益是损上益下，损是损下益上。

象曰：益，损上益下，民说无疆。自上下下，其道大光。利有攸往，中正有庆。利涉大川，木道乃行。益动而巽，日进无疆。天施地生，其益无方。凡益之道，与时偕行。

还是重在一个"时"字。损上益下，上边是乾，把乾的最下边一爻放在下卦坤的最下一爻。把坤的最下一爻放在乾的最下一爻。这就是损上益下，损刚益柔。损上益下，自然是民说无疆了。这个叫作益。"利有攸往，中正有庆"，指的是九五和六二两爻。"利涉大川，木道乃行"，这个"木"字，程《传》认为错了，应当是"益道乃行"。但从《说卦》来看，巽为风又为木。朱震说："利涉大川，言木者三，益也，涣也，中孚也。皆巽也。"好几个地方这样讲，那就是说，这个"木道"不能认为是错了。我们还是应按原义来讲。有巽，巽为木嘛，所以能涉川。"天施地生"，还是说上卦是乾，下卦是坤，然后损上益下。这样讲"天施地生"，是合适的。过去没有根据卦画讲，不见得对。

象曰：风雷益，君子以见善则迁，有过则改。

初九，利用为大作，元吉，无咎。

卦辞讲"利涉大川，利有攸往"，能做出大的事情，大的事业。《朱子语类》说："初九在下，为四所任而大作者，必尽善而后无咎。若所作不尽善，未免有咎也。"

象曰：元吉无咎，下不厚事也。

因初九在下，不应有大作，所以必须元吉才可无咎，尽善了才无咎。

六二，或益之，十朋之龟，弗克违，永贞吉。王用享于帝，吉。

这与损卦讲的一样。"或益之"，或就是有，有人给你十朋之龟，弗克违，你能够永贞吉。王用这个可以享于帝，吉。朱子《本义》说："六二当益下之时，虚中处下，故其象占与损六五同。然爻位皆阴，故以永贞为戒，以其居下而受上之益，故又为卜郊之吉占。"享于帝，朱子认为是卜郊，是祭祀上帝的。

象曰：或益之，自外来也。

程《传》说："众人自外来益之矣。"孔颖达说："自外来者，明益之者从外而来，不召而至也。"

六三，益之，用凶事，无咎。有孚，中行告公用圭。

查慎行在《周易玩辞集解》中引林黄中的话解释"凶事"，说："凶事有三，有札瘥之政，有死丧之礼，有甲兵之事。歉岁曰凶。益之时，损上益下，其为凶荒札瘥之政乎？"查氏又引了《周礼》上讲的一些事情，把"用凶事"解释为凶岁凶年，政府采取措施救灾。这样用凶事，自然无咎。我看查氏这样讲是对的。

"有孚，中行告公用圭"，古代用圭、璋作为信物。有的人见这里有"中行"二字，就联系到春秋时代晋国的中行氏，就说《易经》的出现不会早于春秋。这是毫无根据的。《易经》中的"中行"与春秋时代中行氏无关。

象曰：益用凶事，固有之也。

查慎行说："象曰'固有之也'，积储本以备荒，如旅师聚粟，遗人委积之类，本民间固有之物，不用更求益也。"查氏所讲，与别人不一样。我看这样讲还是通的。

六四，中行告公从，利用为依迁国。

益卦净是讲些特殊的事。"为依迁国"，在古代是最大的事情。《周易折中》按语说："迁国，大事也。亦即卦之所谓利有攸往，利涉大川者也。"六四要告公迁国之意，公必然依从。吴曰慎说："四正主于益下者，然非君位，不敢自专，必告于公也。中行则见从矣。"

象曰：告公从，以益志也。

龚焕说："六四之告公，以益民为志，故得见从也。"

九五，有孚惠心，勿问元吉。有孚，惠我德。

"有孚"，有诚意。"惠心"，心有惠，对人民有益，那就不用问，一定得元吉。有孚，为人所信，能够惠我德。蔡清说："惠心，惠下之心也。惠我德，下惠我之德也。而皆有孚，上感而下应也。有孚之施于下者，在我只为心，自下之受此施者目之，则为德矣，实非有二也。"这样解释比较好。

象曰：有孚惠心，勿问之矣，惠我德，大得志也。

上九，莫益之，或击之，立心勿恒，凶。

"莫益之"，居于上，没有人益他，倒是有人击他，因为他立心勿恒。这是凶的。

象曰：莫益之，偏辞也。或击之，自外来也。

《周易折中》所引各家及程《传》、朱子《本义》都把"偏辞"释为偏。这样解释是不对的，《经典释文》说："偏辞，偏音篇，孟作遍，云周匝也。"我看《经典释文》说得对，这个字应当是遍，而不是偏。与莫字合起来看，"莫益之"，就是普遍都不益他，谁也不益他。这样讲，比较通，也比较好讲。若用偏字解释，挺费力，还解释不明白。

第十六讲 夬卦 姤卦 萃卦 升卦

夬☰乾下兑上

《序卦》说："益而不已必决，故受之以夬。"

夬，扬于王庭。孚号有厉。告自邑，不利即戎。利有攸往。

夬，五阳决去一阴。五阳决去一阴，应该说是容易的。但是一阴居上，那就不简单了。所以首先要扬于王庭，声罪正辞，宣布小人的罪状。"孚号有厉"，"孚号"是扬于王庭，得到群众的信任。"有厉"是心怀危惧。"告自邑"告自己的邑。"不利即戎。利有攸往"，是不尚威武，但仍要前进。可见虽然是五阳去一阴，还是要谨慎。

象曰：夬，决也。刚决柔也。健而说，决而和。扬于王庭，柔乘五刚也。孚号有厉，其危乃光也。告自邑，不利即戎，所尚乃穷也。利有攸往，刚长乃终也。

尚戎，尚武。尚武，则穷也。不尚武，像程《传》所说："不宜专尚刚武。""利有攸往，刚长乃终也"，为什么"利有攸往"呢？五阳长，就可以成为纯刚，成为乾了，那才"终"了。所以这一步还是得往前走，"刚长乃终也"。吴曰慎说得好："复利有攸往，譬如平地之一篑，故喜其进而曰刚长也。夬利有攸往，譬如九仞之尚亏一篑，故恐其止而曰'刚长乃终也'。"

象曰：泽上于天，夬。君子以施禄及下，居德则忌。

"施禄及下"好解释，"居德则忌"不好解释。查慎行讲，"居德"与"施禄"是相反的。他说："居者，吝而不施也。人君当施泽于下，不当居德于上。居德乃人君所最忌者。"这个解释。我看是比较通的。

初九，壮于前趾，往不胜，为咎。

夬卦与大壮卦有点相似。大壮卦上边两个阴爻，夬是一个阴爻。壮是前进的意思，初九要前进，但是要有胜利的把握；若不胜，就是咎了。

象曰：不胜而往，咎也。

九二，惕号，莫夜有戎，勿恤。

惕号，号呼，表示警惕。莫，暮。虽然暮夜有戎，也不要忧，不要害怕，因为有准备了。程《传》说："夬者，阳决阴，君子决小人之时，不可忘戒备也。"

象曰：有戎勿恤，得中道也。

九三，壮于頄，有凶。君子夬夬，独行遇雨，若濡，有愠，无咎。

朱子《本义》说："頄，颧也。九三当决之时，以刚而过乎中，是欲决于小人而刚壮见于面目也。如是则有凶道矣。"君子夬之又夬，独行遇雨，九三与上六正应，《本义》又说："然在众阳之中，独与上六为应，若能果决其决，不系私爱，则虽合于上六，如独行遇雨，至于若濡，而为君子所愠。然终必能决去小人而无所咎也。"上六是阴，是小人，和九三又相应，他们就像遇雨，九三受到上六的玷污，故愠怒，但独行遇雨。君子夬夬，没有什么，终得无咎。《本义》讲得是好的。

王安石说："九三乾体之上，刚亢外见，壮于頄者也。夬夬者，必乎夬之辞也。应乎上六，疑于污也，故曰若濡。君子之所为，众人固不识，若濡则有愠之者矣。和而不同，有夬夬之志焉，何咎之有？"这段话讲得比较好。

何楷说："上六为成兑之主，泽上于天，故称雨。以其适值而非本心也，故称遇。本非濡也，而迹类之，故称若。或观其迹而不察其心也，故称有愠。"他这个解释也挺好。

象曰：君子夬夬，终无咎也。

九四，臀无肤，其行次且。牵羊悔亡，闻言不信。

"臀无肤"，臀没有肉了，走起路来次且，很难走。程《传》说："臀无肤，居不安也；行次且，进不前也。次且，进难之状。"表示九四还是要前进的。

"牵羊悔亡,闻言不信",方应祥说:"羊还是九四,羊性善触,不至羸角不已。圣人教以自牵其羊,抑其很性,则可以亡悔矣。"自牵其羊,偶而有很,这样可以悔亡。这个意思也是"壮烦之凶"之意。

《周易折中》按语:"苟能制其刚壮如牵羊然,则可亡其悔。特恐当此时也,闻持重之言而不信耳。"这样讲,就把这句话讲明白了。

象曰:其行次且,位不当也。闻言不信,聪不明也。

九五,苋陆夬夬,中行无咎。

"苋陆"程《传》与朱子《本义》都解作马齿苋。郑汝谐引《本草》释苋陆说:"苋陆,《本草》云,一名商陆,其根至蔓,虽尽取之,而旁根复生,小人之类难绝如此。"《朱子语类》说:"苋陆是两物。苋者,马齿苋。陆者,草陆,一名商陆,皆感阴气多之物。"程《传》说:"苋陆,今所谓马齿苋是也,曝之难乾,感阴之多者也,而脆易折。"这是说九五对上六一阴,应当夬夬然,要把它折去。九五是中行,能得到中行,无咎。

项安世说:"夬夬者,重夬也。当夬者,上六也。三应之,五比之,嫌其不能夬也,故皆以夬夬明之。三谓之遇雨,五谓之苋陆,皆与阴俱行者也。比于阴而能自决以保其中,故可免咎。"讲的比较好。

象曰:中行无咎,中未光也。

张载说:"阳近于阴,不能无累,故必正其行,然后无咎。"《周易折中》按语:"张子之说极是,盖因中未光,故贵于中行,非谓虽中行而犹未光也。"并不是中行不好,是说中行可贵。

上六,无号,终有凶。

最后这一爻,不要号呼,终究还是凶的。程《传》说:"阳长将极,阴消将尽,独一阴处穷极之地,是众君子得时,决去危极之小人也。其势必须消尽,故云无用号嘀畏惧，终必有凶也。"这个解释挺好，挺明白。还有人说，《易》为君子谋，不为小人谋，以为上六爻辞这样讲，好像替小人谋了。我看这个说法不可取。程《传》与朱子《本义》在此按字面意义来解释，是对的。

象曰：无号之凶，终不可长也。

姤☰☰巽下乾上

姤在《经典释文》上是这个"遘"字，马王堆出土的《易经》也是这个"遘"，《杂卦》里也用这个"遘"。遘，遇也，古人称不期而遇曰遘。诸侯之间的会盟，也有一种不期而会的"遘"。姤卦的姤，也就是遇，不期而会的意思。因为前卦是夬，夬上爻一变而为乾。现在姤一阴生，阴生而遇刚，有不期而会的意思。

姤，女壮，勿用取女。

孔颖达解释"女壮"为"一女而遇五男"，"为壮至甚"。朱熹说"一阴而遇五阳"。但是程《传》不这样说，程《传》说："一阴始生，自是而长，渐以盛大，是女之将长壮也。"程《传》讲的好。一阴生，二阴生，三阴生，阴长阳消，这是不好的，故曰"勿用取女"。

象曰：姤，遇也。柔遇刚也。勿用取女，不可与长也。天地相遇，品物咸章也。刚遇中正，天下大行也。姤之时义大矣哉。

"柔遇刚"，就是一阴生。"勿用取女，不可与长也"，勿用取女，因为女壮。程《传》长读长久之长，是对的。遇，很正常，天地相遇，天地交感，生出万物。"品物咸章"，万物咸生，万物畅茂。"刚遇中正"，刚指九五，九五中正。阳得位，所以天下大行。遇，该怎么看？遇不是坏事，是符合规律的。这有个时义在里面。朱子《本义》说："几微之际，圣人所谨。"这句话有意思。"天地相遇"，要从两方面看，一方面是正常的，一方面姤里面也有不好的含义，所以说"姤之时义大矣哉"。

象曰：天下有风，姤。后以施命诰四方。

称后称先王，说明《易经》是为统治阶级服务，为当时的政治服务的。

初六，系于金柅，贞吉。有攸往，见凶。羸豕孚蹢躅。

初六，阴爻在下。"系于金柅"，防止阴长。柅是止车之物。系有牵制之义。若前进的话，则见凶。"羸豕"，很瘦的豕，指阴。"孚蹢躅"，还要跳跃，还要前进，还要发展。

象曰：系于金柅，柔道牵也。

牵，程《传》说"引而进也"，往前拉。孔《疏》："柔道牵者，阴柔之道，必须有所牵系也。"这是说是往回拉，不是往前拉。《周易折中》姤九三小象按语说："《易》中言牵者，自小畜至此，皆当为牵制之义。"牵制它，使它不能往前走。程《传》讲得不对。这个"牵"字很重要。

九二，包有鱼，无咎，不利宾。

鱼在《易》中是代表阴的。《周易折中》引李开说："剥之贯鱼，姤之包有鱼，皆能制阴者也。"鱼是对初讲的。程《传》说："二与初密比，相遇者也。在他卦则初正应于四，在姤则以遇为重。"包有牵制之义。"包有鱼"，可以，但不利于外，不利于宾。程《传》说："宾，外来者也。不利宾，包苴之鱼，岂能及宾，谓不可更及外人也。"《周易折中》引陆希声说："不正之阴与刚中之二相比，能包而有之，使其邪不及于外。"《周易折中》按语说："制阴之义，不取诸九四之相应，而取诸九二之相比者，阴阳主卦，皆以近比者为亲切，而处之又有中有不中焉。故复六四之独复，亦不如六二之休复之为美也。"

象曰：包有鱼，义不及宾也。

《周易折中》引吴曰慎说："九二既包有鱼，则当尽其防制之责，以义言之，不可使遇于宾也。若不制而使遇于宾，则失其义矣。"

九三，臀无肤，其行次且，厉，无大咎。

《周易折中》引李简说："居则臀在下，故困初六言臀，行则臀在中，故夬姤三四言臀。""臀无肤"，有行的意思。《周易折中》按语说："臀无肤之义，与夬四同。其行次且，志欲制阴也。非其位任而欲制之，有危道焉，然于义则无咎。"制阴还是好的嘛。

象曰：其行次且，行未牵也。

九四，包无鱼，起凶。

九二包有鱼，九四包无鱼，吴曰慎说："九三以不遇阴而无大咎，上九以不遇阴而无咎。四则包无鱼起凶，何也？盖初六本其正应，当遇而不遇故也。"

象曰：无鱼之凶，远民也。

《周易折中》按语："九四因与阴相应，故恶而欲远之。正如夬三壮于頄之意，徒欲远之而不能容之制之，此所以包无鱼也。君子之于小人也，唯其能容之，是以能制之。不能容之，则彼自绝矣。欲以力制，不亦难乎？《书》曰'民可近不可下'，此之谓也。"《周易折中》九四爻辞按语又说："四与初正应，当制阴之任者也，然不能制之而为包无鱼之象，何也？曰，此与夬之九三同。当决阴制阴之任，而德非中正，故一则刚壮而怀愠怒，一则疾恶而胥绝远。无包容之量，无制服之方故也。"此与小象"远民也"意同。

九五，以杞包瓜，含章，有陨自天。

这句话不好讲，各家认识不一致。《周易折中》引俞琰说："含即包之谓。其初含蓄不露，一旦瓜熟蒂脱，自杞坠地，故曰含章有陨自天。"胡炳文说："鱼与瓜皆阴物。二与初遇，故包有鱼。五与初无相遇之道，犹以高大之杞，而包在地之瓜也。"这与程《传》所说"杞高木而叶大。处高体大而可以包物者，杞也。美实之在下者，瓜也"说法相同。胡炳文又说："然瓜虽始生而必溃。九五阳刚中正，能含晦章美静以待之。是虽阴阳消长，时运之常，而造化未有不可回者。""有陨自天"，俞琰"一旦瓜熟蒂脱，自杞坠地"的解说好，结合胡炳文说，我看可取。程《传》讲得不对。

象曰：九五含章，中正也。有陨自天，志不舍命也。

程《传》以为舍是违的意思。"不舍命"是不违天命，亦即不违规律。

上九，姤其角，吝，无咎。

角最尖，故在上。《周易折中》按语说："此爻亦与夬初反对，皆与阴绝远者也。不与阴遇，不能制阴，故可吝（这是一方面）。然非其事任也，故无咎（这是另一方面）。此如避世之士，不能救时，而亦身不与乱者也。"讲得通达。

程《传》第一句"至刚而在最上者，角也。九以刚居上，故以角为象"，讲得还可以。

象曰：姤其角，上穷吝也。

《周易折中》按语说："不与阴遇虽无咎，然君子终以不能济时为可羞，为其身在事外，所处之穷故尔。"

萃☷☱坤下兑上

《序卦》说：姤者遇也，物相遇而后聚，故受之以萃。"

萃，亨。王假有庙。利见大人，亨，利贞。用大牲，吉。利有攸往。

程《传》与朱子《本义》都以为萃下之"亨"字是衍文，此说"有根据。《经典释文》等好几种本子都没有这个"亨"字，只有王肃的本子有"亨"字，王弼《注》

用了王肃本，所以有这个"亨"字。象传就没有讲亨字。假音格，作至讲。"有庙"就是庙。有，如有虞氏、有夏之有，无意义。古有大事，必于庙中祭祀，取秉承先人意志办事之意。如何聚合天下人，必有庙，还有大人，还要正，才能聚合天下人，才有利。

彖曰：萃，聚也。顺以说，刚中而应，故聚也。王假有庙，致孝享也。利见大人，聚以正也。用大牲，吉，利有攸往，顺天命也。观其所聚，而天地万物之情可见矣。

下卦是坤，坤是顺。上卦是兑，兑是说，所以叫"顺以说"。上卦九五与下卦六二是正应，所以叫"刚中而应"。"王假有庙，致孝享也"，庙有祢、祖、曾、高，王有始祖庙。一般的祭祀活动都在祢庙。"致孝享"这话有政治意义。大人指统治阶级代表人物。"聚以正"，不正则不能聚。"顺天命"，这是孔子的发挥。程颐用宋儒的天理来解释天命。"观其所聚，而天地万物之情可见"，不仅是社会，不仅是国家，整个儿的宇宙天地有这么一个意义，这样才叫聚。《周易折中》引胡炳文说："咸之情通，恒之情久，聚之情一。然其所以感，所以恒，所以聚，则皆有理存焉。如天地圣人之感，感之理也。如日月之得天，圣人之久于道，恒之理也。萃之聚以正，所谓顺天命，聚之理也。"其实这个理就是天命，就是规律。

象曰：泽上于地，萃。君子以除戎器，戒不虞。

朱子《本义》说："除者，修而聚之之谓。"

初六，有孚不终，乃乱乃萃，若号。一握为笑，勿恤，往无咎。

《周易折中》引王宗传说："初之于四，相信之志，疑乱而不一也。然居萃之时，上下相求，若号焉，四必说而应之，则一握之顷，变号啕而为笑乐矣。谓得其所萃也。故戒之曰勿恤，又勉之曰往无咎。"

象曰：乃乱乃萃，其志乱也。

六二，引吉，无咎。孚乃利用禴。

“引吉”，谁来牵引，吉？六二与九五正应。《周易折中》引张载说：“能自持不变，引而后往，吉乃无咎。凡言‘利用禴’，皆诚素著白于幽明之际。”

象曰：引吉无咎，中未变也。

六三，萃如嗟如，无攸利，往无咎，小吝。

《周易折中》引俞琰说：“萃之时，利见大人。三与五非应非比，而不得其萃，未免有嗟叹之声，则无攸利矣。既曰无攸利，又曰往无咎。三与四比，则其往也，舍四可乎？三之从四，四亦巽而受之，故无咎。第无正应而近比于四，所聚非正，有此小疵耳。”又引吴澄说：“与二阴萃于下而上无应，故嗟叹不得志。虽无应而比近九四之阳，苟能往而上求九四，则可无咎。”此二人讲法可取。

象曰：往无咎，上巽也。

上，是哪个上？各家解释不同。程《传》说是上六。《周易折中》引虞翻说：“动之四，故上巽。”引郑汝谐说：“下二阴皆萃于阳矣，三独无附，故咨嗟怨叹而无攸利。虽然，当萃之时，下欲萃于上，上亦欲下之萃于我。三不以无应之故，能往归于上，虽小吝而亦可以无咎。上非上六，谓在上之阳也。”吴澄认为“上巽也”之上指九四，是对的。

九四，大吉，无咎。

《周易折中》引项安世说：“无尊位而得众心，故必大吉而后可以无咎。如益之初九，在下位而任厚事，亦必元吉而后可以无咎也。”九五是君位，九四是臣位。胡炳文说：“比卦五阴，皆比五之一阳。萃四阴，皆聚归五与四之二阳。五曰萃有位，以见四之萃非有位也。无尊位而得众心，非大吉安能无咎？”

象曰：大吉无咎，位不当也。

九五，萃有位，无咎，匪孚。元永贞，悔亡。

《周易折中》引王宗传说：“五，萃之主也。当萃之时为萃之主，莫大于有其位；尤莫大于有其道，有是位而无是道，则天下不我信者亦众矣，故曰匪孚。谓天下之人容有言曰，上之人但以位而萃我也，而其道则未至也，故必元永贞而后悔亡。"

象曰：萃有位，志未光也。

龚焕说："五有其位者也。徒有其位，故人或匪孚，此志之所以未光也。"

上六，赍咨涕洟，无咎。

"赍咨涕洟"，就是哭泣叹息，解释也不一样。程《传》说："六说之主，阴柔小人，说高位而处之。天下孰肯与也，求萃之人莫之与，其穷至于赍咨而涕洟也。"朱子《本义》说法不同，它说："处萃之终，阴柔无位，求萃不得，故戒占者必如此而后可以无咎也。"程《传》把上六说坏了，朱熹没说坏。《周易折中》引黄淳耀说："上乃孤孽之臣子也，萃极将散，而不得所萃，乃不得于君亲者。'赍咨涕洟'四字，乃极言怨艾求萃之情，故终得萃而无咎。"把上六看成孤臣孽子。《周易折中》按语说："方氏黄氏之说得之，盖不止孤臣孽子，乃放臣屏子之伦也。方氏以比上相照亦是。然比上直曰凶，此则赍咨涕洟而无咎者，比象有后夫凶之辞，故遂以上六当之。此象有利见大人之辞，正与蹇卦同例，故尚有积诚求萃之理也。"黄氏之说是对的，程《传》之说不对。

升☷☴巽下坤上

《序卦》说："萃者聚也，聚而上者谓之升，故受之以升。"

升，元亨。用见大人，勿恤。南征，吉。

《周易折中》按语说："卦直言元亨而无他辞者，大有、鼎也。虽有他辞而非戒辞者，升也。历选《易》卦，唯此三者。盖大有与比相似，然所比者，阴也，民也，所有者，阳也，贤也。鼎与井相似，然往来井井者民也，大烹以养者贤也。升与渐相似，然渐者，贤之有所需待而进者也，升者贤之无所阻碍而登者也。《易》道莫大于尚贤，而贤人得时之卦，莫盛于此三者，故其象皆曰元亨，而无戒辞也。"程《传》说："南征，前进也。"代渊说："尊爻无此人，故不云利见。"

象曰：柔以时升。巽而顺，刚中而应，是以大亨。用见大人，勿恤，有庆也。南征吉，志行也。

"刚中而应"指九二与六五相应。"南征"，向前进。"柔以时升"指什么？《周易折中》按语说："柔以时升之义，或主四言，或主五言，或主上体之坤而言。"有这么一些分歧。朱子《本义》以卦变讲。龚焕说："象传柔以时升，似指六五而言，非谓卦变，故下文言刚中而应，亦谓二应五也。"程《传》认为："以二体言，柔升谓坤上行也。"有三种说法了。《周易折中》又是一种说法，它说："升象曰柔以时升，明阴道自下以达于上也。然则柔以时升云者，尤当以初六之义为重。"认为"柔以时升"者，不是四，不是五，也不是上体的坤，而是初六。加起来，共四种说法。我看初六的说法还是可取的。地中生木，木是为主的，还是一个初爻。胡炳文说："木之生也，一日不长则枯。德之进也，一息不慎则退。必念念谨审，事事谨审。其德积小高大，当如木之升矣。"木之升，指初六，还是对的。

象曰：地中生木，升。君子以顺德，积小以高大。

巽在《说卦》里为木为风。从卦画看，巽在坤下，有地中生木之象。君子学此卦，要顺德，要积小以成高大。

初六，允升，大吉。

《周易折中》引何楷说："初六巽主居下，犹木之根也。而得地气以滋之，其升也允矣。所以为升者，巽也。所以为巽者，初也。大吉孰如之。"解释得比较好。

象曰：允升大吉，上合志也。

上指什么？程《传》认为是指九二。《周易折中》引吕大临认为上指上体三阴。

吕大临说："初六以柔居下，当升之时，柔进而上，虽处至下，志与三阴同升，众之所允，无所不利，故曰允升大吉。"《周易折中》按语认为吕氏之说对。我看吕氏之说确实对。

九二，孚，乃利用禴，无咎。

《周易折中》引张清子说："萃六二以中虚为孚，而与九五应。升九二以中实为孚，而与六五应。二爻虚实虽殊，其孚则一也。孚则虽用禴而亦利，故二爻皆曰孚乃利用禴。象言刚中而应，指此爻也。"讲得挺好。

象曰：九二之孚，有喜也。

九三，升虚邑。

朱子《本义》说："阳实阴虚，而坤有国邑之象。九三以阳刚当升时，而进临于坤，故其象占如此。"程《传》以为："以是而升，如入无人之邑，孰御哉？"《周易折中》按语说："诸爻皆有吉利之占，三独无之。则升虚邑者，但言其勇于进而无所疑畏耳。方升之时，故无凶咎之辞，然终不如二五之中，初四之顺也。九三过刚，与柔以时升之义反，故其辞非尽善。"不是全好，也有不足之处。

象曰：升虚邑，无所疑也。

六四，王用亨于岐山。吉，无咎。

岐山，周文王初时所居。程《传》讲："四，柔顺之才，上顺君之升，下顺下之进，己则止其所焉。"这里边有深意。

象曰：王用亨于岐山，顺事也。

六四是顺，指什么？指岐山还是指纣？朱子《本义》说："以顺而升，登祭于山之象。"

六五，贞吉，升阶。

正而得吉。程《传》说："五以下有刚中之应，故能居尊位而吉。然质本阴柔，必守贞固，乃得其吉也。若不能贞固，则信贤不笃，任贤不终，安能吉也。"这样讲，是可以的。"升阶"怎么讲？程《传》讲："阶，所由而升也。任刚中之贤，辅之而升，犹登进自阶，言有由而易也。"朱子《本义》讲："阶，升之易者。"这样讲，不怎么令人满意。《周易折中》引李元量说："贞吉升阶，升而有序，故以阶言之。谓宾主以揖逊而升者也。"李氏强调升而有序。熊良辅讲"以顺而升，如历阶然"，还是有序。其实，升阶就是升到阶上。历阶而升，主宾各有道，升阶而到堂，已经升上去了。六五已升到高处了，这就是"升阶"。

象曰：贞吉升阶，大得志也。

"大得志也"，就是升阶。《周易折中》按语说："自初而升，至此而升极矣。"

上六，冥升，利于不息之贞。

冥升与冥豫，当然不是好的意思。《周易折中》引徐之祥说："豫上乐极，故冥豫。升上进极，故冥升。"利于不息之贞，不全坏。《周易折中》按语说："利于不息之贞，其戒亦与唯用伐邑之义同。皆勤于自治，不敢以盛满自居者也。"不是讲坏。程《传》讲"小人贪求无已之心"是讲坏。

象曰：冥升在上，消不富也。

"消不富"这句话也是不好讲的。程《传》说："昏冥于升极，上而不知已，唯有消亡，岂复有加益也。不富，无复增益也。升既极，则有退而无进也。"胡瑗说："上六既不达存亡之几，以至于上位，固当消虚自损，不为尊大，以自至于富盛也。"这讲的是消富，消不富没有讲。《周易折中》按语说："胡氏之说善矣，然不曰'不息之贞，消不富也'，而曰'冥升在上'者，以在上明其位势之满盛，故当以自消损为贞也。"还是一个消和不富的问题，好像是相同的，其实应该不同。"消富"好讲，"消不富"不好讲。我没有想好，大家研究吧。

困卦 井卦 革卦 鼎卦

困☵坎下兑上

《序卦》说："升而不已必困，故受之以困。"这句话有点道理，但不是那么明显，看来《序卦》确实有些地方牵强。

困，亨。贞大人吉，无咎。有言不信。

彖曰：困，刚揜也。险以说，困而不失其所亨，其唯君子乎！贞大人吉，以刚中也。有言不信，尚口乃穷也。

象曰：泽无水，困。君子以致命遂志。

泽水困，上是兑，下是坎。大象从坎为水兑为泽来谈，泽水困。彖传从卦画来讲，故曰"困，刚揜也"。就是说，几个阳爻都被阴爻揜盖，从这个意义上说，它是困。这就看出来，一个卦的彖辞、彖传和大象从根本上说是一致的，但是这里边还是有很多特点的。大象好像自成体系，它与卦辞、爻辞不能说没有关系，但是这个关系不是紧密的。此卦卦名是困，为什么叫困，解释有两种。一是大象的解释，一是彖传的解释。一个认为泽无水，一个认为刚揜蔽。从卦辞来看，"困，亨。贞大人吉，无咎。有言不信"，也就是说，在困的时候怎样怎样。孔颖达说："困者，穷厄委顿之名。道穷力竭，不能自济，故名为困。"穷困，但是有亨，困而能亨，能通，也还能贞。彖传从另一角度解释。彖传从卦画看，这一卦下边是坎，坎是险。上边是兑，兑是说。从这里看，"险以说，困而不失其所亨，其唯君子乎"，彖传是这样讲的。坎是险，是陷，但是又能说，"险以说"，因为一个六画卦是由两个三画卦组成的。在困时，还不能失其所亨，还能通。那就是说，有的能亨有的不能亨，有的不失其所亨有的失其所亨。那么，不失其所亨的，"其唯君子乎"！正如孔子所说："君子固穷，小人穷斯滥矣。"处困之道，有的是君子，有的是小人。只有君子处困之时，才能亨，才能"险以说"。

卦辞里还有"贞大人吉，无咎"的话，这怎么来的呢？彖传说："贞大人吉，以刚中也。"是就这一卦的卦画来讲的。九五、九二都是刚爻，还都得中。"刚中"就是卦的九五、九二两爻。因为此卦有刚中，所以贞大人吉无咎。"有言不信"，在困的时候，如果你有言，人家也不相信，所以彖传说："有言不信，尚口乃穷也。"在困的时候，你靠自己申辩，越讲越不好。

"困，亨。贞大人吉，无咎。有言不信""，这是卦辞，也叫彖辞。"困，刚揜也"以下是彖传。彖传是孔子作的，是解释彖辞即卦辞的。解释卦辞为什么这样说，它是怎么来的。

大象讲："泽无水，困。君子以致命遂志。"我们讲了这么多卦，大象都是从另一个角度来谈问题的，和卦辞爻辞不一致，当然根本上是一致的，但它谈问题的角度的确不同。困卦大象说"泽无水"，那么，人在困的时候应该怎么办呢？大象回答说："君子以致命遂志。"我看这个"致命"实际上就是豁出生命。"遂志"就是兑现自己的夙愿，应该有牺牲精神，要杀身成仁，舍生取义。君子处困境，绝不苟且偷生。

初六，臀困于株木，入于幽谷，三岁不觌。

困初六是阴柔在最下，这个困就是没有办法了。臀，坐。株木，没有枝叶的木。"臀困于株木"，困于株木之下，无所荫庇，而且还入于幽谷，因为正好处在坎卦，坎是险、陷嘛。"三岁不觌"，程《传》说："终困者也。"意思就是说，长久地不能解除这个困。

象曰：入于幽谷，幽不明也。

那就是幽暗不能得到明呀。困在各个阶段，各个地位不同。在初六是这样，"臀困于株木，入于幽谷，三岁不觌"。

九二，困于酒食，朱绂方来，利用亨祀，征凶，无咎。

亨读享，不读亨。"困于酒食"，讲法不一样。特别是程《传》，讲的很多，看完以后，问题还是没有得到说明。在《周易折中》的按语里有这样的话，我们可以看一看。它说："小人以身穷为困，君子以道穷为困。卦之三阳，所谓君子也。所困者非身之穷乃道之穷也。故二五则绂服荣于躬，四则金车宠于行。然而道之不通，则其荣宠也适以为困而已矣。"我看这个讲法还挺好。它说君子小人对于困的理解不一样。小人以身穷为困。古代说君子与小人，是有阶级内容的。小人是不在位的。不在位的人怎么叫困？那就是穷嘛。没有钱花，没有出路，就穷了。君子以道穷为困。君子是在位的，做官的，没有吃不上穿不上的问题。君子所以不以身穷为困，而以道穷为困，君子要行道。困卦中有三个阳爻，三阳爻就是所谓君子。君子之困乃道之穷，非身之穷。你在位，给你俸禄，给你吃喝，你想实行自己的一套，那不行。你要行道。绂是蔽膝，是用在膝盖上的东西。朱绂，是蔽膝中高贵的，诸侯或者三公才能用朱绂。九五的赤绂，也是很尊贵的。九二与九五两爻，绂服荣于躬，表明是地位很高的人，普通人穿不上这个。九四则金车宠于行。走路坐金车，这也不是一般的人吧。它并不像九二那个荣，然而道之不通与九二是一致的，其荣宠也适以为困而已矣。道不通不能行其志，所以这个荣宠恰恰是困。九二"困于酒食，朱绂方来"，从表面上看，酒食、朱绂看不出困，而实际上正是困。这个困，与初六困于株木不一样。初六是阴爻，九二是阳爻。前者是身困，后者是道困。

"利用亨祀"，怎么讲？有的人这样讲，说这个就是孔子讲的"知我者其天乎"的意思。就是说，他的上级不知道他的困，对他不理解，那么谁知道谁理解？就只靠鬼神理解了，所以说"利用亨祀"。《周易折中》困九五集说引王应麟说："困九五曰'利用祭祀'，李公晦谓'明虽困于人而幽可感于神'，岂不人不能知，而鬼神独知之乎！愚谓孔子云'知我者其天乎'。韩子云'唯乖于时，乃与天通，不求人知而求天知，处困之道也'。"九二与九五都提到"利用亨祀"，我看只能这么讲。在当时的历史条件下，也只能如此。

"征凶，无咎"，处困的时候，要急于求亨，要有所作为，那是不行的，否则是要得凶的。不征，即不行动，还可以无咎。

象曰：困于酒食，中有庆也。

这个主要是中有庆，因为九二居中呀，有中德呀，所以有庆。不是中不能有庆的。看来困于酒食朱绂，比株木幽谷还是强的了。

六三，困于石，据于蒺藜。入于其宫，不见其妻，凶。

石是指什么？朱子《本义》，还有一些人，都认为石指九四。程《传》以为石指二阳，就是九四与九五。看起来，石指九四的说法还是有道理的。因为三与四是相比的关系，上边是个阳爻，好像个石头，阻挡着道路，使三不能进，所以说"困于石"。六三下边又是一个阳爻，九二，蒺藜指九二说。据，就像坐刺上似的。蒺藜是带刺的东西，坐在蒺藜上是不行的。把蒺藜作为九二的讲法，大家没有分歧，因为小象明白说了："据于蒺藜，乘刚也。""困于石，据于蒺藜"，前进不得，不前进也不得，进退维谷。

"入于其宫，不见其妻"，宫是指什么，妻是指什么，这个说法有一些不同。朱子《本义》说这个宫就是六三本身，妻就是阴爻六。这是一种解释。还有一种解释，《周易折中》集说引郑汝谐说："进厄于四，故困于石，退乘二之刚，故据于蒺藜。"这个他们都是一样的，可是关于宫，郑氏说"上其宫也"，宫指上六。因为六三与上六是应的关系，其宫是可入的。但是，"而以柔遇柔，非其配也，以此处困，不祥莫甚焉"。入其宫可以，你配就不行，就是不能见其妻。这是以宫为上爻的说法。《周易折中》按语说："三阴皆非能处困者。初在下，坐而困者也。三居进退之际，行而困者也。伤于外者必反其家，而又无所归，甚言妄行取困，其极如此。"

《系辞传》里有一段讲这个，《左传》里也有。《系辞传》说："《易》曰：'困于石，据于蒺藜。入于其宫，不见其妻，凶。'子曰：'非所困而困焉，名必辱；非所据而据焉，身必危。既辱且危，死期将至，妻其可得见邪？'"

象曰：据于蒺藜，乘刚也。入于其宫，不见其妻，不祥也。

九四，来徐徐，困于金车，吝，有终。

《易经》讲往来，往上是往，往下是来。那么这个"来徐徐"应指四与初。九四与初六是相应的，"困于金车"，它的困是为金车所困。虽然"来徐徐"，可是"有终"，最后的结果还是好的。对"困于金车"的解释，《周易折中》按语与程《传》、朱子《本义》不同。程《传》认为金车是九二，不对。其实"困于金车"就像九二"困于石"，是九四本身有困。"有终"是指什么来说呢？说法也不一样。小象说，"来徐徐，志在下也"。从这句话看，是指初六说的。小象又说，"虽不当位，有与也"。九四以阳居阴，不当位，但是有与，因为有与才有终。可是这个有与是谁呀，这个问题的讲法也是不一样的。程《传》说有与是讲它有应爻，下边的初六与九四正应。《周易折中》引苏浚和何楷说，何楷说："五为近比，则四之所与者。"这是说"与"是九五。九五与九四相比，这里不看应不应，而看比不比。程《传》与苏、何氏的解释不同，我看苏、何之说可从。

象曰：来徐徐，志在下也。虽不当位，有与也。

九五，劓刖，困于赤绂，乃徐有说，利用祭祀。

这句话这样就有很大问题了。从字面上看，这个劓是割鼻子，肉刑。刖也是肉刑，施之于脚。程《传》说："截鼻曰劓，伤于上也。去足为刖，伤于下也。上下皆揜于阴，为其伤害，劓刖之象也。"程《传》这种讲法，看起来是很难通的。解劓为截鼻，解刖为刑足，是对的。讲伤上伤下，总是勉强，这就是文字上的问题了。王弼就用劓刖这两个字。程颐、朱熹以及以后的人都用这两个字，不敢改。实际上不该这么讲。我们看《经典释文》，荀爽王肃本，劓刖作臲卼，解释为"不安貌"。《释文》引郑玄说"劓刖当为倪伔"。惠栋《周易述》就是用郑玄说，把这两字作为倪伔，是不安的意思。这样解释可能是依字音定的。臲、刖，大概是一个音，因为《庄子·德充符》说"鲁有兀者王骀"。兀者，刖也。庄子称刖足者为兀。所以困卦九五"劓刖"这两个字，应该说毫无疑义是"臲卼"。"臲卼"这两个字写法又有不同。譬如《书·秦誓》"邦之阢陧"，写成"阢陧"，也可以。王弼把劓刖两字从字面意义上看，解成去足，截鼻，是错误的，被宋儒继承下来了。宋儒不大搞文字。清人重汉学，讲究文字考据，因此惠栋把这两个字弄明白了。这一点是可取的。按王弼、程《传》的讲法，忽然间来个割鼻子去脚的，真是不好理解。所以我们断定王弼、程颐、朱熹的讲法是错误的。应该根据荀爽、王肃、郑玄等人的解释，读成臲卼，意思就是不安。

"劓刖，困于赤绂，乃徐有说，利用祭祀"，说读如悦，因为此卦上体是兑。但是，这个说字到底应读如悦还是读如别的，很难说。这个说字历来有悦、说、脱几种读法。这里是不是可以读如脱呢？读如脱，不一定对。读如悦是有根据的。若读如脱，"乃徐有说"，就是摆脱困境。是不是这样，请大家继续研究。"利用祭祀"，与九二之"利用亨祀"是一样的。

象曰：劓刖，志未得也。乃徐有说，以中直也。利用祭祀，受福也。

我认为说应读如脱。

上六，困于葛藟，于臲卼。曰动悔有悔，征吉。

葛藟，程《传》说是"缠束之物"，"臲卼，危动之状"，实际上，这个臲卼与九五的劓刖应该是一个词儿。为葛藟为臲卼，这是在卦之上六，要变了。不是在下卦时候的困了，不是入于幽谷，三岁不觌了，而是动悔。程《传》说："动辄有悔。""有悔，咎前之失也。曰，自谓也。若能曰如是动皆得悔。当变前之所为，有悔也。能悔，则往而得吉也。”这就是说，能改正过失，还是能得吉的。《周易折中》引项安世说：“此象所谓尚口乃穷也。若能断葛藟而不牵，辞臲卼而不居，行而去之，吉孰加焉。”又引徐几说：“震无咎者存乎悔。困已极矣，有悔则可出困而征吉。困穷而通，其谓是夫？”

象曰：困于葛藟，未当也。动悔有悔吉，行也。

程《传》说：“为困所缠而不能变，未得其道也，是处之未当也。知动有得悔，遂有悔而去之，可出于困，是其行而吉。”《周易折中》引陆希声说：“行而获吉，故曰变乃通也。”我看这个解法也就可以了。

井䷯巽下坎上

困卦不好解释，井卦比较好解释。《序卦》说：“困乎上者必反下，故受之以井。”这个说法也有点牵强。看井卦，上边是坎，坎为水；下边是巽，巽为木。彖传释卦名说：“巽乎水而上水，井。”巽入于水下，而上其水，这是井。大象说：“木上有水，井。”木上有水，就下巽上坎两卦之象解释卦名。

井，改邑不改井。无丧无得，往来井井。汔至亦未繘井，羸其瓶，凶。

“改邑不改井”，井打成之后就成井了，一般来说不能断。邑就不同，人居住的地方是容易改变的。邑变了，井还是依旧。“无丧无得”，井这个东西是无丧无得的，如程《传》所说：“汲之而不竭，存之而不盈。”井，人们不断地汲水，它还是不见水少。人们不汲水，它的水也不见满盈。“往来井井”，往来的人都用这个井。“汔至亦未繘井”，繘就是绠，亦即汲水用的绳子。用绳子打水，水还没完全打上来，这时“羸其瓶，凶”。羸，朱子《本义》当败讲，就是坏了。有人当捞讲。我看朱熹的讲法还是可从的。瓶是汲水的陶罐。打水打到中途，汲水的陶罐坏了，这不是凶嘛!

象曰：巽乎水而上水，井。井养而不穷也。改邑不改井，乃以刚中也。汔至亦未繘井，未有功也。羸其瓶，是以凶也。

井养人是无穷的。井里的水，你打了之后还有，不见少。"改邑不改井"，从卦画上看，是刚中的。九二与九五两爻是阳爻居中嘛。"汔至亦未繘井，未有功也"，打水没打上来，瓶就坏了，是没有功，是以凶。这是彖传对卦辞的解释。《易经》井卦，讲的实际上就是井，就是人们饮水的那个井。井的意思，从养人这一点说，就是养。井，养人，养而不穷。郑康成说："井以汲人，水无空竭，犹人君以政教养天下，惠泽无穷也。"把井养人的意义引到政治上，引到人君以政教养天下上。别人也有讲到这上面的。《周易折中》按语也透露出这样的意思。我看没有这个必要，就从井养人来讲就行了，不必和王者政教一起来讲。

象曰：木上有水，井。君子以劳民劝相。

劳民，养民。相，相助。

初六，井泥不食，旧井无禽。

把这个卦完全作为井来看待。"井泥不食"，井不能用不能吃了。"旧井无禽"，旧井，禽兽也不喝它的水。

象曰：井泥不食，下也。旧井无禽，时舍也。

弃井，人们不用它了。

九二，井谷射鲋，瓮敝漏。

九二以刚阳之才而居下，上边没有应，它只能比于初。井这一卦，应该向上才好，而九二只能在下。"井谷射鲋"，谷是井底出水的穴。鲋的解释不同，有人说是鲫鱼，有人说是蛤蟆。井中之泉水少，仅够射鲋的。射，注。"瓮敝漏"是就人在井上汲水而言。瓮坏了，漏了，井里的水汲不上来。就是说，井里的水还是吃不到。

象曰：井谷射鲋，无与也。

无与，九二上无应援。程《传》说："井以上出为功。二阳刚之才，本可济用，以在下而上无应援，是以下比而射鲋。若上有与之者，则当汲引而上，成井之功矣。"上无应援，上边是九五，九五与九二都是阳爻，故无应。

九三，井渫不食，为我心恻，可用汲。王明，并受其福。

渫，治，就像淘井似的，把井里的脏东西都清除出去。这个井已经渫治过了，水清洁可食了，但是还不用不吃。"为我心恻"，在心里对它怜恻。这井里的水是可汲而食的。如果王明的话，一定会任用九三这个贤才的，那对大家是都有好处的。

象曰：井渫不食，行恻也。求王明，受福也。

朱子《本义》说："行恻者，行道之人皆以为恻。"这样讲行恻，我看是对的。《周易折中》引蔡清说："'为我心恻'，我指旁人，所谓行恻也，非谓九三自恻也。可用汲，带连'王明并受其福'，皆恻之之辞也。"这个讲法，我看还是好的。《周易折中》按语说："不曰明王而曰王明，乃恻者祈祷之辞。言王若明，则吾侪并受其福矣。"这些讲法我看都挺好。小象这段话的意思是说，井水干净而不用，多可惜！

六四，井甃无咎。

甃，砌累，修治。"井甃"，井修治了。朱子《本义》说："以六居四，虽得其正，然阴柔不泉，则但能修治而无及物之功，故其象为井甃。"

象曰：井甃无咎，修井也。

井经过修治，虽不能起多大的作用，但井自身因此不至于废弃，所以无咎。

九五，井冽，寒泉食。

井修好了，水可以吃了。这井水清凉甜美，可食呀。《周易折中》引易祓说："三与五皆泉之洁者。三居甃下，未汲之泉也，故曰不食。五出乎甃，已汲之泉也，故言食。"

象曰：寒泉之食，中正也。

上六，井收勿幕，有孚元吉。

收是汲水，幕是井盖。井上边不要盖着，让人们随便来汲水。有孚就是有水。《周易折中》按语说："勿幕，谓取之无禁，所谓往来井井者也。有孚，谓有源不穷，所谓无丧无得者也。此爻得备卦之义者，巽乎水而上水，至此爻则上之极也。"

象曰：元吉在上，大成也。

我们看《周易折中》井卦总论："李过曰：'初井泥，二井谷，皆废井也。三井渫，则渫初之泥。四井甃，则甃二之谷。既渫且甃，井道全矣。故五井洌而泉寒，上井收而勿幕。功始及物，而井道大成矣。'丘富国曰：'先儒以三阳为泉，三阴为井，阳实阴虚之象也。九二言井谷射鲋，九三言井渫不食，九五言井洌寒泉。曰射，日渫，曰洌，非泉之象乎？初六言井泥不食，六四言井甃无咎，上六言井收勿幕。曰泥，曰甃，曰收，非井之象乎？以卦序而言，则二之射，始达之泉也；三之渫，已洁之泉也；五之洌，则可食之泉矣。初之泥，方掘之井也；四之甃，已修之井也；上之收，则已汲之井也。又以二爻为一例，则初二皆在井下，不见于用，故初为泥，而二为谷。三四皆在井中，将见于用，故三为渫而四为甃。五上皆在井上，而已见于用矣，故五言食而上言收。'"这个讲法挺好。

革 ䷰ 离下兑上

《序卦》说："井道不可不革，故受之以革。"程《传》说："井之为物，存之则秽，易之则清洁，不可不革者也，故井之后受之以革者也。"这个"革"，用我们今天的眼光来看，就是讲革命了。这对我们很有启发。

革，已日乃孚，元亨，利贞，悔亡。

程《传》说："革者，变其故也。变其故则人未能遽信，故必已日，然后人心信从。"这个"已"，也有人念作巳（sì）。我看念已（yǐ）还是好的。李简说："已日者，已可革之时也。"看来古人对革命，也不是看得很容易的。

彖曰：革，水火相息，二女同居，其志不相得，曰革。已日乃孚，革而信之；文明以说，大亨以正；革而当，其悔乃亡。天地革而四时成，汤武革命，顺乎天而应乎人，革之时大矣哉！

"革，水火相息，二女同居，其志不相得，曰革"，这是就卦画来解释卦名。泽火革。上边是兑，兑为泽；下边是离，离为火。这个卦叫作革。坎是水，泽也是水，但泽与坎不同。坎是流水，是动的。泽水是不动的，是死水。胡炳文说："坎之水，动水也。火不能息之。泽之水，止水也。止水在上而火炎上，故息。"水火两个是相息的。我们现在常说水火不相容，是矛盾的。这有革的意思。另外，这个卦下体是离，离为中女。上体是兑，兑为少女。中女与少女在一起，二女同居，其志不相得，所以不免有相克之事。

"已日乃孚，革而信之"，已日以后，你的革就得到人们的信任，相信你。革对了，其悔乃亡。所以革不见得一定就好。你若革对了就好。若革不对，那就可能是反革命。王莽也变法，王莽的革能叫革命吗？恐怕不能叫革命。

"革而当，其悔乃亡"，这个说法还是有道理的。讲这个革命，革若不对，那就要后悔了。历史上的商鞅也变法，王安石也变法。有的变法变得好。有成功的经验，也有失败的经验。

孔子接着又发挥说："天地革而四时成，汤武革命，顺乎天而应乎人，革之时大矣哉！"从这个革看出来，革的意义是伟大的。古人崇天，人法天。天地是革的，由春天变成夏天、秋天、冬天。天地革而四时才成，才有四时变化。孔子在这里很明确地提出"汤武革命"。认为商汤代夏，周武王代商，是一种革命。革命这个词儿，看起来首先还是在《易经》上用的。汤武的革命，就像天地的革一样，应该说是合乎规律的。能够顺乎天而应乎人。那么这个"天"是什么？古代这个"天"是自然还是上帝？是不清楚的。我们现在认为，古人说的这个"天"就是规律，不是超自然的主宰。那么天地革而四时成，是天地自己变的，不是有个上帝。这个"天"是顺乎自然的，也就是顺乎规律，顺乎自然规律。一方面重视自然规律，一方面又应乎人。吊民伐罪，人都满意。把汤武作为革命看待，明明白白地提出"汤武革命"这个概念，这就不简单。承认社会发展到一定的时候要有变革，要革命。但是革命要革而当，应当顺乎天而应乎人。孔子看出革的意义重大，赞美这个革。他讲革卦的时候，能够想到这些，发挥这个革，这实在很不简单。象传开头是解释卦辞，下边是孔子的发挥。象传里有许多地方是孔子的发挥。这个发挥，很不简单，很值得我们学习、研究。汤武革命的"命"，还是一个规律，孟子说："莫之为而为者，天也；莫之致而至者，命也。"这里的"革"，是说整个的一套都要革了，要换新的了。过去讲的"周德虽衰，天命未改"，那是未到应该改的时候，到应该改的时候就要改了。周武王把殷商灭了，就是到了应该改的时候了。周武王这个革，已经有孚了，已经悔亡了，大家都很满意了。

"已日乃孚，革而信之；文明以说，大亨以正；革而当，其悔乃亡"，革卦下体是离，有文明象。上体是兑，兑有悦象。革得正当，能够元亨利贞，否则就要后悔的。这些都还容易理解。不好懂的是"已日乃孚"的这个"已日"。"已"应当怎么讲，甚至这个"已"字应该怎么读，大家的看法从来不一样。王弼《注》、程《传》、朱子《本义》都读已（yǐ），已经的已。还有的读戊己庚辛的己，也有人读作辰巳午未的巳。究竟怎样读对，怎样讲对，这里就有问题。程《传》和朱子《本义》把"已日"当"终日"讲。程《传》在解释象传时说："必终日而孚。"终日是过了一天。宋儒朱震著有《汉上易传》一书，他说："先儒读作已事之已。当读作戊己之己。十日至庚而更，更，革也。自庚至己，十日浃矣。""十日至庚而更"，这个"十日"就是甲、乙、丙、丁、戊、己、庚、辛、壬、癸十天干，所谓"天有十日，人有十等"。十日，从辛到庚，至庚而更，更改了。"庚，革也。""自庚至己，十日浃矣"，从庚一直到己，十日一周了。"至庚至己，十日浃矣。己日，浃日也。"朱骏声也是这么讲的。

我的意见，这个字还应该念已（yǐ），不应该念己（jǐ）。这个"已日"解释为浃日，我看是对的。《周礼·天官·太宰》："浃日而敛之。"把"治象之法"挂出十天之后，把它收起来。浃日就是十天。郑玄说自甲到甲，共十天，这叫作浃日。《左传》上有"浃辰"的说法。古人把十天干叫作日，把十二地支叫作辰。浃辰，就是经过了十二辰。我的意见是，朱震把"已日"作为"浃日"来讲，是对的。但是应该读为已日，不应该读为己日。已日的意思就是浃日。已日，已经经过了十天，和浃日的意思是一个样的。若作己，由庚到己，这个解释未免显得穿凿。已日，浃日，表示一周。这个"一周"，好像是一个大的阶段。所以古人说"先甲三日，后甲三日"，"先庚三日，后庚三日"。这里用"已日"，也有这个意思。也是用十天干。十天干里边代表许多内容。甚至整个社会，社会的历史都是这样，好像总是有个大的阶段。

"已日乃孚"，这是说革命、改革，不可能一下子得到人们的理解、信任和拥护，需要经过一段时间，要有一个过程。"已日"就是代表这一段时间的。《杂卦》说："革，去故也。"程《传》说："革者，变其故也。"说得很对。把原来的东西加以改变，在今天来说，就是革命。孔子作的象传就是说"革命"的。革卦的革是从社会、历史要改变来说的。但是你要革，这事不容易。"革而当，其悔乃亡"，你得革得当，革得对，那人们就拥护你。你革错了，那就不行。我们讲，革命是前进的，前进的才叫革命。"已日乃孚"，革命以后，经过一个周期以后，好像大家都理解了，都信任了，都认为革得对，这样革才行。已日，就是过了十天。但它的意思不仅仅是这样。它代表历史上很大的一个周期。经过这么一个大周期以后，人们都相信你了，那就是你革对了，这才行，才能元亨利贞，悔才能无。不是元亨利贞，就有悔，就错了。"其悔乃亡"，乃，就是经过一段时间以后，才能孚。要是不经过"已日"，就不能孚。

象曰：泽中有火，革。君子以治历明时。

初九，巩用黄牛之革。

革，是不能轻易的。所以程《传》说："变革，事之大也，必有其时，有其位，有其才，审虑而慎动，而后可以无悔。"初九之时之位，是不应该革的。"巩用黄牛之革"，巩，今指巩固。黄，中；牛，顺。要中要顺，不要轻易革。

象曰：巩用黄牛，不可以有为也。

在初的时候，在初的地位，不要革；要用黄牛之革。

六二，已日乃革之，征吉，无咎。

已，也应读作已（yǐ），但不应和卦辞与象传的"已日"一样理解。《周易折中》里引述的一些人把它们一样理解了，我看是不对的。"已日乃孚"，是说革命以后经过一段时间。"已日乃革之"，是说革命以前的那一段时间。"乃孚"，是说革命以后经过一段时间证明革对了。"乃革之"，表示以前的事太坏了，时间已经证明应该革，非革不可。那个说"已日乃孚"，这个说"已日乃革之"。旧的东西已经很腐败了，要革了，但是不可随便革。"汤武革命"，是革夏桀、殷纣，没有这个，还是不要革。不是任何时候想革就可以革的。什么时候都要革，那不行。革命是好的，但是如果要不间断地革命，那就不行了。

"已日乃革之"，"已日乃孚"，都是"已日"，"已日"是一个，但所反映的不是一个。一个代表革命之前，坏透了，这才革命。"征吉，无咎"，你就进行吧，没有错儿。"已日乃孚"，是革命以后的事情，上边已经进过了。

象曰：已日革之，行有嘉也。

经过"已日"证明旧的东西非革不可，那么你就干吧，你的行动必是美的，嘉的。

九三，征凶，贞厉。革言三就，有孚。

九三和六二不一样，六二中正，九三刚阳不中。从本身讲，征凶，贞厉。进行有危险，不进行也不行。怎么办呢？《周易折中》引龚焕说："九三以过刚之才，躁动以往，则凶。处当革之时，贞固自守，则厉。"那怎么办呢？龚氏说："唯于改革之言，详审三就，则无躁动之凶，又无固守之厉，得其时宜，所以可革也。"要经过详审三就。程《传》说："革言，犹当革之论。就，成也，合也。"反复研究讨论，审慎考虑。"有孚"，取得人们的信任了，这就可以革了。胡炳文说："以其过刚也，故恐其征而不已则凶。以其不中也，又恐其一于贞固而失变革之义则厉。故必革之言至于三就，审之屡，则有孚而可革矣。"这样讲，挺好，挺明白。

象曰：革言三就，又何之矣。

经过这样审慎的讨论研究，还到哪儿去呢，那就革吧。

九四，悔亡，有孚改命，吉。

卦已到上体，这是已经革了，革对了，悔亡了。"改命"，程《传》说："改为也，谓革之也。"讲得不是很明确。《周易折中》引陆希声说："革而当，故悔亡也。为物所信，则命令不便于民者，可改易而获吉。"陆氏这么讲。两人的解释都不是很明确。我看这个"改命"，实际上就是革命，就是汤武革命的革命。《左传》宣公三年楚庄王问鼎时王孙满说："周德虽衰，天命未改。鼎之轻重，未可问也。""其命未改"，周的命还没有改。周武王灭殷之后，典章呀，制度呀，统统都要改。这就是改命。过去叫天命，新朝代建立了叫天命。旧朝代灭亡了，就是天命完了。好像老天叫它完了。到底是什么，是老天还是发展规律，孟子说："莫之为而为者，天也。莫之致而至者，命也。"孟子讲天命讲得还是很好的。所以说，这个改命不是只改行为，改命就是改朝换代。过去的东西都要换新的了。武王革命，改命了嘛，在革之后，有孚了，悔亡了。大家都很满意了。程《传》和陆希声讲得不见得对。我看丁寿昌《读易会通》把改命讲成革命，还是对的。

象曰：改命之吉，信志也。

九五，大人虎变，未占有孚。

九五这一爻得中位。"大人虎变"，大人称为虎，称为龙。"虎变"就是大人之变。变是变革，也就是革命。九五刚阳居中得正，有大人之象。大人革天下之事，"未占有孚"，不必占卜，人们就相信的。

象曰：大人虎变，其文炳也。

革命已成，这时候发号施令，事理简明，若虎文之炳然也。

上六，君子豹变，小人革面，征凶，居贞吉。

革命成功以后，君子也就豹变了。"小人革面"，这个"革面"怎么讲？王引之《经义述闻》认为"革面"是革向。这是搞文字学，其实没有必要。革面就是革面嘛，表面上赞成革命，而内心则未必有认识。小人只能是革面，表面上服从听命。真正的心悦诚服，中心悦之，小人做不到。这是君子小人之别。这个君子小人，我看在当时还是从阶级关系上划分。君子是有位的，小人是没有位的。在奴隶社会，奴隶主既掌握物质生产资料，又掌握精神文化生产资料。小人处在治于人的地位，不掌握文化。所以小人对待一些事物，只能是革面。我认为这样讲，也是符合实际的。

象曰：君子豹变，其文蔚也。小人革面，顺以从君也。

"小人革面，顺以从君也"，顺而能从君，"草上之风必偃"，这是必然的。在当时那个时候，你要让老百姓都懂得，恐怕很难。孔子讲"民可使由之，不可使知之"，还是有道理的。因为是那个时代嘛，那个时代，事实就是那样。

《周易折中》革卦总论引龚焕说："初言巩用黄牛，未可有革者也。二言已日乃革，不可遽革者也。三言革言三就，谨审以为革者也。皆革道之未成也。四言有孚改命，则事革矣。五言大人虎变，则为圣人之神化矣。上言君子豹变，小人革面，则天下为之丕变，而革道大成矣。"我看龚氏把革卦概括得很好。总的说来，革卦讲的就是革命。《易经》里能讲出革命这个道理，不简单哪！我们应该重视这个革卦。

鼎☲巽下离上

《序卦》说："革物者莫若鼎，故受之以鼎。"我看不见得正确。《杂卦》讲："革，去故也。鼎，取新也。"革与鼎两卦是相对应的。去故，改变旧的，去掉旧的，革命。取新，建设新的。鼎卦，我看应该这么看，应据《杂卦》"鼎，取新也"的说法来理解。

鼎，元吉，亨。

吉字，程《传》与朱子《本义》都认为是衍文。我看认为是衍文，是对的。类似这样的地方，查慎行的《周易玩辞集解》都一概不同意。他认为原来是什么样就是什么样，都不能改动。他们改错了的当然不能同意，但不能凡是改的，都不同意。这个吉字就的确是衍文，原文就是元亨，无吉字。鼎，元亨，从革去故、鼎取新来看，鼎是新建立一个社会，所以元亨、大通。

彖曰：鼎，象也。以木巽火，亨饪也。圣人亨，以享上帝，而大亨以养圣贤。巽而耳目聪明。柔进而上行，得中而应乎刚，是以元亨。

鼎卦象鼎这个实物，而程《传》讲"鼎之为器，法卦之象也，有象而后有器"，这就错了。不是先有鼎卦而后有鼎这个器物，而是先有鼎这个器物而后才有卦象。这很明显嘛。程《传》的讲法我看是不对的。当然程《传》也有来历，《系辞传》讲"伏羲氏之王天下也"，"于是始作八卦"，讲古人制器盖取诸《易》卦等。但这讲法没有道理，是后人加进《系辞传》的，不是孔子的东西。这个卦呀，是象鼎的，不是鼎象这个卦。

"以木巽火"，从卦来讲，火风鼎，上体是离，离为火。下体是巽，巽为风。《说卦》讲巽为木为风，又是为木又是为风，所以象传说"以木巽火"。鼎，是器具，下面用木火烧。古人煮牲肉，先用镬。把牲肉放在镬里煮。煮熟后取出放进鼎里，加进佐料，再煮，使五味调和。鼎是调和五味的。鼎下面要用火烧，所以说"以木巽火"。当吃的时候把鼎的肉拿出来，放在俎上。鼎与俎都是单数的。鼎这个东西有两大类。一种是饮食用的，另一种是作为重器的，不是实用的。比如夏铸九鼎，是中央政权权力的象征。九鼎从夏传到商，由商传到西周。楚庄王问鼎，问的就是从夏商传下来的九鼎。那九鼎肯定不是一般用来煮东西的鼎。这是一种重器。鼎卦讲的鼎是寻常日用的器物。这种鼎也有大小之分。现在发现的商代后母戊大鼎就是很大的鼎，也有很小的鼎。

"以木巽火，亨饪也"，鼎下边用火烧，这是表示鼎要用来烹饪的。"圣人亨，以享上帝"，圣人用烹饪来奉祀上帝，"而大亨以养圣贤"。这两句话，我看朱子《本义》讲的好。他说："享帝贵诚，用犊而已。"《礼记》讲郊天的时候要用特牲。特牲是单独一个牲，用牛犊。多大的牛犊呢？牛犊的角要像茧栗那么大。用这样小的牛犊郊天，主要表示诚。要诚，所以用犊。这是郊天之礼，用特牲。其他的祭祀要用少牢或者太牢。养贤用太牢，即牛羊豕三牲都用。所谓大亨，就是这样。三牲具有，是很厚的。亨以养上帝，大亨以养圣贤。亨和大亨这样分析是对的。

"巽而耳目聪明。柔进而上行，得中而应乎刚，是以元亨"，这是解释卦辞元亨的。下卦是巽，上卦是离。所以说"巽而耳目聪明"。"柔进而上行"，六五是柔爻，上行，"得中而应乎刚"，下与九二那个刚爻相应，所以才能够元亨。

象曰：木上有火，鼎。君子以正位凝命

在革以后，要正位。改命以后还要凝命。也就是说，取得政权之后，还要巩固政权。鼎卦里有这么个意思。君子以正位凝命，这个鼎卦的意义就大了。

初六，鼎颠趾，利出否，得妾以其子，无咎。

鼎下是趾。"颠趾"，这个鼎倒过来了，趾在上了。"利出否"，倒过来也有好处。鼎里边有些破烂东西，现在"出否"，把它们倒出来了。"得妾以其子"，得妾这个事儿，在这里不大好讲。得妾这个事，也是不好的。妾是贱的。但得妾也有好处，母以子贵，有子也好嘛。

象曰：鼎颠趾，未悖也。利出否，以从贵也。

《周易折中》按语说："当此之时，虽其就上也如颠趾，而因得去污秽以自濯于洁清。虽其媟嬻也如妾，而因得广嗣续以荐身于嫔御。盛世所以无弃才，而人入于士君子之路者，此也。"这个解释也是有道理的。

九二，鼎有实，我仇有疾，不我能即，吉。

九是阳爻，阳是实，又居中，刚实居中，是鼎中有实之象。"我仇有疾"，仇就是配，"君子好逑"的逑，与仇是一样的，就是匹配的意思。在鼎卦之中，谁是九二的仇呢？是初六。因为九二与初六是相比的。"不我能即，吉"，如果它不能就我，就得吉。程《传》说："仇，对也。阴阳相对之物，谓初也。相从则非正而害义，是有疾也。二当以正自守，使之不能来就己。人能自守以正，则不正不能就之矣，所以吉也。"这样讲，还是好的。

象曰：鼎有实，慎所之也。我仇有疾，终无尤也。

我仇有疾，不我能即，终无尤呀。

九三，鼎耳革，其行塞，雉膏不食。方雨，亏悔，终吉。

"鼎耳革"，不好讲。鼎卦哪个是耳呢？程《传》认为六五是耳。但是六五和九三它们没有什么关系。革是变的意思。搬鼎，用耳贯铉，才能动。"鼎耳革，其行塞"，鼎就不能搬动了。九是阳，是实，雉膏是好东西，是美肴。因为"其行塞"，有好东西不能吃，但是方雨，亏悔，终吉。方雨是阴阳合，能亏能悔，最后吉。胡炳文说："井鼎九三，皆居下而未为时用。井三如清洁之泉而不见食。鼎三如鼎中有雉膏而不得以为人食。然君子能为可食，不能使人必食。六五鼎耳，三与五不相遇，如鼎耳方变革而不可举移，故其行不通。然五文明之主，三上承文明之腴，以刚正自守，五终当求之，方且如阴阳合而为雨，始虽有不遇之悔，终当有相遇之吉。井三所谓王明并受其福者，亦犹是也。"胡氏这个解释，挺好。

象曰：鼎耳革，失其义也。

《周易折中》按语说："象传凡言义者，谓卦义也。此失其义，非谓己之所行失义，盖谓爻象无相应之义尔。"就是九三与六五不相应，所以"鼎耳革，其行塞"。但是，方雨亏悔之后嘛，还是有相遇之吉的。

九四，鼎折足，覆公𫗧，其形渥，凶。

九四与初六相应，九四处大臣地位而任用初六那样的阴柔小人，其败事是必然的。就如同"鼎折足"，"覆公𫗧"，把鼎中的好肉好菜都给倾覆了。《系辞传》说："德薄而位尊，知小而谋大，力小而任重，鲜不及矣。《易》曰：'鼎折足，覆公𫗧，其形渥，凶。'言不胜其任也。"不胜其任，所以折足。"其形渥"，渥怎么讲？朱子《本义》引晁氏曰："形渥，诸本作刑𠛃，谓重刑也。"程《传》不同意这个说法。程《传》认为"形渥，赧汗也"。认为这个人惭愧赧汗。程氏的这个讲法不是很通的。王弼《注》说渥是沾濡之貌。《周易玩辞集解》说："形渥乃覆公𫗧之象，谓鼎旁汁沈淋漓也。"我看查慎行的这个解释，是对王弼《注》的发挥。汁沈淋漓，实际上就是沾濡。这样讲，比朱熹讲成重刑好，比讲成赧汗也好。

象曰：覆公𫗧，信如何也。

力不胜任，未能做到应该做到的事情，当然不会得到信任。

六五，鼎黄耳，金铉，利贞。

鼎下是趾，鼎上是耳。黄耳，黄是中。金铉，铉是鼎耳中用以抬鼎的。金铉是指什么呢？朱子《本义》、程《传》都认为是指九二。《周易折中》引王宗传说："在鼎之上，受铉以举鼎者，耳也，六五之象也。在鼎之外，贯耳以举鼎者，铉也，上九之象也。"王氏以为金铉指上九。我认为说金铉指上九是对的。《周易折中》又引胡一桂说："程《传》及诸家，多以六五下应九二为金铉，本义从之。然犹举或曰之说，谓金铉以上九言。窃谓铉所以举鼎者也，必在耳上，方可贯耳。九二在下，势不可用。或说为优。然上九又自谓玉铉者，金象以九爻取，玉象以爻位刚柔相济取。"我同意金铉是上九的说法。

象曰：鼎黄耳，中以为实也。

上九，鼎玉铉，大吉，无不利。

象曰：玉铉在上，刚柔节也。

表示刚柔节的意思叫玉铉。鼎已至上爻，大吉无不利，成功了。

《周易折中》鼎卦总论说："丘富国曰：初为足，故曰颠趾。二三四为腹，故曰有实，曰雉膏，曰公铼。五为耳，故曰黄耳。上为铉，故曰玉铉。此岂非全鼎之象乎！然初曰趾，四亦曰足者，以四应乎初，而四之足即初也。上曰铉，而五亦曰铉者，以五附乎上，五之铉即上也。五曰耳而三亦曰耳者，则以三无应乎五，而有鼎耳革之象。"讲得很清楚。

◄ 第十八讲 震卦 艮卦 渐卦 归妹

震☳震下震上

《序卦》说："主器者莫若长子，故受之以震。"

震，亨。震来虩虩，笑言哑哑。震惊百里，不丧匕鬯。

鬯，是这个时候一种高质量的酒。这酒是由秬黍酒与郁金香调和而成的，有芳香之气。匕是宗庙之器，是木制的，用它把鼎里的肉升到俎上。这两件东西都是祭祀用的。祭祀时用的东西多了，为什么这里只说匕鬯呢？干宝说："祭礼荐陈甚多，而《经》独言不丧匕鬯者，匕牲体，存鬯酒，人君所自亲也。"匕牲和荐鬯两事，祭祀时由祭主亲自做。

在天上打雷，震惊百里的时候，主祭的人，要匕鬯不失手，祭祀能够照样进行。这是一种修养，看起来也有道理。《书经》说："纳于大麓，烈风雷雨弗迷。"这也是一种考验。雷震百里，一个人在这种时候，能够身闲气静，不动声色，坐如泰山之安，是最好的。如果一有大的风浪就害怕，不能动了，那就不行。要经受住考验。这一点值得我们重视。吕坤有几句话，也可以品味。他说："大事难事看担当，逆事顺事看襟度，临喜临怒看涵养，群行群止看识见。"看来，震是一种考验。天塌下来也不怕，也要挺得住。从卦辞看来，经过震，能够亨。

彖曰：震，亨。震来虩虩，恐致福也。笑言哑哑，后有则也。震惊百里，惊远而惧迩也。出，可以守宗庙社稷，以为祭主也。

程《传》和朱子《本义》都以为脱掉了"不丧匕鬯"一句。这个看法是对的。查慎行《周易玩辞集解》就不同意脱字之说。出字，程《传》与朱子《本义》解释不一样。程《传》以为是君出；君出，继承人能够守宗庙社稷。朱子《本义》则以为，出是继世而主祭。国君死了，继位者主祭。《周易折中》引张清子说："出者，即《说卦》'帝出乎震'之谓。主者，即《序卦》'主器莫若长子'之谓。若舜之烈风雷雨弗迷，可以出而嗣位矣。"张氏同意朱子《本义》的意见，又加了解释，比朱子《本义》说得更好。我看，可以同意朱子《本义》的说法。

象曰：洊雷震，君子以恐惧修省。

洊是再，两个雷。君子学这一卦，应该恐惧修省。胡炳文说："恐惧作于心，修省见于事。修，克治之功；省，审察之力。"

初九，震来虩虩，后笑言哑哑，吉。

象曰：震来虩虩，恐致福也。笑言哑哑，后有则也。

与象传一个样。

六二，震来厉，亿丧贝，跻于九陵。勿逐，七日得。

初九是阳爻，震；震来厉，厉是威。震来得猛。"亿丧贝"的亿字，各家有不同的说法。王弼认为无义。程《传》认为是度，猜度。查慎行按照亿、兆、万数字讲。我看程《传》的说法是讲得通的。"跻于九陵"是跑了，上了高处。程《传》说："以震来之厉，度不能当，而必丧其所有，则升至高以避之也。九，言其重，冈陵之重，高之至也。九，重之多也，如九天九地也。"这样讲，也讲得通。跻是升的意思。"勿逐"，不用追。"七日得"，程《传》讲："卦位有六，七乃更始。事既终，时既易也。不失其守，虽一时不能御其来，然时过事已，则复其常，故云七日得。"没有另外的解释。《易经》这些语言不好懂，说明《易经》是卜筮之书。卜筮蕴藏有思想。孔子读《易》，韦编三绝，才作了十翼。孔子发挥的是《易经》的思想。这思想是《易经》原来就有的不过是以卜筮的形式出现的。孔子《易传》讲的都是思想。《易经》就不是了。《易经》用的是卜筮语言，有一点神秘。在神秘的下边，产生了思想。《易经》还得保留原样，里边有卜筮语言是不奇怪的。看起来有矛盾，我们要认识这个矛盾。《易经》奇而法。奇就是它的卜筮语言。卦是代表一类东西，不是具体指某一物。要把《易经》都解释明白，我看很难。我们尽可能地多理解一些。我们对《周易》应该有个正确的认识，不要走极端。朱熹强调《易经》是卜筮之书，是片面的。

象曰：震来厉，乘刚也。

初九是刚爻，乘刚就是乘初九。

六三，震苏苏，震行无眚。

苏苏，程《传》、朱子《本义》都认为是神气缓散自失之状。惠栋说："苏苏犹索索。《淮南子》摸索作摸苏，苏索一声之转耳。"还是没有解决问题。还是程《传》讲对了。"震行无眚"，行则无过失。往哪儿行？往九四。

象曰：震苏苏，位不当也。

九四，震遂泥。

程《传》说："九四居震动之时，不中不正。处柔失刚健之道，居四，无中正之德，陷溺于重阴之间，不能自震奋者也。故云遂泥。泥，滞溺也。"一阳陷于四阴之中，不能自拔。

象曰：震遂泥，未光也。

六五，震往来厉，亿无丧有事。

往也厉，来也厉，往来皆危。以其得中，故能"无丧有事"。无丧有事，就是卦辞所说的"不丧匕鬯"。《春秋》凡祭祀都说"有事"。这里的"有事"，指的也是祭祀。项安世说："二居下震之上，故称来，五居重震之上，故称往来。"俞琰说："有事谓有事于宗庙社稷也。震之主爻在初，而'无丧有事'乃归之五。五乃震之君也。"

象曰：震往来厉，危行也。其事在中、大无丧也。

上六，震索索，视矍矍，征凶。震不于其躬，于其邻，无咎。婚媾有言。

征凶，再往前行就凶。索索，程《传》说："消索不存之状，谓其志气如是。六以阴柔居震动之极，其惊惧之甚，志气殚索也。矍矍，不安定貌。志气索索，则视瞻徊徨。"震不在自身，而在邻，你无咎。"有言"，他们不明白，对你有意见。《周易折中》按语说："琐琐姻娅，见识凡近。当祸患之未至，则相诱以宴安而已尔。安能为人深谋长虑，而相与儆戒于未然乎！"

象曰：震索索，中未得也。虽凶无咎，畏邻戒也。

艮䷳艮下艮上

《序卦》说："震者动也，物不可以终动，止之，故受之以艮。"艮为止。《庄子·德充符》引孔子说："人莫鉴于流水而鉴于止水。唯止能止众止。"《荀子·解蔽》说："虚一而静。"虽然话说得不一样，但意思是相通的，都很重视静止。

艮其背，不获其身。行其庭，不见其人。无咎。

彖曰：艮，止也。时止则止，时行则行，动静不失其时，其道光明。艮其止，止其所也。上下敌应，不相与也，是以不获其身。行其庭，不见其人，无咎也。

孔子对这个好像加过工似的。卦辞说"艮其背"，彖传说"艮其止"。朱子《本义》引晁说之说："艮其止，当依卦辞作背。"项安世说："自王弼以前，无'艮其止'之说，今按古文背字为北，有讹为止字之理。"不过，"艮其背"的意思，还是"艮其止"。彖传是按照卦画来说的。《周易折中》按语说："此是以卦体爻位释卦辞。以卦体言，阳上阴下，止其所也。以爻位言，阴阳无应，不相与也。艮其背内，兼此二义。故其止所者，为不获其身；不相与者，为不见其人。孔氏（颖达）所谓卦既止而不交，爻又峙而不应者，极为得之。"

象曰：兼山，艮。君子以思不出其位。

初六，艮其趾，无咎，利永贞。

象曰：艮其趾，未失正也。

六二，艮其腓，不拯其随，其心不快。

腓，腿肚子。腿肚子自己不动，随脚动。随字的解释，有不同意见。程《传》、朱子《本义》以为随指九三。王弼《注》说随指初六。我认为程《传》说法可从。《周易折中》引杨简说："腓随上而动者也。上行而不见拯，不得不随而动，故心不快。"

象曰：不拯其随，未退听也。

九三，艮其限，列其夤，厉薰心。

朱子《本义》说限是身体上下之际，就是腰胯。程《传》说，"夤，脊也，上下之际也。列绝其夤，则上下不相从属，言止于下之坚也。"九三这个止，是列绝其夤，所以厉薰心。《周易折中》引杨启新说："此爻是恶动以为静，而反至于动心者，盖心之与物本相联属，时止而止，时行而行，则事应于心，而心常泰然。有意绝物，则物终不可绝，而心终不可静矣。"这个讲得很好。

象曰：艮其限，危薰心也。

何楷说："以强制，故危薰心。艮限者，强制之谓也。"《周易折中》按语说："震之九四，不当动而动。此爻则不当止而止。咸之九四感之妄，此爻则止之偏。皆因失中正之德故如此。"

六四，艮其身，无咎。

《周易折中》引吴曰慎说："视、听、言、动，身之用也。非礼勿视听言动，艮其身也。时止而止，故无咎。若艮限则一于止，是犹绝视听言动，而以寂灭为道者矣。"

象曰：艮其身，止诸躬也。

六五，艮其辅，言有序，悔亡。

辅是嘴，人用嘴来说话。"言有序"，不是不说话，是不随便说话。龚焕说："艮其辅，非不言也。言而有序，所以为艮也。""言有序"就是艮，话该说就说，不该说就不说。

象曰：艮其辅，以中正也。

朱子《本义》说："正字羡文，叶韵可见。"朱熹说的对。《周易》是有韵的。前边是"止诸躬也"，后边是"以厚终也"，此当言"以中也"。况且六五阴居五，只能说"中"，不能有"正"。正是衍文。

上九，敦艮，吉。

项安世说："上九与三相类，皆一卦之主也。然九三当上下之交，时不可止而止，故危。上九当全卦之极，时可止而止，故吉。"《周易折中》按语说："咸艮之象所以差一位者，咸以四为心，故五为背而上为口。艮以三为心，故四为背而五为口。其位皆缘心而变者也。二之腓兼股为一象，故与咸三俱言随。"这段话带有全卦总论的性质。

象曰：敦艮之吉，厚其终也。

渐☶艮下巽上

《序卦》说："艮者止也，物不可以终止，故受之以渐。"渐卦与归妹是对立的。归妹究竟是什么意思？渐卦卦辞讲"女归吉"，归妹爻辞讲"以娣""以须"。渐是嫁，归妹是娶。女归吉，是说嫡，夫人。归妹不是说夫人，是指侄娣。《公羊传》庄公十九年说："媵者何？诸侯娶一国，则二国往媵之，以侄娣从。侄者何？兄之子也。娣者何？弟也。诸侯一聘九女。诸侯不再娶。"这是古时的制度。九女中有一夫人，有左媵右媵。《公羊传》隐公二年："伯姬归于纪。"七年又说："叔姬归于纪。"何休注说："叔姬者，伯姬之媵也。至是乃归者，待年父母国也。妇人八岁备数，十五从嫡，二十承事君子。"何休是有根据的。古代确有侄娣制度。渐卦讲嫡，归妹讲侄娣。向来解释归妹，没有这么讲的。我这么讲。

渐和归妹这两卦是反对卦。风山渐，倒过来就变成雷泽归妹。渐是进的意思，但是是渐进，不是一般的进。

渐，女归吉，利贞。

从卦义说，是"女归吉"，若从卦画说，可以从各方面讲。这个卦辞是专就女归这方面讲的。"女归"与咸卦的"取女"不是一回事。"取女"是男子娶，"女归"是女子嫁。古代女子出嫁，有个过程，要经过纳采、问名、纳吉、纳征、请期、亲迎这六个礼节。这里就有个渐的过程。《周易折中》引郭雍说："进之渐者，无若女之归。女归不以渐则奔也。渐则为归，速则为奔。故女归以渐为吉。"女归渐，这是正式的嫁娶。女归渐则吉，利于正。若女归速便不吉了。从卦画来看，从二到五，位皆得正。程《传》说："初终二爻虽不得位，亦阳上阴下，得尊卑之正。男女各得其正，亦得位也。"

彖曰：渐之进也，女归吉也。进得位，往有功也。进以正，可以正邦也。其位，刚得中也。止而巽，动不穷也。

朱子《本义》说："之字疑衍，或是渐字。"我不同意朱熹的说法。这里是渐进的意思。它和晋卦讲的晋进也不同，晋与进实际上是一字，而渐与进不是一个字。渐，不能就一定联系为进，渐只是进的一种情况。"渐之进"，说明不是别的进，是渐之进。所以"渐之进"的"之"字，不是衍文。"渐之进"，"女归吉"，主要还在这个渐字上。

"进得位，往有功也。进以正，可以正邦也"，这两句话的解释，各家是不同的。程《传》自己就有两种说法。一方面说"渐进之时而阴阳各得正位，进而有功也"，另一方面又说"四复由上进而得正位，三离下而为上，遂得正位，亦为进得位之义"。依程《传》的认识，原来此卦上体是个乾，下体是个坤，由乾坤变成渐。下边的一个阴爻到上边去，上边的一个阳爻到下边来。结果上体由乾变为巽，下体由坤变为艮，巽与坤构成风山渐。这是属于卦变的问题了。程颐讲卦变，都是这样讲的，都是由乾坤变的。朱熹讲卦变不是这样讲。比方这一卦，他说："盖此卦之变，自涣而来，九进居三；自旅而来，九进居五。皆为得位之正。"为什么自涣来，为什么自旅来，他没有讲。我看也是不通的。我们认为朱熹讲的卦变不可从。我赞成程颐讲的卦变。程颐是根据象传体会出来的，有根据，有道理，可从。这是关于卦变的两种讲法。另外还有一种讲法，它不谈卦变，不同意朱熹的解释。它说："渐与归妹反对，归妹下卦之兑，进而为渐上卦之巽，则二三四五皆得位，而五又得中，乃反对之象。"这是查慎行《周易玩辞集解》讲的。这个讲法在我看来还是可从的。为什么呢？因为象传在下边讲，"其位，刚得中也"。"其位"的"其"哪儿来？从文字上看，"其位"是上边的位，就是指"刚得中"讲的。"刚得中"是九五。我觉得查慎行的这个讲法是有道理的。九五是中又是正，是刚爻居阳位，是刚得中。因为刚得中，所以说"往有功也"。刚阳进得位，所以说"进以正"。"进以正"，所以可以正邦。这样按文义讲，可以讲得通，也不必按程《传》的卦变说来讲。

"止而巽，动不穷也"，就卦德说，下艮止，上巽顺，其进只能是渐进。"动不穷也"，是指渐说。

象曰：山上有木，渐。君子以居贤德善俗。

君子学此卦，要"居贤德善俗"。"居贤德善俗"，从文字方面看，与别的大象比较，显得不整齐。所以朱子《本义》怀疑"贤"字为衍文，或者善字下面有脱字。朱熹是从句子结构方面考虑问题的。《周易折中》引冯当可说："居，积也。德以渐而积，俗以渐而善。内卦艮止，居德者止诸内也。外卦巽入，善俗者入于外也。体艮以居德，体巽以善俗。”冯氏这么讲，没有说衍字或脱字。查慎行反对朱熹改字，他说贤字非衍，善下无脱。但是他讲了一些，其实与朱熹没什么不同。他说：“贤德善俗犹如仁里也。从来风俗之美恶，视男女之贞淫。入其乡而嫁娶以正，婚姻以时，则风俗之善可知。君子居仁里，则事贤友仁。积日积月，吾德不觉渐成。如山上有木，不见其长，以渐而高也。若衍却贤字，则与夬大象居德无别矣。”查氏把贤德善俗作为一个整体来看，然后把居字提出来讲。这个问题我们没必要在这里费劲，不关系重大的事。

初六，鸿渐于干。小子厉，有言，无咎。

渐卦六爻都用鸿象。鸿是大雁。大雁的特点是来有时，去有向。程《传》说：“鸿之为物，至有时而群有序。不失其时序，乃为渐也。”“鸿渐于干”的干，程《传》说它是水湄，朱子《本义》说它是水涯，总之是水边，河边。“渐于干”，鸿飞到了水边，或者说飞到河岸上。“小子厉，有言”，它这样进，小子认为是危险的，不对的，所以就有了怨言。程《传》说：“小人幼子，唯能见已然之事，从众人之知，非能烛理也，故危惧而有言，盖不知在下所以有进也，用柔所以不躁也，无应所以能渐也。于义自无咎也。”就是说，“鸿渐于干”是对的，小子认为不对，乃有言，而实际上是对的，所以无咎。

象曰：小子之厉，义无咎也。

程《传》说：“虽小子以为危厉，在义理实无咎也。”是说虽然小子反对，但事情办得对，没有错。

六二，鸿渐于磐，饮食衎衎，吉。

程《传》认为六二居中得正，又上应于九五，这个进能进到磐。磐，磐石。磐石平稳，平安。进到磐，就能饮食衎衎。衎衎，和乐。这样就能得吉。

象曰：饮食衎衎，不素饱也。

虽然饮食衎衎，还是想有作为的，不是素餐徒饱的。

九三，鸿渐于陆。夫征不复，妇孕不育，凶。利御寇。

九三这一爻，鸿进到陆。程《传》说："平高曰陆，平原也。""夫征不复，妇孕不育"，这两句话不好讲。《周易折中》引程敬承的话："三以过刚之资，当渐进之时，惧其进而犯难也，故有戒辞焉。征孕皆凶，言不可进也。利在御寇，言可止也。"总的意思是不可前进。因为九三过刚，按其本性说，它是要进的，但是进不对，有凶。"利御寇"，止是可以的。程《传》说："三在下卦之上，进至于陆也。阳，上进者也。居渐之时，志将渐进，而下无应援，当守正以俟时，安处平地，则得渐之道。若或不能自守，欲有所牵，志有所就，则失渐之道。"也就是说，此时不可进。程《传》进一步具体讲："四阴在上而密比，阳所说也。三阳在下而相亲，阴所从也。二爻相比而无应。相比则相亲而易合，无应则无适而相求。故为之戒。夫，阳也。夫谓三。三若不守正而与四合，是知征而不知复。征，行也。复，反也。不复谓不反顾义理。妇谓四。若以不正而合，则虽孕而不育，盖非其道也。如是则凶也。三之所利，在于御寇。非理而至者，寇也。守正以闲邪，所谓御寇也。不能御寇，则自失而凶矣。"这是从卦画来解释爻辞。大意是：夫为九三，妇为六四；征孕皆凶，不可进也；应该御寇，否则自失而凶。

象曰：夫征不复，离群丑也。妇孕不育，失其道也。利用御寇，顺相保也。

九三上进，是离开它的丑类，是失其道。因为是讲渐嘛，所以征孕皆凶。征孕皆凶，是说不可进，要止。

六四，鸿渐于木，或得其桷，无咎。

大雁的趾是连着的，不可能栖于树上。但是桷是平柯，雁可以落于其上。"唯平柯之上，乃能安处。"桷在卦中指什么？六四与九五相比，九五是它的桷，得其桷无咎。《周易折中》引房乔说："进而渐于木，失所也。或得劲直之桷，可容网足而安栖。谓上附于五，故无咎。"《周易折中》按语说："六四亦无应者也。然六四承九五，例皆吉者，以阴承阳，合于女归之义矣。顺以事上，高而不危，故有集木得桷之象。"

象曰：或得其桷，顺以巽也。

四是柔爻，上承九五之尊，故顺。

九五，鸿渐于陵。妇三岁不孕，终莫之胜，吉。

陵是更高的地方。"妇三岁不孕"，是指什么说的呢？程《传》认为九五与六二相应，都居中得正，而中间被三、四两爻隔着。三与二相比，四与五相比。九五与六二隔两爻，所以不能合。不能合，其象为"妇三岁不孕"。但是最终还是能合的，也就是说，三与四终不能胜，不能得逞。程《传》这么讲，还是说得通的。看不出有其他更好的讲法。

象曰：终莫之胜，吉，得所愿也。

上九，鸿渐于陆，其羽可用为仪，吉。

这个陆字有问题了。上边九三有个"鸿渐于陆"，这里怎么又出一个"鸿渐于陆"？因此有人就想改上九这个陆字。胡瑗以陆当作逵，程《传》、朱子《本义》都从胡瑗说。胡瑗说，逵是云路。朱熹补充说逵与仪是一个韵。可是这是宋人的韵，古代逵仪不是一个韵。看来这个改法也是不对的。陆就是陆，不要改了。《周易折中》引孔颖达说："上九与三皆处卦上，故并称陆。"按这个讲法就可以了，这个陆虽出于外，但是羽毛作为仪表还是可用的，故吉。

象曰：其羽可用为仪，吉，不可乱也。

《周易折中》引胡炳文说："二居有用之位，有益于人之国家，而非素饱者。上在无用之地，亦足为人之仪表，而非无用者。二志不在温饱，上志卓然不可乱。士大夫之出处，于此当有取焉。"

这一卦讲渐，要渐进，不要速进。什么渐呢？取象于女归之渐。但在六爻，又取鸿渐之象。

归妹☳兑下震上

归妹这一卦和渐卦是相反的。渐卦从二至五都得正，归妹都不得正。

归妹，征凶，无攸利。

卦辞认为归妹之时，征是凶的，无所利。《周易折中》引张振渊说："妹乃少女，而从长男。又其情以说而动，是其情胜而不计乎匹偶之宜者，故为归妹，所归在妹，不正可知。故凶而无所利也。"张振渊这个讲法我看还是可取的。这一卦着重在归妹。上卦渐为女归。看起来，那一个好像是嫡夫人，这一个是侄娣，所以这一卦称为归妹。

彖曰：归妹，天地之大义也。天地不交而万物不兴。归妹，人之终始也。说以动，所归妹也。征凶，位不当也。无攸利，柔乘刚也。

说归妹是天地之大义，这也就看出了群婚制的残余。讲渐卦时讲过，诸侯一娶九女，诸侯不但有媵，还有侄娣。这在当时被认为是合理的。男女交而后有生息，有生息而后人类相续不穷，前者有终，后者有始。"说以动，所归妹也"，这是归妹这一卦要讲的主要内容。《周易折中》引郑汝谐说："长男居上，少女居下，以女下男也。少女说以动，而又先下于男。其所归者妹，故以征则凶，且无攸利。"

象曰：泽上有雷，归妹。君子以永终知敝。

永终，是说要一代一代往下传。敝是坏的意思，是终的反面。敝则不得有终。君子要知道敝，防止敝的发生。

初九，归妹以娣，跛能履，征吉。

这个娣就是侄娣的娣，《公羊传》所说的娣："侄者何？兄之子也。娣者何？弟也。"娣其实就是妹妹。姐姐嫁给诸侯，妹妹要从。

象曰：归妹以娣，以恒也。跛能履，吉相承也。

郑汝谐说："初，少女，且微而在下，以娣媵而归，乃其常也。"跛，瘸子，一条腿。"跛者之履，虽不足以有行，然亦可以行者，以其佐小君，能相承助也。如是而征，则为安分，故吉。"《周易折中》按语讲："言以恒者，女而自归非常，唯娣则从嫡而归，乃其常也。"

九二，眇能视，利幽人之贞。

眇能视和跛能履是一样的。在这里，实际上还是讲娣。九二得中，故利幽人之贞。

象曰：利幽人之贞，未变常也。

还是没改变常。这是娣，没有变常。

六三，归妹以须，反归以娣。

须字，过去有很多讲法。有的人把须当待字讲，有的人把须当贱字讲。朱子《本义》说："须，女之贱者。"程《传》说："须，待也。待者，未有所适也。"还有一种讲法，认为须与下加一个女字的嬃是一样的。屈原《离骚》中有"女嬃"，有人说女嬃是屈原的姐姐。郑玄说是屈原的妹妹。总之，须字有很多的解释。在这句话里，我考虑，须字还可以当姐姐讲。须与娣是相对待的。因为六三不中不正，它归妹以须，把妹妹当作姐姐那样出嫁，是不行的，所以又反归作娣。是不是这样，请大家考虑。

象曰：归妹以须，未当也。

未当也，还是说六三。六三本不正却要"归妹以须"，是不行的。若反归以娣，那就正了。

九四，归妹愆期，迟归有时。

愆期就是误了期。迟归有时，要等待，勿急。程《传》说："过时未归，故为愆期。"迟归有时，就是等待的意思。等待也可以说是待年。《公羊传》隐公七年何休注说："叔姬者，伯姬之媵也。至是乃归者，待年父母国也。妇人八岁备数，十五从嫡，二十承事君子。"

象曰：愆期之志，有待而行也。

六五，帝乙归妹，其君之袂，不如其娣之袂良，月几望，吉。

这句话也不好讲。帝乙的讲法就不一样，有的人说帝乙是纣王的父亲，有的人说帝乙是成汤。不管是哪一位帝乙，他是商代的一位王，是没有问题的。一般来说，帝乙归妹，是王把妹妹下嫁给臣家。帝乙归妹这个事情，看来是有的。泰卦六五讲帝乙归妹，这里又讲帝乙归妹，这可能是事实。若不然，《易经》怎么一再提到它呢？这个归妹是什么呢？是嫁出去做夫人呢，还是做侄娣？这一点，过去没有人说。但是就这一卦看，又说"其君之袂，不如其娣之袂良"。袂是衣着穿戴，衣服怎么好看啦，贵重啦。君是女君，也就是夫人。夫人的衣服没有侄娣的衣服好。这样说来，是不是可以把帝乙归妹的妹解释为娣呢？我以为是可以的。因为王下嫁妹妹，陪嫁东西必然要好一些。过去没有人这样讲。都说帝乙归妹是王的妹妹下嫁，下嫁就是做夫人了，做嫡，做正。我看帝乙归妹和一般人的归妹一样，是归妹做娣，不是做夫人。这个问题大家还可以再研究。"月几望"，月到十五了，月亮即将满盈，尚未满盈。娣袂虽良，然而整个地说，还没超过夫人，所以吉。

象曰：帝乙归妹，不如其娣之袂良也，其位在中，以贵行也。

因为王贵，居中，这个归妹是贵行。其贵行，当然因为帝乙才贵的。

上六，女承筐无实，士刲羊无血，无攸利。

筐、血，都是讲祭祀的事。可是这个筐没有实，里边没盛东西，是空筐。羊没有血。这都说明不能进行祭祀。不能承先祖奉祭祀，可能也是指归妹，指娣。奉祭祀只能由嫡，即夫人做，侄娣不能奉祭祀。

象曰：上六无实，承虚筐也。

程《传》说："筐无实，是空筐也。空筐可以祭乎？言不可以奉祭祀也。女不可以承祭祀，则离绝而已。是女归之无终者也。"我看这主要是指侄娣讲的，娣没有奉祭祀的职责。是不是这样，请大家思考。

这是讲归妹。对于渐和归妹两卦，我有些看法和过去一些人的看法不一样。这个请大家考虑，进一步研究。

第十九讲 丰卦 旅卦 巽卦 兑卦

丰☲离下震上

丰卦在归妹卦以下，《序卦》说："得其所归者必大，故受之以丰。"这种说法好像也有一些牵强。《序卦》中有些地方是符合必然性的，有些地方确实也是有点牵强。这也是无足怪的。一方面，我们承认《序卦》讲得还是对的，另一方面也要承认它有牵强的地方。

这一卦是丰，雷火丰。

丰，亨，王假之。勿忧，宜日中。

从卦辞看，不好理解。但从孔子作的象传看，还是能够理解的。所以，孔子晚而喜《易》，韦编三绝，看来是可信的。孔子对这部卜筮之书经过研究，从中发掘出很宝贵的思想，是不容易的。丰，是盛大的意思。丰，自然得亨。"王假之"，从字面看，这是个假字。在这个地方应该读成格，当至讲。这个卦辞的意思，好像是讲，丰这样的盛大，只有王能够达到。程《传》说："极天下之光大者，唯王者能至之。假，至也。天位之尊，四海之富，群生之众，王道之大，极丰之道，其唯王者乎！"程《传》这段话讲得挺好。

"勿忧，宜日中"，这里涉及自然规律了。盛之极就是衰的开始，在盛极的时候是很可忧虑的。卦辞说"勿忧"，应当总是保持日中，持盈保泰。这是从自然界的规律谈起。日盈则昃，月盈则食。在盛的时候能总保持日中就好了。

象曰：丰，大也。明以动，故丰。王假之，尚大也。勿忧，宜日中，宜照天下也。日中则昃，月盈则食。天地盈虚，与时消息，而况于人乎？况于鬼神乎？

"丰，大也。明以动，故丰"，这是从卦画方面谈的。此卦下体是离，离为火，表示明。上体是震，震为雷，表示动。全卦的构成是"明以动"。因为"明以动"，所以能丰。这是就卦本身来说的。朱子《本义》说这是以卦体释卦名义。

"王假之，尚大也。勿忧，宜日中，宜照天下也。"程《传》说："王者之所尚，至大也。"这个"大"，还是指社会。社会发展到盛大，发展到极点的时候，就容易衰落了。

"日中则昃，月盈则食。天地盈虚，与时消息，而况于人乎？况于鬼神乎？"

朱子《本义》说："此又发明卦辞外意。"这样讲是对的。根据这个来体会，就谈出哲理了。从客观的自然界看，太阳到了正午的时候，很快就要昃了。程《传》说："日中盛极，则当昃昳。"过了正午，太阳就歪了。"月盈则食"，到了十五，月亮满盈，那也就要亏缺了。当然，当时的人对这些日月运动的现象，没有科学的认识，只能看现象。古人从日月的变化，看到人的生死，发现事物总是变化着的。自然界有时候盈，有时候虚，是不一定的。它们按照"时"消息。消，消失，消灭。程《传》把盈虚皆解为盛衰，消息皆解为进退，看起来还是对的。从自然界中看出"日中则昃，月盈则食"，然后把它作为普遍规律，用以看天地，那就不以日月为限了。整个天地，整个自然界，都有盈虚。盈虚都是"与时消息"的。孔子强调这个"时"字，这里边就有辩证法，认为事物不是一成不变的，总是变化的。因为时间不同，事物就变化，就不一样。根据这一卦能得出这个结论，不简单。这是学习了《易》以后，提高到理论上，提高到一般的意义上。不是仅仅从字面上解释卦辞，而是把卦辞的思想发挥了，推广了。这看起来应当属于孔子。

天地都是这样，何况人呢，人也是像自然界一样变化的。中国古代哲学总是把人、社会、历史和自然界联系起来，认为人与自然密切相关。人应当顺应自然，改造自然。在顺应自然这一点上，道家有一点绝对化了。儒家看起来还不是这样绝对化。儒家承认人的主观能动性。这一点是对的，应该肯定，然而如果说儒家已认识到改造自然的问题，这恐怕有些高了。

古代的哲学，讲人与天的关系，这是有道理的。从发展上看，原始宗教发展到一定时候就产生哲学及科学，中西都是如此。比如中国古代哲学，由于宗教的东西与哲学思想、科学意识混在一起，有些概念确实不好讲。统治阶级讲的"天"这个概念，的确有点宗教意味，很像神。但是在古代讲理论的人那里，"天"还是作为自然来讲的。因此，中国古代的"天"，讲成都是自然，或者讲成都是上帝、神，都讲不通，应当分别来讲。古代有原始宗教，统治阶级确实用"天"这样的东西来迷惑人。然而，另一方面，"天"有时候还是被作为自然看待的。因为人的行为实际上离不开自然，所以《尚书·尧典》说："历象日月星辰，敬授人时。"人们把历法搞好以后，按历法来行动。人能够脱离自然吗？春种秋收，你冬天种田就不行嘛。古代统治阶级掌握历法，《论语·尧曰》就说："咨尔舜，天之历数在尔躬。"尧传位给舜，他对舜说，你应该掌握历法这个东西。后来讲的"人法天"，正是这个意思。人与自然是分不开的。《荀子·天论》讲"天人之分"，那时候也要讲天人之分了。在中国古代，讲思想，讲哲学，天人关系是一个大问题。《易经》在这里讲到这个问题，就很不简单了。

这里提的"而况于人乎？况于鬼神乎？"里的"鬼神"是什么呢？程《传》认为鬼神是"造化之迹"。《朱子语类》里记弟子问朱熹说："鬼神者造化之迹，然天地盈虚即是造化之迹矣，而复言鬼神，何也？"朱熹回答说："天地举全体而言，鬼神指其功用之迹，似有人所为者。"我看朱熹的解释还是挺好的。天地是整个自然界，这个"功用之迹"，就像有人在那儿主宰一样。可见在朱熹这里，或者说整个儒学，是不相信上帝的，不相信这个鬼神是一般的那个"鬼神"。似乎是有人在主宰，实际上是没有人，那是自然的变化。自然的变化是什么呢？在我们今天看来，那是规律，是自然规律。这鬼神是指的规律，不过叫作鬼神罢了。《易经》里像这样的地方，如果只从字面上解释，就不行。《易经》中有不少地方讲到鬼神，我们应该很好地理解。我认为《朱子语类》的理解，还是很好的。张载认为鬼神是"二气之良能"，就是阴阳的变化。气也就是自然，自然也就是良能。在张载那里，鬼神还是属于唯物主义的概念，不是唯心主义哲学或者宗教讲的那个鬼神。

象曰：雷电皆至，丰。君子以折狱致刑。

雷火丰，震为雷，也为火。火这东西也是一个象。雷为火，也可以为电。坎为水，也可以为云。兑为泽，也可以为水。什么为什么，这不是固定的。有人学《易》，认为乾就是天，坤就是地。这个解释是不对的。"乾，健也。坤，顺也"，这是对的。乾就是健，坤就是顺。健与顺才是乾与坤的根本特点，根本性质，这是不变的。而其他，是很灵活的，可以为这个，也可以为那个。乾可以为天，也可以为马。坤可以为地，也可以为牛。为天也好，为马也好，都是表示乾的健的性质。为地也好，为牛也好，都是表示坤的顺的性质。因此把离就看成是火，是不对的。有的地方它不为火，为电。雷电也就是这个雷火丰。学习这个，君子用这个来折狱，来致刑。折狱嘛，一方面要明，一方面要动，要有威。孔颖达说："断决狱讼，须得虚实之情。致用刑罚，必得轻重之中。若动而不明，则淫滥斯及。故君子象于此卦而折狱致刑。"朱震说："电，明照也，所以折狱。雷，威怒也，所以致刑。"我看他们的解释还是对的，讲得很明白。

初九，遇其配主，虽旬，无咎，往有尚。

这个"配主"指的是什么？指的是九四。初九和九四都是阳爻，所以在这里称为"配主"。"虽旬，无咎"的旬字，注疏和程《传》、朱子《本义》统统作均讲。这个旬字本来也是均。《说文》也是作均字讲的。我看作均字讲是对的。但是在文献中又称十日为旬。从字面上看，一般总认为旬就是十日。因此过去对这里的旬字解释就不同了，比如胡瑗就认为："旬者，十日也。"而且小象说"虽旬，无咎，过旬灾也"，也好像把旬作为十日讲。意思是在十天之中无咎，过了十天就有灾了。这样讲，很通顺。但是我反复考虑，觉得这个旬字还是作均讲为好。看《经典释文》，古人讲"虽旬"的旬字，还是当均讲。"虽旬，无咎"，是说初九与九四虽然都是阳爻，但也是无咎的。我看这样讲，也是成立的。

"往有尚"这句话，我觉得程《传》讲得很好，很透彻。他说："雷电皆至，成丰之象；明动相资，致丰之道。非明无以照，非动无以行。相须犹形影，相资犹表里。初九明之初，九四动之初，宜相须以成其用，故虽旬而相应。位则相应，用则相资，故初谓四为配主，己所配也。配虽匹称，然就之者也，如配天以配君子。故初于四云配，四于初云夷也。'虽旬，无咎'，旬，均也。天下之相应者常非均敌，如阴之应阳，柔之从刚，下之附上。敌则安肯相从？唯丰之初、四，其用则相资，其应则相成。故虽均是阳刚，相从而无过咎也。盖非明，则动无所之；非动，则明无所用。相资而成用，同舟则胡越一心，共难则仇怨协力，事势使然也。往而相从，则能成其丰，故云有尚。有可嘉尚也。在他卦则不相下而离隙矣。"

象曰：虽旬无咎，过旬灾也。

程《传》将旬作均字讲，是讲得通的，但是《周易折中》引刘牧说："旬，数之极也。"数之极，还是十天嘛，他是按十天为旬讲。接着他说："犹日之中也。言无咎者，谓初未至中，犹可进也。若进而过中则灾，故象称'过旬灾也'。"胡瑗也是作十日讲，说："言虽居丰盛之时，可以无咎，若过于盈满，则必有倾覆之灾也。"他们都把十作为盈数来讲，也不无道理。看来这个旬字很难讲。我是认为作均讲为好的。大家还可以继续研究嘛。

六二，丰其蔀，日中见斗，往得疑疾，有孚发若，吉。

有人说丰卦里边有日食，这一爻讲的就是日食，只有日食的时候才有这种现象。"日中见斗"，白天就看见星星了。没有日食，白天怎能看见星星呢？这个斗，是北斗，是星星。人们解释这一卦，认为六二和六五两爻是阴爻相应，它成为六二的蔀。

这样讲日中见斗。但另一方面，又把六五作为君看，因为五是君位。"往得疑疾"，那就是说，六五是昏暗之君，容易受它猜疑，为它所疾。"有孚发若，吉"，六二虽然遇到了六五这个昏主，但如果有孚，有诚意表现出来，人为之感动，那么还能得到吉。

象曰：有孚发若，信以发志也。

因为自己信，诚信，所以能感动别人。

九三，丰其沛，日中见沫，折其右肱，无咎。

九三本来是阳爻居阳位，可以有为，但它上边是个沛。这个沛，程《传》与朱子《本义》都说作旆。王弼释作"幡幔"，太阳上面有了遮的东西，太阳被遮，所以白天就看到沫了。这也是作为日食来讲的。说作《易经》的时候，人们已经发现日食现象了。"折其右肱"，也就是说，上六这一爻是昏的。右肱是有为的。折掉右肱，不能有为了，这样就可无咎。《周易折中》按语说："所谓丰其蔀丰其沛者，乃蔽日之物，非蔽人之物也。"

象曰：丰其沛，不可大事也。折其右肱，终不可用也。

尽管九三是刚爻，是可以有为的，然而在这个时候是不可能有为了。

九四，丰其蔀，日中见斗，遇其夷主，吉。

"遇其夷主"的夷主指的是初九。初九与九四为两阳爻相应。初九认为九四是配主，九四认为初九是夷主，得吉。程《传》说："四虽阳刚，为动之主，又得大臣之位，然以不中正遇阴暗柔弱之主，岂能致丰大也。"张载说："近比于五，故亦云见斗，正应亦阳，故云夷主。"张载认为这个见斗，是指六五说的。

象曰：丰其蔀，位不当也。日中见斗，幽不明也。遇其夷主，吉，行也。

项安世说："六二指六五为蔀为斗，故往则入于暗而得疑。九四之蔀与斗，皆自指也，故行则遇明而得吉。"项安世与张载的看法不同，认为是九四自指。从整个卦来看，九四的蔀、斗，还是说指九五好一些。我是这样看的。大家还可以研究。

六五，来章，有庆誉，吉。

六五与六二相应，因六五是柔弱之君，六二往得誉，吉。程《传》说"在下章美之才"，有这样的人而能用之，就能有庆誉，有声誉。项安世说："六二以五为蔀，在上而暗也。六五以二为章，在下而明也。"

象曰：六五之吉，有庆也。

上六，丰其屋，蔀其家，窥其户，阒其无人，三岁不觌，凶。

这是最不好的了。上六在上又为阴，好像是丰其屋，屋子很大。小象说："丰其屋，天际翔也。"屋子跑到天上去了。小象又说："窥其户，阒其无人，自藏也。"自己藏起来了。程《传》说："至于三岁之久而不知变，其凶宜矣。"龚焕说："丰卦与明夷相似，唯变九四一爻。"地火明夷，雷火丰。地火明夷变成雷火丰，只差了九四一爻。丰如果没有九四，那也就是地火明夷了。龚氏又说："丰其蔀蔽，皆六五上六二阴所为。二丰其蔀，以五为应也。三丰其沛，以上为应也。四丰其蔀，以承五也。然五虽柔暗，以其得中，故有来章之吉。上居丰极，始则蔽人之明，终以自蔽，与明夷上六相似。"龚氏把这一卦讲得挺好，挺清楚。

《周易折中》总论引熊良辅说："丰六爻以不应为善。初四皆阳，初曰遇其配主，四曰遇其夷主。二五皆阴，二曰有孚发若，吉；五曰来章有庆誉吉。三与上为正应，三不免于折肱，而上则甚凶。当丰大之时，以同德相辅为善，不取阴阳之应也。"又引扬雄的话，扬雄的话可能也是从丰卦上六这一爻来的。扬雄说："炎炎者灭，隆隆者绝。观雷观火，为盈为实，天收其声，地藏其热。高明之家，鬼瞰其室。"扬雄此话实际就是讲丰卦上六这一爻的。

象曰：丰其屋，天际翔也。窥其户，阒其无人，自藏也。

旅 ䷷ 艮下离上

《序卦》说："丰者大也，穷大者必失其居，故受之以旅。"丰和旅这两卦是反对的。旅是羁旅的意思。

旅，小亨，旅贞吉。

旅可以得亨，但是旅只能得小亨，旅能够得正，得正则吉。

彖曰：旅，小亨，柔得中乎外而顺乎刚，止而丽乎明，是以小亨，旅贞吉也。旅之时义大矣哉。

旅卦六五这一爻，是"柔得中"，而且还是"柔得中乎外"，六五是在外卦嘛。"止而丽乎明"，下体是艮，艮是止。上体是离，离是明。从全卦来看，是"止而丽乎明"。止与明附丽在一起，成为旅卦，这就得出"旅，小亨吉"来。最后说"旅之时义大矣哉"，发挥旅卦的意义。

《周易折中》引钱一本说："难处者，旅之时，难尽者，旅之义。或以旅兴，或以旅丧，所关甚大。"历史上有人以旅而兴，如晋文公在外流亡十多年而终于回国做了诸侯，也有人因旅而丧的。旅的关系是甚大的。钱一本所说，是对象传"旅之时义大矣哉"一语的很好的说明。

象曰：山上有火，旅。君子以明慎用刑而不留狱。

孔颖达说："火在山上，逐草而行，势不久留，故为旅象。又上下二体，艮止离明。故君子象此以明察审慎用刑，而不稽留狱讼。"朱子《本义》说："慎刑如山，不留如火。"

初六，旅琐琐，斯其所取灾。

初六是阴爻居下，所以旅的时候是琐琐然，很卑琐的。"斯其所取灾"，斯字

王弼作贱讲。斯字的原意可以作为澌，但是在这个地方作贱讲可能更通顺一些。王应
麟说："旅初六'斯其所取灾'，王辅嗣注云'为斯贱之役'。唐郭京谓斯合作澌。
愚按后汉左雄传'职斯禄薄'，注云：'斯，贱也。'不必改澌字。"王应麟同意斯
作贱讲。《周易折中》同意王应麟的说法。我看斯字在这里不一定必须讲成贱。作为
"此"来讲，我看是可以的。比如乾卦就未把斯作贱讲。我同意程《传》的看法，不
把斯解释为贱。

象曰：旅琐琐，志穷灾也。

六二，旅即次，怀其资，得童仆贞。

旅卦中六二是很好的，在旅的时候，还是柔顺好。二又得中，这样能"即次"，
得到住所，旅所安也。还有资财，还有可信的童仆。这一爻是很好的。胡炳文说：
"旅中不能无赖乎童仆之用，亦终不免乎童仆之欺，唯得其贞信者，则无欺而有
赖。"

象曰：得童仆贞，终无尤也。

九三，旅焚其次，丧其童仆贞，厉。

作为旅，还是柔弱好。九三阳爻阳位，未免有点刚暴，所以"焚其次"，住处被
烧，童仆贞也丧失了。厉，危险。这里有一个问题，是"童仆贞"连着呢，还是"童
仆"与"贞厉"断开。程《传》以为是"童仆贞"连读。朱子《本义》认为贞字连下
句为义。两种解释，哪个对呢？我同意程《传》的意见，因为小象讲"得童仆贞，终
无尤也"。

象曰：旅焚其次，亦以伤矣。以旅与下，其义丧也。

下是什么？黄淳耀认为："下即童仆。'以旅与下'者，谓视童仆如旅人也。"
这样讲，我看是对的。把童仆看作旅人，那么童仆当然也就不信任你了。

九四，旅于处，得其资斧，我心不快。

这又是阳爻，阳爻是刚。刚在旅卦是不好的，所以"旅于处"而已。"得其资斧"的资字，查慎行《周易玩辞集解》引《汉书·叙传》资作齐，应劭注云："齐，利也。"资斧就利斧。《经典释文》也说"子夏传及众家并作齐斧"。但是程《传》却把资斧二字分开讲，资是货财，斧是斧子。看来，这句话的讲法有分歧。我同意资作齐字讲，齐斧就是利斧。资斧是一件事，不是两件事。虽然得到了锋利的斧子，可以自我防卫了，但我的心还是不快的。我当指九四自身。《周易折中》引蒋悌生说："凡卦爻阳刚皆胜阴柔，唯旅卦不然。二、五皆以柔顺得吉，三、上皆以阳刚致凶。六爻六五最善，二次之；上九最凶，三次之。九四虽得其处，姑足以安其身而已，岂得尽遂其志。"蒋氏的解释挺好。

象曰：旅于处，未得位也。得其资斧，心未快也。

六五，射雉一矢，亡。终以誉命。

程《传》说："如射雉一矢而亡之，发无不中，则终能致誉命也。"朱子《本义》说："虽不无亡矢之费，而所丧不多，终有誉命也。"《朱子语类》说："亡字正如秦无亡矢遗镞之亡，不是如伊川之说。《易》中凡言终吉者，皆是初不甚好也。"我看朱熹的解释比程《传》要顺一些。又，程《传》说："五，君位。人君无旅，旅则失位，故不取君义。"这是对的。

象曰：终以誉命，上逮也。

胡瑗说："六五，所谓柔得中乎外而顺乎刚者也。柔顺中正之德，为上九所信，尊显之命及之也。"《周易折中》按语说："六五有位而上九无位，不必以六五为上九所尊显也。盖居高位便是上逮尔。此爻虽不以君位言，而亦主于大夫士之载贽而获乎名位者。故曰上逮，言其地望已高也。"正好与胡氏的说法相反。程《传》、朱子《本义》的说法不明确。

上九，鸟焚其巢，旅人先笑后号啕，丧牛于易，凶。

旅卦遇刚不好，上九更不好。旅人初居上为笑，尔后就要号啕，把牛也丢掉了，这作为旅来说，是凶的。

象曰：以旅在上，其义焚也。丧牛于易，终莫之闻也。

巽☴巽下巽上

《序卦》说："旅而无所容，故受之以巽。巽者入也。"巽字的含义，程《传》释作顺，说："巽顺于阳。"后来有许多人不同意程《传》的说法。蔡清说："顺字解巽字不尽。潜心恳到方为巽也。程《传》只说顺，然孔子不曰顺，而每仍卦名曰巽，是必巽字与顺字有辨矣。"《周易折中》按语说："巽，入也。……其在造化，则吹浮云，散积阴者也。其在人心，则察几微，穷隐伏者也。其在国家，则除奸慝，釐弊事者也。三者皆非入不能。卦之所以名巽者以此。"我看蔡清与《周易折中》的说法可从。

巽，小亨，利有攸往，利见大人。

《周易折中》引何楷说："凡巽之所以致亨，皆阳之为也。所谓申命乃阳事也。有阳以巽之于上，故小亨。"《周易折中》按语说："亨之所以小者，如蛊则坏极而更新者，故其亨大，巽但修敝举废而已。观卦爻庚甲之义可见也。天下之事，既察知之，则必见之于行，故曰利有攸往。非有刚德之人，不能济也，故又曰利见大人。"

象曰：重巽以申命。刚巽乎中正而志行。柔皆顺乎刚。是以小亨，利有攸往，利见大人。

"重巽以申命"，解释卦义。孔子学《易》，极重人事，他把巽为风，风吹万物，无所不入的自然现象归结到社会政治上来，说巽卦有申命的意思。人君发布诏令，亦如风之号，无所不入。俞琰说："巽之取象，在天为风，在人君为命。风者，天之号令，其入物也无不至。命者，人君之号令，其入人也，亦无不至。"《周易折中》按语说："颁发号令以象天之风声，是已。然须知巽者入也。王者欲知民之休戚，事之利弊，则必清问于下而察之周，告诫于上而行之切，此其所以申命也。"

"刚巽乎中正而志行"指九五，"柔皆顺乎刚"指初与四。项安世说："以卦体言之，'重巽以申命'，是小亨也。以九五言之，'刚巽乎中正而志行'，是利有攸往也。以初六、六四言之，'柔皆顺乎刚'，是利见大人也。"李舜臣说："阴画在二阳之下，有顺乎阳刚之象。阳画在二五之位，有巽乎中正之德。"又说："利见大人者，盖指二、五以阳刚之画处中正之位，而初、四二阴出而顺从之，乃所以为利也。"

象曰：随风巽。君子以申命行事。

"随风巽"，巽卦上下都是巽，如风之入物，无所不至，无所不顺。君子学这一卦，要"申命行事"。俞琰说："既告诫之，又丁宁之，使人听信其说，然后见之行事，则民之从之也，亦如风之迅速也。大抵命令之出，务在必行。"

初六，进退，利武人之贞。

初六这一爻，是阴柔而处于卑下之地位，优柔寡断，不知进好退好，不能决断，俞琰说："巽，申命行事之卦也。令出则务在必行。岂宜或进或退？初六卑巽而不中，柔懦而不武，故或进或退而不能自决也。若以武人处之，则贞固足以干事矣，故曰'利武人之贞'。"

象曰：进退，志疑也。利武人之贞，志治也。

治与疑二字相应。疑，两可不决，主意不定；治，志定不乱，或进或退，无有疑虑。

九二，巽在床下，用史巫纷若，吉，无咎。

程《传》说："床，人之所安；巽在床下，是过于巽，过所安矣。人之过于卑巽，非恐怯则谄说，皆非正也。二实刚中，虽巽体而居柔，为过于巽，非有邪心也。恭巽之过，虽非正礼，可以远耻辱，绝怨咎，亦吉道也。史巫者，通诚意于神明者也。纷若，多也。"

象曰：纷若之吉，得中也。

九二以刚爻居柔在下，在巽卦里为过巽之象，是不好的。但是，九二居中，有刚中之德，所以吉而无咎。

九三，频巽，吝。

赵汝楳说："频巽者，既巽，复巽，犹频复也。"

象曰：频巽之吝，志穷也。

六四，悔亡，田获三品。

六四是阴爻，初六也是阴爻，所以六四无应。它的上边是阳爻，下边也是阳爻，乘承皆刚，处境是不利的，本应有咎。但是它也有有利的一面，它以阴爻居阴位，这在巽的时候是适宜的。所以程《传》说："四之地本有悔，以处之至善，故悔亡而复有功。"沈该说："田获三品，令行之效也。田，除害也。获，得禽也。行君之令而致之民，将以兴利除害也。害去利获，令行而功著，是以田获三品也。"

象曰：田获三品，有功也。

九五，贞吉悔亡，无不利。无初有终，先庚三日，后庚三日，吉。

程《传》说："甲者，事之端也。庚者，变更之始也。十干戊己为中，过中则变，故谓之庚。事之改更，当原始要终，如先甲后甲之义。"胡炳文说："蛊者，事之坏。先甲后甲者，饬之使复兴起。巽者，事之权。先庚后庚者，行之使适变通。"张清子说："甲者，十干之首，事之端也，故谓之终则有始。庚者，十干之过中，事之当更者也，故谓之无初有终。况巽九五乃蛊六五之变，以造事言之，故取诸甲，以更事言之，故取诸庚。《易》于甲庚皆曰先后三日者，盖圣人谨其始终之意也。"

象曰：九五之吉，位正中也。

九五是阳爻居阳位，居中得正，又是巽卦之主，所以得吉。

上九，巽在床下，丧其资斧，贞凶。

《周易折中》按语说："资斧，古本作齐斧为是，盖因承旅卦同音而误也。说卦'齐乎巽'。齐斧者，所以齐物之斧也。"王弼说："处巽之极，极巽过甚，故曰巽在床下也，斧所以断者也。过巽失正，丧所以断，故曰丧其资斧。"

象曰：巽在床下，上穷也。丧其资斧，正乎凶也。

巽在床下，巽过了，达到穷极的程度。巽本是好事，但巽过了头，便变为坏事。办事失去决断，是上九这一爻的正道。所以，越是守正越不好，越凶。

兑䷹兑下兑上

《序卦》说："巽者入也，入而后说之，故受之以兑。"这个说法看起来也有点牵强。"兑者说也"，可见这个兑原来就是说。兑、说本为一字，犹如咸卦之咸与感是一个字一样。有人把咸解释为无心之感，把兑解释为无言之说，是不对的。咸就是感，兑就是说嘛。

兑，亨，利贞。

说，亨，利贞。贞，正。利贞，利正。程《传》说："为说之道，利于贞正。"

象曰：兑，说也。刚中而柔外，说以利贞。是以顺乎天而应乎人。说以先民，民忘其劳。说以犯难，民忘其死。说之大，民劝矣哉！

"兑，说也。刚中而柔外，说以利贞"，这是就卦来说的。柔外，阴爻在外。程《传》说："阳刚居中，中心诚实之象。柔爻在外，接物和柔之象。故为说而能贞也。"

"是以顺乎天而应乎人"，谈到顺天应人，下面的话是孔子的发挥。顺乎天，就是顺乎自然。应乎人，人都说。

"说以先民，民忘其劳"，吕祖谦说："当适意时而说与处平安时而说，皆未足为难。唯当劳苦患难而说，始见真说。圣人以此先之，故能使之任劳苦而不辞，赴患难而不畏也。"统治者应率先任劳苦，民才能勉力顺从而忘其劳。

"说以犯难，民忘其死"，这两句话，还有上边的两句话，很重要，是为统治阶级说的。统治阶级要人民忘其劳，忘其死，靠暴力不行，要用说，用喜悦。说，是说很小的事，但顺天应人，说的作用可就大了。民能忘其劳，忘其死。孔子发挥了《易经》的思想。

象曰：丽泽，兑。君子以朋友讲习。

朋友间相讲习，总是说，是好呀。

初九，和兑，吉。

朱子《本义》讲得对，初九"以阳爻居说体，而处最下，又无系应"，没有应爻，所以和兑吉。程《传》说："初虽阳爻，居说体而处最下，无所系应，是能卑下和顺以为说，而无所偏私者也。以和为说，而无所偏私，说之正也。阳刚则不卑，居下则能巽，处说则能和，无应则不偏，处说如是，所以吉也。"程、朱说法是一样的。

象曰：和兑之吉，行未疑也。

没有什么疑的。

九二，孚兑，吉，悔亡。

九二刚爻得中。程《传》说："二承比阴柔，阴柔小人也，说之则当有悔。二刚中之德，孚信内充，虽比小人，自守不失。君子和而不同，说而不失刚中，故吉而悔亡。"龚焕说："九二阳刚得中，当说之时，以孚信为说者也。己以孚信为说，人不得而妄说之，所以吉也。"

象曰：孚兑之吉，信志也。

《周易折中》引何楷说："初去三远，不特志可信，而行亦未涉于可疑。二去三近，行虽不免于可疑，而志则可信。"何楷讲这一爻，讲得清楚。

六三，来兑，凶。

"来兑"，人们的讲法不一样。程《传》认为"来"指初与二两爻。《周易折中》引王宗传说："六三居两兑之间，一兑既尽，一兑复来，故曰来兑。"《周易折中》按语说："三居内体，故曰来。然非来说于下二阳之谓也。"它显然不同意程《传》的解释。六三称来兑，上六称引兑，查慎行《周易玩辞集解》引邱行可说："三以柔居刚，动而求阳之悦，故曰来兑。上以柔居柔，静而诱阳之悦，故曰引兑。来兑之恶易见。"邱氏这个讲法与程、朱是一样的，不过更好一些。

象曰：来兑之凶，位不当也。

九四，商兑未宁，介疾有喜。

朱熹《本义》说："九四上承九五之中正，而下比六三之柔邪，故不能决而商度，所说未能有定。然质本阳刚，故能介然守正，而疾恶柔邪也。"《周易折中》按语说："《易》中疾字皆与喜对。故曰无妄之疾，勿药有喜，又曰损其疾使遄有喜。以此爻例之，则疾者谓疾病也。喜者谓病去也。四比于三，故曰介疾，言介于邪害之间也。若安而溺焉，则其为鸩毒大矣。惟能商度所说而不以可说者为安，则虽介疾而有喜矣。"

象曰：九四之喜，有庆也。

郭雍说："当兑之时，处上下之际，不妄从说，知所择者也。介然自守，故能全兑说之喜，喜非独一身而已，终亦有及物之庆也。"

九五，孚于剥，有厉。

阳刚得中正，与上六相比。程《传》说："剥者，消阳之名，阴消阳者也，盖指上六，故孚于剥则危矣。以五在说之时而密比于上六，故为之戒。"

象曰：孚于剥，位正当也。

上六，引兑。

《周易折中》引刘牧说："执德不固，见诱则从，故称引兑。"又引毛璞说："所以为兑者，三与上也。三为内卦，故曰来；上为外卦，故曰引。"刘、毛讲的不如邱行可讲的那么清楚。邱氏强调上六引兑与六三来兑的不同。三以柔居刚，动而求阳之悦，故曰来悦。来悦是公开的，易为人察觉，所以它（六三）本身是凶的。上六以柔居柔，静而诱阳之悦，故曰引兑。引兑是隐蔽的，不易被察觉，所以比爻（九五）应当提防它。

象曰：上六引兑，未光也。

程《传》说："引而长之。"朱子《本义》说："引下二阳相与为说。"

第二十讲 涣卦 节卦 中孚 小过

涣☵坎下巽上

《序卦》说："兑者说也，说而后散之，故受之以涣。"涣就是散。

涣，亨。王假有庙，利涉大川，利贞。

"王假有庙"的这个假字，在这里可以作感讲。天下离散，要靠庙来聚。庙是古代氏族、宗族团结、聚合的中心。族中有事都要到庙里去办。这个庙是宗庙。在涣的时候，利涉大川。如何去涣？利贞。

彖曰：涣亨，刚来而不穷，柔得位乎外而上同。王假有庙，王乃在中也。利涉大川，乘木有功也。

"涣亨，刚来而不穷，柔得位乎外而上同"，朱子《本义》说："以卦变释卦辞。"程《传》说："涣之成涣，由九来居二，六上居四也。"程《传》实际上是在讲卦变。王弼说："二以刚来居内而不穷于险，四以柔得位乎外而与上同。内刚而无险困之难，外顺而无违逆之乖，是以亨也。""上同"是同九五。

"王假有庙，王乃在中也"，程《传》说："天下离散之时，王者收合人心，至于有庙，乃是在其中也。"

"利涉大川，乘木有功也"，巽为木，坎为水，乘木有功，利涉大川。《周易折中》按语说："王乃在中，谓九五居中，便含至诚感格之意。乘木有功，谓木在水上，便含济险有具之意。"

象曰：风行水上，涣。先王以享于帝，立庙。

享帝是郊天，即祭天。立庙，立宗庙。这在古代，是统治阶级聚合人心的最重要的办法。

初六，用拯，马壮，吉。

程《传》说："马谓二也。二有刚中之才，初阴柔顺，两皆无应。无应则亲比相求。初之柔顺，而托于刚中之才以拯其涣，如得壮马以致远，必有济矣，故吉也。"

象曰：初六之吉，顺也。

九二，涣奔其机，悔亡。

何谓机？程《传》说："二目初为机，初谓二为马。"二是马，初是机。这是一种讲法。《周易折中》引郭雍说："九二之刚，自外来而得中，得去危就安之义，故有奔其机之象。唯得中就安，故象传所以言不穷也。"这是说初不是机，机谓九二自身。

象曰：涣奔其机，得愿也。

《周易折中》引王宗传说："当涣之时，以阳刚来居二，二安静之位也。故有奔其机之象。"有这两种说法。根据象传的意思，机好像指九二自身。

六三，涣其躬，无悔。

六三与上九正应。程《传》说："三在涣时，独有应与，无涣散之悔也。然以阴柔之质，不中正之才，上居无位之地，岂能拯时之涣而及人也。止于其身可以无悔而已。上加涣字，在涣之时，躬无涣之悔也。"《周易折中》按语说："《易》中六三应上九，少有吉义。唯当涣时，则有应于上者，忘身徇上之象也。蹇之二曰王臣蹇蹇，匪躬之故，亦以当蹇难之时，而与五相应，此爻之义同之。"朱子《本义》认为："阴柔而不中正，有私于己之象也。然居得阳位，志在济时，能散其私，以得无悔。"有这些不同的解释。

象曰：涣其躬，志在外也。

"志在外"，指六三与上九应。程《传》说："志应于上，在外也。与上相应，故其身得免于涣而无悔。悔亡者，本有而得亡；无悔者，本无也。"涣其躬，就是涣其私心。

六四，涣其群，元吉。涣有丘，匪夷所思。

程《传》与《朱子语类》讲法不同。《朱子语类》同意苏洵的说法。苏洵说："涣之六四曰涣其群，元吉。夫群者，圣人之所欲涣以混一天下者也。"朱熹说："此说虽程《传》有所不及，如程《传》之说，则是群其涣，非涣其群也。"老苏讲对了。朱子《本义》说："居阴得正，上承九五，当济涣之任者也。下无应与，为能散其朋党之象。占者如是，则大善而吉。"朱子又说"涣有丘"，"能散其小群以成大群，使所散者聚而若丘，则非常人思虑之所及也"。《周易折中》按语说："孔安国《书·序》云：'丘，聚也。'则丘字即训聚。'涣有丘，匪夷所思'，语气盖云，常人徒知散之为散，不知散之为聚也。散中有聚，岂常人思虑之所及乎！"涣是散，但散中还有聚的意思，这是常人想不到的。苏洵和《周易折中》按语的解释，看来更为明通。

象曰：涣其群，元吉，光大也。

光大，言团结天下，小群聚合为大群。

九五，涣汗其大号，涣王居，无咎。

号指号令。俞琰说："散人之疾而使之愈者，汗也。散天下之难而使之愈者，号令也。""涣王居"，解释不同。朱子《本义》说："涣王居，如陆贽所谓散小储而成大储之意。"

象曰：王居无咎，正位也。

王居不是如朱子所说，王居指人君。

上九，涣其血，去逖出，无咎。

《周易折中》引朱震说："逖，远也。'去逖出'，一本作'去惕出'。然象曰'远害'，当从逖矣。"又引王申子说："以诸爻文法律之，'涣其血'，句也。涣其所伤而免于难。"又引俞琰说："当依爻传作'涣其血'。上居涣终，去坎至远，而无伤害。故其象为涣其血，其占曰无咎。"又引钱一本说："去不复来，逖不复近，出不复入。其于坎血，远而又远，何咎之有！"

象曰：涣其血，远害也。

《周易折中》引项安世说："上九爻辞，血与出韵叶，皆三字成句，不以血连去字也。小畜之血去惕出，与此不同。此血已散，不假更去。又惕与逖文义自殊。据小象言'远害也'，则逖义甚明，不容作惕矣。卦中唯上九一爻去险最远，故其辞如此。"又说："散其汗以去滞郁，散其血，以远伤害。"讲得很清楚。

节 ䷻ 兑下坎上

《序卦》说："涣者离也，物不可以终离，故受之以节。"节是什么意思？《杂卦》说："节，止也。"孔颖达说："节者，制度之名，节止之义。制事有节，其道乃亨。"朱子《本义》："节，有限而止也。"

节，亨。苦节不可贞。

孔颖达说："制事有节，其道乃亨，故曰节亨。节须得中，为节过苦，伤于刻薄，物所不堪，不可复正，故曰苦节不可贞也。"程《传》说："节有亨义，节贵适中，过则苦矣。节至于苦，岂能常也，不可固守以为常，不可贞也。"做事要有节度，有节度方可亨通。节，也就是适中，恰到好处，不过分。过分了就变成苦节了。苦节不可长久，亦即不可贞。查慎行《周易玩辞集解》说："卦象分两层。节则适中，有可亨之道。苦节则不中，故不可贞。圣人欲维其道于不穷，故节之义不取苦而取甘，不于贞而于亨。贞字作久字解。"查氏讲得更好一些。

象曰：节亨，刚柔分而刚得中。苦节不可贞，其道穷也。说以行险，当位以节，中正以通。天地节而四时成，节以制度，不伤财，不害民。

"苦节不可贞，其道穷也"，程《传》说："其道已穷极矣。"《周易折中》引黄淳耀说："合于中，即甘即亨。失其中，即苦即穷。苦与甘反，穷与亨反。"查慎行《周易玩辞集解》说："节贵乎中，过中则苦，节不可贞，不可贞便穷。"

"说以行险，当位以节，中正以通"，朱子《本义》说："又以卦德卦体言之，当位中正指五。"《周易折中》按语："说以行险，先儒说义未明。盖节有阻塞难行之象，所谓险也。而其所以亨者，则以其有安适之善，而无拘迫之苦，所谓说也。当位以位言，中正以德言。当位则有节天下之权，中正则能通天下之志。此三句，当依孔氏为总申彖辞之义。说则不苦，而通则不穷矣。盖上文既以全卦之善言之，此又专主九五及卦德以申之，正与渐卦同例。"

"天地节而四时成，节以制度，不伤财，不害民"，这又是孔子作的一些发挥，由小看大。天地节，人类社会的政治也要节，制定制度加以节制，不伤财，不害民。这讲的是政治。孔颖达说："天地以气序为节，使寒暑往来各以其序，则四时功成也。王者以制度为节，使用之有道，役之有时，则不伤财，不害民也。"由此看出制度的重要性。

象曰：泽上有水，节。君子以制数度，议德行。

程《传》说："泽之容水有限，过则盈溢，是有节，故为节也。君子观节之象，以制立数度。凡物之大小轻重高下文质，皆有数度，所以为节也。数，多寡；度，法制。'议德行'者，存诸中为德，发于外为行。人之德行，当议则中节。议谓商度求中节也。"孔颖达说："数度谓尊卑礼命之多少。德行谓人才堪任之优劣。君子象节以制其礼数等差，皆使有度；议人之德行任用，皆使得宜。"

初九，不出户庭，无咎。

泽上有水，水有行有止，水多了要排出。初九是从九来说的。王申子说："阳刚在下，居得其正，当节之初，知其时未可行，故谨言谨行，至于不出户外之庭，是知节而能止者，故无咎。"

象曰：不出户庭，知通塞也。

吴曰慎说："节兼通塞言，犹艮之兼行止言也。初九不出户庭，知塞也，而兼言知通者，见其非一于止者也。二失时极，则但知塞而不知通矣。"该通不通，凶。

九二，不出门庭，凶。

《周易折中》引钱志立说："泽所以钟水也。水始至则增其防以潴之，初九是也。水渐盛则启其窦以泄之，九二是也。二与初同道，则失其节矣。"《周易折中》按语说："节卦六爻，皆以泽水二体取义。泽者止，水者行。节虽以止为义，然必可以通行而不穷，乃为节之亨也。初、二两爻，一在泽底，一在泽中，在泽底者，水之方潴，不出宜也。在泽中则当有蓄泄之道，不可闭塞而不出也。"

象曰：不出门庭凶，失时极也

苏轼说："水之始至，泽当塞而不当通。既至，当通而不当塞。故初九以不出户庭为无咎，言当塞也。九二以不出门庭为凶，言当通也。至是而不通，则失时而至于极。"郭雍说："初为不当有事之地，而二以刚中居有为之位，其道不可同也。故初以不出户庭为知塞，而二以不出门庭为不知通。知塞故无咎，不知通则有失时之凶矣。"这里边也看出有辩证法。

六三，不节若，则嗟若，无咎。

《周易折中》引李彦章说："临之六三，失临之道而既忧之，节之六三失节之道而嗟若，皆得无咎，《易》以补过为善者也。"又引郑汝谐说："进乘二阳，处泽之溢，过乎中而不节者，三也。知其不节而能伤嗟以自悔，其谁咎之哉？下体之极，极则当变，故发此义。"

象曰：不节之嗟，又谁咎也？

六四，安节，亨。

俞琰曰："六三失位而处兑泽之极，是乃溢而不节，六四当位而顺承九五之君，故为安节。"《周易折中》按语说："六四以柔正承五，故曰安节。安与勉对，盖凡其制节谨度，皆循乎成法而安行，非勉强以为节者也。"

象曰：安节之亨，承上道也。

程《传》说："四能安节之义非一，象独举其重者，上承九五刚中正之道以为节，足以亨矣。"

九五，甘节，吉。往有尚。

程《传》说："九五刚中正居尊位为节之主，所谓当位以节，中正以通者也。在己则安行，天下则说从，节之甘美者也。其吉可知。以此而行其功大矣，故往则有可嘉尚也。"《周易折中》引赵汝楳说："咸苦酸辛，味之偏。甘，味之中也。甘受和，和者，节味之偏而适其中。行之以甘，人不吾病，而事以成，节之吉也。"

象曰：甘节之吉，居位中也。

上六，苦节，贞凶，悔亡。

程《传》说："固守则凶，悔则凶亡。悔，损过从中之谓也。节之悔亡与它卦之悔亡，辞同而义异也。"

象曰：苦节贞凶，其道穷也。

胡炳文说："五位中，故为甘。上位极，故为苦。象曰节亨，五以之。曰苦节不可贞，上以之。"

《周易折中》引丘富国说："象传当位以节，故节之六爻以当位为善，不当位为不善。若以两爻相比者观之，则又各相比而相反。初与二比，初不出户庭则无咎，二不出门庭则凶。二反乎初者也。三与四比，四柔得正则为安节，三柔不正则为不节，三反乎四者也。五与上比，五得中则为节之甘，上过中则为节之苦，上反乎五者也。"又引陆振奇说："观下卦通塞二字，上卦甘苦二字，可以知节道矣。通处味甘，塞处味苦，塞极必溃，故三受焉。甘失反苦，故上受焉。"《周易折中》按语说："下卦为泽为止，故初、二皆曰不出，三则泽之止而溢也。上卦为水为流，故四曰安而五曰甘。上则水之流而竭也。通塞甘苦，皆从泽水取义。"

中孚䷼兑下巽上

《序卦》说："节而信之，故受之以中孚。"这种说法，也有些牵强。

六十四卦的排列，里边有思想，基本上是这样。但《易经》里边有些东西并不明确，并不那么系统，那么完整。大体上看，卦的排列是有思想的，如果细看，难免有些地方牵强。这一点只能证明《易经》有一个发展的问题。《易经》里边包含着很丰富的思想，孔子把它讲出来了。但是《易经》原来的思想很不够，孔子又作了补充、发挥。孔子作《易传》，是对《易经》的一个发展，在原有基础上又前进一步。我们对《序卦》应该这样看，如果因为有一点牵强，就否定了它，说六十四卦的排列次序本无思想意义，完全是《序卦》搞出来的，那是不对的。康有为说《序卦》肤浅，怎么肤浅呢？乾坤其《易》之门，乾坤其《易》之蕴，很深刻的嘛。但是一个卦一个卦都按必然性要求起来，有些是牵强的。这是怎么看的问题。我是这样看的，《序卦》是孔子作的，而原来是不是这样呢？恐怕大体上是这样。若一卦一卦地解释《序卦》，就有牵强的。我们要看它反映出来的思想。《易经》是有发展的，它原是卜筮之书，而孔子所讲的是思想，《易传》就不是卜筮之书了，不是用来卜筮的。里边虽也残留着一些卜筮的东西，但总体上是讲思想的。

中孚，豚鱼吉，利涉大川，利贞。

朱子《本义》说："孚，信也。为卦二阴在内，四阳在外，而二、五之阳皆得其中。以一卦言之为中虚，以二体言之为中实，皆孚信之象也。又下说以应上，上巽以顺下，亦为孚义。"所以叫中孚。它包含两层意思，一中虚，一中实。豚鱼吉，有这样解释的，在动物里，鱼和豚没有知识，鱼愚豚蠢，蠢猪嘛，都是难感之物，中孚感动了豚和鱼。中孚，利涉大川，利贞。

彖曰：中孚，柔在内而刚得中，说而巽。孚，乃化邦也。豚鱼吉，信及豚鱼也。利涉大川，乘木舟虚也。中孚以利贞，乃应乎天也。

"柔在内"，强调阴爻。"而刚得中"，指九二与九五。"说而巽"，为卦下兑上巽。这样，就孚信于民，民受感动，"乃化邦也"。《周易折中》引王宗传说："以成卦观之，在二体则为中实，在全体则为中虚。盖中不虚则有所累，有所累害于信者也，中不实则无所主，无所主则又失其信矣，故曰中孚。"讲得挺好。"豚鱼吉"是什么意思呢？《周易折中》引了各家不同的解释。有把中孚和豚鱼吉放在一起的，因为中孚，所以豚鱼吉。彖传明确说出来了，所谓豚鱼吉，信及豚鱼也，也就是中孚豚鱼吉。

"利涉大川，乘木舟虚也"，这一卦里，巽是木，又是中虚，故有利涉大川，涉险难之象。"中孚以利贞，乃应乎天也"，天在这里还是指规律言。程《传》说："天之道，孚贞而已。"朱子《本义》说："信而正，则应乎天矣。"

象曰：泽上有风，中孚。君子以议狱缓死。

看有没有冤枉的，死罪者能否缓死。杨万里说："风无形而能鼓幽潜，诚无象而能感人物。中孚之感，莫大于好生不杀。议狱者，求其入中之出；缓死者，求其死中之生也。"项安世说："狱之将决则议之，其既决则又缓之，然后尽于人心，王听之，司寇听之，三公听之。"这就是所谓议狱。这在《礼记·王制》中有记载。项氏又说："旬而职听，二旬而职听，三月而上之，缓死也（这是根据《周礼》）。故狱成而孚，输而孚。在我者尽，故在人者无憾也。"这是说，办理案件，要有议狱缓死的步骤，以求慎重，不可遽下结论。

初九，虞吉，有他不燕。

"虞吉"，有两种解释。程《传》与朱子《本义》把虞释作度，即虞度。荀爽，还有一些人把虞释作安。我的意见，还是释作安好一些。荀爽说："虞，安也。初应于四，宜自安虞，无意于四，则吉。故曰虞吉也。有意于四则不安，故曰有他不燕也。"燕，也是安的意思。项安世讲得更明白，他说："中孚六爻，皆不取外应，孚在其中，无待于外也。初九安处于下，不假他求，何吉如之。苟变其志，动而求孚于四，则失其安也。"《周易折中》按语同意荀、项的说法，它说："此卦之义，主于中有实德，不愿乎外，故六爻无应者吉，有应者凶。初之虞吉者，谓其有以自守自安也。礼有虞祭，亦安之义也。燕亦安也。虞则燕，不虞则不燕矣。"这个说法很通。

象曰：初九虞吉，志未变也。

九二，鸣鹤在阴，其子和之。我有好爵，吾与尔靡之。

朱子《本义》说靡与縻同。这句爻辞在《系辞传》里讲了。《系辞传》说："鸣鹤在阴，其子和之，我有好爵，吾与尔靡之。子曰，君子居其室，出其言善，则千里之外应之，况其迩者乎！居其室，出其言不善，则千里之外违之，况其迩者乎！言出于身而加乎民，行发乎迩，见乎远。言行，君子之枢机。枢机之发，荣辱之主也。言行，君子所以动天地也，可不慎乎！"这是孔子发挥的。这句话到底应该怎样讲？"其子和之"是指谁？朱子《本义》说指九五，看起来是不对的。"在阴"，孔《疏》说："九二体刚，处于卦内，又在三、四重阴之下。"以为指三、四两爻。其子是谁呢？《周易折中》引张浚说："二处二阴下为在阴，其子和之，谓初。"初九是其子。《周易折中》按语说："《易》例凡言子言童者，皆初之象。故张氏以其子和之为初者，近是。"

"我有好爵，吾与尔靡之"，这句话也有不同解释。好爵，注疏释为爵禄之爵。《周易折中》释作旨酒。怎么讲对呢？我同意按爵禄讲。孔《疏》讲："九二体刚，处于卦内，又在三、四重阴之下，而履不失中，是不徇于外，自任其真者也。处于幽昧，而行不失信，则声闻于外，为同类之所应焉。如鹤之鸣于幽远，则为其子所和也。靡，散也。不私权利，唯德是与。若我有好爵，愿与尔贤者分散而共之。故曰我有好爵，吾与尔靡之。"我看孔《疏》这段话讲得挺好。

象曰：其子和之，中心愿也。

这还是孚，还是信任。

六三，得敌，或鼓或罢，或泣或歌。

敌指上九而言，敌是配的意思。六三与上九应，自信不足，求于上九。人家鼓，他也鼓；人家罢，他也罢。人家泣，他也泣；人家歌，他也歌。《周易折中》引刘牧说："人唯信不足，故言行之间，变动不常如此。"《周易折中》按语讲得还是好的。它说："诸爻独三、上有应，有应者动于外也，非中孚也，人心动于外，则忧乐皆系于物。鼓罢泣歌，喻其不能坦然自安，盖初九虞燕之反也。"

象曰：或鼓或罢，位不当也。

俞琰说："六三居不当位，心无所主，故或鼓或罢而不定。若初九则不如是也。"

六四，月几望，马匹亡，无咎。

六居四，阴爻居阴位，朱子《本义》说："六四居阴得正，位近于君，为月几望之象。马匹谓初与己为匹，四乃绝之而上以信于五，故为马匹亡之象。"这个讲法我看还是可以的。

象曰：马匹亡，绝类上也。

绝初而从九五。程《传》说："绝其类而上从五也。类谓应也。"《周易折中》按语说："三与四，皆卦所谓中虚者也。其居内以成中虚之象同，其得应而有匹敌者亦同。然三心系于敌，而四志绝乎匹者，三不正而四正也。又六四承九五者多吉，六三应上九者多凶。《易》例如此。"这样讲是不错的。

九五，有孚挛如，无咎。

"挛如"，程《传》与朱子《本义》讲的就不一致。《本义》以为九五"下应九二，与之同德"，挛如是专指九二讲的。程《传》说："当以至诚感通天下，使天下之心信之，固结如拘挛然。"我看程《传》讲的要好一些，因为九五是君位，所以要感动天下，不应是指九二。

象曰：有孚挛如，位正当也。

上九，翰音登于天，贞凶。

这个也有不同的解释。朱子《本义》释翰音为鸡。《礼记·曲礼》说，"凡祭宗庙之礼"，"鸡曰翰音"。所以说，翰音就是鸡。但别的人不这么讲。王弼说："翰，高飞也。飞音者，音飞而实不从之谓也。居卦之上，处信之终，信终则衰，忠笃内丧，华美外扬，故曰翰音登于天也。"苏轼说："翰音，飞且鸣者也。处外而居上，非中孚之道，飞而求显，鸣而求信者也。故曰翰音登于天。九二在阴而子和，上九飞鸣而登天，其道盖相反也。"朱震说："巽为鸡，刚其翰也，柔其毛也。翰，羽翮也。鸡振其羽翮，而后出于声，翰音也。"这与朱熹讲的一样。我看不必从朱熹释作鸡。王弼的解释挺好，可从。

象曰：翰音登于天，何可长也。

小过 ䷽ 艮下震上

《序卦》："有其信者必行之，故受之以小过。"

小过，亨，利贞。可小事，不可大事。飞鸟遗之音，不宜上，宜下。大吉。

小过，亨，但要利正。小过可小事不可大事，因为是阴。"飞鸟遗之音，不宜上，宜下"，小过有飞鸟之象，不宜上宜下，就是我们现在说的矫枉过正。程《传》说："过者，过其常也，若矫枉而过正。过，所以就正也。事有时而当然，有待过而后能亨者，故小过自有亨义。"

象曰：小过，小者过而亨也。过以利贞，与时行也。柔得中，是以小事吉也；刚失位而不中，是以不可大事也。有飞鸟之象焉，飞鸟遗之音，不宜上宜下，大吉，上逆而下顺也。

"小过，小者过而亨也"，程《传》说："阳大阴小。阴得位，刚失位而不中，是小者过也。故为小事过，过之小小者，与小事有时而当过，过之亦小，故为小过。"

"过以利贞，与时行也"，虽过，不违背贞，与时行。"柔得中，是以小事吉也；刚失位而不中，是以不可大事也"，这是对象辞可小事不可大事的解释。

"有飞鸟之象焉，飞鸟遗之音，不宜上宜下，大吉，上逆而下顺也"，程《传》以为"有飞鸟之象焉"一句不类象体，盖解者之辞，误入象中。有可能是这样。六十四卦的象传中，没有这样的句子。我看程《传》的说法还是有道理的。但也有人不同意，认为飞鸟之象即中二阳爻象躯干，上下阴爻象翼。"飞鸟遗之音，不宜上宜下，大吉"，什么意思呢？因为"上逆而下顺也"。

象曰：山上有雷，小过。君子以行过乎恭，丧过乎哀，用过乎俭。

程《传》说："雷震于山上，其声过常，故为小过。"君子学小过这一卦，应该怎么办呢？"行过乎恭"，恭过一点，没错儿。"丧过乎哀"，也没错儿。"用过乎俭"，也没错儿。学习小过这卦，应该这样。《周易折中》引晁说之说："时有举趾高之莫敖，故正考父矫之以循墙。时有短丧之宰予，故高柴矫之以泣血。时有三归反坫之管仲，故晏子矫之以敝裘。虽非中行，亦足以矫时厉俗。"

初六，飞鸟以凶。

胡瑗说："小过之时，不宜上。位在下而志愈上，故获凶也。"项安世说："初、上二爻，阴过而不得中，是以凶也。以卦象观之，二爻皆当鸟翅之末。初六在艮之下，当止而反飞，以飞致凶，故曰飞鸟以凶。上六居震之极，其飞已高，则丽于网罟，故曰飞鸟离之凶。"项安世讲得明白。

象曰：飞鸟以凶，不可如何也。

六二，过其祖，遇其妣；不及其君，遇其臣，无咎。

有些话不好懂。九三是它的父亲，九四是它的祖父。六二过其祖，遇其妣。过其祖，是过九四。遇其妣，是遇六五。六五是阴爻，相当于妣，妣是祖母。《尔雅》说："父为考，母为妣。"从古文字来看，母不称妣。妣是祖母。甲骨文中妣都是指祖母，《诗经》也把妣作祖母用。但是后来有了变化，妣当母讲了。这里的妣，是指祖母，亦即六五。

"不及其君，遇其臣"，王宗传说："六二或过或不及，皆适当其时与分，而不愆于中焉。此在过之道为无过也，故曰无咎。"俞琰说："遇妣而过于祖，虽过之君子不以为过也。遇臣则不可过于君，故曰不及其君遇其臣。象言可小事不可大事，不宜上宜下，而六二柔顺中正，故其象如此，其占无咎。"《周易折中》按语说："此爻二五皆柔，有妣妇之配，无君臣之交，故取遇妣不及其君为义。孙行而附于祖列，疑其过矣，然礼所当然，是适得其分也。无应于君者，不敢仰于君之象。然守柔居下，是臣节不失也。"

象曰：不及其君，臣不可过也。

小者有时而可过，臣之于君，不可过也。

九三，弗过防之，从或戕之，凶。

阳爻居阳位，过于刚，要防之。程《传》说："小过，阴过阳失位之时，三独居正，然在下无所能为，而为阴所忌恶，故有当过者，在过防于小人。若弗过防之，则或从而戕害之矣，如是则凶也。三于阴过之时，以阳居刚，过于刚也。既戒之过防，则过刚亦在所戒矣。防小人之道，正己为先，三不失正，故无必凶之义。能过防则免矣。三居下之上，居上为下，皆如是也。"

象曰：从或戕之，凶如何也。

九四，无咎，弗过遇之，往厉必戒，勿用永贞。

九四，阳爻居阴位，程《传》说："四当小过之时，以刚处柔，则不过也，是以无咎。既弗过则合其宜矣，故云遇之，谓得其道也。若往则有危，必当戒惧也。往，去柔而以刚进也。勿用永贞，阳性坚刚，故戒以随宜，不可固守也。方阴过之时，阳刚失位，则君子当随时顺处，不可固守其常也。四居高位，而无上下之交，虽比五应初，方阴过之时，彼岂肯从阳也，故往则有厉。"《周易折中》按语说："象传，三四皆'刚失位而不中'，然九三纯刚，故凶。九四居柔，故有无咎之义。然质本刚也，故又戒以当过遇之为善。遇者，合人情，就事理。过遇，朱子所谓加意待之者是也。"

象曰：弗过遇之，位不当也。往厉必戒，终不可长也。

六五，密云不雨，自我西郊，公弋取彼在穴。

"密云不雨，自我西郊"，小畜已经讲过了。程《传》说："五以阴柔居尊位，虽欲过为，岂能成功？如密云而不能成雨，所以不能成雨，自西郊故也。"

"公弋取彼在穴"，"在穴"是什么呢？是指六二。弋，射。鸟在穴，不是飞鸟。胡瑗说："弋者，所以射高也。穴者，所以隐伏而在下也。公以弋缴而取穴中之物，犹圣贤虽过行其事，意在矫下也。"钱志立说："小过所恶者，飞鸟也。鸟在穴而不飞，所谓不宜上而宜下者也。故公弋取以为助。"朱子《本义》说："以阴居尊，又当阴过之时，不能有为，而弋取六二以为助。"

象曰：密云不雨，已上也。

上六，弗遇过之，飞鸟离之，凶。是谓灾眚。

孔《疏》说："以小人之身，过而弗遇，必遭罗网，其犹鸟飞而无托，必离缯缴，故曰飞鸟离之凶也。过亢离凶，是谓自灾而致眚。"我看此爻可以从孔颖达的解释。王弼说："小人之过，遂至上极，过而不知限，至于亢也。过至于亢，将何所遇？飞而不已，将何所托？灾自己致，复言何哉！"王弼讲的与孔《疏》一致，可从。

象曰：弗遇过之，已亢也。

亢，亢极。

第二十一讲 既济 未济

既济☲离下坎上

既济六爻都当位，刚柔正而位当。变到这个时候了，变完了。所谓乾坤毁，无以见《易》了。《易》不可见，好像说斗争发展到这个时候要结束了。那乾坤或几乎息矣，一切都定了，不变了。但是，是几乎息。息没息呢？没有息。所以既济之后紧接着就是未济。

未济，《序卦》说得挺好。它说："物不可穷也，故受之以未济终焉。""物不可穷也"，这个思想多么重要，多么深刻！把物的变化看作是无限的。有人说《易经》是循环论。哪有循环论，如果到既济为止，那可以说是循环论，但既济下边是未济呀，而且《序卦》明明白白地说"物不可穷也"呀。

我看程《传》解释得挺好，可以先说说。程《传》说："既济矣，物之穷也。物穷而不变，则无不已之理。《易》者，变易而不穷也。故既济之后，受之以未济而终焉。未济则未穷也。未穷则有生生之义。为卦离上坎下，火在水上，不相为用，故为未济。"这几句话讲得确实很好。我们看，乾坤到既济未济，这是一个发展的大的阶段，或者说是一个链条，一个大的事物，大的过程。未济，表示这个过程完了，下边还有过程。但是《易经》只能表示一个阶段，怎么能都讲呢？所以《序卦》说"物不可穷也，故受之以未济终焉"，讲得很好。《杂卦》说："既济，定也。"讲得也很好。事物发展到既济，到头了，定了。《系辞传》说："乾坤其《易》之蕴邪？乾坤成列，而《易》立乎其中矣。乾坤毁，则无以见《易》。《易》不可见，则乾坤或几乎息矣。"这几句话里边有深刻的意义，可惜先前有些人讲错了。看来，《系辞传》怎样读很重要，应当按照《序卦》的意思读。有些道理，既济未讲出来，在未济讲出来了。六十四卦的排列，是有思想意义的，有人不承认，看不出来有意义。其实《系辞传》说"乾坤其《易》之蕴邪",不是讲出来了吗!《系辞传》还说:"乾坤毁,则无以见《易》。《易》不可见,则乾坤或几乎息矣。"这句话实际上就是讲《易经》的结构排列。《易》有六十四卦,而孔子却从中看到乾坤在《易经》中的地位、作用。《易经》的全部内容,在乾坤中都包括了。"乾坤其《易》之蕴邪","乾坤成列,而《易》立乎其中矣"。有了乾坤,则"刚柔相摩,八卦相荡,鼓之以雷霆,润之以风雨"。我们说,乾坤就是对立统一,有统一有斗争,有运动、发展,形成了六十四卦。六十四卦也就是乾坤两卦运动发展的结果。《序卦》说:"有天地然后万物生焉。"有天地就是有乾坤。乾是纯刚,坤是纯柔。乾坤刚柔交错,而变成六十四卦。正因为这样,苏轼和程颐讲卦变,才说各卦都是由乾坤变来的。苏、程的讲法是对的。"乾坤成列,而《易》立乎其中"嘛,"乾坤毁,则无以见《易》",六十四卦变到既济就要变完了,平衡了。这就是所谓既济的时候了。

既济,亨小,利贞。初吉终乱。

象曰:既济亨,小者亨也。利贞,刚柔正而位当也。初吉,柔得中也。终止则乱,其道穷也。

《易经》不认为事物有完结的时候,事物总是发展的,这一个阶段完了,下一阶段就开始。所以,已经到了既济的时候了,还认为"初吉终乱"。"亨小",有人认为应是"小亨",这是可能的,因为《易经》传抄,其中有一些错乱,是难免的。象传讲"既济亨,小者亨也",好像也脱一个小字,应是"既济小亨,小者亨也"。这个意思是明白的。"小者亨",主要是柔得中。"利贞",象传说,"刚柔正而位当也",即六爻皆阳在阳位,阴在阴位。"初吉,柔得中也",指六二而言,程《传》说:"二以柔顺文明而得中,故能成既济之功。二居下体,方济之初也,而又善处,是以吉也。""终止则乱,其道穷也",程《传》说:"天下之事,不进则退,无一定之理。济之终不进而止矣,无常止也,衰乱至矣。盖其道已穷极也。九五之才非不善也，时极道穷，理当必变也。圣人至此奈何？曰唯圣人为能通其变于未穷，不使至于极也，尧舜是也。故有终而无乱。"俞琰说："人之常情，处无事则止心生；止则怠，怠则有患而不为之防，此所以乱也。当知终止则乱，不止则不乱。"讲得好。

象曰：水在火上，既济。君子以思患而豫防之。

初九，曳其轮，濡其尾，无咎。

曳其轮，程《传》说："初以阳居下，上应于四，又火体，其进之志锐也。然时既济矣，进不已则及于悔咎，故曳其轮。"濡其尾，是指狐狸过河。《风俗通》说："狐欲过河，无如尾何。"狐狸要过河，尾巴不好办。《易》说濡其尾，过河一定要撅起尾巴。程《传》说："兽之涉水，必揭其尾。濡其尾则不能济。"这样，方可无咎。

象曰：曳其轮，义无咎也。

程《传》说："既济之初，而能止其进，则不至于极，其义自无咎也。"

六二，妇丧其茀，勿逐，七日得。

这也是讲不前进的意思。古代男人乘车是站着的，女人乘车才坐着。女人乘的车要有茀。茀是车之蔽。女人坐车，若是没有茀，那就不能前进了。但是，丧了茀，也不要逐，七日就得了。什么是"七日得"呢？程《传》说："卦有六位，七则变矣。七日得，谓时变也。虽不为上所用，中正之道，无终废之理。不得行于今，必行于异时也。"

象曰：七日得，以中道也。

九三，高宗伐鬼方，三年克之，小人勿用。

高宗伐鬼方，大概实有其事。高宗即殷高宗武丁。九三，阳爻居阳位，以刚居刚，又当既济的时候，乃高宗伐鬼方之象。三年克之，说明打仗很不容易，打了三年。所以小象说，"三年克之，惫也"，疲惫不堪了。克了以后应是小人勿用，用小人易乱邦也。这是思患豫防的意思。

象曰：三年克之，惫也。

六四，繻有衣袽，终日戒。

程《传》说："繻当作濡，谓渗漏也。"漏水了，有衣袽，就可塞上了。程《传》又说："舟有罅漏，则塞以衣袽。"终日戒，仍有思患豫防的意思。

象曰：终日戒，有所疑也。

九五，东邻杀牛，不如西邻之禴祭，实受其福。

这有不同的解法。程《传》和朱子《本义》都说东邻为阳，指九五；西邻是阴，指六二。古祭用牛，杀牛是盛祭，禴是薄祭。东邻杀牛不如西邻之禴祭，这是讲诚。究竟东邻、西邻指什么呢？《周易折中》引潘士藻说："五以阳刚中正，当物大丰盛之时，故借东邻祭礼以示警惧。夫祭，时为大，时苟得矣，则明德馨而黍稷可荐，明信昭而沼毛可羞，是以东邻杀牛不如西邻之禴祭。实受其福，在于合时，不在物丰也。东西者，彼此之词，不以五与二对言。"他不同意程、朱的解释，以东邻西邻为彼此之词。姚舜牧说："人君当既济时，享治平之盛，骄奢易萌，而诚敬必不足，故圣人借两邻以为训。若曰东邻杀牛，何其盛也；西邻禴祭，何其薄也。然神无常享，享于克诚。彼杀牛者反不如禴祭者之实受其福。信乎享神者在诚不在物，保治者以实不以文。此盖教之以祈天保命之道。"另外还有一种解释，在《礼记·坊记》中引用了这句话（东邻杀牛，不如西邻之禴祭），郑玄《注》认为"东邻谓纣国中也，西邻谓文王国中也"。把东邻比作纣，把西邻比作文王。看来这种解释不怎么好。潘士藻、姚舜牧的解释还是好的。《周易折中》按语肯定潘、姚两人的说法。

象曰：东邻杀牛不如西邻之时也。实受其福，吉大来也。

这里很强调时字

上六，濡其首，厉。

朱震说："以画卦言之，初为始为本，上为终为末。以成卦言之，上为首为前，初为尾为后。"濡其首和濡其尾可对照联系看。朱子《本义》说："既济之极，险体之上，而以阴柔处之，为狐涉水而濡其首之象。"狐狸濡其首，狐狸过河，把脑袋都淹了。朱熹的解释还是对的。

象曰：濡其首厉，何可久也。

未济 ䷿ 坎下离上

《序卦》："物不可穷也，故受之以未济终焉。"这句话有深刻的意义。意思是说，事物的发展是无限的。那个时候能认识到这种程度不容易。六十四卦的排列有这样一个思想，而《序卦》能明确地把它讲出来，这更不容易。六十四卦本身并未讲它的排列次序问题，而《序卦》把它讲出来了，"有天地然后万物生焉"。乾坤两卦在六十四卦的最前边，讲到未济，又明确提出："物不可穷也，故受之以未济。"所以说，《易经》有这个思想，但是没有讲出来，而《序卦》把这个思想明确地讲出来了。这很不容易。程《传》说："既济矣，物之穷也。物穷而不变，则无不已之理。《易》者，变易而不穷也。故既济之后，受之以未济而终焉。未济则未穷也，未穷则有生生之义。"程《传》的这段话讲得很好，理解也是对的。康有为说《序卦》肤浅，这是妄说，是不对的。

未济，亨，小狐汔济，濡其尾，无攸利。

在未济时，还是有亨道的，还是能向前发展的。《周易折中》按语说："小狐当从程《传》之解。汔济当从《本义》之解。要之是戒人敬慎之意。"我看这个讲法是对的。为什么说小狐？程《传》说："狐能渡水，濡尾则不能济。其老者多疑畏，故履冰而听，惧其陷也。小者则未能畏慎，故勇于济。"此则说为什么小狐济也。"汔济"是什么呢？朱子《本义》说："汔，几也。几济而濡尾，犹未济也。"程《传》说："汔当仡，壮勇之状。"《书》曰："仡仡勇夫。"程《传》对汔字的讲法，《周易折中》按语是不同意的。程《传》说："小者则未能敬慎，故勇于济。"这样讲，是对的。整个意思是说，处于未济的时代，可以亨，但要敬慎，若不敬慎，还是不能济。《周易折中》按语肯定了程《传》解小狐，朱子《本义》解汔作几，看来是对的。朱子《本义》未解小狐。程《传》解释了为什么用小狐，解释得挺好，这里边有个敬慎的意思。

彖曰：未济，亨，柔得中也。小狐汔济，未出中也。濡其尾，无攸利，不续终也。虽不当位，刚柔应也。

"未济，亨"，为什么？因为卦里柔得中也。柔得中才能亨。《周易折中》引蔡渊说："既济之后必乱，故主在下卦而亨取二。未济之后必济，故主在上卦而亨取五。""小狐汔济，未出中也"，刚过未过，未出中。下卦是坎，还未出险。《朱子语类》说："小狐汔济，汔字训几，与井卦同。既曰几，便是未出坎中。"

"濡其尾，无攸利，不续终也"，过不去，不能续终，没有过去。《周易折中》引郭鹏海说："既济之吉，以柔得中。未济之亨，亦以柔得中，则敬慎胜也。"强调敬慎。小狐缺乏敬慎，故濡其尾。但从卦位说，"虽不当位，刚柔应也"，"既曰不当位，又著刚柔之应，可见得人无不可济之事"。

象曰：火在水上，未济。君子以慎辨物居方。

这里讲的慎辨物居方，朱子《本义》说："水火异物，各居其所，故君子观象而审辨之。"程《传》说："水火不交，不相济为用，故为未济。火在水上，非其处也。君子观其处不当之象，以慎处于事物，辨其所当，各居其方，谓止于其所也。"何楷说："慎辨物者，物以群分也。慎居方者，方以类聚也。"是方以类聚、物以群分的意思。

初六，濡其尾，吝。

张振渊说："卦辞所谓小狐正指此爻。"程《传》说："六以阴柔在下，处险而应四。处险则不安其居，有应则志行于上。然己既阴柔，而四非中正之才，不能援之以济也。兽之济水，必揭其尾。尾濡则不能济。濡其尾，言不能济也。不度其才力而进，终不能济，可羞吝也。"意思与张振渊所说"新进喜事，急于求济，而反不能济，可吝孰甚焉"近似。这就是说，居未济之初要敬慎，不可急于求济。如果急于前进，还是不能成功的。

象曰：濡其尾，亦不知极也。

朱子《本义》说："极字未详，考上下韵亦不叶，或恐是敬字，今且阙之。"程《传》说："不度其才力而进至于濡尾，是不知之极也。"这些话的意思，我们知道，是要敬慎，不要轻进，但"不知之极也"似不妥。朱子《本义》的说法是有道理的。

九二，曳其轮，贞吉。

曳其轮，不进的意思。程《传》说："刚有凌柔之义，水有胜火之象。方艰难之时，所赖者才臣也。尤当尽恭顺之道，故戒曳其轮，则得正而吉也。"如果不让进，倒曳其轮，则贞吉。程《传》又说："倒曳其轮，杀其势，缓其进，戒用刚之过也。刚过则好犯上而顺不足。"《周易折中》引潘梦旂说："九二刚中，力足以济者也。然身在坎中，未可以大用，故曳其车轮不敢轻进，待时而动，乃为吉也。"

象曰：九二贞吉，中以行正也。

九二居中而不为正。《周易折中》按语说："程子言正未必中，中无不正。故凡九二、六五皆非正也，而多言贞吉者，以其中也。唯此象传释义最明。"中无不正，《易经》最重视中。

六三，未济征凶，利涉大川。

程《传》说："三以阴柔不中正之才而居险，不足以济，未有可济之道，出险之用，而征所以凶也。"征凶应不利，但却说利涉大川，所以朱子《本义》说："疑利字上当有不字。"我看有道理。原来应是不利涉大川。因为没有不字，所以程《传》与朱子《本义》都按利涉大川讲，不免有穿凿附会的地方。《周易折中》按语说："此爻之义最为难明。"讲得有道理。胡炳文说："六三居坎上，可以出险。阴柔非能济者，故明言未济征凶。"这个讲法是对的。但他没讲利涉大川一语。我看古人讲此爻利涉大川，无可从的。不过从"征凶"看，就是不利涉大川。《易经》传抄，免不了有脱字。

象曰：未济征凶，位不当也。

俞琰说："六爻皆位不当，而独于六三曰位不当，以六三才弱，而处下体之上也。"

九四，贞吉悔亡，震用伐鬼方，三年有赏于大国。

《周易折中》按语说："此伐鬼方亦与既济同，而差一位也。"既济有高宗伐鬼方，是在九三；未济在九四，差一位。"三年克之，是已克也。震用伐鬼方，是方伐也。三年有赏于大国，言三年之间赏劳师旅者不绝，非谓事定而论赏也。与师之'王三锡命'同，不与师之'大君有命'同。"不一样，它强调这个区别，我看是好的，可从的。他与程《传》说不一样。"贞吉悔亡"，朱子《本义》说："以九居四，不正而有悔也。能勉而贞，则悔亡矣。"《周易折中》按语说："三、四非君位，而以高宗之事言者，盖《易》中有论时者则不论其位。"

象曰：贞吉悔亡，志行也。

俞琰说："爻以六三为未济，则九四其济矣。是以其志行也。"

六五，贞吉无悔。君子之光，有孚，吉。

程《传》说："五文明之主，居刚而应刚，其处得中，虚其心而阳为之辅。虽以柔居尊，处之至正至善，无不足也。既得贞正，故吉而无悔。贞其固有，非戒也。以此而济，无不济也。五文明之主，故称其光。君子德辉之盛，而功实称之，有孚也。上云吉，以贞也。柔而能贞，德之吉也。下云吉，以功也。既光而有孚，时可济也。"这里讲两个吉，讲得很好。

象曰：君子之光，其晖吉也。

《周易折中》引张振渊的话说："光而言晖，昭其盛也。贞吉之吉，吉在五；晖吉之吉，吉在天下。"

上九，有孚于饮酒，无咎。濡其首，有孚，失是。

《周易折中》引石介说："上九以刚明之德，是内有孚也。在未济之终，终又反于既济，故得饮酒自乐。若乐而不知节，复濡其首，则虽有孚，必失于此。此戒之之辞也。"程《传》说："九以刚在上，刚之极也。居明之上，明之吉也。刚极而能明，则不为躁而为决。明能烛理，刚能断义。居未济之极，非得济之位，无可济之理，则当乐天顺命而已。"我看石介的解释比较好。

象曰：饮酒濡首，亦不知节也。

《周易折中》总论说："郑氏汝谐曰：'既济初吉终乱，未济则初乱终吉。以卦之体言之，既济则出明而之险，未济则出险而之明。以卦之义言之，济于始者必乱于终，乱于始者必济于终。天之道，物之理，固然也。'丘氏富国曰：内三爻，坎险也。初言濡尾之吝，二言曳轮之贞，三有征凶，位不当之戒，皆未济之事也。外三爻，离明也。四言伐鬼方有赏，五言君子之光有孚，上言饮酒无咎，则未济为既济矣。'"这是讲全卦，我看讲得挺好。

◀ 结束语

《周易》经传全部讲完，现在我再讲几句，作为结束语。

《易经》原来确实是卜筮之书。卜筮这个东西应该属于宗教迷信，但是我们读《易经》《易传》，里边有哲学思想。卜筮能产生哲学，这个问题，有许多人特别是过去否定《易传》的人，是不理解的。他们认为卜筮产生哲学这个事，是不可能的。五十年代我写《易论》，里边有这个观点，冯友兰先生看了，就认为不可能。实际上，卜筮与哲学之间没有不可逾越的鸿沟。马克思确实很明白地讲过这个问题，那是在《资本论》里讲的。现在中译本《马克思恩格斯全集》第26卷共两册，第1册第26页，有那么几句话，在讲经济问题时顺便提到哲学。马克思这几句话是这样讲的："这正像哲学一样，哲学最初在意识的宗教形式中形成，从而一方面它消灭宗教本身，另一方面从它的积极内容说来，它自己还只能在这个理论化的、化为思想的宗教领域内活动。"我看这段话对我们理解《周易》有用。《周易》是卜筮之书，卜筮之书产生了哲学，这是符合马克思主义理论的。我们用这个思想作指导，来阐述卜筮与哲学的关系，卜筮产生哲学，是无可怀疑的。

这是一点。还有一点，我看苏联学者柯斯文的《原始文化史纲》里有一段话，在第175至176页，他说："不可单纯认为这些魔法师只是一些骗子，或心理上病态的反常的人等。除了他们受过一定的训练之外，大多数的魔法师是上了年纪的人，掌握了处世的经验和知识，理解了不少自然界的事物，晓得了若干征兆以及其他。所有这些，对他们的法术提供了一定的现实根据。"隔一段之后，他又说："魔法师的特征，是大多数兼通巫祝，而巫祝的职业也是需要有若干实际知识。"过一段之后，他又讲："最后，魔法师越来越把施术看成是自己的职业作为收入的来源，因而越来越故意欺骗去求他们的人，终于成为社会的寄生虫。"柯斯文的这一段话，也是有事实根据的，或者也可以说是有普遍意义的。就这一点，结合中国历史来看，卜的历史是很长的。究竟什么时候有卜，文献没有明确记载。按一般的说法讲，在氏族社会以后才有原始宗教，氏族社会以前没有。卜大概是在这个时候产生的。《左传》说："筮短龟长。"龟长这句话，解释是不一样的。有的解释为筮的历史短，龟的历史长。我看这个解释是对的。读《左传》，韩简说："龟，象也。筮，数也。物生而后有象，象而后有滋，滋而后有数。"从这里也可以看得出来，筮是在卜之后，先有卜而后有筮。有了卜之后，卜也是要发展的。《周礼·春官·大卜》讲"大卜掌三兆之法，一曰玉兆，二曰瓦兆，三曰原兆"。和《连山》《归藏》《周易》比比看，也是三种。易书是三种，卜书也是三种。三种卜书，"其经兆之体皆百有二十，其颂皆千有二百"。每一种卜书，也像易卦似的，里边估计也是用来解决人事、社会上的一些问题的，也不都是用来骗人的。卜书也是要发展的，但是现在失传了，卜书是什么样的，我们不知道了。河南安阳发现的甲骨卜辞，辞有记载，但是用什么来卜，怎样卜，我们都不知道。原因是这些卜书没传下来。甲骨片倒不是很重要的，书若能流传下来，则是很重要的。现在只能研究甲骨上的文字，或通过文字研究一些东西。至于这些文字是怎样得出来的，它的好坏用什么来判断，没有办法知道了，卜书失传了。

至于筮，《易》就是筮，有筮而后有卦。《左传》《礼记》讲到筮时，都用蓍草的蓍。现在《易传》里的《说卦》说："昔者圣人之作《易》也，幽赞于神明而生蓍，参天两地而倚数。"这是蓍的一种具体的应用。"观变于阴阳而立卦，发挥于刚柔而生爻"，我看这一段话对于蓍、卦、爻产生的先后，讲得明白。但是从今天来看，《系辞传》里保存了筮法，又讲到卦的问题。筮法，"天一地二，天三地四，天五地六，天七地八，天九地十。天数五，地数五，五位相得而各有合……"这是一个根本，就是对立统一。《系辞传》讲到卦，"是故《易》有大极，是生两仪，两仪生四象，四象生八卦"，这里也有对立统一。从根本上说，是这样，但如何应用卜筮，用它说明人事的问题，这就不简单了。《周礼·春官·大卜》说："大卜掌三易之法，一曰《连山》，二曰《归藏》，三曰《周易》。其经卦皆八，其别皆六十有四。"这三种筮书，其内容的表达，可以说都用卜筮的语言，像现在我们读的《易经》六十四卦的语言一样，但是在卜筮的语言里边蕴含着不简单的思想。因为要用它来解决人事的得失吉凶等，所以这都不是骗人的。它把一些思想蕴藏在里边。我们能够断定它也是有发展的，由《连山》到《归藏》，由《归藏》到《周易》，这里边也有一个发展过程。《连山》的情况我们不知道。《归藏》的情况，我们从《礼记·礼运》知道一些。《礼运》记孔子说："我欲观殷道，是故之宋，而不足征也，吾得《坤乾》焉。"从《坤乾》之义可以看殷道，可以看殷代的历史，可见《坤乾》不是一个简单的东西。就《坤乾》二字的排列看，是坤为首，而《周易》是乾为首。《史记·梁孝王世家》记窦太后讲"殷道亲亲""周道尊尊"。那就不简单了，不是单纯的卜筮问题了，里边有丰富的思想。从《归藏》又发展到《周易》。从现在所学的《易经》看，咸卦卦辞讲取女吉，而在六爻爻辞里却不讲取女吉。渐卦卦辞讲女归吉，而在六爻爻辞里也不讲这些东西。看来，爻辞与卦辞不一致，不像一个人作的。说卦辞是文王作，爻辞是周公作，合理，尽管没有什么根据。我们从发展上看问题，从卦到爻，也是一个发展阶段。《周礼》讲三易经卦皆八，其别皆六十有四，没有讲爻的产生，《说卦》讲了。"观变于阴阳而立卦，发挥于刚柔而生爻"，也是把爻放在后。我们看出来，这里也是发展。

最后一点，我看孔子作《易传》没有问题。《易经》是用卜筮语言作的，而孔子作《易传》，用的就不是卜筮的语言，而是哲学的语言了。卜筮里有的是神，《易传》里有的已不是神，而是人了。例如六十四卦的排列，《易传》反复讲："乾坤其《易》之蕴邪？乾坤成列，而《易》立乎其中矣。乾坤毁，则无以见《易》。《易》不可见，则乾坤或几乎息矣。""乾坤其《易》之门邪？乾，阳物也；坤，阴物也。阴阳合德而刚柔有体。"都是讲这个问题。《序卦》讲"有天地然后万物生焉"，讲到未济的时候说："物不可穷也，受之以未济终焉。"是讲这个问题。《系辞传》

说："是故刚柔相摩，八卦相荡，鼓之以雷霆，润之以风雨，日月运行，一寒一暑。乾道成男，坤道成女。"又是讲这个问题。从筮法讲，"乾之策二百一十有六，坤之策百四十有四，凡三百有六十，当期之日。二篇之策万有一千五百二十，当万物之数也"，也是说明这个问题。《易传》从这些方面很明确地讲这个问题，是多么不简单呀。《系辞传》第一句说："天尊地卑，乾坤定矣。"我们由此可以看出，这是《周易》和《归藏》的最大的不同。"天尊地卑"与"坤乾"大不一样，倒了一个个儿。天尊地卑，就是君尊臣卑，男尊女卑，夫尊妇卑，父尊子卑，一系列的尊卑都出来了，贯穿在《易经》里。"卑高以陈"是什么？就是卦，一个卦从初到上，这里就分出贵贱来了。五是君位，四是大臣之位，等等。这里讲的是什么呢？是政治，是社会。学过六十四卦以后，明白了每一卦讲的都是政治。先王怎么的，侯怎么的，君子怎么的，都是大事，都是政治。

我们学《易》，还要重视当时的历史条件，离不开历史条件。无论自然科学、社会科学，都离不开历史条件。《易》里面讲点数学，或者历法，再深的没有。1985年武汉《周易》讨论会，据说搞数学的，搞各种学科的，都去了，以为《易经》像天书一样，里边什么都有。把《易经》看简单了不对；但若把它神秘化，说它前知几千年，后知几千年，里边什么都有，那也是不对的。《易经》讲的是辩证法，是思想，这是当时历史条件所许可的。中国如此，西洋也如此。历史是发展的，我们总得根据当时的历史条件去理解它，不能脱离历史条件。这一点我们应该注意。我们学《易经》首先要注意历史条件，不能说《易经》里边什么都有了，不能这么讲。

《易经》原是卜筮之书，而到《易传》，是发生了一个质变，一个大的变化。《易经》有它的外壳，它发展了，外壳扔掉了。《易传》产生了。我们今天绝不可把《易经》还作为卜筮之书来看待。我们是研究它的思想。我们学过了六十四卦，知道《易传》是根据《易经》讲的。《易传》讲的，都是《易经》里有的。《易传》不是离开《易经》，自己做文章，不是的。《易经》把它的思想隐藏在里边没讲出来，是《易传》把它给讲出来了。《易传》从系辞、彖传、象传、文言、说卦、序卦、杂卦等各个方面讲《易经》的思想，讲得充充分分，很难得的。《易传》讲得很明白，再明白没有了。可是有的人不懂，不懂就是不懂嘛。这也不能怪后世人，我们今天不同了，我们学了马克思主义，应该和古人、前人不一样，我们应该把《周易》的本来面目搞清楚。我看也有可能把它搞清楚。我们一定要用辩证的观点、发展的观点，不能用形而上学的观点，不能用民族虚无主义的观点。我们研究《周易》，不能说今不如古，而是古不如今。应该有这种观点，这要搞明确。我们学《周易》，是要批判继承历史文化遗产，还是这样的问题。如果学《周易》要为现在的经济建设服务，那是极困难的。学习《周易》，当然有用，古为今用，但不是直接的有用，是间接的有用。从直接上说，没有用；从间接上说，有用。问题是怎么看。我们不能说学《易经》没有用，没有用我们学它干什么？但是直接没有用。这是一个复杂的问题。

我们是先讲《易传》如《系辞传》等，后学六十四卦，学完六十四卦，再来学《系辞传》，应该理解更深刻了。

附录 王弼《周易略例》

明　象

夫象者，何也？统论一卦之体，明其所由之主者也。

夫众不能治众，治众者，至寡者也。夫动不能制动，制天下之动者，贞夫一者也。故众之所以得咸存者，主必致一也；动之所以得咸运者，原必无二也。

物无妄然，必由其理。统之有宗，会之有元，故繁而不乱，众而不惑。故六爻相错，可举一以明也；刚柔相乘，可立主以定也。是故杂物撰德，辩是与非，则非其中爻，莫之备矣！故自统而寻之，物虽众，则知可以执一御也；由本以观之，义虽博，则知可以一名举也。故处璇玑以观大运，则天地之动未足怪也；据会要以观方来，则六合辐辏未足多也。故举卦之名，义有主矣；观其彖辞，则思过半矣！夫古今虽殊，军国异容，中之为用，故未可远也。品制万变，宗主存焉；象之所尚，斯为盛矣。

夫少者，多之所贵也；寡者，众之所宗也。一卦五阳而一阴，则一阴为之主矣；五阴而一阳，则一阳为之主矣！夫阴之所求者阳也，阳之所求者阴也。阳苟一焉，五阴何得不同而归之？阴苟只焉，五阳何得不同而从之？故阴爻虽贱，而为一卦之主者，处其至少之地也。或有遗爻而举二体者，卦体不由乎爻也。繁而不忧乱，变而不忧惑，约以存博，简以济众，其唯象乎！乱而不能惑，变而不能渝，非天下之至赜，其孰能与于此乎！故观象以斯，义可见矣。

明爻通变

夫爻者，何也？言乎变者也。变者何也？情伪之所为也。夫情伪之动，非数之所求也；故合散屈伸，与体相乖。形躁好静，质柔爱刚，体与情反，质与愿违。巧历不能定其算数，圣明不能为之典要，法制所不能齐，度量所不能均也。为之乎岂在夫大哉！陵三军者，或惧于朝廷之仪，暴威武者，或困于酒色之娱。

近不必比，远不必乖。同声相应，高下不必均也；同气相求，体质不必齐也。召云者龙，命吕者律。故二女相违，而刚柔合体。隆墀永叹，远壑必盈。投戈散地，则六亲不能相保；同舟而济，则吴越何患乎异心？故苟识其情，不忧乖远；苟明其趣，不烦强武。能说诸心，能研诸虑，暌而知其类，异而知其通，其唯明爻者乎？故有善迩而远至，命宫而商应；修下而高者降，与彼而取此者服矣！

是故，情伪相感，远近相追；爱恶相攻，屈伸相推；见情者获，直往则违。故拟议以成其变化，语成器而后有格。不知其所以为主，鼓舞而天下从，见乎其情者也。

是故，范围天地之化而不过，曲成万物而不遗，通乎昼夜之道而无体，一阴一阳而无穷。非天下之至变，其孰能与于此哉！是故，卦以存时，爻以示变。

明卦适变通爻

夫卦者，时也；爻者，适时之变者也。

夫时有否泰，故用有行藏；卦有小大，故辞有险易。一时之制，可反而用也；一时之吉，可反而凶也。故卦以反对，而爻亦皆变。是故用无常道，事无轨度，动静屈伸，唯变所适。故名其卦，则吉凶从其类；存其时，则动静应其用。寻名以观其吉凶，举时以观其动静，则一体之变，由斯见矣。夫应者，同志之象也；位者，爻所处之象也。承乘者，逆顺之象也；远近者，险易之象也。内外者，出处之象也；初上者，终始之象也。是故，虽远而可以动者，得其应也；虽险而可以处者，得其时也。弱而不惧于敌者，得所据也；忧而不惧于乱者，得所附也。柔而不忧于断者，得所御也。虽后而敢为之先者，应其始也；物竞而独安静者，要其终也。故观变动者，存乎应；察安危者，存乎位；辩逆顺者，存乎承乘；明出处者，存乎外内。

远近终始，各存其会；辟险尚远，趣时贵近。比复好先，乾壮恶首；明夷务暗，丰尚光大。吉凶有时，不可犯也；动静有适，不可过也。犯时之忌，罪不在大；失其所适，过不在深。动天下，灭君主，而不可危也；侮妻子，用颜色，而不可易也。故当其列贵贱之时，其位不可犯也；遇其忧悔吝之时，其介不可慢也。观爻思变，变斯尽矣。

明　象

夫象者，出意者也。言者，明象者也。尽意莫若象，尽象莫若言。言生于象，故可寻言以观象；象生于意，故可寻象以观意。意以象尽，象以言著。故言者所以明象，得象而忘言；象者，所以存意，得意而忘象。犹蹄者所以在兔，得兔而忘蹄；筌者所以在鱼，得鱼而忘筌也。然则，言者，象之蹄也；象者，意之筌也。是故，存言者，非得象者也；存象者，非得意者也。象生于意而存象焉，则所存者乃非其象也；言生于象而存言焉，则所存者乃非其言也。然则，忘象者，乃得意者也；忘言者，乃得象者也。得意在忘象，得象在忘言。故立象以尽意，而象可忘也；重画以尽情，而画可忘也。

是故触类可为其象，合义可为其征。义苟在健，何必马乎？类苟在顺，何必牛乎？爻苟合顺，何必坤乃为牛？义苟应健，何必乾乃为马？而或者定马于乾，案文责卦，有马无乾，则伪说滋漫，难可纪矣。互体不足，遂及卦变；变又不足，推致五行。一失其原，巧喻弥甚。纵复或值，而义无所取。盖存象忘意之由也。忘象以求其意，义斯见矣。

辩　位

案，象无初上得位失位之文。又，系辞但论三五、二四同功异位，亦不及初上，何乎？唯乾上九文言云，贵而无位；需上六云，虽不当位。若以上为阴位邪？则需上六不得云不当位也；若以上为阳位邪？则乾上九不得云贵而无位也。阴阳处之，皆云非位，而初亦不说当位失位也。然则，初上者是事之终始，无阴阳定位也。故乾初谓之潜，过五谓之无位。未有处其位而云潜，上有位而云无者也。历观众卦，尽亦如之，初上无阴阳定位，亦以明矣。

夫位者，列贵贱之地，待才用之宅也。爻者，守位分之任，应贵贱之序者也。位有尊卑，爻有阴阳。尊者，阳之所处；卑者，阴之所履也。故以尊为阳位，卑为阴位。去初上而论位分，则三五各在一卦之上，亦何得不谓之阳位？二四各在一卦之下，亦何得不谓之阴位？初上者，体之终始，事之先后也，故位无常分，事无常所，非可以阴阳定也。尊卑有常序，终始无常主。故系辞但论四爻功位之通例，而不及初上之定位也。然事不可无终始，卦不可无六爻，初上虽无阴阳本位，是终始之地也。统而论之，爻之所处则谓之位；卦以六爻为成，则不得不谓之六位时成也。

略例下

凡体具四德者，则转以胜者为先，故曰"元亨，利贞"也。其有先贞而后亨者，由于贞也。

凡阴阳者，相求之物也，近而不相得者，志各有所存也。故凡阴阳二爻，率相比而无应，则近而不相得；有应，则虽远而相得。

然时有险易，卦有小大。同救以相亲，同辟以相疏。故或有违斯例者也，然存时以考之，义可得也。

凡彖者，统论一卦之体者也。象者，各辩一爻之义者也。故履卦六三，为兑之主，以应于乾，成卦之体，在斯一爻，故彖叙其应，虽危而亨也。象则各言六爻之义，明其吉凶之行。去六三成卦之体，而指说一爻之德，故危不获亨而见咥也。讼之九二，亦同斯义。

凡彖者，通论一卦之体者也。一卦之体必由一爻为主，则指明一爻之美以统一卦之义，大有之类是也。卦体不由乎一爻，则全以二体之义明之，丰卦之类是也。

凡言无咎者，本皆有咎者也，防得其道，故得无咎也。吉，无咎者，本亦有咎，由吉故得免也。无咎，吉者，先免于咎，而后吉从之也。或亦处得其时，吉不待功，不犯于咎，则获吉也。或有罪自己招，无所怨咎，亦曰无咎。故节六三曰："不节若，则嗟若，无咎。"象曰："不节之嗟，又谁咎也？"此之谓矣。

卦　略

☷☳屯。此一卦，皆阴爻求阳也。屯难之世，弱者不能自济，必依于强，民思其主之时也。故阴爻皆先求阳，不召自往；马虽班如，而犹不废；不得其主，无所冯也。初体阳爻，处首居下，应民所求，合其所望，故大得民也。

☶☵蒙。此一卦，阴爻亦先求阳。夫阴昧而阳明，阴困童蒙，阳能发之。凡不识者求问识者，识者不求所告；暗者求明，明者不谘于暗。故童蒙求我，匪我求童蒙也。故六三先唱，则犯于为女；四远于阳，则困蒙吝；初比于阳；则发蒙也。

☰☱履。《杂卦》曰："履，不处也。"又曰，履者，礼也；谦以制礼。阳处阴位，谦也。故此一卦，皆以阳处阴为美也。

䷒临。此刚长之卦也。刚胜则柔危矣，柔有其德，乃得免咎。故此一卦，阴爻虽美，莫过无咎也。

䷓观之为义，以所见为美者也。故以近尊为尚，远之为吝。

䷛大过者，栋桡之世也。本末皆弱，栋已桡矣。而守其常，则是危而弗扶，凶之道也。以阳居阴，拯弱之义也，故阳爻皆以居阴位为美。济衰救危，唯在同好，则所赡褊矣。故九四有应，则有它吝；九二无应，则无不利也。

䷠遁。小人浸长。难在于内，亨在于外，与临卦相对者也。临，刚长则柔危；遁，柔长故刚遁也。

䷡大壮。未有违谦越礼能全其壮者也，故阳爻皆以处阴位为美。用壮处谦，壮乃全也；用壮处壮，则触藩矣。

䷣明夷。为暗之主，在于上六。初最远之，故曰"君子于行"。五最近之而难不能溺，故谓之"箕子之贞，明不可息也"。三处明极而征至暗，故曰"南狩获其大首"也。

䷥睽者，睽而通也。于两卦之极观之，义最见矣。极睽而合，极异而通，故先见怪焉，洽乃疑亡也。

䷶丰。此一卦明以动之卦也。尚于光显，宣阳发畅者也。故爻皆以居阳位又不应阴为美，其统在于恶暗而已矣。小暗谓之沛，大暗谓之蔀。暗甚则明尽，未尽则明昧；明尽则斗星见，明微故见昧。无明则无与乎世，见昧则不可以大事。折其右肱，虽左肱在，岂足用乎？日中之盛而见昧而已，岂足任乎？

编后记

▼

本书是在吉林大学出版社1987年出版的《周易讲座》的基础上修订而来，是"吉林文脉传承工程"中"金景芳经史论丛"的首部。本套丛书共4种，将在2024年陆续出版。

与初版相比，本次重新出版做了下列工作：

一、对所援引的典籍原文进行校正。如原书的第二讲中援引王引之《经义述闻》中的一句"噫与抑通。字或作意，又作噎。"经核对，此句中"又作噎"应为"又作亿"。

二、订正首版的疏漏之处。如原书中"一与四，二与五，三与五，它们的关系叫应。"一句中"三与五"应为"三与上"。

三、按照通用汉字规范修对用字进行了修订。

四、用编者按的方式对相应内容进行阐释，使读者方便理解原文内容。

这些工作弥补了此前出版的疏漏，新技术的出现使得我们有条件在原有版本的基础上精益求精、日臻完善，希望通过此次编辑工作能够形成一个相对准确的文本。

金景芳先生运用辩证唯物主义对《周易》中的哲学思想进行阐释，体现了马克思主义基本原理同中华优秀传统文化相结合，出版"金景芳经史论丛"系列图书是文化传承发展的时代要求，有助于构建中国特色、中国风格、中国气派的学术体系。

2023年12月15日